大是文化

中央帝國的
哲學統治密碼

穩坐皇位的最好方法，不是武力，是哲學。歷代皇帝怎麼透過儒道墨法家的思想灌輸來統治王朝。

郭建龍——著

「中央帝國密碼三部曲」暢銷破十萬冊、前《21世紀經濟報導》記者

推薦序一

歷史因哲學而圓滿

歷史評論家／公孫策

秦始皇建立了中國歷史上第一個帝國，結束了周朝建立的封建體制，但是中央集權體制要到漢武帝才算真正確立。事實上，較諸秦國以武力削平六國，統一天下人的思想，讓天下人認同「坐在龍椅上的那個人是咱的主宰」，毋寧是一件更大、更耗費時日的工程。

這本書寫的，就是那一場逐鹿天下的思想戰場是如何決定勝負，以及後來的歷朝歷代在思想領域（包括宗教）的演化過程。

所有的中國哲學史著作（包括教科書）都從先秦諸子講起，確實，那是一段中國人的思想百花齊放時期，蘊藏著先人智慧的寶藏。然而，一旦歷史走向統一帝國，統治者自然不允許思想開放。

以本書的主軸「正統論」來說。先秦的天下觀念，基本上是「天下者，非一人之天下，乃天下之天下也」，類似觀念散見於戰國時代著作，可見秦以前並沒有天下屬於一家一姓的觀念，雖然夏商周三代已經是父子相傳，但人們的觀念仍然是「撫我則后，虐我則仇」。

秦始皇一統天下之後，想要從此萬世一系，可是他用嚴刑苛法卻未能讓人心歸附，他死後不久就天下大亂，而起義軍打的都是戰國時的六國旗號。秦亡後，項羽一度大封諸侯，如果不是後來劉邦擊敗了項羽，天下眼看又要回到戰國局面。

如本書作者所言，天下人既然還是戰國舊觀念，如何說服天下人「就此定於一尊」，乃成了劉邦的一大課題。事實上，劉邦雖然「不學」，卻非常「有術」，他肯定深刻了解思想的力量不亞於武力，在大澤起義之前，就跟老婆呂雉合作裝神弄鬼，吸引沛縣年輕人為徒眾。而如此一個把「老子以布衣提三尺劍平天下」掛在嘴上的自負村夫，除了誅殺功臣，居然命陸賈做《新序》，乃有了合理解釋。

往後的發展都在本書中了，讀者自可慢慢咀嚼、細細體會。

對我而言，讀本書最大的收穫是，歷史是人類活動的紀錄，但人類是有思想的，所有行為後頭都有思想的作用。哲學，就是思想的學問。一般人很容易被哲學的艱深字句嚇到，而認為哲學是平凡人不能了解的學科，但事實不然，我們的日常行為雖然「不思而行」，其實都有著深植人心深處的哲學。反而，經過哲學剖析過的歷史，可以解答很多單讀史書難以理解的部分。可以說，歷史因哲學而圓滿。

推薦序二

隱藏在歷史背後的隱面人

「歷史說書人History Storyteller」粉專創辦人／江仲淵

哲學在中國傳統文化中的地位舉足輕重，要了解中國的傳統文化，如果不接觸哲學，基本上是不可能的事情。

早在漢朝創始之際，哲學就已經和帝國的統治利益緊密相連，帝國利用哲學打造平穩安泰的政權，將自己塑造成遙不可及的形象。而哲學則承擔負責詮釋的任務，臣子們把不敢說的話交給「天人感應」，藉由上天的口吻來表達自己的想法。

中國古代的哲學書籍，大都是日常交流的紀錄拼湊而成，缺乏體系建構，乍看起來雲山霧繞，難以窺其全貌。當然，中國哲學是存在邏輯及其核心思想的，但形式上多存於散落狀態，就像是散落的樂譜，音符互相不稱，彈起樂曲來調性不一，難以服眾。

近代對中國哲學發展的學術研究，算起來要從胡適的《中國哲學史大綱》開始，不過胡適只著上卷而無下卷，講完春秋戰國後便倉促結束了。有人說，胡適是因為中國在漢唐之後思想方面的複雜化，而自感心有餘而力不足，從而窮其一生未能完成。

漢唐以後的哲學史確實是一門大哉問，議題廣泛無遠弗屆，神態飄忽難以評價，一直是學界敬而遠之的題目。如果說春秋時期的百花齊放是理想家趨之若鶩的狀態，那麼，漢唐之後的哲學就是實踐家滿目瘡痍的現實，哲學或主動或被動的成為統治工具，在延續思辨與屈從得利的糾結中展開拉扯。統治者在現實中採取的統治哲學，以及民間人士的心之所趨，都時刻的反映出帝國政權的興衰。

郭建龍老師筆耕不輟，出版多本名著，其中又以「中央帝國密碼三部曲」最具知名，《中央帝國的哲學統治密碼》跳脫出大多數人執迷不悟的狹隘史觀，冷靜的在錯綜複雜的歷史中找尋規律，透過敏銳的觀察力，繞過百家，獨闢蹊徑，將呈現散狀的史料，整合成權威性的研究，基本釐清了歷朝歷代統治者的政治哲學。在哲學統整方面，特別是南北朝和唐代佛學部分，作者觀察能力之充足，完全令人驚豔。

封建時代持續了數千年，但抽絲剝繭，多少會讓人有似曾相識之感。讀懂了中央帝國的統治哲學，我們就能看到隱藏在歷史脈絡中的運行規律，從而掌握王權統治的奧祕，哲學雖然在中國歷史的分量重大，但稍微用力睜大眼睛，我們會驚奇的發現，其實無論是魏晉玄學、唐朝三教、宋金道學、或者後來的明清實學，這些試圖脫離世俗追尋根本精神的門派，其實都是在歷史的紛紜雜沓後，「時勢生思潮，思潮又生時勢，時勢又生新思潮」，這其中不斷累積、演化的過程背後，其實躲藏著一名隱面人，他的名字叫做「中央帝國」。

封閉思想是如何長期取代活躍的哲學思辨？佛教的傳入給道教與儒教帶來了怎樣的影響？為什麼重視精神價值的哲學，最後大都走向重規襲矩的局面？讓我們翻開正文，一同揭開帝國統治哲學的祕密。

推薦序三

信仰是坐穩皇權最好的精神控制

閱讀人主編／鄭俊德

想像一下，如果你在某次的意外中被吸入了時空黑洞裡，回到了春秋戰國群雄割據時代，也剛好你對歷史蠻熟的，知道成王敗寇誰占有優勢，因此你投靠了最後會勝出的國家。

你本身擁有現代科技知識，甚至讀過歷史故事，知道空城計、草船借箭、火牛陣等兵法，因此被任命為大將，並持續百戰百勝，最後歷史被你改寫了，你統一了中國，被推舉成皇帝，成為一人之下萬人之上，這時你會想什麼？

你想的可能會是如何持續坐穩皇帝的寶座，因為你知道歷史上的皇帝多半沒有好下場，甚至下一個人反叛再打勝仗也可以取代你，你必須找一個合法統治的方法，讓你坐擁實權甚至壓抑百姓反叛的念頭，但要用什麼方法？

漢朝的開國皇帝漢高祖劉邦，他出身是一個地痞小流氓，並擔任亭長的公職小職位，不事生產沒有收入，整天吃喝玩樂廣交朋友，最後因戰亂所逼而集結三千鄉親響應，最終贏得勝利當上皇帝。

他的煩惱也是一樣的，因為論學問，他不及當時民間的知識分子，甚至他的軍師張良更甚於他；論武功，他也不是天下無敵，因此他坐高位時，內心非常不安穩。當然一般百姓也會想，不學無術、不事生產的劉邦都可以當皇帝，我一定也可以。

這本《中央帝國的哲學統治密碼》將告訴你，歷代皇帝如何坐穩寶座並取得合理的上位權，其中一招就是「君權神授」，透過宗教信仰設立偶像與皇帝神權，將皇帝神格化稱為天子，上天所命定的，一般人就難以推翻。因此過去許多民間故事，總穿鑿附會稱天子誕生時，天現瑞兆、有五彩瑞龍降下等離奇傳說，其中目的也是為了使人們對於皇帝產生天選之人的敬畏。

法國社會心理學家古斯塔夫・勒龐（Gustave Le Bon）於一八九五年曾寫過《烏合之眾》（*The Crowd：A Study of the Popular Mind*），裡頭對於大眾心理學有很深刻的研究，甚至直言，**信仰本身就是最好的精神控制**。

而書中提到了偶像崇拜的五大標識：

第一，偶像總是凌駕於信徒，處於高高在上的地位。

第二，信徒總是盲目服從偶像的命令。

第三，信徒沒有能力，也不會對偶像規定信條進行討論。

第四，信徒有著狂熱的希望把偶像信條廣加傳播。

第五，信徒傾向於把不接受它們的任何人視為仇敵。

最後你會發現東、西方的皇帝都用相同的方式在管理百姓。如果你對於帝王領導學想知道更多，或是未來你想成為領導人，或已經是公司主管的你，我都很推薦你閱讀這本《中央帝國的哲學統治密碼》，這是一本能夠帶來啟發、以古鑑今的好書。

前言

兩千年往復的學術之殤

在兩千多年前，大一統模式剛剛出現，一個小流氓在風雲際會中突然成了皇帝。在他之前的統治者都是貴族出身，當他上臺後，面臨的首要問題是：如何讓人們相信他當上皇帝不僅不是欺騙，反而是天生註定的？

這個問題就成了中國大一統時期，政治哲學的根本性問題。當西方世界將人與自然的關係確定為哲學的根本問題時，中國人卻始終在政治與人的框架中反覆震盪，至今沒有跳出窠臼。

在兩千多年前，為了研究答案，西漢王朝耗費了幾代人的光景，才終於創造了「天選」的思想，將皇帝與天等同起來，利用教育的壟斷性，將這一套無法驗證的信仰灌輸給整個社會。

本書研究的，就是這場運動如何發生，又如何將中國哲學固定在一條無法回頭的軌道上，以及人們如何掙扎，又如何回歸到慣性之中的。

中央帝國的統治哲學

建立漢朝的漢高祖劉邦，在上臺前是個帶有流氓色彩的普通人，依靠暴力和運氣當上了皇帝。即便他已經當了皇帝，許多熟人對他早年的底細卻知道得一清二楚，還有許多六國的臣民，他們仍然忠於六國的貴族血統，對於平民出身的劉邦嗤之以鼻。到底要怎樣才能讓曾經是普通人的劉邦被接受為皇帝呢？又怎樣才能讓人們對於劉邦的後代產生忠貞，並長期服從於這個新興的政權呢？

劉邦需要的是一個永久性的理論，一勞永逸的證明自己是天生的皇帝，不容推翻，也不容反抗。哪怕所有的人民都反對他，他仍然是合法的。

這個理論，就是中國大一統社會的哲學基礎。為了尋找這個哲學基礎，漢代耗費了幾代人的光景。到了漢武帝時期，隨著開國功臣的陸續死亡，一個沒有任何戰功的懵懂少年依靠血統當上了皇帝，政權的合法性問題變得更加突出。但不要著急，中國的知識分子終於發現了他們的使命，創造性的完成了哲學基礎的建構。

這個哲學基礎包括三個方面：

第一，不是從邏輯上，而是從信仰上，將皇帝和宇宙真理連繫在一起。漢代統治者發現，要想讓人們服從，必須樹立一個所謂的宇宙真理。在真理之下，人已經不是人，只是宇宙真理的一個零件而已。人活著的目的也不是為了生活本身，而是要為了宇宙真理而奮鬥，自覺服從於真理，任何想要對真理倒行逆施的人都不值得同情，必須予以打擊甚至消滅。

但在什麼是宇宙真理的問題上，不同政權卻有著不同的表述。在漢代，所謂的宇宙真理，就是一套天人合一的理論。這套理論認為，在宇宙之中只有唯一的真理，這個真理不僅對自然界是成立的，對人類世界也是最高理論。真理的源頭，來自一個叫做「天」的實體，是天的意志創造了整個自然界和人類社會。人類活著的目的，就是要服從於天的意志。

天的意志在人間的代表，就是皇帝。皇帝是天選的，決定劉氏當皇帝的不是人間的選擇，而是天的決定。這樣，**小流氓就不再是小流氓，而是宇宙真理的一部分，人們不服從於這個政權，就視同自絕於宇宙**。

第二，來自天的宇宙真理的具體內容是什麼呢？為了建構內容，就不得不用到新興的儒教。我們說儒教而不說儒家，是因為漢代建立的儒教已經脫離了春秋戰國時期的儒家，是漢代學者的新創造。

漢代儒教借用了先秦儒家的禮法，採用了儒家的經典，卻又將陰陽家的宇宙觀和法家的權術結合進來，形成了一套包容天地萬物的理論。宇宙之所以產生，來自陰陽和五行的互動，人類社會的存在，也要服從於陰陽五行，由此產生了漢代的讖緯、祥瑞、災異等觀念。

這套無法驗證的學說經過了政權的推廣，直到現在，仍然成為許多人思維的基礎，在社會中吸引著大量的擁躉（編注：音同「盹」，來自廣東話，堅定的支持者，亦即粉絲之意）。

第三，理論構造完整，必須讓所有的人相信它。漢代建立了完整的官方教育體系，並輔以一套行之有效的選官體制，要求只有學習這套儒教理論的人，才能進入官僚系統。同時，儒教理論還進入了司法體系，對人類生活產生了最根本性的影響。

透過灌輸的方式，人們從生下來就浸潤在宇宙真理之中，只要經過兩三代人，人們的生活方式就被制度化了。不管是贊成王朝還是反對皇帝的人，都只會用這套宇宙真理的語言去說話，這才是真理深入人類社會最深的印記。

天人合一的哲學體系不僅澈底解決了皇帝的合法性問題，還由於它是信仰而非思辨，對社會思想產生了巨大的束縛，讓中國人在兩千餘年的時間內，喪失了利用邏輯去驗證事實的能力。從這個角度看，它的確是太成功了。

一部洗腦、反洗腦的歷史

西漢之後的中國哲學，可以看作是思想控制與反控制的歷史，分為兩個大的週期：第一個週期從西漢開始，經過東漢、魏晉南北朝，直到隋唐才宣告結束；第二個週期則從宋代一直持續到現在。

在每一個週期中，又都可以分成幾個階段，分別是：建立期、庸俗期、反抗期和變異期。

在第一週期中，**西漢前期是儒教哲學的建立期**，經過初期的探索，漢武帝建立了以天人合一為特徵的哲學體系，並透過教育系統和選舉系統將這套哲學強行灌輸給整個社會，到了昭、宣時代，西漢的社會已經儒教化，人們不再會用其他的方式思考社會。

漢宣帝之後的西漢和東漢時期，屬於儒教哲學的庸俗期，這個階段，人們已經放棄了思考能力，依靠被灌輸的幾個觀念，將整個自然界和社會的所有現象強行塞入儒教框架之中。這個階段還有兩大特徵：第一是**充斥著大量的學閥和門派偏見**，人們不再以學問論短長，而是以關係和地位決勝負。把持高位，產生足夠的徒子徒孫，成了每一個學者夢寐以求的目標，所謂學問，只是一塊遮羞布。第二是對於**讖緯、比附的濫用**，當閃電之後，人們首先想到的不是接下來要打雷，而是有人做錯了事惹惱了老天爺。發現一隻白色的野雞首先想到的是祥瑞。人們辯論時，總是想從偽造的古書中發現預言的蛛絲馬跡，好來比附現實社會中發生的事件。漢代哲學是最缺乏思辨的哲學，主要是因為人們更習慣於使用比附而不是邏輯引起的。

第二個階段末期，這樣的哲學不僅無法指導人們的生活，還成了整個社會的累贅。於是，一群人開始掙扎著脫離儒教的控制，運用另一種工具——邏輯和思辨，來重新建構世界觀。第一週期進入了第三個階段：反抗期。

反抗期從魏晉時期開始，持續到南朝。這個時期發展出一種叫做玄學的哲學體系。所謂玄學，並沒有建構出統一的世界觀，而是提倡一種方法論，這種方法論的主要工具是懷疑和邏輯。

由於漢儒缺乏邏輯，只是透過洗腦的方式讓人們去相信一些無法證實的「宇宙真理」，玄學首先就從懷疑這些真理入手，強調要先將所有的成見清除出人們的思想，再利用邏輯的力量重新構建可以相信的東西。

玄學的外在表現是對於道家「無」、「自然」等觀念的推崇，反對執迷於功名利祿，斬斷對於官場的留戀。玄學的懷疑精神發展到極致，卻導致人們可以推翻一種世界觀，無法建立另一種世界觀。

隨著政治對哲學的干預，玄學也開始庸俗化，有的人學著用邏輯的方式為政權服務，另一些人則倒向了享樂主義。

但幸運的是，玄學之後，從印度傳入的佛教逐漸接管了思辨一脈，這種更加強調邏輯和辯論的學問，使得中國哲學繼續遠離腐臭的漢儒，於是中國哲學第一週期進入了最後階段：變異期。

在變異期內，中國實現了三教並存、互相競爭的格局。儒教雖然仍然居於政治的正統地位，但在社會思潮上，卻是佛教占據優勢。另外，唐代興起的另一種思潮——實務精神，讓只注重灌輸的儒教顯得無法適應政權的需要。唐代的高官除了文采之外，往往都是治國理政的好手，他們注重具體的政策治理，對於經濟的關注也讓他們無法在儒教經典中尋找到現成答案。這個變異期，成了中國哲學最活躍，卻最不受研究者重視的時期。研究哲學的人都提倡一個統一的架構或者世界觀，但這個時期卻並不需要統一的架構，讓學者感到無所適從。

中國哲學的第二個週期從宋代開始。由於唐代缺乏統一的思想，也造成了另一個弊端：中央帝國顯得過於鬆散。特別是在安史之亂後，以韓愈為首的文人將社會的散架歸結為思想的不統一。到了宋代，文人們再次追求起統一的哲學體系。

北宋前期仍然繼承了唐代的實務精神，但隨著王安石將實務精神引向了計畫經濟，保守主義逐漸獲得了政治的同情，並在南宋成為主流。

中國哲學第二週期的建立期持續到南宋，建立了以朱熹為首的道學體系。道學與漢代儒教的區別在於，漢儒認為所謂的宇宙真理是天人合一的哲學體系，而宋代道學則將這個宇宙真理替換成了對「天道」的崇拜，這裡的天道已經不是漢代那樣的一個擁有意志的天，而是沒有意志的客觀真理。

雖然顯得更加「客觀」，但在道學家眼中，人同樣不是人，只是必須強行綁定在天道之上的一個微不足道的零件，所謂「存天理，滅人欲」。

第二週期的庸俗期從元代持續到明代前期，隨著科舉考試將朱熹理論樹為正統，道學開始各方面的影響人們，社會再次失去了思考能力。

到了明代，隨著心學的誕生，中國哲學再次進入了反叛期。人們透過提倡對內心的遵從，來反對那無所不在的天道。沒有外在的客觀真理，人只需服從內心，這個觀點成了反抗的依據。但將客觀的天道替換為主觀的內心，同樣產生了庸俗化的問題，人們以順應內心為藉口，墜入了享樂主義和相對主義的窠臼。

到了清代，中國哲學再次進入了變異期。這次變異期的特徵，仍然是邏輯的力量。清代實學的興起，讓人們不再對那些大道理感興趣，而是只研究可以證偽、可以邏輯推理的事物。一時間考據學派興起，人們開始對所有可以觀察的東西，不管是一件文物還是一段歷史，都放入邏輯的放大鏡下一一考察，將那些無法證明的東西排除出去。

清代的變異期又可以視為是對中國哲學體系的澈底反叛，學者的研究方法已經與西方的科學實證主義極其類似。因此，可以說，雖然中國沒有產生自然科學，但社會科學到了清代，已經具備了強大的工具，並在逐漸改寫著中國的歷史與學術。

本書敘述了兩大週期之中政府的控制、民間的抵抗，以及每一個在哲學史上，留下姓名的學者的貢獻。

本書與傳統的中國哲學史有兩大區別：

第一，傳統哲學史大都以春秋戰國時代作為主要敘述點，而本書則從秦漢統一開始講起，只敘述大一統時代到來之後的思想流變。這樣做主要是為了尋找中國哲學的現實意義，由於都處於大一統時代，秦漢時期對現實的影響要比之前更加顯而易見。

第二，傳統哲學史以羅列每一家的具體觀點為主。由於哲學家的許多觀點都是類似的，雖然書大都很厚，但大量的篇幅浪費在相同觀點的羅列上，讀者也無法從中找到思想演化的軌跡。這樣的書大都只能當資料查閱，無法讓讀者獲得足夠的有效知識。本書則更加注重講解哲學發展的來龍去脈，讓讀者可以看到中國哲學如何演化、為什麼這麼演化，理解政治與哲學互動的奧祕。

與本系列的第一本書《龍椅背後的財政祕辛》（大是文化出版）一樣，本書雖然是尋找古代哲學的發展線索，卻同樣是一本對現代社會充滿啟發的書籍。當閱讀完本書之後，讀者在思考問題時，會打開更加廣闊的視角。

第一部

漢武帝罷黜百家，獨尊儒術，其實是為了教化

西元前二〇二年～二〇〇年，西漢到東漢

第一章

漢高祖的皇帝危機

西元前二〇二年~前一四一年

集權帝國哲學的首要問題是皇帝的合法性。由於依附於政治，中國哲學要解決的是統治問題。**如何才能給統治者合法性？皇帝為什麼是皇帝？臣民為什麼是臣民？**

西方哲學沒有受到大一統帝國的束縛，最初要回答的是人和世界的關係問題。什麼是人？什麼是宇宙？什麼是自然？什麼是世界？由此引出了一系列的解答，產生了諸多的流派。

西漢建立後，漢高祖最關心的問題是：**如何將一個前朝的混混打扮成眾望所歸的皇帝？如何從人心所向的諸侯體制，轉變成人們普遍認為失敗的中央集權制？**

為了解答這個問題，叔孫通強調用禮儀來固化統治者的地位，透過對禮儀的刻意強調，去降低、侮辱每一個臣民的人格，以彰顯皇帝的權威。他的嘗試雖然短期有效，但長期卻失敗了。

法家和道家認為，皇帝的合法性建立在人們的適應之上，只要經過幾十年，人們適應了新的社會秩序，就會接受劉氏做皇帝。但在如何維持政體上，法家採取了加強權力的做法，而道家採取了放鬆控制的做法。

法家和道家在漢初都起到了穩定社會的作用，卻無法解答「為什麼只有劉氏才能當皇帝，別人不能當皇帝」這個問題。於是，儒教登場的時機到了。

儒教早期的代表人物是陸賈和賈誼，陸賈初步創造了「天人合一」的儒教理論，卻由於強調無為，仍然歸於道家；賈誼綜合了陸賈的「仁義」與叔孫通的「禮法」，希望積極干預社會，卻由於漢文帝採納了無為而治，懷才不遇，英年早逝。

矯情也是種技能

任何一條狗都有屬於牠的那一天。

這句話在一個叫做叔孫通的人身上得到了充分的驗證。叔孫通生活在兩千多年前的中國，他的故鄉位於現在的山東省滕州市。在秦漢時期，雖然春秋戰國的各路諸侯已經被統一，可是人們仍然習慣於把這些諸侯國當作各自的籍貫，而各個地方也仍然保留著鮮明的特色。比如，叔孫通出生在當年魯國的薛縣，魯國是孔子的家鄉、儒學的發源地，這裡的人一直保留著禮儀之風。不管遇到什麼情況，哪怕面臨戰爭的窘境，人們也習慣於磨磨蹭蹭奏著樂、講著禮，從容的迎接戰爭的到來[1]。

叔孫通在魯地接受教育後，終於獲得了人生第一次機會。此時，秦始皇已經統一了中國，需要各地的人才幫助他治理國家，叔孫通受到了徵召，前往秦朝都城咸陽擔任待詔博士，相當於皇帝的候補智囊。

數年後，秦始皇死了，他的兒子秦二世無力治理如此龐大的帝國，秦朝進入了崩潰的節奏。當陳勝從楚地的大澤鄉打出反秦的大旗後，秦二世慌了，連忙召集幾十人，開了一次智囊團擴大會議，叔孫通也有幸列席。

1　《史記．儒林列傳》：「及高皇帝誅項籍，舉兵圍魯，魯中諸儒尚講誦習禮樂，弦歌之音不絕，豈非聖人之遺化，好禮樂之國哉？」

智囊們議論紛紛，出謀劃策。但吊詭的是，他們並不著急告訴皇帝如何鎮壓反叛，而是為了兩個詞語吵起了架：陳勝反秦到底是一次謀反大亂（反），還是普通的盜賊小亂（盜）？

現代人看來，當陳勝起事後，朝廷不首先發兵，而是爭執這是一次「反」還是一次「盜」，如此唯名論顯得很荒謬。但在秦朝，這樣的區分和法律有關，根據規定：如果是謀反，那麼秦朝必須從中央調兵去鎮壓；如果只是盜賊，那麼中央就不用調兵，而是由秦朝的地方政府（郡縣）組織「地方員警」一捕了事。區分「反」還是「盜」，關係到中央和地方職權劃分問題。

大部分人認為，這是一次謀反，需要從中央調兵去鎮壓。只有叔孫通持不同看法，他認為這只是一群盜賊，地方政府對付他們綽綽有餘，不需要動用中央軍。

需要說明的是，按照現在的理解，需不需要動用中央軍，要根據陳勝軍隊的規模而定，如果預感到地方政府對付不了陳勝，就要趕快動用中央軍。

但當時的儒生們不管持有哪個觀點，都沒有去考察「陳勝軍隊的規模」這個事實，而是從教條上尋找支持。比如，認為這是一次謀反的人是這麼論證的：凡是人臣，就不應該有聚眾擾亂社會秩序的行為，所以，只要有此種行為，就是謀反。而陳勝的行為已經構成了聚眾擾亂社會秩序的行為，所以應該被認定為謀反，該殺掉。既然是謀反，就要動用中央軍[2]。

叔孫通的論證則是：秦朝統一後已經天下一家，連全國的兵器都已經沒收了，中央政府也早已宣布天下不再用得著兵器，已沒有戰爭。既然沒有戰爭，皇帝又如此英明，法令又這麼明晰，官員這麼稱職，怎麼可能會有謀反？既然不是謀反，就只能是盜賊而已。既然是盜賊，那麼就交給地方政府處理，皇帝仍然吃喝玩樂就是了[3]。

秦二世本來就不願費神處理政務，叔孫通的說法正好符合他的本意，於是皇帝大喜過望。這時摸準了皇帝心思的人紛紛改弦更張，贊同叔孫通的觀點。到最後，**所有認為是「反」的人都被抓起來坐牢，所有認為是「盜」的人都沒事**。叔孫通則獲得一件衣服和二十匹帛的賞賜，還從候補博士轉正了。

叔孫通離開皇宮後，預感到秦王朝已經風雨飄搖，連忙逃走。而聽了他計策的秦二世稀里糊塗丟掉了江山。就這樣，叔孫通的第一次機會灰飛煙滅。

離開了長安的叔孫通試圖尋找其他的機會，他首先回到了家鄉，家鄉人民已經投降了起義軍。這時首倡起義的陳勝已經死去，起義軍最強大的人物變成了項梁（項羽的叔父）。項梁樹立了一個傀儡，是楚國王室的後代熊心，尊他為楚懷王。[4] 叔孫通決定撞他的大運，跟隨了項梁。

但不久，項梁在戰爭中被秦國將領章邯大敗身死，叔孫通只好捲起鋪蓋投靠了楚懷王。後來，項梁的侄子項羽擊潰了秦國，成了西楚霸王。楚懷王這個傀儡用不到了，被貶斥到了現在的湖南郴州，最後被殺死在那兒。叔孫通只好再次尋找下家，投靠了項羽。

但不幸的是，叔孫通投靠項羽不久，項羽的老對手劉邦就趁著項羽進攻北方齊國的空檔，率軍直搗項羽的老巢，占領了西楚的首都彭城。

2 《史記．劉敬叔孫通列傳》：「人臣無將，將即反，罪死無赦，願陛下急發兵擊之。」

3 《史記．劉敬叔孫通列傳》：「夫天下合為一家，毀郡縣城，鑠其兵，示天下不復用。且明主在其上，法令具於下，使人人奉職，四方輻輳，安敢有反者！此特群盜鼠竊狗盜耳，何足置之齒牙間。郡守尉今捕論，何足憂。」

4 見《史記．項羽本紀》。

叔孫通此時看準時機，認為項羽已成末日殘陽，又轉身投靠了劉邦。

更不幸的是，這次叔孫通又看錯了局勢。當項羽聽說劉邦偷襲了彭城後，立刻揮兵南下，直指彭城。而劉邦此刻卻在彭城整天飲酒作樂，不思進取，結果兵敗如山倒。劉邦倉皇逃出彭城，一路上危險重重，劉邦為了要加快逃竄的速度，甚至要將自己的老婆、孩子從車上踹下來[5]。

剛剛投靠劉邦的叔孫通此刻傻了眼，他不可能再投靠項羽一次，這可能讓他吃不了兜著走，於是只好硬著頭皮繼續跟隨劉邦逃走了。

更令他想不到的是，這次他投靠的主子是個來自楚國地域的痞子，尤其見不得讀書人，一見穿著儒生袍子的人就厭煩。叔孫通整天長袖闊帶，高髻大履，自然沒有好果子吃。為了迎合劉邦，他只好換上楚國的短衫，來討得劉邦的歡心。

此刻，叔孫通已經跌到了人生低點，如同喪家之犬一般不斷的更換主子，卻從來沒有得到過一塊好肉。當年，他出來時耀武揚威的帶來了弟子百餘人，都希望透過他獲得一官半職，但被他打消了念頭：如今人家需要的是打仗的，你們這些文弱書生靠不上邊。但實際上，是因為他本人在劉邦的心目中也人微言輕，只不過混口飯吃而已。

就在這時，這個如同喪家之犬一般的五姓家奴（甚至有人說他侍奉過十位主子[6]）卻突然轉運了，因為戰爭結束了……。

漢高祖五年（西元前二〇二年），被邊緣化的叔孫通突然求見漢高祖劉邦。此刻西楚霸王項羽已經被徹底擊敗，自刎於烏江。劉邦在定陶稱了皇帝。本來應該是一派祥和景象，總是添亂子的叔孫通又有什麼事要求見劉邦呢？

原來，他發現了劉邦體制的一個漏洞。這個漏洞是：沒有人知道皇帝是個什麼東西。

皇帝到底是什麼？

漢代最初的體制是繼承項羽的分封制。在項羽滅秦後，由於參與對秦戰爭的將領大都有六國的血統，而人們在對抗秦朝的中央集權帝國時，往往憧憬著回到過去的戰國時代，項羽尊重了當時的思潮，大肆分封諸侯，不過由於需要照顧的人很多，項羽的分封把原來七國的界限碎片化了，一共建立了大小不等的十九個國家。比如，原來的齊國分為三個國家（濟北國、齊國、膠東國），韓、趙、魏、燕四國又各分為兩個國家（依次為：河南國、韓國；常山國、代國；殷國、西魏國；燕國、遼東國），秦國和楚國的地方最大，各自分為四個國家（依次為：漢國、雍國、塞國、翟國；西楚國、九江國、臨江國、衡山國），其中項羽的西楚就出自楚國。

在項羽的理想中，世界並不需要統一，只需要如同戰國時代一樣分為許多國家，各自為政，再由一個如同春秋五霸那樣的「霸王」進行統整約束。這一點很像現在的國際秩序，世界上有很多互不隸屬的國家，但美國試圖作為「霸主」維持著世界秩序。

與現在的美國類似，項羽理想中的「霸王」，也不能隨便干涉各國的內政，只是負責監管國

5 見《史記．高祖本紀》。

6 《史記．劉敬叔孫通列傳》：「公所事者且十主，皆面諛以得親貴。」

際的秩序。只有國際之間發生了戰爭，或者一個國家內部出現了嚴重的內戰，需要國際調解，西楚霸王才能出兵介入。

項羽的國際秩序存在的最大缺陷是，這個秩序過於碎片化。建立不久，諸侯國之間紛紛開始打仗，國內也出了亂子，把西楚霸王忙得一塌糊塗，也無力維持秩序的穩定性。諸侯王們對這個霸王的積怨越來越深，劉邦立刻鑽空子聯合不滿的諸侯，一同出兵，經過鏖戰擊敗了項羽。

由於劉邦知道項羽式國際秩序的缺陷，故在建立自己的秩序時，竭力避免出現同樣的問題。他知道，如果自己還是隨意分封諸侯，然後退回到關中當另一個霸王，那麼遲早會和項羽一樣被諸侯們拖累死。

劉邦心目中的秩序是秦朝式的，由一個君主（皇帝）統治中國所有的土地，在皇帝之下都是聽從皇帝指揮的中央官吏和地方派出官吏。這些官吏都不是世襲的，必須由皇帝任命。在擊敗項羽後，劉邦隨即稱帝，就是為了建立這樣的新秩序。

但無奈的是，劉邦在擊敗項羽的過程中，不得不求助於許多諸侯和將領，為了安撫他們，必須保留若干個諸侯國家當作犒賞。這樣，劉邦早期的漢帝國實際上既不是項羽式的，也不是秦朝式的，而變成了周式王朝的。劉邦控制了關中（陝西）地區、四川地區以及一部分函谷關以東地區的領土，這部分土地由中央政府直接管理，但在南方、東方、北方，仍然有一些不歸中央政府管轄的諸侯國。

這些新諸侯中，最強大的是劉邦的三大功臣：楚王韓信、梁王彭越、淮南王英布。這些人成為諸侯之後，並不理解劉邦心目中的秩序，他們大都經歷過項羽的分封時代，仍然以為世界秩序會恢復成又一次的諸侯制，只不過霸王的人選換了，從項羽換成了劉邦。

諸侯們認為，雖然自己對劉邦有朝貢的義務，卻可以獨立統治諸侯國，並享有這些國家的稅收權和軍事權。

所以，劉邦的皇帝和秦國的皇帝並不是一回事，秦國皇帝建立中央集權制度，皇帝透過中央政府控制了全國每一寸國土，而劉邦擔任的皇帝卻只控制了一部分領土，無緣控制諸侯國。

定禮儀，正君位

即便在劉邦的中央政府內部，人們也不知道皇帝到底意味著什麼。那些當年的大將本來就是粗人出身，他們以為自己和皇帝分享政權，仍然把他當作帶頭大哥。在劉邦饗宴群臣時，大臣們喝醉了酒大呼小叫、互相爭功，說急了眼就拔出劍來拍打柱子，這些行為讓劉邦感到頭疼不已。

從骨子裡，劉邦羡慕的是秦朝的規矩。在秦始皇統一之後周遊列國時期，經過劉邦家鄉時，劉邦曾經在路邊見過秦始皇的隊伍，並發出感慨：大丈夫當如此也[7]！可是現在，劉邦已經當了皇帝，他的隊伍卻仍然如同老農民，人們對他沒有尊重之意，而他的諸侯也不理睬他，獨自管理著自己的地盤。到底該怎樣做才能達到秦始皇的尊嚴？是這個當年的小亭長最關心的問題。

叔孫通正是看到了這一幕，才求見劉邦，為皇帝出謀劃策的。

7 見《史記．高祖本紀》。

他根據在秦朝任職的經驗，認為要解決皇帝地位的問題，首先必須從禮儀做起。要制定一套複雜的禮儀制度，在儀式中突出皇帝的地位，貶低甚至侮辱群臣，讓他們逐漸習慣皇帝的威嚴。叔孫通的看法是：儒家不可以打天下，卻可以守天下，既然天下已經太平，那些武將就沒有用了，現在正是重視他這種儒家，制定繁文縟節的禮儀的好時機[8]。

漢高祖聽了他的建議，並不太感興趣。他擔心禮儀不管用，因為他的臣下裡文盲很多，灌輸給他們禮儀，能辦到嗎？但劉邦又覺得不妨讓他去試一下，只是囑咐他要簡化一點，讓文盲們能夠理解。

叔孫通退下來，到家鄉去尋找當年跟隨他的儒家弟子們。雖然有人不相信這個善變的人有什麼出息，但仍然有三十多人決定碰一碰運氣，跟隨他來到了首都長安。

在長安，他又尋找了幾十個人，湊夠了一百多人，開始研發他的「春秋大禮」。在儒家系統中，推崇的是周代的禮儀，而實際實行的則是經過孔子和其弟子改造過的春秋戰國時期的禮儀。叔孫通並沒有見過周代禮儀，對春秋戰國也知之不多，但由於他在秦朝宮廷任職，對於秦朝的禮儀卻是清楚的，結果，漢朝的禮儀就帶上了嚴重的秦朝味兒。

為了受到重視，叔孫通全力投入制禮的活動之中。他帶著他的一百多人來到野外的空地，紮上草人當作皇帝和大臣，再拉上繩子充當道路，一百多人每天在草人和繩子間折騰著作揖叩拜，花了一個多月時間，才有了模樣。漢高祖親自觀察過後，覺得以自己和大臣們的智商可以跟得上，才下令群臣開始跟著排練。

到了漢高祖七年（西元前二〇〇年），這套由叔孫通制定的大戲終於有了表演時機。這時，恰逢長安的長樂宮建成，大臣們在十月（漢代以十月為一年的開始）紛紛前來宮殿內朝賀，按照原來的傳統，朝賀大會必將一片喧嘩，如同趕集一般熱鬧。但這一次，情況卻有了變化。

按照叔孫通的設計，從早上開始，群臣們就要到殿門外等候召見，進行一系列的儀式。接著群臣排著隊被引入殿門，宮廷中還陳列著車馬步卒，張開旗幟，守衛著皇帝，把他與群臣隔開。群臣一路小跑到殿下，分成兩列，文臣在東方面朝西，武將在西方面朝東。在群臣就位的過程中，有人專門傳口令指揮。到這時，劉邦再坐著敞篷轎子出來，坐在殿上，而百官們紛紛按照規則進行朝賀。

朝賀完畢，還有法酒禮，大臣們在殿上逐一給皇帝行禮祝酒，祝酒的次數也有規定。如果誰的動作沒有跟上、出了差錯，立刻會被現場執法的人給請出去以示羞辱。

事實證明，劉邦擔心他的文盲下屬不能行禮是白擔心，實際上，文盲們更容易行禮，他們不會像文人一樣問為什麼，只懂得照著做。在依樣畫葫蘆的過程中，文盲們突然間領悟了皇帝不是哥兒們，是主子，不是人，而是神的道理。

在一片森然之中，劉邦終於找到了他想要的威嚴。從此以後，他們必須習慣皇帝的高高在上，也必須習慣對著皇帝磕頭作揖，並隨時戰戰兢兢。

當韓信等人以赫赫戰功而青史留名時，叔孫通就以這次古怪的儀式而登上舞臺，並受到了重用，當上了太子太傅。等劉邦死後，作為老臣的叔孫通更是倚老賣老，他不再是跟隨秦始皇、秦

8《史記．劉敬叔孫通列傳》：「夫儒者難與進取，可與守成。」

二世、項羽且戰戰兢兢的小人物，而是不斷的以禮法的名義干預國政，成了漢代早期儒家的代表人物。

然而，叔孫通的儀式真的能給新生的漢政權帶來穩定嗎？這卻未必，它實際上讓這個政權離心離德了。

失控的帝國

最先對叔孫通的演出感到心寒的，是那些漢初的異姓諸侯。

在漢代建國時，一共封了七個異姓王。除了楚王韓信、梁王彭越、淮南王英布這三位滅楚的功臣大將之外，還有趙王張耳、燕王臧荼、長沙王吳芮和韓王信。

這七位諸侯雖然都曾經擁立劉邦當皇帝，但在他們心目中，仍然以為所謂的王，就是如同戰國時期的齊、楚、燕、韓、趙、魏一樣，對自己的土地享有全權，雖然他們都朝拜周天子，但是周天子也必須尊重諸侯的轄地權利。他們接受的理想政治模式是諸侯式的，與項羽的看法更接近。當年反抗秦國，就是反抗所謂的中央集權制度，而漢高祖卻想把這樣的集權制度重新建立起來，的確讓人心寒。

在現代，人們談起秦的統一，常常歸結為：統一是浩浩蕩蕩的歷史趨勢，是人心所向，人們盼望著統一與和平。但這只是一種歷史機械論的陳詞濫調。在當時的人看來，秦朝的統一並沒有帶來一種成功的新模式，而是失敗了。

秦朝統一後，試圖在如此廣闊的疆域內建立集權制度，設立郡縣制，由中央派遣的官員直接管理。但秦的集權卻是過度的，嚴格限制了民間社會的發展，將過多的資源抽取到了官僚機器中，供皇帝支配。而連綿的巨大工程和戰爭也讓人們看不到和平的希望。結果只過了十五年，這個龐大的怪胎就在社會的反抗中分崩離析。

秦朝崩潰後，人們想到的首先不是建立另一個統一的集權怪胎，而是回歸到舊有的多國模式之中。項羽主導的分封諸侯，就是為了根據中國的山川地理，重新劃分勢力範圍，建立起眾多的國家，讓諸侯們分別治理。

即便七個異姓王幫助劉邦打敗了項羽，但他們仍然認為，劉邦可以取代項羽當霸王，卻無權干涉列國事務。

甚至就連韓信這樣的大將，也認為他輔佐漢高祖，就像當年姜太公輔佐周武王一樣，一旦擊敗了項羽，他就可以像姜太公建立齊國一樣，從漢高祖手中獲得一塊永久性的封地，建立屬於自己的國家。但是，劉邦卻逐漸擊碎了他們的夢想，劉邦不僅要控制中央的直轄領土，還要控制諸侯的領地。

最先看到劉邦真面目的，是燕王臧荼。燕王臧荼屬於老一輩的諸侯王，是項羽時代分封的。在後來楚漢相爭中，由於劉邦的大將韓信武力擊敗了趙國，就要兵臨燕國了，臧荼才被迫投降了劉邦。當劉邦稱帝時，臧荼雖然也不得不擁護，但他隨即發現劉邦和項羽不是一回事。項羽尊重諸侯的權利，只要諸侯不侵犯別的國家，在自己封國內進行統治，項羽不會干涉諸侯事務。而劉邦卻想逐個消滅諸侯國，改成秦國模式。

在叔孫通給劉邦設立演出之前，臧荼就走上了反抗的道路，隨後被劉邦擊敗。平定臧荼後，劉邦派遣同鄉好友盧綰擔任了燕王，便於控制這片北方的偏遠土地[9]。

其次被逐的是北方的韓王信，韓王信最初的封地在如今的河南省，漢高祖覺得他太靠近中原，是中央政府的一大威脅，於是將他遷到了山西北部，位在茫茫的太行山之中，北面就是匈奴。但劉邦仍然不相信韓王信，後來又以裡通匈奴為藉口，將他驅逐了。

在叔孫通導演了禮儀大表演之後，劉邦的野心已經不加掩飾，異姓王與他的衝突也步入了更加劇烈的階段。到這時，雙方的底牌都已經顯現，諸侯的底線是：皇帝無權干涉諸侯內部事務，諸侯可以任命自己的官員，獨立收稅和組織軍隊。劉邦的底線則是：諸侯要想繼續當名義上的統治者，就必須變作一個普通官員，隨時聽話並接受皇帝的領導。

隨著雙方底牌的顯現，矛盾已經不可調和。劉邦開始抓緊滅滅異姓王的步伐。

想方設法殺功臣

在西漢的異姓王中，勢頭最盛的是楚王韓信。在歷史上，楚國在疆域上一直是與秦國相匹敵的大國，人們一直有「楚雖三戶，亡秦必楚」的說法。表面上看，秦始皇滅亡了楚國，但不管是陳勝、吳廣，還是項羽、劉邦，都來自楚地，恰好驗證這個說法的準確性。西漢建立後，劉邦的根據地是原來秦國的地方，而楚王韓信則占據了楚地。雖然這時的楚地已經四分，實力不如當年，但楚王仍然是劉邦最忌諱的諸侯。

漢高祖六年（西元前二〇一年），劉邦以韓信收留項羽大將鍾離眛為由，偷偷準備討伐韓信。韓信為了表明自己的清白，取了鍾離眛的人頭前往謝罪，卻被扣押住，免去了楚王頭銜，改封為淮陰侯，剝奪了兵權和治權。五年後，劉邦又利用他的皇后呂后之手，汙蔑韓信造反，將韓信夷滅三族[10]。

韓信被廢後，劉邦接著瞄準的是他的女婿——趙王張敖。劉邦分封最早的趙王叫張耳，死於漢高祖五年（西元前二〇二年），他將王位傳給了兒子張敖。張敖娶了劉邦的獨生女魯元公主為妻。雖然是皇帝的女婿，卻由於是諸侯王，也成了被降服的目標。

漢高祖七年（西元前二〇〇年），劉邦路過張敖的領地，故意怠慢和辱罵他。在張敖的侍從中，大都認為張敖是獨立於皇帝的，皇帝也無權辱罵一個國王，他們開始策劃刺殺漢高祖。但他們的陰謀失敗了。兩年後，有人告發了他們當年的陰謀，這正好給劉邦提供了藉口，劉邦乘機奪取了張敖的領地，貶斥他為侯。趙國也被收回了[11]。

降服張敖之後，最強大的諸侯王還剩下兩家：梁王彭越和淮南王英布。他們兩人在楚漢戰爭的武將中功勞僅次於韓信，各自統治封地後，也沒有做出對不起劉邦的舉動。

漢高祖十年（西元前一九七年），漢高祖派遣使者，以出兵的名義，請彭越在梁國徵兵支援

9　見《史記·韓信盧綰列傳》。
10　見《史記·淮陰侯列傳》。
11　見《史記·張耳陳餘列傳》。

皇帝。這仍然是周代的禮法，按照規矩，天子出兵，諸侯應該再提供一定的軍隊。彭越正好生病，於是派遣了另一位將領，帶著兵馬前去支援皇帝，自己沒有上陣。這件事惹怒了劉邦。

正好彭越的太僕因為和他有矛盾，逃到劉邦那裡告他謀反，劉邦以此為藉口，出其不意將彭越抓住，廢為平民，貶斥到四川的最邊緣地區。彭越自以為無罪，在貶斥的路上碰到了劉邦的皇后呂后，向她哭訴，沒想到這個女人比丈夫更心狠手辣，假裝把彭越帶回洛陽為他求情，實際勸說劉邦殺了彭越，滅了他的家族[12]。

論戰場上的軍事能力，這幾個人的素質都遠高於漢高祖，但在詐術面前，他們連反抗的機會都沒有就被幹掉了。但是，在對待淮南王英布時，劉邦就沒有這麼好的運氣了。

彭越死後，他的肉被做成了丸子賜予大臣和諸侯以儆效尤。但這種殘酷的舉動不僅沒有嚇住淮南王英布，還引起了西漢帝國建立之後最嚴重的危機。收到彭越的肉丸後，英布預感到他也成了皇帝覬覦的對象，被迫提前起兵拒漢。

對於這次英布的起兵，劉邦頗為重視，他率兵親征，兩人在陣上遙遙相見。此時，兩人的談話卻表明了世界觀的不同。

劉邦問英布道：「你何苦要造反？」

英布諷刺他：「老子也想當皇帝！」

他的回答換來了劉邦的謾罵。

劉邦認為英布是造反，但英布卻認為，他只是自衛而已。在英布看來，一切的根源都在於「皇帝」這個不明確的概念上。劉邦的「皇帝」是要控制一切，恢復秦朝的集權政治，而英布所代表的諸侯勢力，則是要保護自己的領土，保證獨立性。

經過了劇烈的戰鬥，此次戰爭以皇帝的獲勝而告終，英布逃竄後被誅殺。英布的死亡，標誌著對集權制度威脅最大的三個諸侯都已經被消滅[13]。

但這樣的勝利卻有著致命的後果，帶來了更大的危機：戰鬥中劉邦中了一箭，從此身體時好時壞，拖了一年多就死了。

在他身後，留下了一個龐大失控的帝國：由於不滿於集權制度帶來的束縛，人們離心離德，不知道未來會走向何方。他的妻子呂太后更是風聲鶴唳，對所有的人都不敢信任。

呂太后甚至恐懼起漢朝自己的中央軍隊來。在劉邦死前，他派出了大將樊噲、周勃率領二十萬大軍，對還在位的倒數第二個異姓王——燕王盧綰發起了攻擊。盧綰是劉邦的同鄉好友，本來應該是帝國的穩定劑，卻由於中央政府對他王國的逼迫，而不得不與匈奴人聯合對付漢朝。

在樊噲、周勃率領大軍進攻盧綰時，為了確保關中地區（陝西）的安全（這裡是漢王起家的地方），劉邦還派陳平和灌嬰率領十萬人，把守著關東地區的重鎮滎陽。當年滎陽是劉邦與項羽來回爭奪的地方，獲得這裡，就有了進攻洛陽和關中的基地，是全國最重要的軍事據點之一。

當劉邦死後，呂太后不僅擔心無法控制朝政，還擔心起樊噲、周勃、陳平、灌嬰這些忠心耿耿的將領來。呂太后總是想到，在秦朝時，這些將領和劉邦是平等的編戶，現在卻要對劉邦的兒

12 見《史記．魏豹彭越列傳》。
13 見《史記．黥布列傳》。

子稱臣，會不會心有不甘而率三十萬大軍造反[14]？她不敢宣布皇帝的死訊，祕不發喪，陰謀將在外領兵的將領們都殺掉。

大臣酈商聽說後，立刻見到替太后出謀劃策的審食其，勸說：如果殺掉這幾位將軍，三十萬漢軍不僅不會平息，反而會立刻大亂[15]。在審食其入告後，呂太后這才放棄了殺害這些人的企圖。這四位將軍都屬於劉邦的親信，呂太后尚且如此不信任，不僅表現了執政者陰暗的心態，也看到了漢朝初期風聲鶴唳的局勢。

那麼，呂太后為什麼如此驚恐，連劉邦的親信都不敢相信呢？

答案仍然是：到這時，人們仍然不理解劉邦要建立的中央集權帝國是什麼樣子。沒有人能回答，為什麼劉邦成為皇帝，而其他人必須做臣子？在更多人的心中？仍然懷念著列國時期，對中央集權的統一帝國充滿了警惕和敵視。

呂太后擔心，劉邦死後，會有下一個造反者推翻漢朝統治，將她和她的子孫做成肉丸子。只有這時，才能理解人心為什麼如此重要。當所有的人都不信任這個制度時，所形成的合力很可能會摧毀它。當一個平民當上皇帝時，所有的人都會問憑什麼？只有將皇帝樹立成神，當作天賜的，才能避免那些普通人的野心。

叔孫通採取了最簡單的做法，試圖用一系列複雜的禮儀凸顯皇帝的威嚴，並將人們固定在他們自己的位置上，不讓他們反抗。但出身於小混混的劉邦不管經過什麼樣的包裝，人們還是認為他不夠神聖，沒有起到最終的固定作用，反而讓人們更加擔心和不信任。叔孫通的努力失敗了，但是，怎樣才能讓人們心甘情願的接受這個皇帝呢？

漢高祖的地位危機

漢高祖劉邦遇到的問題是中國政治哲學的最基本問題。從秦代開始，中國建立了大一統的中央集權制度，普天之下莫非王土，率土之濱莫非王臣，這樣的帝國維持了兩千年。可在建立之初，人們會問：**「為什麼皇帝就能將整個天下的土地和人民都據為己有？他的依據是什麼？為什麼他是皇帝，而不能換成別人？」**最後一個問題對於開國君主的意義更加重大，因為開國君主最初只是生活在前朝的普通人，只是因緣際會得到了天下，對他知根知底的人不在少數。成為皇帝後，要想證明他理應當皇帝，就必須神化他，但那些熟人卻不屑於他裝神弄鬼，到底該怎麼說服大家他就是皇帝的不二人選？

中國哲學與西方哲學的區別也在這裡，西方哲學沒有受到大一統帝國的束縛，最初要回答的是人和世界的關係問題。什麼是人？什麼是宇宙？什麼是自然？什麼是世界？由此引出了一系列的解答，並產生了諸多的流派。而**中國哲學首先是依附於政治的，要解決的是統治問題**。如何才能給統治者合法性？皇帝為什麼是皇帝？臣民為什麼是臣民？只有統治問題得到解答後，才會將

14 《史記．高祖本紀》：「呂后後與審食其謀曰：『諸將與帝為編戶民，今北面為臣，此常怏怏，今乃事少主，非盡族是，天下不安。』」

15 《漢書．高帝紀》：「酈商見審食其曰：『聞帝已崩四日，不發喪，欲誅諸將。誠如此，天下危矣。陳平、灌嬰將十萬守滎陽，樊噲、周勃將二十萬定燕、代，此聞帝崩，諸將皆誅，必連兵還鄉，以攻關中。大臣內畔，諸將外反，亡可蹺足待也。』」《史記》也有同樣記載，但將酈商記為酈將軍。

哲學延伸到其他領域，產生出新的方向。

在漢初，隨著劉邦的逝世以及叔孫通代表的儒家初次失敗，另外兩個學派又分別進行了嘗試，來解決政權（皇帝）合法性的問題。

在兩派出臺前（編按：比喻制定某種方針政策，開始實行），西漢皇族內部的紛爭恰好維持住了劉邦政權，沒有倒臺。這次內部紛爭由呂太后引起，為了鞏固自己的勢力，呂太后任命了幾位娘家人擔任王，包括呂王呂台、梁王呂產、趙王呂祿、燕王呂通等。

呂太后之所以把她的娘家人封王，也是因為如何分封諸侯王還沒有形成固定的規則。雖然劉邦說過「非劉氏不王」，但由於戰國時期和漢初的影響，呂后認為將部分國土分封給呂氏是正當的。她本人對於劉邦想建立的中央集權國家也並沒有清晰的概念。

呂太后死後，幾位呂姓王短暫擁有過顛覆中央政權的權力[16]。然而，對於跟隨劉邦的功臣來說，與其選擇呂氏，不如繼續擁護劉氏。這種想法導致了重臣陳平、周勃等人合謀消滅呂氏，擁護劉氏。這次謀劃也導致了生性寬容的漢文帝上臺[17]。

文帝上臺後，另外兩個學派的觀點已經占據了漢朝的主流，並影響了漢朝幾十年的社會，它們分別是道家和法家。與儒家痴迷於利用禮儀將人的行為束縛起來大不同，道家和法家都承認劉氏政權並沒有必然性，也沒有鞏固性。人們對於戰國時期的記憶過於清晰，不肯輕易接受一個中央集權的龐然大物。

道家和法家相對來說都是務實主義者，他們沒有試圖從理論上神化皇族，而是寄希望於用現實性來代替編造的理論。他們認為，要**想樹立劉氏政權的權威，只需要將這個政權維持得足夠長**

久，等那些出生於戰國和秦代的老人都死掉時，人們的記憶就會被更迭。如何度過最初的幾十年，是一個帝國成敗的關鍵。

如何維持政權的穩定，道家和法家的思路卻是截然相反的。**道家主張放鬆社會控制，而法家主張加強社會控制**。

晁錯削藩被殺，新法家沒落

法家對集權政權的實踐是從秦朝就開始了。在商鞅、韓非子等人的影響下，秦朝採取了透過嚴刑峻法來約束人們行為的做法，試圖利用彈壓之術，將人們固定在社會的各個角色之中。當人們適應了新的角色之後，也就承認了新政權的權威。在他們看來，權威來自法律約束。

除了制度之外，法家還主張利用一切機會，不擇手段的剪除諸侯勢力，不管是漢高祖和呂后主導的誅殺異姓王，還是漢景帝時期的削藩，都帶著鮮明的法家特色。

但是，隨著秦朝的滅亡，法家由於過於嚴苛，已經聲名狼藉。而法家主張建立制度，在漢高祖本人看來也並不欣賞。漢高祖本人天馬行空，以毀約為常，建立制度除了意味著對民間的限制外，也意味著對皇帝的限制。在漢初，法家雖然屢有應用，卻只能處於地下活動，也就是採取法

16 見《史記．呂太后本紀》。

17 見《史記．孝文本紀》。

家的政策，卻不說自己是法家。

漢初法家的代表人物是晁錯[18]，在中國歷史上，統治者往往**在儒術中摻入大量的法家成分，所謂「陽儒陰法」**，這種趨勢就始於晁錯。晁錯被人們認為是漢初儒家的代表，他也的確精通儒家經典《尚書》，但同時，他又學習過法家思想，在他提出的政策建議中基本上都採用了法家的思路。

晁錯生活在漢文帝、景帝時期，也是中國大一統之後第一次經濟盛世時期。為了鞏固漢政權，晁錯的提議大都是明快直接、不打啞謎的政策。比如，他也和商鞅等法家人物一樣，強調農業的重要性而貶低商業（這和黃老之術代表的道家學說正好相反），為了鼓勵人們種糧，也同樣是為了解決中央政府沒有能力向邊關地區輸送軍事後勤的問題，他提出富人可以向邊關輸送糧食，而朝廷給他們封賞一定的爵位，或者免除一定的刑罰[19]。透過這種方式，中央政府籌集了財政需要，就可以為普通人減稅。漢文帝採取他的方法，果然在接下來的十三年中沒有收取一點農業稅，仍然保持了政府的運轉和邊關的國防。為了解決邊關問題，晁錯還鼓勵人們向邊境移民，寓兵於農，積極防禦匈奴的攻擊[20]。

而晁錯最著名的主張，則是在漢景帝時期的「削藩」。劉邦廢除了異姓王之後，由於制度慣性，漢帝國無法一下子在全國建立起中央集權的政治制度（主要是沒有這麼多的官員儲備），只好又任命了一批宗室子弟去函谷關以東地區擔任諸侯王。這些同姓諸侯王主要分布在如今的山東、河北、山西、江淮一帶，死後可以把國土傳給子孫。隨著時間的推移，諸侯王們與皇帝的親情關係越來越淡漠，他們就成了西漢政權最大的不穩定因素。

晁錯在削藩問題上反映了典型的法家功利主義觀點，他認為，諸侯王已經尾大不掉，不管現在開始削藩，還是不削藩，在未來都會有人起來造反，「削之亦反，不削亦反」。如果現在開始削弱諸侯王的權力，會逼迫諸侯王立刻造反，但災難可能更小。如果現在不動手，諸侯王造反可能推後，但到時候，當諸侯王兵強馬壯準備完畢，反而更加難以預測結果。「削之，其反亟，禍小；不削之，其反遲，禍大[21]。」

漢景帝採納了晁錯的建議開始削藩，立刻引起了七國之亂，也就是七個諸侯國的叛亂。這七個國家打著「誅晁錯」的旗號造反，景帝立刻服軟殺掉了晁錯。晁錯雖然死去，但他的主張卻毫無錯誤，借助這次七國之亂，漢景帝削弱了諸侯王的勢力，為漢武帝時期徹底控制諸侯國鋪平了道路。

黃老之術，漢初政治指導原則

除了法家之外，與法家相對的是另一派，被稱為「黃老之術」，也就是西漢初期特殊的道家學派。所謂黃老之術，被認為來自傳說中的黃帝和老子的思想。

---

18 見《史記・袁盎晁錯列傳》。
19 見晁錯《論貴粟疏》。
20 見晁錯《論守邊疏》。
21 見晁錯《削藩策》。

這一派認為，**要想鞏固政權，必須讓人們嘗到甜頭，認識到現在模式的好處。只有得到了好處，人們才會從心底裡接受新模式**。

要讓人們嘗到好處，就必須從經濟上考慮問題。在統一的模式下，由於市場的擴大，政府只需要維持住和平，並採取放任自流的態度，民間經濟就自然會獲得發展。當經濟發展幾十年後，人們都吃上了飽飯好飯，生活上自得其樂，也就已經離不開這個政權了。即便這個政權是依靠欺詐和蠻力建立起來的，隨著時間的推移，也會因為創造了和平和繁榮而取得合法性。

黃老之術的代表人物是丞相曹參，以及漢文帝和他的皇后竇皇后。幸運的是，呂太后時期雖然政治上鬥爭不斷，但治理國家上卻交給了秉持黃老之術的大臣。到了漢文帝時期，更是將黃老之術當成了國策。借助法家的權術和黃老之術的仁術，漢高祖劉邦死時的皇帝危機暫時被壓制住了。隨著文景之治帶來的盛世局面，人們慢慢的不再懷念戰國時期，而是被西漢所創造的巨大的國內市場所迷惑，更加樂於生活在現狀之中。

到這時，法家和道家的作用已經達到了最大。然而，人們卻發現，皇帝的合法性危機並沒有真正解決。法家和道家的做法只是把合法性問題推後了，他們並沒有回答「憑什麼劉氏才能當皇帝」，只是讓大家習慣於劉氏當皇帝的狀態，而人們之所以接受劉氏當皇帝，只是因為他們覺得現在生活得不錯，沒有必要做改變。

可是，萬一哪一天，當社會經濟出現下滑，人們的生活困難時，「憑什麼劉氏才能當皇帝」這個問題又會被提出來，並且成為推翻劉氏政權的藉口。按照現代功利主義的觀點，人們需要一個皇帝，只是因為暫時想不到更好的政治架構來保證龐大國家的統一和繁榮，至於誰當皇帝，是無所謂的。但這種觀點在漢代的皇帝們看來絕對不能接受，他們必須要一種哲學來論證只有劉氏才能當皇帝，這樣才能保證江山永遠在劉氏內部傳承。

於是，當道家和法家暫時穩定了社會，讓皇帝坐穩了寶座之後，皇帝開始轉向了另一派人，請他們徹底解決所謂的合法性問題。

這一派認為，法家使用的是權謀之術，而黃老之術則使人放蕩和失控，總結來說，這兩派都是針對人們的舉止和行動採取方法，而真正高明的手段卻是控制人們的思想，透過政府的引導、宣傳和洗腦，讓人們在不知不覺間愛上皇帝，將皇帝當成比衣食父母都親的神，把當年的小癟三當成是天命所歸的不二選擇。只有這樣，才能讓人們徹底相信，只有劉氏才能做皇帝。

這一派，就是後來的儒家。或許我們更應該稱之為**儒教**。

初步神化方案

在漢代，從黃老之術向儒教轉化的兩個早期人物是**陸賈**和**賈誼**。

陸賈來自楚地，生活的年代與漢高祖重合。在漢高祖統一中國後，陸賈曾經出使南越國，說服南越王趙佗稱臣，但令陸賈揚名的卻是他寫的《新語》[22]。

在秦朝，由於李斯說服秦始皇將除了醫藥、占卜、種植方面書籍之外的其他書全部燒毀，對

22 見《史記・酈生陸賈列傳》。

先秦文化形成了致命的打擊[23]。到了漢初，各地保留下來的書籍很少，而曾經學習過百家之術的人又分散在鄉野，還都沒有找到。在這個圖書奇缺的年代，一本簡單的順口溜書籍都能帶來極大的影響力。

漢高祖劉邦本人對文人和書籍並不感興趣，常常以侮辱文人為樂。由於陸賈動不動就在劉邦的面前說詩書，劉邦當面質疑：老子是馬上打天下，讀這些詩書有什麼用？

陸賈回答：**「馬上得天下，卻不能馬上治天下。」**並舉了一系列例子，最後說：「如果當年秦朝懂得師法聖人，行仁義，也就輪不到陛下了。」

劉邦立刻醒悟，放下架子請陸賈根據歷代的得失經驗，寫出來供他參考。陸賈於是寫了十二篇文章，合成一本書稱為《新語》。這本書立意淺顯，格式粗糙，類似於古代的順口溜，也反映了秦朝焚書坑儒之後文化的凋敝。但陸賈每每上奏一篇，劉邦都會大聲說好，引得其他人都跟著喊萬歲，說明他抓住了劉邦的需要，已經代表了當時較高的學術水準。

在書中，陸賈以儒家的框架為基礎提出了治國之道，認為統治者必須做到「仁義」才能治理好國家，但他又進一步認為，仁義的核心是「無為」。仁義是孟子時期儒學的核心思想，而無為則是道家思想，這樣，陸賈的思想實際上是**儒家的框架和道家的核心**。但他的做法讓儒家在漢初的道家氛圍內尋找到了一絲根據地。

《新語》翻來覆去說了十二篇[24]，核心觀念可以概括為：

第一，從宇宙論入手，敘述了宇宙的發展過程，然後到人類的發展過程，再到歷代聖人的功勞。他認為**聖人是根據宇宙的規律來治理國家**的，所以達到了良好的效果。陸賈的這個體系參考了先秦時期陰陽學家的成果。

第二，**所謂宇宙發展規律，就是「仁義」**。要想治理好國家，首先必須行仁義。陸賈此時的理論體系來自孟子的理論，孟子理論的核心，就是「仁」。

第三，皇帝如何才能做到仁義呢？答案是：**所謂仁義，就是要「無為而治」**。只要保持內部的和平，民間自己就會發展，皇帝不需要做什麼，只要享受「無為」的成果就可以了。無為的思想來自道家，所以，陸賈最後的結論實際上是道家的，與當時的黃老之術合拍。

陸賈理論對後世影響最大的，是他的宇宙論。這套觀念暗含了後來董仲舒創造的「天人合一」理論。用現代話來說就是，人類社會是另一個小型的宇宙，宇宙的規律也是社會的規律，所以，要治理好人間，就要符合天道。

不過陸賈還沒有明確說皇帝就是老天爺派來治理人世的，他只是暗示，皇帝之所以脫穎而出，在於他按照天道來治理人民。

這套天人合一的理論雖然還比較原始，但到了後來，被後人進一步發揮，就把皇帝神化成天子，並把某人當皇帝說成是天道了。這樣，皇帝就從小癟三變成了老天爺派來的，是不可反抗的。一旦皇帝成了天子，人們也就沒有資格去質疑他憑什麼當皇帝了。

陸賈之後，另一位年輕人繼續發展了他的理論。這位年輕人就是漢文帝時期的賈誼。

23 見《史記．秦始皇本紀》。
24 見陸賈《新語》。

賈誼是洛陽人，他在當地被稱為年少的才子，後來被文帝徵召進入宮廷。最初是博士，一年之後就跳到了太中大夫。這兩個官職都是皇帝的智囊，博士的待遇是一年六百石糧食，而太中大夫則有一千石的糧食。

賈誼的思想可以看作繼承了陸賈的「仁義」思想，加上從叔孫通那兒借來的「禮法」外衣。叔孫通主張禮儀，強調巨大的儀式感，利用儀式帶來的壓迫感產生秩序，從而烘托皇帝的威嚴。他在劉邦時期頗受重用。但是到了漢文帝時期，由於文帝待人寬厚，提倡黃老之術，叔孫通的那一套吃不開了。

但賈誼來到了文帝朝廷之後，沒有覺察到這種轉變，仍然上書提出了一系列的措施。「改正朔，易服色，法制度，定官名，興禮樂，乃悉草具其事儀法，色尚黃，數用五，為官名，悉更秦之法[25]。」

他的這些提議比叔孫通又進了一步，叔孫通是東施效顰一般模仿秦朝的禮儀規則，而賈誼則是想建立一套屬於漢朝自己的禮儀規則，並配合一系列神祕主義的理論。比如，根據先秦時期陰陽學說，金木水火土五行相克，每一個朝代都對應於不同的元素和不同的顏色。

另外，在秦漢時期，「正月」並非就是「一月」的專有名詞，而是每個朝代有自己的「正月」。根據《史記》記載，夏朝的正月是一月，商朝的正月是十二月，周朝的正月是十一月[26]。秦始皇統一六國後，認為秦朝是「水」德，顏色是黑色，而秦朝的正月是十月。賈誼繼承了這樣的神祕主義，急於把它併入到禮儀規則之中，把皇朝循環與陰陽五行、宇宙論扯上關係，把漢朝塑造成天命所歸。

賈誼對陸賈的理論也有了新的改造。陸賈認為皇帝一定要行仁義，賈誼也認為一定要行仁義。他還特地寫了《過秦論》，經過了無限的鋪排之後，認為秦朝滅亡就是因為「仁義不施」。

但賈誼的仁義與陸賈的仁義卻是天壤之別。**陸賈認為仁義就是「無為」**，對應於現代術語就是寬容，這是典型的道家思想。而**賈誼認為的仁義卻是「禮法」**。由於禮法是孔子時期儒學的核心觀念，賈誼就把陸賈的理論又變成了徹頭徹尾的儒家思想。除了禮儀上尊崇皇帝之外，在生活的各個方面都必須突出皇家的威儀，將整個社會置於等級規則之下。一旦所有的等級制度就位，皇帝就成了高高在上的神。

但賈誼不走運的是，漢文帝是一位黃老之術的信奉者，對於一切折騰都敬而遠之，事情能簡化就簡化。賈誼的思想並沒有被採納，他本人也被從中央支走，遠走長沙。由於英年早逝，他沒能熬過漢初的黃老時期。

賈誼死後二十八年，一位十六歲的小皇帝登上了王位，儒教終於等到了機會，摩拳擦掌準備占據中國兩千年哲學舞臺的中心位置了。

---

25 見《史記・屈原賈生列傳》。

26 《史記・曆書》：「夏正以正月，殷正以十二月，周正以十一月。蓋三王之正若循環，窮則反本。天下有道，則不失紀序；無道，則正朔不行於諸侯。」

第二章

皇帝神化運動

西元前一四一年～前八七年

從漢武帝開始，政府特意提拔身分卑微的書呆子進入最高權力機構。最典型的是犯過罪、牧過豬，年近七十才入仕的公孫弘。這類人缺乏實務經驗，卻善於把持權力，以皇帝的需要來解釋司法，成了神話皇帝的主力軍。

竇太后死後，作為漢初指導思想的黃老之術迅速讓位於儒家，儒教時代到來了。

西漢的儒教不同於春秋戰國時期的儒家。最初的儒教建立在一本對《春秋》有歪曲的解釋性書籍之上，這本書叫《春秋公羊傳》。由於提倡「微言大義」、「大一統」、政治進化論（早期儒家總是嚮往古代政治的清明，《春秋公羊傳》卻推崇現世，不注重古代），這一切都符合西漢王朝的需要，《春秋公羊傳》成了西漢的「聖經」，孔丘已經變成了公羊。

董仲舒對儒教的改造，是將陰陽學說雜入了儒家學說，提倡「天人合一」，試圖利用儒教解釋從宇宙天地，到人體髮膚，再到社會政治的一切學問。他試圖尋找終極真理，再用這個真理束縛住人們的行為，讓人們幸福的生活在真理之中。

按照「天人合一」理論，人類社會的規律與老天爺的運行規律是合一的，人類生活的目的，就是遵從於老天爺的意志。皇帝是天在人間的代表，是天選定的，是不容置疑的，必須無條件服從。既然老天爺選擇了劉氏作為天子，那麼所有對皇帝的反抗就是非法的。透過這種方式，董仲舒就解決了只有劉氏才能當皇帝的問題。

儒教誕生的同時，作為道家集大成者的淮南王劉安卻在儒教的打壓之下死亡，他主持編撰的《淮南子》雖然代表了道家思想的最高成就，卻沒有對現實產生任何的影響力。道家從此退出了政治。

要當官，先背書

一個叫做公孫弘的小人物可能永遠想不到，自己會以這樣的方式飛黃騰達。

公孫弘生於西元前二〇〇年前後，出生時漢高祖劉邦還在位。他曾經擔任過小吏，但由於犯罪被免職，迫於生活壓力只能到海邊去牧豬[1]。他與著名的大才子賈誼同年，但賈誼三十三歲去世時已名滿天下，而此刻，公孫弘還只在豬窩裡掙扎。

到了四十多歲，這位一事無成的小人物眼看就要卑微的度過一生，他卻決定開始另一段冒險：去讀書。

當時已經是漢文帝執政晚期，各地的儒家學說有所抬頭。西漢時期人們對書籍的占有與現代不同，現在，我們隨時可以接觸到琳琅滿目、品種齊全的圖書。但在漢代，由於書籍都是手工抄在竹簡上的，書就意味著財富，許多窮人可能終生都見不到一本書。

在這種情況下讀什麼書也充滿了偶然，一個學習《道德經》的人可能並不是因為他喜歡老子，而是他只見過這一本書，沒有機會接觸到別的。當他把這一本書背得滾瓜爛熟，就成了一個擁有學問的人，可以到官府混飯吃了。

由於竹簡運輸不便，許多人傳授學問也是靠背誦完成的，當他口對口幫助學生把全書都背下來，解釋一遍，就算完成了傳授。

1 見《漢書．公孫弘卜式兒寬傳》。

公孫弘住在齊地，在戰國時期，齊國是一個著名的文化中心，以研究變了味的儒家學說而出名，號稱「稷下學派」。

孔子出生於魯國，因此，在魯地保存了較完整的孔子學說，那麼為什麼齊國也成了研究儒家的學術中心呢？這是因為齊國比魯國更強大，它的國君更傾心於稱霸，想以齊國為中心重建國際秩序。在齊王的周圍聚集了大量的學者，希望為齊王量身打造一套稱霸世界的理論體系。這些學者中最主要是儒家，但也有道家、陰陽家、法家等學派。根據《漢書》的記載，儒家學者荀子、道家學者田況、陰陽家鄒衍，都曾經在稷下做研究[2]。這些不同學派的人在一起聯合改造了原始的儒家，形成了一套新的理論體系。在歷史上，也把這一派儒家稱為「齊學」，而更加繼承了孔子理論的魯地儒家稱為「魯學」。

在齊地，公孫弘有機會接觸到了一本叫做《春秋》的書。這本書由孔子整理，並經過齊地文人的解釋，在私下傳授。

在這些文人中，有一位最著名的叫做胡毋生，此人曾經在漢景帝的手下當過博士，老來回到齊地傳授學問[3]。胡毋生的學問是從一位叫做公羊壽的人那兒口對口學來的，而公羊壽的學問得自於家傳，他的祖先公羊高是子夏的弟子，而子夏又是孔子的嫡傳弟子之一。

在胡毋生之前，公羊家族傳誦的《春秋》是靠口耳相傳來延續的，胡毋生第一次把它變成了文字，記在了竹簡上。記載的方式是這樣的：首先，孔子整理的《春秋》被稱為「經」，由於經文寫得過於簡略，不解釋就不容易懂，人們如果直接讀春秋經，就像現代人讀古文一樣雲裡霧裡，所以，公羊家族的人會對經文進行一定的解釋，這些解釋被稱為「傳」。由於胡毋生的

「傳」是公羊家族流傳下來的，所以他寫出的解釋就被稱為《春秋公羊傳》。

公孫弘師從胡毋生之後，將《春秋公羊傳》背得滾瓜爛熟，成了當地小有名氣的文人。

到了他六十歲，終於等到一個機會。當年，年幼的漢武帝剛上臺不久，執政的竇太后決定從地方上徵召一批有學問的人。當地官員把老頭子公孫弘也舉薦了上去，白髮蒼蒼的他第一次踏出故鄉，去了京城。

執政的竇太后沒有嫌他老，授予他博士的頭銜。他的第一項差事就是出使匈奴，然而，事實證明，這個放豬的老頭子雖然背了一本書，卻缺乏處理實務的能力，他搞砸了使命，被太后免了職，打道回府——他向著一事無成的死去又邁進了一步。

六年後，竇太后已經死去，漢武帝開始親政。他再次下詔徵集儒家人才，地方官員再次將公孫弘上報。公孫弘已經心灰意懶，不想再去碰運氣，但還是被勸說著上路。到了首都，負責選拔的太常也看不起他，在策問時給他評了個下等。隨後，這樣的成績送給漢武帝過目，誰知漢武帝卻出乎大臣們的意料，立刻被這個年近七十的老頭子迷住了，不僅大大讚賞一番，還將他留下伺候自己。

此後，公孫弘的提升進入了快車道，從金馬門待詔，到左內史，直至御史大夫、丞相，以八十歲的高齡死在了丞相任上。

2 見《漢書．藝文志》。

3 見《漢書．儒林傳》。

以《春秋公羊傳》草率斷案

由於吃過一次虧，公孫弘對於自己的學問知根知底，他變得謙恭多禮，做事首先把私人態度藏起來。當皇帝詢問時，哪怕有不同意見，最終也總是無條件支持皇帝。大臣們對他的首鼠兩端感到不滿，他就用謙恭的態度籠絡住下級，再偷偷的排擠那些比他學問大、能力強的人。

在所有學習《春秋公羊傳》的人中，他的師弟董仲舒的成就遠勝於他，於是他就把董仲舒送到膠西國去當國相，原因是膠西國的國君劉端以殘暴出名，當他的手下很可能不知什麼時候就掛掉了。

以編撰《淮南子》出名的淮南王劉安喜歡道術，雜以百家，是當時最有學問的人。而公孫弘只會背誦一本《春秋公羊傳》，對於意思還老是想不透。但他感覺到皇帝擔心這位堂叔的權威，開始著手調查淮南王謀反的跡象，為事後漢武帝查辦淮南王拉開了序幕。

在公孫弘辦理的荒唐事中，最荒謬的要算兩個案子：其一，當時的名臣主父偃曾經擔任齊厲王的國相，由於齊厲王與姊姊通姦，主父偃對他曉之以理，齊王卻擔憂主父偃是漢武帝派來查辦他的，所以就自殺了[4]。

這件事本來與主父偃無關，但公孫弘卻認為，根據《春秋公羊傳》的精神，有一條原則叫做「**誅首惡**」，一件事情哪怕不是他幹的，但是因他而起，他就是首惡。如果主父偃不勸說齊王，齊王就不會自殺，所以主父偃就是首惡。公孫弘以這樣的藉口殺掉了主父偃，並滅掉了他的家族。這件事也開啟了濫殺的先河，漢代的法律由此可以不根據人的行為來斷案，而是根據事情的後果，甚至可以牽連到無辜的人。

另一件事與一位叫做郭解的遊俠有關。遊俠是春秋戰國時期的產物，他們遊歷在各個國家，不依附於任何政權，不屬於任何已有的社會等級，獨立於現有的體制。隨著漢代大一統的到來，產生遊俠的土壤中斷了，他們成了集權政府的敵人、被消滅的對象。

讀慣了現代武俠小說的人都會對俠客讚不絕口。郭解就是實際存在過的俠客，他年輕時曾經殺人作惡，遇到大赦，之後痛改前非。他在鄉里甘居貧困，卻又仗義執言，聚集了大批仰慕他高義的人前來。他雖然只是布衣，在家鄉卻比官員都有威望，調解人們的矛盾，維持社會正義，不作惡，不殺生[5]。

但郭解這樣的人卻是集權政府最怕的，擔心他成為政權的競爭者。漢武帝在建立他的陵墓茂陵時，從郭解的家鄉遷移了一批富戶到茂陵居住，郭解由於家貧，並不在被移民之列，但有人故意將他列入了名單。隨後，一批官員紛紛請願說他不應該被遷移。事情傳到了漢武帝耳中，武帝大怒，堅持把他遷移了。因為這件事情，有人替郭解打抱不平，查出將郭解列入名單的是本地人楊季主當官的兒子，於是將其兒子和楊季主先後殺死。另外，在一次打抱不平的事件中，另一個郭解的支持者把罵郭解的一個人殺掉了。

但這兩件事郭解並不知情，也絕不贊成人們互相殘殺。當官府將郭解抓住後，經過調查，仍

4 見《史記．平津侯主父列傳》。
5 見《史記．遊俠列傳》。

然沒有辦法判他的刑，因為他不知情。

眼看郭解就要再次被釋放。這時公孫弘充分了解皇帝對於遊俠的恐懼，他出面的時候到了。公孫弘拿出《春秋公羊傳》一查，表示：根據「誅首惡」原則，郭解作為平民百姓卻總想做官府的事情，導致人們因為他而殺人。郭解雖然不知情，但這比知情更加可惡。

郭解最終死於公孫弘刀下。

這兩個案子典型的反映了漢代所謂的《春秋》決獄，即根據《春秋》的精神來斷案。在公孫弘時代，由於人們只透過《公羊傳》了解《春秋》，所謂利用《春秋》精神，就是利用《公羊傳》被歪曲的解釋來斷案。

在《春秋》決獄中，漢代經常使用的原則除了「誅首惡」之外，還有「責知誅率[6]」、「原心定罪[7]」等。人們只要知情不報，就與犯罪者同罪，由於害怕人們結社，領頭的人必定誅殺。而在斷案時也不看結果，而是根據人們的意圖定罪，只要意圖是惡的，哪怕沒有引起後果，也要重判。

公孫弘時代，正是《春秋》決獄興起的時期，大量的冤假錯案被製造了出來。而他本人的飛黃騰達，也反映了漢代儒教興起時期的混亂現實。一個毫無實際經驗的人憑藉一本書當上了丞相，並輕率的行使著權力。

但是，人們的心頭還有一個疑問沒有解答：為什麼漢武帝會這麼喜歡他，他的魅力到底在哪裡？這就要提到漢武帝時期儒教的興起，以及公孫弘學習的那本《春秋公羊傳》如何成了漢代的「客觀真理」。

儒家趁勢崛起

公孫弘當政時期，恰好西漢王朝經過了幾十年的「原始積累」，已經實現了經濟發展和社會穩定。在西漢前期，以黃老之術為代表的道家思想是社會的主流思潮，但隨著經濟發展和老一輩的死去，黃老之術卻遭遇了危機。

這次危機的主要原因是支持黃老之術的人死光了。最後一個黃老的支持者是漢文帝的皇后、在漢景帝時期和漢武帝初期主政的竇太后。竇太后經過漢初的混亂，知道社會最需要的是穩定和發展，以及政府放手讓民間處理自己的問題。

竇太后死於漢武帝建元六年（西元前一三五年），她死後，武帝開始親政。漢武帝出生於文景時期的太平盛世，對於漢初的動盪沒有任何感受，反而生長在深宮大院之中，對曾祖父劉邦充滿了崇敬，並將他神化。在他心目中已經把劉氏當皇帝當作了理所應當。

但是，不管是法家還是黃老之術，都不能在理論上提供劉氏必當皇帝的依據。黃老之術只是告訴他：做到無為就對人民有利，對人民有利就是好皇帝，好皇帝就不會被趕下臺。在它們暗含的條件中，劉氏的皇帝並不是必然的，而是帶有很大的偶然成分，並且有可能在未來不稱職時就被免掉了。

---

6 《潛夫論．斷訟》：「春秋之義，責知誅率。」

7 《漢書．薛宣傳》：「春秋之義，原心定罪。」

年輕的漢武帝沒有曾祖父的軍功，也沒有祖父的寬容，年紀小小的他當上皇帝更缺乏合法性基礎，他需要人們給他編造一套新的理論，將皇帝神化，來證明這個皇帝是註定的，這個要求已經越來越迫切。

當黃老之術無法滿足這個要求時，一個在野的流派卻試圖回答這個問題。這個流派早在漢武帝之前已經吸引了無數的公子哥注意，他們出身於官宦家庭，沉浸在飛車走馬之中，希望能夠永遠占有眾多的社會資源。這些公子哥以魏其侯竇嬰和武安侯田蚡為代表[8]，他們分別是漢文帝皇后竇氏和漢景帝皇后王氏的娘家人，只是由於竇太后的壓制，暫時無法將黃老之術取而代之。

這個在野的派別，就是儒家。

熬過秦火的儒家

在敘述儒家如何在漢朝得勢之前，不妨先看看儒家是如何熬過了秦朝的毀滅性打擊，並在漢初流傳下來。

在非洲，許多部族的歷史是靠口耳相傳而得來的，從部落中選擇聰明的小男孩，讓他從小開始背誦部族史，到他年紀大了，再把歷史傳誦給下一代男孩。透過這種方式，就能實現歷史的數百年記憶。非洲方式在中國早期學術史的傳承中也可能起到了很大的作用。

戰國時期的許多亞流派也是依靠口耳相傳的。例如，孔子的著作（以及他參與整理的典籍）都以文字的形式保留了下來，但是對孔子著作的再解讀，也就是他的弟子、再傳弟子的著作，則可能只是透過口頭流傳。前面提到的《春秋公羊傳》是解釋《春秋》的著作，就是孔子的弟子子夏口授給了弟子公羊高，公羊高則把這個解釋當作寶貝背了下來，再在家族內部流傳，傳了五代，給了公羊壽。公羊壽又把它口頭傳給了弟子胡毋生，胡毋生這才將《春秋公羊傳》變成了文字，脫離了口耳相傳時代，記在了竹簡上。到這時，已經是漢朝了。不過，口耳相傳往往會帶來不準確的問題，隨著每個人的傳誦，文字都會發生一定的改變，已經失去了原來的面貌。

除了口耳相傳的傳統之外，對於先秦文化影響最大的，是秦始皇的焚書坑儒。秦始皇在李斯的意見下，為了鉗制人們的思想，幾乎將所有的學術書籍都燒毀了，只留下了幾種技術性書籍（醫學、占卜、農業），在他看來，研究社會學是沒有必要的[9]。

經過焚書之後，儒家的典籍已經澈底零散了。

孔子之前的周代已經有了完善的教育體系，對於學生的要求是「德智體」全面發展，主要的教學內容包括「六藝」（請參見下頁表1），分別是：禮、樂、射、御、書、數[10]，這些技能是一個士大夫日常生活中必須掌握的，如何行禮和奏樂，如何射箭和駕車，以及書法和算數。

孔子對於六藝也非常精通，他的弟子們也接受了完整的六藝教育。但到了晚年，孔子根據周代的文字，將經典進行了整理，又形成了另一個體系——「六經」。

8　見《史記．魏其武安侯列傳》。
9　見《史記．秦始皇本紀》。
10　《周禮．地官．司徒．保氏》：「養國子以道，乃教之六藝，一曰五禮，二曰六樂，三曰五射，四曰五御，五曰六書，六曰九數。」

從本質上說，「六經」只是「六藝」的一個子集，六藝的內容涵蓋了現代教育中德智體三個方面，其中禮、樂對應著德，書、數對應著智，射、御對應著體。而六經則更加局限在德這一個方面，只專注於將這一方面更加深化。

六經包括詩、書、禮、樂、易、春秋。六藝之中的禮、樂被保留了下來，但內容卻加深了，前者只要求掌握一定的生活禮樂規則，而後者要對社會中的禮儀和樂理進行完整的學習與研究。除了禮樂之外，《詩經》和《尚書》都是記載人們言行的書籍，《詩經》記載各地的詩歌，而《尚書》則是古代重要政治文獻的結集。《易經》研究世界運行規律，而《春秋》則透過歷史來探討人類社會的規則。

在六經當中，又有難易程度的差別，其中《春秋》是最簡單入門的，也是學習最廣泛、影響最大的，之後按照樂、禮、詩、書，由易到難，而《易經》則被認為是最難學的。

從六藝變成六經，可以看作儒家形成的標誌。六藝

表1　孔子之前的周代教育體系：六藝

科目	內容
五禮	吉禮、凶禮、賓禮、軍禮、嘉禮
六樂	雲門、大咸、大韶、大夏、大濩、大武
五射	白矢、參連、剡注、襄尺、井儀
五御	鳴和鸞、逐水曲、過君表、舞交衢、逐禽左
六書	象形、指事、會意、形聲、轉注、假借
九數	方田、粟米、差分、少廣、商功、均輸、方程、盈不足、旁要

是周代留下的教育體系，也是前儒家時期的教育體系。孔子採取了新的課本，加強了理論學習，強化了「禮」的地位，也弱化了讀書人的動手能力，將「儒」和武士、匠人區分開來，專門以思想控制為目的來培養人才。

秦朝是以法家為基礎構建的統治體系，對一群手無縛雞之力的書呆子不感興趣，將儒家的書籍也和其他家一起燒掉了。由於古人的教材是竹簡，昂貴且冊數有限，秦始皇又可以下令地方官員，到各地的讀書人家去搜剿，經過焚書之後，許多書籍只有少量的殘卷躲過了焚書。到了西漢時期，儒家的六經都出現了不同程度的缺失[11]。其中關於樂的典籍已經澈底亡佚，不可恢復了，從此以後，六經就變成了人們熟知的五經。

《詩經》由於它的傳唱特性，保存得較為完整。在西漢時期，有四個人透過記憶將詩經保存了下來，分別傳授和解讀。這四人分別是魯人申培、齊人轅固、燕人韓嬰和趙人毛公，他們分別培養弟子，形成了派系，後人將他們傳承的詩經和解釋分別稱為：魯詩、齊詩、韓詩和毛詩。

需要說明的是，所謂《詩》四家，他們依據的經文都是孔子的《詩經》，雖然由於流傳的關係，在文字上也有些微的區別，但真正不同的只是他們對經文的翻譯和解讀。就像現代人分別翻譯《詩經》，出了數個版本一樣。這些版本有的注重直譯，有的注重含義，有的還存在大量的誤讀，有的更可能只是藉《詩經》的題，隨意發揮。在漢代，每一個版本都有人追隨，並將各自的不同放大開來，形成了門派之爭。

---

11 見《漢書・藝文志》。

《易經》由於用於占卜，秦朝時並沒有被焚毀，被完整的保留了下來。《易經》也有不少傳承人，最著名的是齊地的田氏。

《尚書》就沒有這麼好的運氣。秦火之後，人們以為《尚書》澈底失傳了。但後來發現有一個叫做伏勝的魯國人保存了半部《尚書》。當初秦國官員來搜剿書籍時，伏勝在匆忙之間將一部《尚書》藏在了牆壁內。經過了楚漢戰爭的混亂，伏勝回到位於濟南的家鄉，發現房屋已壞，他連忙查看藏書的牆壁，從中清理出二十九篇殘卷。後世所使用的就是這部殘缺的《尚書》。

至於《禮經》，也損毀得非常嚴重。西漢時期，一位叫做高堂伯的魯人傳下了一部《士禮》，這可能只是孔子所用教材中最不起眼的部分。

如果用現代人的眼光看，《士禮》只是一部流程指南。如果一個廚師要寫一份食譜，他會對每一道菜註明食材的分量、調味料以及用火，先放什麼，再放什麼。《士禮》則記載了各種士人在各種禮儀場合應該要做什麼，流程應該如何進行。它不多做解釋，只寫流程，現代術語稱之為腳本。

但由於沒有其他更好的著作來替代，這部腳本就被人們奉為經典，改名為《儀禮》，也稱《禮經》。

在孔子的教學體系中，《春秋》雖然是最簡單的，卻是學習最廣泛的學問之一。但《春秋》所流傳的情況也出現了混亂。按照班固的記載，**傳習《春秋》的一共五家，但只有三家（《春秋左氏傳》、《春秋公羊傳》、《春秋穀梁傳》）流傳了下來。**

三家中，以《春秋左氏傳》寫得最好。剩下的兩傳如同現代的學校老師，逐字逐句的向讀者解釋難點、段落大意，或者背後隱藏的義理，枯燥無趣，只有左氏傳像寫故事一樣娓娓道來。

由於《春秋》經文寫得過於晦澀，在漢代已經需要人講解才能看懂。《左氏傳》採取的講解方式是：既然經文太簡略，講解時就將經文豐富起來，講成文情並茂的小故事，讀者自然就理解了經文的意思。而《公羊傳》和《穀梁傳》卻總是相信《春秋》除了是歷史之外，實際上隱含了各式各樣的人間至理、微言大義，他們不斷的琢磨著詞句，尋找語言背後的意思，就如同看人先看屁股，結果發揮來發揮去，反而失去了對「真」的把握。

在漢武帝時期，《左氏傳》由於流傳不廣，人們知之甚少，而《穀梁傳》也缺乏有力官員的支持，無人問津，只有《春秋公羊傳》突然間聲名大噪，成為西漢王朝前期最著名的書籍。再加上五經之中，以《春秋》最為基礎，最後《公羊傳》就代表了人們普遍認知的儒家學問。

那麼，為什麼《公羊傳》如此受重視呢？

迎合統治者，孔丘變公羊

現代人談到漢初的哲學思想時，常常會舉例當時編撰的《禮記》、《淮南子》等書，以及賈誼、董仲舒等人，很少會想到《春秋公羊傳》，但實際上，《公羊傳》才是漢初影響最大的哲學書籍。

說它是哲學書籍，並不完全準確，實際上它只是《春秋》的注釋。比如，《春秋》經文記載於魯隱公元年，第一句就是「元年，春，王正月」。《公羊傳》就會逐字逐句不厭其煩的作解釋：「公年」是哪一年？是魯隱公即位的那一年。「春」是什麼？是一年的開始……[12]。

但這樣一部注釋書為什麼成了漢代哲學的基礎呢？原因在於，這本書的作者相信，孔子編撰的《春秋》中每一個字都隱藏著人世間的道理，所謂「微言大義」。

仍然以開篇第一句話為例，其中有三個字「王正月」，什麼是王正月？其實就是正月，也就是魯隱公元年的十一月（周朝以十一月為正月）。但是為什麼要在正月前面加一個「王」字呢？《公羊傳》考證說，這裡的「王」指的是周朝的開國君主周文王，「王正月」表示這個正月的規定是周文王當年制定的，之所以要在書的開頭提一下周王，是表示雖然《春秋》是以魯國的視角來記錄歷史的，但天下只有一個王就是周王，要尊重周朝的「大一統」[13]。

大一統的提出，表現了《公羊傳》對集權政治的迷戀，到底這個觀念是最初子夏講給公羊氏的，還是到了漢代由人根據皇帝的喜好加入的，則無法考證了。

在《公羊傳》的最後，也能看出作者的意圖。在《春秋》經文已經結束後，《公羊傳》做了一個簡單的總結，它先總結為什麼這部書始於魯隱公，結束於魯哀公十四年，認為始於魯隱公，是因為魯隱公時期的歷史是孔子的祖父輩所能了解到的，再往前就不可靠了；結束於魯哀公，是因為到這時，已經把所有的大道理和規律都說到了，再往下記載只是規律的重複而已。接著總結孔子為什麼寫這本書，是因為孔子要透過書籍來「撥亂反正」，給後世提供樣本。而他寫《春秋》，就是為了給後世的皇帝們提供治理樣本，學習治國之道[14]。

透過這樣的解釋，《春秋》就已經不再是一本歷史書，而變成了一本包羅了所有政治智慧的政治百科全書。公羊學者們認為，《春秋》是孔子藉歷史闡述天下公理的一本聖書，具有如同

《聖經》和《古蘭經》的地位。

用現在的眼光看，公羊學者們之所以把這本書捧這麼高，是因為他們接觸不到別的書，一輩子只能玩味這一本書，自然越玩味越覺得它高明，到最後就將它神化了。

但是，公羊學者的神化不僅沒有受到當時人們的嘲笑，反而有了更多的信徒，就連漢朝的皇帝也需要它。皇帝之所以需要，是因為它所提出的「政治智慧」幾乎全部是皇帝最需要的。漢代皇帝最焦急的莫過於自己的正統地位，而《公羊傳》許多似是而非的話中似乎提供了一條路徑，來表明「尊王」的必要性。

在《公羊傳》中幾個比較著名的觀點是：

第一，孔子寫《春秋》是為了擁護天子，貫穿了大一統思想，也是在為戰國之後的統一做準備。因此西漢的集權帝國不再被認為是劉邦偶然聚合起來的產物，反而被認為是聖人有計畫促進的產物。

第二，《春秋公羊傳》提到了歷史「所見」、「所聞」、「所傳聞」三個不同的劃分。所謂

12 《春秋公羊傳．隱公元年》：「『元年』者何？君之始年也。『春』者何？歲之始也。『王』者孰謂？謂文王也。」

13 《春秋公羊傳．隱公元年》：「曷為先言『王』而後言『正月』？王正月也。何言乎『王正月』？大一統也。」

14 《春秋公羊傳．哀公十四年》：「春秋何以始乎隱？祖之所逮聞也，所見異辭，所聞異辭，所傳聞異辭。何以終乎哀十四年？曰：備矣！君子曷為為春秋？撥亂世，反諸正，莫近諸春秋。則未知其為是與？其諸君子樂道堯舜之道與？末不亦樂乎？堯舜之知君子也？制春秋之義，以俟後聖，以君子之為，亦有樂乎此也。」

所見，指的是作者親自經歷的時代；所聞，指的是更早的一個時代，作者能夠從親歷者口中直接獲得材料；所傳聞又比所聞更早，是指親歷者又傳了幾代，最終才彙集到作者手中的材料。

到了董仲舒手中，將「所見」、「所聞」、「所傳聞」分成了具體的幾個時代。《春秋》一共記載了十二位國君，其中前五個國君是「所傳聞世」，中間四個國君是「所聞世」，後三個國君是「所見世」[15]。到了東漢的何休時期，又把這三世雜以陰陽五行輪迴之說，當成是「亂世—升平—太平」三世，對應於所傳聞、所聞、所見[16]。

這樣一來，從《公羊傳》的含混說法，就變成了有名的三世說，而且越到近來越是太平，這種進化論的思想與大部分人對古代的崇敬不同，實際上是為了給皇帝貼金，卻讓皇帝更加喜歡《公羊傳》。

三世說到東漢才正式形成，但在漢武帝時期的董仲舒口中，已經明顯暗示了這樣的進化。

第三，由於公羊學者相信書裡隱藏著大量的「微言大義」，結果漢代人就把這些微言大義引入了法律系統，成為斷案的一部分。比如，在本章開頭公孫弘就善於利用《春秋》來斷案，但公孫弘所使用的所謂《春秋》，實際上就是《春秋公羊傳》。當《公羊傳》被引入實用領域之後，它的地位就越發不可動搖了。

就這樣，公羊學者們就把《春秋》這樣一本歷史書，利用闡釋的力量，變成了一本無所不包的「聖書」。至於怎麼闡釋，由於《春秋》過於晦澀，而《公羊傳》也不算清晰，留下了大量的自由裁量權，不過這個裁量權不屬於普通人，只屬於皇帝和他的親信大臣。

實際上，《公羊傳》由於經過多年的口頭流傳，早已經不能代表真正的《春秋》，而是充滿了訛誤和模糊，變成了一個四不像的東西：非孔、非古、非史、非現代。

《公羊傳》流行的時間大約在漢景帝時期，景帝時期是一個多種思想交鋒的時期。這時居於統治地位的，仍是竇太后堅持的黃老之術，但大臣中間已經很多人開始成了《公羊傳》門人。

漢景帝時期，皇帝就提拔了傾向於儒家的衛綰擔任了丞相。到了武帝初期，魏其侯竇嬰和武安侯田蚡更是引入了大批的儒黨占據了高位，甚至有人提出讓年老的竇太后退居後宮，不再參與政事，引得竇太后大怒，做了最後一次反擊，貶斥了他們。

但這已經是最後一次迴光返照，隨後以《公羊傳》為代表的新儒家學說，借著孔子的外殼，

15 《春秋繁露．楚莊王》：「春秋分十二世以為三等：有見、有聞、有傳聞。有見三世，有聞四世，有傳聞五世。故哀、定、昭，君子之所見也，襄、成、文、宣，君子之所聞也，僖、閔、莊、桓、隱，君子之所傳聞也。所見六十一年，所聞八十五年，所傳聞九十六年。於所見，微其辭，於所聞，痛其禍，於傳聞，殺其恩，與情俱也。」

16 何休《春秋公羊經傳解詁．隱公元年》：「所見者，謂昭、定、哀，已與父時事也。所聞者，謂文、宣、成、襄王父時事也；所傳聞者，謂隱、桓、莊、閔、僖，高祖曾祖時世也。異辭者，見恩有厚薄，義有深淺，時恩哀義缺，將以理人倫，序人類，因制治亂之法。……於所傳聞之世，見治起於衰亂之中，用心尚粗觕，故內其國而外諸夏，先詳內，而後治外，錄大略小，內小惡書，外小惡不書，大國有大夫，小國略稱人，內離會書，外離會不書是也。於所聞之世，見治升平，內諸夏而外夷狄，書外離會，小國有大夫，宣十一年『秋，晉侯會狄於攢函』，襄二十三年『邾婁劓我來奔』是也。至所見之世，著治大平，夷狄進至於爵，天下遠近小大若一，用心尤深而詳，故崇仁義，譏二名，晉魏曼多、仲孫何忌是也。所以三世者，禮為父母三年，為祖父母期，為曾祖父母齊衰三月，立愛自親始，故春秋據哀錄隱，上治祖禰。所以二百四十二年者，取法十二公，天數備足，著治法式，又因周道始壞絕於惠、隱之際。主所以卒大夫者，明君當隱痛之也。君敬臣則臣自重，君愛臣則臣自盡。」

開始為皇帝服務了。

儒家變儒教，成了皇帝統治國家的工具

《公羊傳》之所以成為官方學問，除了它本身理論上贊成大一統，又持政治進化論觀點，同時很容易被皇帝擴展用來為自己服務之外，更重要的是幾位學習公羊學的大臣極力推廣。

當《公羊傳》由胡毋生傳給公孫弘之時，在趙地，另一位學者董仲舒也不知從什麼途徑接觸到了《公羊傳》[17]。公孫弘和董仲舒就成了將《公羊傳》引入朝廷的最得力之人。

不過，與公孫弘不同，董仲舒更加重視理論化工作。他敏銳的感覺到，《公羊傳》雖然很適合給皇帝尋找合法性，但是《公羊傳》的文字裡並沒有直接說漢代皇帝就是合法的，只是人們根據它的意思引申而來的。要想讓漢代皇帝徹底合法化，必須去寫一本當代的新書，專門為皇帝服務。而這，就是他要做的工作。

簡單的說，公孫弘等人借助《公羊傳》找到了一條將皇帝合法化的路徑，而董仲舒則把這條路走了下去，走到了終點。他要從理論上將皇帝神化，將皇帝與天等同。從此以後，反對皇帝，就是反對天。這就是「天人合一」理論。

董仲舒的觀點大都記載在他的幾篇奏章和一本著作之中，最重要的是那本著作《春秋繁露》。所謂繁露，指的是皇帝冠冕上的珠串，《春秋繁露》實際上就是「春秋雜談」的更文藝的說法。

現代人翻看這本書，第一個感覺是，這是一本讀後感，是董仲舒讀完《春秋公羊傳》之後的感想和總結。作者一開始是想緊貼著《春秋》去寫，像《公羊傳》一樣注釋一遍《春秋》，但寫著寫著，就慢慢的變成了隨意漫談，東一掃帚西一耙子，零零散散圍繞著他自己的「大同社會」談開，既包括讀後感，也有各種禮儀的操作性規定，如同一本雜集，由於缺乏統一主題，只好取個名字叫做《春秋繁露（雜談）》。

董仲舒的文筆也缺乏同時代司馬遷、司馬相如等人的文采，顯得晦澀和乾巴巴的，如果不是它的影響力，這只是一部三流書籍。漢朝之後，這本書的影響力也並不大，甚至在選擇經典時，人們也往往不會想到它。但就是這本書，卻是漢代人認為的最經典著作，遠在司馬遷的《史記》之上，它代表了儒教的誕生。

所謂儒教，指的是以儒家思想為招牌建立的宗教式體系。這個體系已經不再如同孔子一樣，只對人類社會感興趣，而是試圖解釋從宇宙天地，到人體髮膚，再到社會政治的一切學問，並試圖尋找終極真理，再用這個真理束縛住人們的行為，讓人們幸福的生活在真理之中。

在一個宗教體系中，一是要尋找真理，二是要用真理來強迫人們幸福的生活，這兩者是缺一不可的。

我們可以把儒教和孔子時期的儒家做一個對比。現代人喜歡把戰國時期的諸子百家都說成哲學流派，但實際上他們研究的方向各不相同，隸屬於不同的學科。

---

17 見《漢書．董仲舒傳》。

在我們現在的知識體系中劃分了許多學科，比如數學、物理、化學、天文、地理、文學、語言、政治、歷史等。在中國古代也有許多學科，但是，古人劃分學科的方法是和現代不同的。西漢時期的大學問家劉向[18]將當時比較大的學問分成了十家，分別是**儒**、**墨**、**道**、**法**、**名**、**農**、**雜**、**陰陽**、**縱橫**、**小說**，**這就是「諸子十家」**。這所謂十家，其實是十個學科，每一個研究的側重點都不相同。比如，**孔子所代表的儒家研究的是倫理學和歷史學**，對自然科學不感興趣，屬於現代的文科範疇，當弟子詢問的問題超出了這個範疇，他就不做解答了。最典型的是「未知生，焉知死[19]」、「子不語怪力亂神[20]」，對於人死這種接近於自然的現象不去考慮，只是考慮人們活著時候的倫理問題。

老子所代表的道家鼓吹的是哲學，卻對具體的社會、自然一概不感興趣，也不做研究。

墨子代表的墨家研究的是工程技術，**同時發展了一定的數學**、**邏輯學和物理學**，他雖然也對社會學感興趣，但世界觀帶著濃重的工程師味道，顯得有些幼稚，帶著社會主義色彩。

管子、**韓非子等人更關注的是政治學和法學**，對於倫理學、科學一概不感興趣。

蘇秦、**張儀代表的縱橫家**，**則是純粹的外交學**。

至於**鄒衍等陰陽家**，**則試圖構建一套以陰陽**、**五行為基礎的天文學**，**進而演化成為自然科學**。五行家對自然的解釋由於基於陰陽五行，現在看來有些荒謬，但在當時卻被當作最先進的科學看待。

另外，需要說明的是，在漢代以前，陰陽和五行並不是一回事，陰陽推崇的是一個二元制的世界，以陰和陽兩種元素的相互轉化來看待世界，而五行則是以「金木水火土」五種元素的相生相剋來建構世界。陰陽觀念出現得更早，並被吸納進許多其他流派之中，比如道家、儒家都帶有陰陽色彩。但是五行觀念的出現卻較晚，接受的人也較少。相信陰陽的人不見得就相信五行，直到漢代儒教建立後，才把陰陽、五行混合到一個系統之中。

這些形形色色的學科綜合起來，就是戰國時期人們對世界總的看法。就像現代人必須透過所有學科，才能全面了解世界一樣。

誰當皇帝，天說了算

孔子的學問以倫理和歷史為主，強調「禮」，他為了說明為什麼人類社會需要禮，又引入了另外兩個概念——「義」和「仁」，認為人類之所以需要嚴格的禮儀制度，是因為這符合「義」，要想達到「義」，就必須遵守這些禮儀制度，而遵守禮儀的行為就是「仁」。

到了孟子時期，將孔子的儒家做了發展，他更強調「仁」，將仁慈作為社會構建的基礎，但他的「仁」已經和孔子的「仁」不一樣了。孟子的「仁」可以認為是「善良」，君王只有仁慈，才能成為聖君；人民只有仁慈，才能達到世界和諧。孟子對於「禮」已經不大關注，只強調

18 《漢書．藝文志》即反映了劉向的劃分。
19 見《論語．先進》。
20 見《論語．述而》。

「仁」，導致他的儒家已經有了道家的味道。

孟子和孔子一樣，也不曾過多關注社會之外的事務，自然科學、天文地理、蒼天鬼神之類，都不在他們的關注範圍，既不評價，也盡量不參與討論。

到了董仲舒創立儒教時期，他已經不滿足於儒家只研究社會倫理這個狹窄的領域了，而是要突破出去，研究從天文、自然，到倫理、社會的一切問題。他的目標是寫一本漢代的百科全書，或者說，將諸子十家的學問都包含在一本書裡，形成一本系統的漢代科學著作，同時也是社會著作，從這本書既可以理解社會發展的祕密，也可以理解科學發展的情況。

寫這樣的書，雖然最後還叫「儒」，但其實已經是雜家了。董仲舒除了學習《公羊傳》之外，還學習了陰陽學、算術學、道家學說等諸多研究成果，將其雜湊起來，形成了這套解釋世界的萬能理論。

這套理論的核心觀點，就是「天人合一」、「天亦有喜怒之氣，哀樂之心，與人相副，以類合之，天人一也」[21]。簡單說就是，自然界的規律和社會規律、人體規律都是統一的，只要研究透了自然規律，就可以對比著理解社會規律了。

那麼，董仲舒眼中的自然規律是什麼樣的呢？如同猶太人一樣，他構建了一個至高無上的大神，這個大神叫做「天」，它就是自然規律的化身，主宰著天上的世界，也主宰著人間。而相對於天，地上也有一個至高無上的人，就是天子、皇帝，只是地上的皇帝必須聽命於天。

地上該由誰當皇帝，不是由人說了算的，而是由天說了算。表面上看，劉邦是一個流氓，依靠武力奪取了天下，但實際上，劉邦是天所選擇的，是客觀規律選擇的。不僅劉邦的漢朝是天的選擇，就連以前的諸位天子和朝代也是天的選擇。當一個朝代的天子變得不稱職時，天就會另選其他人來代替他，完成改朝換代。

透過這樣的天人理論，董仲舒就把漢代的皇帝神化了，從此以後，誰反對皇帝，誰就是逆天而行。

在確立了「天人合一」的理論基礎之後，接下來，必須討論天的規律問題。既然天上和人間的規律是一樣的，那麼要想吃透人體和社會的規律，就必須首先研究天的規律。

董仲舒所謂天的規律，主要是從道家、陰陽家手中借來的，主要內容包括了「陰陽」和「五行」，正是他將這兩個概念合而為一了。

所謂陰陽，老子認為陰陽是世界不可或缺的兩種狀態，本身沒有什麼好壞之分。可董仲舒卻機械的認為陰陽就是善惡，所有陽的就是善的、有德的、好的、促進生長的，陰的則相反，他的陰陽與波斯拜火教的善惡區分很相像。而天之所以變化，就是陰陽之間鬥爭的結果[22]。

至於五行，則類似於希臘哲學將世間元素分成「水火土氣」四種，而中國將其分成「金木水火土」五種，認為所有的物質都可以最終歸結為這五類之一。五行之間有相生相剋的關係，木生

21 見《春秋繁露．陰陽義》。

22 《春秋繁露．陰陽義》：「天地之常，一陰一陽，陽者，天之德也，陰者，天之刑也，跡陰陽終歲之行，以觀天之所親而任，成天之功，猶謂之空，空者之實也，故清溧之於歲也，若酸鹹之於味也，僅有而已矣，聖人之治，亦從而然；天之少陰用於功，太陰用於空，人之少陰用於嚴，而太陰用於喪，喪亦空，空亦喪也。」

火，火生土，土生金，金生水，水生木，同時金克木，木克土，土克水，水克火，火克金[23]。

透過陰陽變化和五行相生相剋，就生成了全世界的一切。在人類無法利用現代儀器更進一步了解世界之前，這種簡單的理論的確可以滿足一部分人對了解自然的渴望。

接下來，董仲舒更進一步，認為人和社會的規律也要遵循天的規律，並利用簡單的算數，將人和社會與自然進行了一定的比附。

比如，人的形體是與天的數字有關的，天有十二個月，但是，一般的植物生產繁榮枯萎都在從春天到秋天的十個月內完成，所以，人也有十月懷胎[24]。人有四肢，每肢三節，對應於四季和十二個月[25]。人的全身大小關節一共有三百六十個，對應於一年的天數。人身體內有五臟，對應於五行。人的形體骨肉，代表了大地的厚度；人的耳朵和眼睛，象徵了日月；人體內部的空殼和經脈，象徵著山川谷地。人的德行，對應於天理；人的好惡，對應於天的陰晴；人的喜怒，對應於天的寒暑；人的生命，對應於天的四季。

在這一系列的比附下，就引出了古代醫學理論，即利用經脈、五行和陰陽調和，來治療病人。人只要與天合拍，就可以保持健康。

除了人體之外，更重要的是人類社會也可以透過研究天的規律來設計。在社會規律中，也有許多利用算術進行的比附。比如，帝王的官制，是三公九卿、二十七大夫、八十一元士，一共一百二十人。這是按照三的冪數，一共重複四次而止，三和四，分別代表了一個季度的月數和一年中的四季[26]。

除了天、人、社會是類似的之外，三者也是相通的，也就是所謂的天人互動。透過觀察天，就可以得知一個人的情況，也可以得知天對政權是否滿意。當地上的君主表現得讓天感到不滿時，天就會降出災禍讓人明白他的不滿，當天子讓天感到滿意時，天又會降出祥瑞給人間[27]。

所謂皇帝，就是老天爺選來統治民間的，反抗皇帝就是反抗老天爺。但是，老天爺又透過一系列的凶兆向皇帝暗示：如果你做得不好，我就把你換掉。而秦朝之所以滅亡，就是因為秦始皇和秦二世的暴政，導致了老天爺派遣劉邦下來改朝換代。現在的皇帝雖然是天選的，但也必須注

23 《春秋繁露．五行之義》：「天有五行，一曰木，二曰火，三曰土，四曰金，五曰水。木，五行之始也；水，五行之終也；土，五行之中也，此其天次之序也。木生火，火生土，土生金，金生水，水生木，此其父子也。木居左，金居右，火居前，水居後，土居中央，此其父子之序，相受而布。是故木受水而火受木，土受火，金受土，水受金也。諸授之者，皆其父也；受之者，皆其子也；常因其父，以使其子，天之道也。是故木已生而火養之，金已死而水藏之，火樂木而養以陽，水克金而喪以陰，土之事火竭其忠。故五行者，乃孝子忠臣之行也。」

24 《春秋繁露．陽尊陰卑》：「是故陽氣以正月始出於地，生育長養於上，至其功必成也，而積十月；人亦十月而生，合於天數也。是故天道十月而成，人亦十月而成，合於天道也。」

25 《春秋繁露．官制象天》：「求天數之微，莫若於人，人之身有四肢，每肢有三節，三四十二，十二節相持，而形體立矣。」

26 《春秋繁露．官制象天》：「王者制官：三公、九卿、二十七大夫、八十一元士，凡百二十人，而列臣備矣。吾聞聖王所取，儀金天之大經，三起而成，四轉而終，官制亦然者，此其儀與！三人而為一選，儀於三月而為一時也；四選而止，儀於四時而終也。三公者、王之所以自持也，天以三成之，王以三自持，立成數以為植，而四重之，其可以無失矣，備天數以參事，治謹於道之意也，此百二十臣者，皆先王之所與直道而行也。是故天子自參以三公，三公自參以九卿，九卿自參以三大夫，三大夫自參以三士，三人為選者四重，自三之道以治天下，若天之四重，自三之時以終始歲也，一陽而三春，非自三之時與！而天四重之，其數同矣。」

27 《春秋繁露．王道》：「春秋何貴乎元而言之？元者，始也，言本正也；道，王道也；王者，人之始也。王正，則元氣和順，風雨時，景星見，黃龍下；王不正，則上變天，賊氣並見。」

意不要讓老天爺不滿意。

改正朔，易服色，制禮樂，以示正統

如何讓天感到滿意呢？為了回答這個問題，董仲舒終於回到了儒家的範疇之內，認為天最滿意的狀態，就是**按照儒家規矩行事**。而什麼是儒家規矩？那自然就是他所熟悉的《春秋公羊傳》。他認為，《公羊傳》就提供了一系列的暗示，表明了什麼樣的政治是理想政治[28]。

首先，他要求每一個人都必須服從儒家的禮儀，皇帝有皇帝的儀軌，大臣有大臣的待遇，而普通民眾也要老老實實聽話。如果都各居其位、各司其職，老老實實做事情，整個世界就會和諧統一。

其次，為了表明對老天爺的尊重，每一次按照天意改朝換代之後，都必須進行一系列儀式化的動作，也就是「改正朔，易服色，制禮樂」，表明自己的正統和按照規律行事[29]。

所謂「改正朔」，是與另一個理論「通三統」相對應的。按照當時的理論，夏、商、周三代，每一代選擇了不同的月分作為正月，夏朝以一月為正月，商朝以十二月為正月，周朝以十一月為正月，秦朝改為十月為正月。劉邦繼承了秦朝的做法，但漢武帝將正朔又改回了夏朝的一月，完成了一次循環。只是後來各個朝廷並沒有繼續修改月分，漢朝就成了最後一次修改。

另一個措施是「易服色」，這項措施對應於五行理論，金木水火土（也稱為五德）各有自己的色彩，每一個王朝對應於一個「德」，也就是五行之中的一個，在朝服上，必須使用與這一德對應的色彩。黃帝是土德，以黃色為貴。夏代是木德，色尚青；商代是金德，色尚白；周代是火德，色尚赤；秦代是水德，色尚黑。

如果按照這個理論，劉邦建立的漢朝應該又回到土德，但劉邦以繼承秦朝為榮，認為自己是水德，色尚黑。到了武帝時期，在儒教的努力下，終於按照相克的說法，把漢朝改為了土德（土克水），色尚黃。

這裡順便把以後的易服色情況做個總結梳理：到了王莽時期，由於王莽是禪讓得來天下，沒有使用暴力，所以當時的大才子劉歆認為，只有暴力的改朝換代，才使用「五行相克」的理論來決定下一代到底是哪一德，而禪讓是非暴力的，應該使用「五行相生」的理論。王莽認為自己是舜的後代，屬於土德，根據五行相生，火生土，所以王莽把漢朝的土德又剝奪了，重新封它為火德，色尚赤。

東漢時期，劉秀承認了漢是火德，色尚赤。到了曹魏，由於又是和平禪讓，所以曹魏又成了土德，色尚黃。而劉備認為自己是漢家正統，選擇了火德和紅色。孫權認為要想克曹魏的土德，

28《春秋繁露．正貫》：「春秋，大義之所本耶。六者之科，六者之旨之謂也。然後援天端，布流物，而貫通其理，則事變散其辭矣。故志得失之所從生，而後差貴賤之所始矣；論罪源深淺定法誅，然後絕屬之分別矣；立義定尊卑之序，而後君臣之職明矣；載天下之賢方，表謙義之所在，則見復正焉耳；幽隱不相逾，而近之則密矣，而後萬變之應無窮者，故可施其用於人，而不悖其倫矣。」

29《春秋繁露．三代改制質文》：「王者必受命而後王，王者必改正朔，易服色，制禮樂，一統於天下，所以明易姓非繼人，通以已受之於天也。」

必須選擇木德（木克土）和青色。

晉朝是金德和白色。南朝宋是水德和黑色，南朝齊和梁是木德和青色，南朝陳是火德和紅色。北周是木德和青色，隋朝是火德和紅色。唐朝是土德和黃色。五代梁是金德和白色，五代唐是土德和黃色，五代晉是金德和白色，五代漢是水德和黑色，五代周是木德和青色。

宋朝是火德和紅色。遼代是水德和黑色。金代是土德和黃色。明朝是火德和紅色。

可見，易服色理論直到明代還有市場。

除了改正朔，易服色，另一個措施是「制禮樂」。這項措施與儒家的禮樂制度更息息相關，意味著透過禮樂對各個階層都進行標準化。這也包括了設立國家祭祀的場所明堂和太廟，以及一系列類似於宗教的典禮，如封禪泰山等。

董仲舒透過構建這一套無所不包的理論，完全滿足了皇帝的統治需要。我們可以把他當作中國古代的康德（編注：Immanuel Kant，德國古典哲學創始人，其學說深深影響近代西方哲學），利用當時的認知水準，建立了一套完整的天地人生觀，用以束縛住人們的認知。

但是，要推廣這一套理論，必須依靠國家的力量才能做到。理論構建完畢，董仲舒建議漢武帝依靠政權的力量強行推行這套理論，禁止了其他的學說[30]。

我們可以把秦始皇和漢武帝做一個比較，秦始皇焚書坑儒的目的是愚民，讓他們接觸不到學問，而漢武帝在焚書的基礎之上，更加了一層用統一的理論來洗腦，這是中國歷史上第一次出現以政權為後盾的洗腦運動。

董仲舒的提議果然是有效果的，雖然我們總是說人類的好奇心會衝破一切羈絆，但歷史卻告訴我們，人類的好奇心沒有那麼大，一代人被洗腦過後，可以維持兩千年。

漢武帝之後，所有的人都相信有一個至高無上的大神叫做天，也相信皇帝就是天子。人們變得更加迷信，看見電閃雷鳴首先想到的不是自然現象，而是老天爺發怒了，出現了災荒也認為是老天爺的作為。當這一切成為人們日常生活的基礎的時候，漢代的洗腦達到了目的。

到了漢代後期，洗腦已經過於成功了，以至於一旦發生了天災，皇帝就要開始尋找代罪羔羊，否則就無法向國人交代。

綏和二年（西元前七年），前幾年出現了一系列的災荒，到了這年，又出現了「熒惑守心」的天象（編注：表示皇帝會失去政權，被別人取代的徵兆），被認為不吉利。觀星的官員乘機上奏要想破解上天的譴責，必須犧牲一位大臣來承擔上天的譴責。漢成帝立即命令丞相翟方進自殺謝罪[31]。

翟方進是當時的名儒，與天災毫無關係，但人們根據董仲舒的天人理論卻認為必須由他來承擔罪過，才能緩解老天爺的憤怒。他自殺後，漢成帝一副無辜的樣子，親自弔唁，以高規格將其埋葬，當時的人們並不認為皇帝的做法有何不妥。

30《漢書．董仲舒傳》：「春秋大一統者，天地之常經，古今之通誼也。今師異道，人異論，百家殊方，指意不同，是以上亡以持一統；法制數變，下不知所守。臣愚以為諸不在六藝之科孔子之術者，皆絕其道，勿使並進。邪辟之說滅息，然後統紀可一而法度可明，民知所從矣。」

31 見《漢書．翟方進傳》。

到這時，所謂的「儒」早已經脫離了孔子時期的本意。孔子的儒是一種哲學流派，這個學派強調「禮」，但也強調「仁」，他並沒有把自己塑造成包容一切的宇宙理論，只是試圖解決人世間社會裡遇到的問題。

但到了董仲舒時期，由於其理論無所不包的特徵，以及對人們生活的全面控制，加上一系列的儀式和組織，就已經宗教化了。宗教和哲學，最大的區別就在於，**宗教帶有很強的強迫性和洗腦特徵，並可以用來對人的生活進行強制性規範，哲學卻做不到**。

當董仲舒寫出《春秋繁露》，並鼓動漢武帝罷黜百家時，這一刻，就是儒教誕生的時刻。

封建名存實亡，中央集權完成

在董仲舒編撰他的《春秋繁露》時，在距離長安遙遠的淮南地區（首都是現在的安徽省壽縣）還有另一個人在組織編纂當時的學術結集[32]。這就是淮南王劉安編纂的《淮南子》。

西漢最初的淮南王是漢初三將之一的英布，英布被誅殺後，由劉氏宗親接替了淮南王位，之後傳給了後代劉安。

劉安是當時著名的學問家，對於道家學說有著深深的尊崇，卻又不滿足於只掌握道家的學問。他廣招各個學派的知識分子，以將當時學問一網打盡的姿態，寫出了一部中國歷史上少有的相容並蓄的作品《淮南子》。

《淮南子》的思想以道家為主，涵蓋了儒、法、墨、陰陽、縱橫，呈現了西漢時期最佳的綜合性著作。

與董仲舒的《春秋繁露》一樣，這本書也是從茫茫宇宙到人世間，試圖對全世界的學問進行總結，體現了當時人的野心。但是，書中卻並沒有建構一個必須遵守的宗教體系，而是承認事物的多樣性和自然性，並認為，許多問題的解決不是靠主動，而是採納消極被動的姿態，就可以發展的[33]。比如，在人民面前，皇帝不需要做太多事情，有時候無為反而比有為更加能夠促進社會的自然發展，甚至認為，皇帝的擾民行為，是社會動亂的原因。

從文字的優美和簡練上，以及它的文學價值，董仲舒的書連與《淮南子》相提並論的資格都沒有。從這個意義上說，《淮南子》是漢代道家思想以及學術綜合的代表性著作。西漢哲學經過了漢初數十年的沉澱，最終彙集成了這本書。

但遺憾的是，《淮南子》出現時，漢代的學術自由已經接近尾聲，由於道家無法解決皇帝的身分危機，反而繼續製造危機，質疑皇帝的權威，導致這本漢代哲學的高峰著作必然遭受夭折的命運。

劉安本人由於漢武帝的削藩策略，為了自保，參與了謀反，最終事敗身死。他的死亡也表明漢代最後一批通才退出了歷史。與劉安一樣不受待見的還有《史記》的作者司馬遷。司馬遷的思

32 見《漢書．淮南王傳》。
33 《淮南子．主術訓》：「人主之術，處無為之事，而行不言之教。清靜而不動，一度而不搖，因循而任下，責成而不勞。」

想以道家為主，主張無為，重視經濟和商業，成了當時的異數[34]。他的思想可以留在偉大的《史記》當中，卻無法影響皇帝的政策和當時的哲學氛圍。

漢武帝時期，也是中國歷史上集權的第一次高峰。在他之前，漢代的歷任皇帝都小心翼翼，避免對社會造成新矛盾而導致帝制的垮臺。到了漢武帝時期，帝制已經穩固，不會在短期內被推翻，同時，武帝從小被灌輸他就是真命天子的觀念。

在武帝雄心勃勃的行動中，他不僅樹立更加強調皇帝作用、更加有為的儒教作為指導思想，還在軍事上展開了一系列的對外戰爭。嚴助和朱買臣對南越和閩粵的戰爭，這次戰爭招收了許多東甌地方（浙江）的士兵，又從江淮一帶獲得物資供應，造成了這一帶的蕭條。唐蒙和司馬相如從巴蜀向雲南貴州開闢道路，讓巴蜀的老百姓疲憊。彭吾出兵朝鮮，讓現在北京、山東一帶的老百姓承受了過重的負擔。

隨後，武帝發起了和匈奴的一系列戰爭，這次的戰爭終於讓西漢前期積累的巨大財政盈餘耗空了。

為了籌集財政收入，武帝又加強了經濟控制，建立了一系列的國有企業，當時中國最重要的經濟部門是鹽業和冶鐵業，武帝壟斷了這些部門，宣布只能國營，使得西漢經濟的高峰也結束了。另外，武帝加強了金融控制，壟斷了貨幣發行權，民間金融成為過去[35]。

為了完成這些社會控制措施，武帝不得不借助大量的酷吏幫他幹活，從此破壞了漢代的官僚規則[36]。

最終的結果，道家提倡的小政府思想到武帝時期，就在中國消失了。取而代之的是，儒教提倡的有為政府、大政府，認定民間無法自由發展，只有在皇帝的管理下，才能獲得發展。儒教的大政府思想控制了中國兩千年，人們還普遍認為人是需要管理的，而管理權屬於官家。中國人在做事時，總是不由自主的希望政府擔任救助者的角色，但實際上，它所擔任的角色有時會變成掠奪者。這一點，可以視為董仲舒宗教化最成功的所在。

34 司馬遷的經濟思想主要反映在《史記・平準書》中，這一篇章超越了時代，即便在兩千年之後的今天看，仍然不落伍，甚至超乎許多當代經濟學家之上。

35 關於漢武帝財政改革的情況，可參考本書作者的另一部作品《龍椅背後的財政祕辛》。

36 參考《史記・酷吏列傳》，漢代酷吏一半以上產生於漢武帝時期。

第三章

漢代圈養的知識圈

西元前八七年～一一三年

儒教對中國政治的改造主要在於教育：一方面，皇帝設立了五經博士，將其他學派排斥在外；另一方面，設立了只傳授儒教知識的官方教育機構。壟斷教育的結果是，人們從此只能接觸到儒教學說，其他政治哲學衰亡。

漢武帝樹立儒教為正統思想，是為了利用它來維持統治。但武帝之後，作為最高官員的丞相職位被儒教知識分子壟斷，就已經不是皇帝控制儒教，而是儒教裹挾皇帝了。

武帝時期的酷吏張湯學會了用儒經（特別是《春秋公羊傳》）來指導法律進行審判，對法律的侵蝕，讓儒教更成了社會的基礎。

隨著儒教對教育系統的控制，學術門閥出現了。大量的儒生只會背誦老師的隻言片語，不同學派之間為了爭奪對政權的控制，也展開了激烈的鬥爭，於是漢代政治進入了一個書呆子橫行的時期。

儒教對社會的破壞作用，還反映在對讖緯、災異、祥瑞的態度上。漢代的人們相信天人合一，認為老天爺會透過一定的災異或者祥瑞來彰顯自己的意志，或者透過書籍上一些模稜兩可的文字來預示未來，漢代成了荒誕不經預言的大本營。

請皇帝辭職的奇葩

翻看歷史時，漢昭帝和宣帝時期的幾個書呆子讓人啞然失笑。這些書呆子身居高位，卻缺乏實務經驗，滿腦子經書和聖人，鬧出了不少笑話。

第一位書呆子是漢昭帝時期的學者眭弘[1]，這人年輕時是個浪蕩子弟，鬥雞走馬，後來學了一點《春秋公羊傳》，因為通曉一經，當上了議郎，後來調升符節令。

眭弘的一生不足道也，他之所以被歷史記住，只是因為那一件讓他丟了性命的事情。眭弘生活於漢昭帝時期，此時人們已經普遍相信董仲舒的「天人合一」，以及《公羊傳》裡的「微言大義」。從此之後，老天爺對人類突然間開始關心起來，各地都紛紛出現了各式各樣的災異。在泰山就出現了一個無法解釋的災異現象。

時值漢昭帝元鳳三年（西元前七八年）正月，在泰山和萊蕪山南面突然出現了巨大的聲響，如同數千人在吵嚷，當地人看到有大石頭自己立了起來，高一丈五尺（編注：約三．五公尺），有四十八圍，入地深八尺（編注：約一．八公尺），底部有三塊石頭為足。石頭立起後，有數千隻白烏鴉圍繞在石頭旁。在昌邑還有一段枯社木復活了。在長安的上林苑中，也有一棵大柳樹出現了異常，本來這棵柳樹已經斷掉臥倒在地上枯萎了，這一天突然間自己立了起來，復活了。柳樹上還有蟲子吃樹葉，形成了幾個字：「公孫病已立」。

這些複雜的災異現象已經很難考證。所謂大石頭自立，可能是隕石，也可能是地震導致的山上落石；至於樹木死而復生，可能是所謂的樹木「假死」現象。但更大的可能性，是當時人們相信災異說，將一般現象誇大了，以訛傳訛造成的。

當這些事件傳到眭弘耳中，由於他學過最先進的學問，立刻意識到這些事情的重要性。他根

1 見《漢書．眭弘傳》。

據「春秋精神」分析道：石頭和柳樹都是陰類，是下民的象徵（根據董仲舒的理論，陰陽之中，陰代表了惡、壞、下等）；泰山是岱宗中最高的山，每次改朝換代，皇帝都要到這裡來祭祀（同樣出自董仲舒的祭祀理論）；大石頭自立，死了的柳樹復活，這不是人力所為，而是改朝換代的跡象，表明有個下等人要做天子了。

眭弘立刻找當內官的朋友把意見上報皇帝，他的意見是：先師董仲舒認為，如果聖人要降生，現在的皇帝就必須讓位。皇帝應當尋找到這個賢人，把帝位禪讓給他來順應天命。

由於當時漢昭帝還小，這封信送到了當時掌權的大將軍霍光手中，霍光一聽，竟然有人正經八百要終結漢家天下，大怒之下，將上書的眭弘和他的朋友全部問斬。

掉書袋（編注：指讀書人好引用古書來賣弄自己的學問）的眭弘丟掉了性命，卻因為這件事被記入了史冊，可謂啼笑皆非。

眭弘並不是孤例。武帝之後的西漢，是中國書呆子最多最猖獗的時期，他們手裡拿一本《春秋公羊傳》，再配備一兩本讖緯書籍，就可以四處尋找災異和祥瑞了，不管出了什麼事，都會先在書裡查找一番，看有沒有現成的解釋，如果沒有現成的，就透過字面尋找蛛絲馬跡，自信的做出風馬牛不相及的解釋。

他們一輩子的運道就來自書中那些晦澀的語言，吃飯穿衣、娶妻生子都靠它，並對書本深信不疑，因此鬧出了不少笑話。

比眭弘稍後的是大臣蓋寬饒[2]。在宣帝時期，由於儒術過盛，人人高談闊論卻沒有人做實務，宣帝試圖加入一定的法家色彩來治理國家。由於外朝的人們都拿起書本看「天人合一」去了，沒有人做事，宣帝只好選擇宦官來負責事務。

宣帝的做法受到了蓋寬饒的阻撓，他明著批宣帝重用宦官，暗裡怨恨宣帝採取法治而不是儒治。他說：當今聖道已經被廢弛，儒術不行，竟然以宦官這樣的刑餘之人當周公和召公使用，以法律來代替《詩》、《書》治理國家，這怎麼能行！他引用儒教經典《韓氏易傳》說：「五帝時候是官天下，三王（夏商周）時代才變成了家天下。家天下是傳給子孫的，官天下是傳給賢人的。就像春夏秋冬四季更迭，功成之後就退居幕後，沒有那把刷子，就不要身居高位，陛下你應該學習五帝，趕快尋找賢人讓位給他。」

一聽說蓋寬饒要自己退位讓賢，宣帝立刻大怒，蓋寬饒不得不自殺，才了結了這場爭論。

漢武帝怎麼也想不到，自己當年「罷黜百家，獨尊儒術」是為了給政權提供合法性，但獨尊儒術之後培養出來的大量書呆子卻成了精，他們對於實際的政治運作一無所知，以公孫弘為榜樣一門心思往上爬。爬到高位後，他們的無知和迂腐卻腐蝕起政權基礎來了。

西漢中後期，也是官方大批圈養知識分子的時期，這些知識分子以五經為武裝，「天人合一」、「天降災異」是他們的主要依據，一個個以為竊得了天機，占據了西漢後期的政治舞臺。他們拉幫結派，排斥異己，形成了複雜的關係網。

由於不准研究儒教之外的其他學問，善於鬥爭的他們在儒教內部分立了許多派別，構成了多家學術門閥。門閥的弟子們互相詆毀，又各自吹捧，還共同防止自己的官方資源被局外人所搶

2 見《漢書．蓋寬饒傳》。

奪。西漢中後期，不管是經濟，還是學術、科學，都無法再取得進步，就和這些學術門閥控制了官員的晉升管道有關。

今天的某些學術機構中門閥並立，不做真實研究，卻發明理論。他們沒有想到，在西漢時代，類似的事情已經發生過，並導致了一代帝國的死氣沉沉，走入歧途。

設立博士、太學，控制思想

漢武帝元朔五年（西元前一二四年），剛剛擔任丞相的公孫弘上奏一本，要求建立官方的教學機構——太學[3]。

公孫弘認為，為了提高人們的教化，懲善揚惡，必須將讀書與人們的官運結合起來，有意識去培養民間聰明的孩子讀書，等他們學成之後，再提拔到官僚崗位之中，這樣才能保證國家的長治久安。

他的提議開創了中國中央集權帝國的教育先河，也將儒教成功的灌輸進社會的骨髓之中。在漢初，官員大都是跟隨皇帝打天下的人，以及功臣的後代，還有一部分來自皇帝和諸侯們的寵臣。這時，政府與民間缺乏必要的孔道，無法讓民間的優秀分子進入政府。時間長了，就會產生政府的圈子化和固化，與民間分離，引起巨大的民怨。公孫弘提議開辦官方學校，培養人才，的確是解決階層固化的好辦法。但是，他的方法同時也是控制社會思維的好方法，只要控制了學者們的教學內容，就可以控制讀書人的思想。當讀書人當官之後，會將他所學的東西再灌輸給全社會。而年輕人知道學什麼才能當官後，對其他的內容也不再感興趣了，整個社會也就進入了思想被控制的狀態。

在公孫弘之前，漢武帝初期，就已經有人不斷的提醒漢武帝，只有把儒教人才和政權打通，才能完成用儒教武裝所有人的頭腦。

漢武帝剛當上皇帝那一年，偏向儒家的丞相衛綰就向皇帝介紹了大批的儒家知識分子。當時信奉黃老之術的竇太后還沒有死，找個錯把衛綰殺掉了[4]。

但儒教勢力正在逐漸掌控局勢。竇太后死前一年的建元五年（西元前一三六年），儒家的文

3 《漢書．儒林傳》記載的奏章全文如下：「丞相、御史言：制曰『蓋聞導民以禮，風之以樂。婚姻者，居室之大倫也。今禮廢樂崩，朕甚愍焉，故詳延天下方聞之士，咸登諸朝。其令禮官勸學，講議洽聞，舉遺興禮，以為天下先。太常議，予博士弟子，崇鄉里之化，以厲賢材焉。』謹與太常臧、博士平等議，曰：聞三代之道，鄉里有教，夏曰校，殷曰庠，周曰序。其勸善也，顯之朝廷；其懲惡也，加之刑罰。故教化之行也，建首善自京師始，繇內及外。今陛下昭至德，開大明，配天地，本人倫，勸學興禮，崇化厲賢，以風四方，太平之原也。古者政教未洽，不備其禮，請因舊官而興焉。為博士官置弟子五十人，復其身。太常擇民年十八以上，儀狀端正者，補博士弟子。郡國縣官有好文學，敬長上，肅政教，順鄉里，出入不悖，所聞，令相長丞上屬所二千石。二千石謹察可者，常與計偕，詣太常，得受業如弟子。一歲皆輒課，能通一藝以上，補文學掌故缺；其高第可以為郎中，太常籍奏。即有秀才異等，輒以名聞。其不事學若下材，及不能通一藝，輒罷之，而請諸能稱者。臣謹案，詔書律令下者，明天人分際，通古今之誼，文章爾雅，訓辭深厚，恩施甚美。小吏淺聞，弗能究宣，亡以明布諭下。以治禮掌故，以文學禮義為官，遷留滯。請選擇其秩比二百石以上，及吏百石通一藝以上，補左右內史、太行卒史，比百石以下，補郡太守卒史，皆各二人，邊郡一人。先用誦送多者，不足，擇掌故以補中二千石屬，文學掌故補郡屬，備員。請著功令。它如律令。」

4 見《史記．儒林列傳》。

持者就已經在朝廷設立了五經博士。

博士並非漢朝才有，秦朝就曾經設立了數十個博士。所謂博士，就是掌通古今，為皇帝提出參考意見的人才，相當於現代的智囊。他們職位不高，是俸祿六百石的小官。這個職位是特別為讀書人而設的。漢初則把這個職位保留了下來。在秦朝和漢初，博士對一切哲學學派開放，並沒有門戶之見。

漢文帝和景帝時期，《書經》、《春秋》和《詩經》已經有了「博士點」（編注：在大陸地區，指有權自行授予博士學位的學科、專科單位）。不過，當時人們看重的並不是這些書籍是儒家經典，而是把它們當作歷史和文學作品。《書經》和《春秋》中保留了不少歷史資料，在缺乏書籍的漢初，皇帝自然要對它們表現出尊重，而《詩經》是文學作品，同時也是歷史資料，其中的每一首詩歌都有一定的歷史背景，反映了古人的所思所想、所愛所恨。

到了漢武帝時期，《儀禮》和《易經》也設立了「博士點」，到此刻，儒家的五經都已經有了「博士點」。董仲舒創立儒教時期，勸說漢武帝將其他學派的「博士點」廢除，就形成了五經博士統攬天下的局面。

所謂五經博士，並不是一個人要通曉五本經典，而是每個人只要能背誦一本就足夠了。即便能夠通曉五經，也不會受到歡迎，這等於搶了別家博士的飯碗，讓人難堪。這一點很像現代大學裡科目的設置，數學教授精通數學，哪怕他同時還精通物理學，卻會受到物理學界的排斥，認為他是多管閒事。五經博士每一家都認為自己的學問是獨一無二的，別家不可比擬，不願意讓別人來摻和。

漢武帝時期，一共開了七個「博士點」，《春秋》、《易經》、《禮經》、《尚書》都有一個「博士點」，而《詩經》有三個「博士點」。《詩經》之所以有三個是有歷史原因的。在漢初，有四個人躲過了秦朝的迫害，他們精通《詩經》，分別是魯人申培、齊人轅固、燕人韓嬰和趙人毛公，他們對《詩經》的解釋各有所不同，又固執己見。他們各自將學問傳給了弟子，弟子再傳弟子，就有了所謂的門派之爭，形成了四個門派：魯詩、齊詩、韓詩和毛詩。

漢代設立《詩經》博士時，《詩經》的幾個門派互相爭吵，選不出統一的掌門人，最後就立了三家，分別是魯詩、齊詩和韓詩。每一家的博士只在門派內部流傳，外人不得置喙，而在學習時，學生只能死記硬背老師的知識，不得質疑，不得發揮，以免學生受到其他門派觀點的影響而被策反。

這就是漢代儒學門派之爭的起點，各個門派互不相讓，互相攻擊，並將這種傳統一直保留到了現代。

太學激化門閥之爭

門派之爭的加劇，在公孫弘提議建立太學之時變得激化了。公孫弘建立太學的目的是為政府提供儒教知識分子，並將儒教變成社會思維的根基。

他的具體建議是這樣的：每年各個地方官都要去自己的轄區查找十八歲以上的青年，看有沒有適合讀書的，一旦發現了，就上報給郡守，再由郡守上報給中央負責禮儀的官員太常，太常則負責考察首都附近的青年，與地方上的彙集在一起，從中選擇五十人送入太學。這五十人將分配給五經博士做弟子。在做五經弟子期間，這些青年都是免除徭役和賦稅的。一年後經過考核，合格的人就可以授予中央低級小官，並逐漸遞升，不合格的人就淘汰回家。另外，官員的遞升也要考查文化水準，有文化的人才能高升。透過這種方式，經過幾十年後，那些非儒家老官僚死光了，漢朝廷就會被儒教子弟們占據，他們擔負著保衛漢皇帝的重任。

不出公孫弘所料，他的提議迅速起到了效果。他的成功反映在漢代太學的擴張上。漢武帝之後，太學裡的學生名額大大增加，昭帝時增加到百人，宣帝末期又增加到兩百人。漢元帝因為喜好儒教，對於地方上能夠通曉一本經書的，都不用服勞役，一時間，人人都搶著讀書。幾年後，由於減免成本太大，只好下令停止這個政策。但是，太學的規模已擴大到千人。在各個郡國也設置了五經卒史，俸祿是一百石，負責傳播儒教知識。漢成帝末年，太學規模擴大到了三千人。但這個規模只維持了一年多，就因為養不起，縮回到了一千人。即便按照一千人計算，比起漢武帝時代太學也已經膨脹了二十倍[5]。

這些太學學生有很大一部分都會成為官員，所以，漢朝的朝廷裡就充斥著能夠背誦儒家著作的人才，整個社會被儒教化了。

幾十年後，隨便拉出一個漢朝人詢問宇宙的真理是什麼，他都會給你講述「宇宙的真理是天人合一，皇帝是老天爺的兒子，宇宙是陰陽五行的變化」，這一切就和現代人談論牛頓、愛因斯坦一樣自然。

對於大部分現代人來說，牛頓、愛因斯坦之所以是真理的代表，不是他們思考和理解的結果，而是被灌輸的結果。漢代人受到如此大規模的灌輸，當思維已經天人合一化的時候，就再也逃不出這個框架了。《春秋公羊傳》和《春秋繁露》已經成了西漢的《原理》和《相對論》。

隨著太學機構的擴大以及中央官僚儒教化，五經博士們的門派之爭也日益激烈化。任何一個微小的變化，背後都對應著巨大的利益。一旦一個門派的掌門人成了五經博士，就由政府來幫助他招學生、養學生，並讓他的學生當官，他已經不再是一個教師，而是一個學術門閥。

現在，某些學校的教師不是把自己當教書匠，而是認為自己是官員。他們的弟子早已經成了高官，而自己也是政府的顧問，手中的資源隨時可以變現，那所謂的學術早已經不再有實際意義，只是一種工具。當我們看到現在的情況，就想到了當年的西漢。

在《漢書》中，列舉了五經博士內部各個門閥的變遷情況[6]。

首先是《易經》中，一個「博士點」變成了三個「博士點」。

漢代的《易經》最早出自魯國的商瞿（字子木），他直接受教於孔子，接下來的傳承人是魯國的橋庇（字子庸）、江東（吳地）的馯臂（字子弓）、燕國的周醜（字子家）、東武的孫虞（字子乘）、齊國的田何（字子裝）。

5　《漢書・儒林傳》：「昭帝時，舉賢良文學，增博士弟子員滿百人，宣帝末增倍之。元帝好儒，能通一經者皆復。數年，以用度不足，更為設員千人，郡國置五經百石卒史。成帝末，或言孔子布衣養徒三千人，今天子太學弟子少，於是增弟子員三千人。歲餘，復如故。平帝時，王莽秉政，增元士之子得受業如弟子，勿以為員，歲課甲科四十人為郎中，乙科二十人為太子舍人，丙科四十人補文學掌故云。」

6　見《漢書・儒林傳》。

田何時期，就到了秦朝焚書坑儒之時。但《易經》是筮卜之書，沒有被禁。漢代時，田何從齊國遷徙到了關中地區的杜陵，他的學問繼續傳授，徒子徒孫有東武的王同（字子中），雒陽的周王孫、丁寬、齊服生，加上淄川的楊何（字叔元）、廣川的孟但、魯地的周霸、莒地的衡胡、臨淄的主父偃。其中楊何、孟但、周霸、衡胡、主父偃等人都擔任過高官。於是，田何的徒子徒孫們遍布了漢代朝廷。

丁寬的學孫中又有三個人，叫梁丘賀、施讎、孟喜，這三個人又各立門派，將《易經》分裂成三派。到了宣帝時期，這三派之間分歧越來越大，宣帝只好將三派分開，各立了一個「博士點」，於是，如同《詩經》立了三個「博士點」一樣，《易經》也獲得了三個點。

另外，《易經》三個點內部也是門派林立，從施《易》中又分裂出了張（禹）《易》和彭（宣）《易》，從孟《易》中又分裂出了翟（牧）《易》、白（光）《易》和京（房）《易》，從梁丘《易》中又分裂出了士孫（張）《易》、鄧（彭祖）《易》、衡（咸）《易》。由於皇帝沒有再新設易經學「博士點」，這些小的門派只好共用「博士點」。

《易》博士一分為三，《書》博士也分裂了。

漢代的《尚書》出自於伏勝，伏勝曾經是秦朝博士，後來在焚書時偷藏了一卷《尚書》，等發掘出來後只剩下殘卷。伏勝有兩個著名弟子：濟南的張生和歐陽生。

在漢武帝立五經博士時，歐陽生成了《尚書》博士。

《尚書》學派的分裂，源自張生的徒子徒孫，張生有個弟子叫夏侯都尉，夏侯都尉選擇了家族的侄子夏侯始昌，夏侯始昌傳給了夏侯勝，夏侯勝又傳給了哥哥的兒子夏侯建。其中夏侯勝和夏侯建各自寫了《尚書》的專著，形成了兩派，被稱為大小夏侯，和歐陽生的一派，形成了《尚書》的三派[7]。到最後，漢宣帝再次當起了和泥的角色，為《尚書》設立了三個「博士點」，分別由歐陽、大小夏侯三派的傳承人擔任博士。

除了《詩》、《易》、《書》各有三個「博士點」之外，《春秋》也立了一個新的「博士點」，原本只有《公羊傳》一家，現在加了一家《穀梁傳》，這個「博士點」在後面介紹。沒有增加「博士點」的，只有《禮經》。這樣，到漢宣帝時期，五經博士已經有十二個「博士點」，而學生人數增加到了兩百人，一套以儒教為中心的教學和傳承體系建立了起來。

任何一個「博士點」的增加，都意味著殘酷的鬥爭，但在表面上，所有的人又必須維持著儒教要求的君子風度。從漢武帝設立五經博士開始，到太學體系的完成，漢代思想就迅速被以《春秋公羊傳》和《春秋繁露》為代表的集權理論所禁錮，又由十二家學閥形成了組織上的壟斷。到這時，西漢的政治神學就接近完成了。

政治化的儒教

漢武帝時期，一位叫做張湯的酷吏突然宣布要用儒家經典來進行審判[8]。

7 小夏侯又分成了五派，分別是鄭（寬中）、張（無故）、秦（恭）、假（倉）、李（尋）。
8 見《漢書．張湯傳》。

由於皇帝加強了集權，文景時期的寬鬆政治突然間收緊，大臣和人民都不適應皇帝的擴權，武帝只好招納了大批的酷吏來為自己所用，繞過了正規的官僚系統，建立了圍繞皇帝的委員會，依靠酷吏的嚴苛將法律推行下去。

張湯小時候，因為老鼠偷了家裡的肉，就用煙燻土掘，將老鼠抓住，然後寫了控訴老鼠的法律文書，再把老鼠四肢綁住進行審判，最後將老鼠活剝。他的父親當時官至長安丞，看到兒子的天賦，立刻決定要他學習法律，從此張湯步步高陞，終於成了皇帝的得力愛將。

張湯最有名的決獄之一，是所謂的「腹誹之罪」[9]，這件事發生在漢武帝的貨幣改革時期。由於皇帝打仗把錢花光了，財政上缺錢，張湯乘機勸說漢武帝殺幾頭白鹿，把白鹿皮割成塊當作貨幣使用，號稱「皮幣」。一方尺的白鹿皮飾上紫色的花紋，可以充當四十萬錢，也就是四十斤黃金。皮幣主要是大臣和諸侯在使用，因為他們有錢，漢武帝就強制性要求他們在貢獻祭祀用的玉璧時，必須用皮幣墊著。另外，還有銀錫合金做成塊，號稱「白選」，每一個白選最大的面額是三千錢，這一種主要供民間使用。

這兩種貨幣由於價值很低，面值卻很高，等於是搶劫。不管是諸侯大臣，還是民間，都拒絕使用，還造了很多假貨。於是張湯乘機推行嚴刑酷法，因為貨幣問題被殺的就有幾十萬人。

張湯的貨幣改革引起了群臣的不滿，其中就有掌管帝國財政的大司農顏異。顏異向皇帝表示：諸侯朝天子使用的玉璧才值幾千錢，而現在規定玉璧必須墊上皮幣，這個皮幣的價值卻值四十萬錢，這不是本末倒置嗎？

武帝聽了不高興，但這個事情屬於朝議，不好定罪。他就派張湯尋找顏異其他的毛病。這時，有人和顏異在私下相處時，說皇帝政策的壞話，顏異沒有表態，只是翻了翻嘴脣。這件事被張湯知道了，立刻上奏，說顏異對政策不滿，卻不公開告訴皇帝，反而在私下表達不滿。顏異並沒有說話，怎麼算表達不滿呢？張湯認為，顏異雖然沒有說話，但心裡實際上是贊同朋友的，肚子裡瞎嘀咕，是「腹誹之罪」。顏異最終被殺。

以腹誹就可以定罪的張湯本來是「無所謂東西」，只看皇帝意圖的酷吏，卻突然之間轉向要用儒家經典做審判，不得不讓人大跌眼鏡。這又是怎麼回事呢？

原來，公孫弘的飛黃騰達讓張湯看到了皇帝對儒家的推崇，他也想沾一下光。他召集了一批學習《尚書》和《春秋公羊傳》的學者，把他們編入到司法系統，使之成為司法的生力軍。

這些學者對於法律本來一竅不通，只懂得兩本經書。在審判時，不是依據法律，而是首先求助於《春秋》，從中尋找微言大義來進行判決。

漢朝的法律原本沿襲自秦朝，屬於商鞅制定的世俗法。秦朝法律雖然苛刻，卻是以法典和判例的形式來決定人們是否有罪的。漢高祖滅秦入關後，廢除了秦朝苛刻的法條，特別制定了約法三章來規範社會秩序，三章非常簡潔，只要求「殺人者死、傷人及盜抵罪」。但隨著漢朝的建立，社會需要更複雜的法律來規範，漢朝皇帝們再次引入了秦法，但減輕了秦法的嚴苛程度，保留了世俗化和法典化的傾向。

但到了漢武帝時期，世俗法終於遭到了破壞。首先產生破壞的是吏治的敗壞和審判的隨心所

9 見《史記．平準書》。

欲，其次，則是公孫弘和張湯等人引入的宗法制度。

與死板的世俗法司法條文比起來，《春秋》充滿了模糊性，這就給了皇帝巨大的便利。張湯在決獄時，常常會請示皇帝的意思，根據皇帝的喜好再查找經書，制定新的判例。這就使得《春秋》變成了與《聖經》一樣的東西，可以直接影響人們的生活了。

當經書作為法律使用時，一個宗教正式形成，並深深的影響到了人們的生活。《春秋》被引入作為審判的依據後，接下來被引入的是其他經書，對後世影響最大的是《禮記》。在周代，實行的是宗法制度，國家是以宗族的方式來構建，而人們的關係也是靠宗族來調節，秦朝為了廢除周代的宗法制度，特別引入了世俗法典，將中國社會拉出了宗教化氛圍。到了漢武帝之後，隨著儒教的回歸和五經的法律化，秦朝創造的成果被毀於一旦，中國也重新回到了兩千年的宗法統治之中。

官僚體系也儒教化

除了酷吏用儒教對法律進行改造，將客觀的司法條款變成主觀的春秋決獄之外，漢代的官僚體系也在逐漸的儒教化。武帝在中央開辦了太學，而各地也紛紛開辦地方教育系統。中央級官員大都由太學系統輸入，而地方的吏員則由地方教育系統提供。

到了昭帝和宣帝時期，儒教的知識分子終於控制了中央政府，完成了儒教的政教合一體系。以丞相這個群體為例，西漢丞相從蕭何到平晏，一共四十五人[10]，前期的丞相大都出自漢初的功臣群體。除了黃老時期的之外，從漢武帝任命衛綰開始，一共還有三十三人擔任丞相。這三十三人鮮明的分為兩類，漢武帝統治時期到漢昭帝初期，從衛綰到楊敞的十五位丞相中，在漢武帝早期有幾位儒家人士，比如衛綰、竇嬰、田蚡，以及對開展集權教育最得力的公孫弘之外，其餘的丞相都不是根據他的學問而升到丞相之位的，史書也沒有記載他們的學派傾向（請參見下頁表2）。

之所以這樣，是因為漢武帝雖然「罷黜百家，獨尊儒術」，但他本人對於儒教卻是一種利用關係，並沒有崇敬之心，所以在選擇官員時，最主要的條件是**聽話**，而不是學問。在這時，太學系統提供的官員大都還處於低級，沒有晉升到高級官僚體系。至於衛綰，他更多的是傾向於儒家，卻並不見得有太高的修養。竇嬰和田蚡都是因為外戚而升職的，與是不是儒家本來就沒有什麼關係。只有公孫弘是一個例外，而他本人卻心術頗多，在皇帝面前不說二話，但偷偷的為儒教找補貼。公孫弘之後的丞相們都很聽話，也沒有什麼政績，權力從丞相向皇帝以及皇帝的親信大司馬集中。

然而，漢武帝的儒家教育系統在他死後卻碩果累累，到了漢宣帝時期，儒教學問幾乎已經成了升官的必要條件。漢武帝之前，官員們選擇面較窄，大都是功臣、外戚和官二代，但武帝之後，官員們依靠教育體系得以升職，這說明漢代的太學體系是管用的。但同時也說明，儒教終於壟斷了漢代人們的頭腦，中國不可能跳出儒教圈了。

10 西元前一年，丞相職位改稱大司馬，本統計也將大司馬計算在內。

表2 漢丞相統計[11]

姓名	擔任丞相時間（西元）	是否儒學
蕭何、曹參、王陵、陳平、審食其、周勃、灌嬰、張蒼、申屠嘉、陶青、周亞夫、劉舍	前206年～前143年	不是
衛綰	前143年～前140年	傾向
竇嬰	前140年～前139年	是
許昌	前139年～前135年	不明
田蚡	前135年～前130年	是
薛澤	前130年～前124年	不明
公孫弘	前124年～前121年	是
李蔡、嚴青翟、趙周、石慶、公孫賀、劉屈氂、田千秋、王訢、楊敞	前121年～前74年	不明
蔡義	前74年～前71年	是
韋賢	前71年～前69年	大儒
魏相、丙吉、黃霸、于定國、韋玄成	前69年～前36年	是
匡衡	前36年～前29年	大儒
王商	前29年～前25年	不明
張禹	前25年～前20年	大儒
薛宣	前20年～前15年	不明
翟方進	前15年～前7年	大儒
孔光	前7年～前5年，前2年～前1年	大儒
朱博	前5年～前5年	不明
平當、王嘉	前5年～前2年	是
馬宮、平晏	前1年～8年	是

楊敞的下一任是蔡義，他是第一個有明確記載的漢代儒教教育培養的丞相，從此以後的十八個丞相中，王商是透過外戚系統而升職，薛宣和朱博是在法律系統內升職，除此之外，其餘的人要麼是儒教教育體系的產物，要麼因為法律系統而升職，但最後還得重新學習儒教理論，鍍鍍金好獲得更高的職位。在這些丞相中，有的還是當時舉世聞名的大儒，比如韋賢、匡衡、張禹、翟方進、孔光等人。

丞相職位被儒教把持，意味著漢代徹底轉變成為一個儒教國家。

以讖緯符命完成改朝換代

人們很難理解，踢開終結西漢政權第一步的，竟然是一隻白野雞（白雉）。

元始元年（西元元年），突然從四川的蠻夷處送來了一隻白野雞，這隻野雞先送到了益州的地方官手上，再由益州的地方官千里迢迢送到長安，當野雞送到王莽手中，他立刻將野雞呈給了太后，要求太后將白野雞送到太廟中祭祀[12]。

白野雞的出現讓大臣們也興奮不已，他們上奏請求冊封王莽，把他提高到蕭何和霍光這兩位漢代最突出的名臣的地位上。太后王政君（也是王莽的姑媽）收到了請求，為了撇清關係，連忙

11 資料採自《漢書・百官公卿表》。
12 見《漢書・王莽傳》。

請群臣澄清：你們要求任命王莽，是出自真心，還是因為王莽是太后的親戚？

群臣聽了王太后的話，誠惶誠恐，為了更加表示忠心，立刻再次加碼，將王莽比作和周公齊名的人，並乘機要求給王莽加封號安漢公[13]。

這一次，王太后終於同意了。

然而王莽拒絕給自己加封，他表示功勞是大家的，不是自己的，要求給他的幾個黨羽孔光、王舜、甄豐、甄邯等人加封，認為他們才夠資格。

甄邯聽說王莽推薦自己，立刻跳出來推舉王莽。

王莽再次推辭。太后前後三次試圖召見王莽，給他加封，都被他以生病為藉口，拒絕前往宮廷。最後，群臣沒有辦法了，只好請求太后先給王莽推薦的其他人加封，再授予王莽安漢公。其他四人都得到加封之後，王莽卻繼續推辭。此時，群臣再次扮演了很重要的角色，他們又提出請求，請太后考慮百官和庶民的普遍願望，不要讓他們失望。這時，太后勉為其難的發出了詔書，加封王莽為安漢公。

但即便這樣，事情還沒有結束。王莽仍然誠惶誠恐，雖然接受了詔書和封號，卻推辭了封地和世襲權，表示等百姓都富足了再接受。

雙方的推辭又持續了一輪，直到太后又答應給漢代的諸侯功臣的子孫都加賞，王莽才接受了安漢公的職位。安漢公就是王莽替代漢朝的第一步。

王莽的推辭當然只是一種表演而已。但現代人很難理解，為什麼一隻白色的野雞能夠產生如此大的效果，讓漢代的群臣跟著瘋狂表演呢？

這要從漢代的符命說起。**漢代是中國歷代集權王朝中最相信鬼神和天命的朝代**。由於董仲舒相信天人合一，並把它作為儒教的核心觀點，對於老天爺的信仰就成了漢代人民共同的心聲。

漢代的老天爺不僅指定了誰做皇帝，還不時的降出祥瑞來告訴人民，他喜歡現在的政策，或者降出災異，表明他憎惡現在的社會。漢代人看見閃電，除了按照正常的反應，認識到要下雨之外，還會想到：一、皇帝也許做錯了什麼事；二、地方官或許做錯了什麼事；三、自己也許做錯了什麼事。至於選擇哪一樣，就要根據個人的心理了。

什麼是祥瑞？在漢代也是有規定的。東漢時期大學問家班固就列舉了一系列的動物祥瑞[14]：當皇帝（大臣，或者社會）的品德影響了鳥獸界時，就會出現鳳凰、鸞鳥、麒麟、白虎等祥瑞，或者看到九尾狐，也可能會看到白野雞、白鹿和其他白鳥。

正因為祥瑞在漢人的心目中占據了很高的地位，王莽才會偷偷的要人們進獻白野雞。而群臣也心領神會，他們請求冊封王莽，就是因為：在周成王時期，也有白野雞出現，那時候的白野雞

---

13 《漢書．王莽傳》：「聖王之法，臣有大功則生有美號，故周公及身在而託號於周。莽有定國安漢家之大功，宜賜號曰安漢公，益戶，疇爵邑，上應古制，下準行事，以順天心。」

14 《白虎通德論．封禪》：「天下太平，符瑞所以來至者，以為王者承統理，調和陰陽，陰陽和，萬物序，休氣充塞，故符瑞並臻，皆應德而至。德至天，則斗極明，日月光，甘露降；德至地，則嘉禾生，蓂莢起，秬鬯出，太平感；德至文表，則景星見，五緯順軌；德至草木，朱草生，木連理；德至鳥獸，則鳳凰翔，鸞鳥舞，麒麟臻，白虎到，狐九尾，白雉降，白鹿見，白鳥下；德至山陵，則景雲出，芝實茂，陵出黑丹，阜出蓮莆，山出器車，澤出神鼎；德至淵泉，則黃龍見，醴泉通，河出龍圖，洛出龜書，江出大貝，海出明珠；德至八方，則祥風至，佳氣時喜，鐘律調，音度施，四夷化，越裳貢。」

是因為周公，從這進行推斷，王莽是和周公一樣偉大的人物，也必將能夠穩定漢朝的江山[15]。

在儒教的神化體系中，老天爺與人世溝通的方式主要有表示好意的「祥瑞」，表示懲罰的「災異」，表示命運的「符命」，表示預言的「讖緯」。

王莽除了利用祥瑞之外，還善於利用符命，比如，元始五年（西元五年），有人在挖井的時候得到了一塊白色的石頭，上圓下方，上面寫著紅字「告安漢公莽為皇帝」，這就是典型的符命。

這次事件導致了王莽代漢的第二步：他當上了「攝皇帝」，也就是幫助年幼的孺子嬰行使皇帝的職責。

到了元始八年（西元八年），老天爺再次降下了一大堆的祥瑞和符命。齊郡有人夢見老天爺的使者告訴他：攝皇帝就要成真皇帝了，不信，等你醒了，會發現亭子裡多了一口新井。當他醒了，果然看見了一口深達百尺的新井（估計是出現了地表塌陷）。而在巴郡和扶風，則分別出現了石牛和帶字的石頭，送到長安，王莽去看的時候，突然出現了銅符和帛畫的圖，上面寫著「天告帝符，獻者封侯」。

一個叫哀章的人則發現了一個銅匱，裡面裝了兩本書，一本是「天帝行璽金匱圖」，另一本是「赤帝行璽劉邦傳予黃帝金策書」。裡面說王莽應該當皇帝。根據董仲舒創造的五行相替理論，漢代被認為是火德，所以稱為「赤帝」，而和平取代火德是土德，所以是「黃帝」。

在如此大規模的符命轟炸下，王莽終於沒有經受住考驗，不得不當上了皇帝，改朝換代建立了短命的新朝。

政治大一統，學術卻退化

其實，現代的明眼人一看就知道，所謂的符命和讖緯都是偽造的，所謂**災異和祥瑞，都只不過是人們不了解自然現象**，將這些現象神學化了而已。但是在漢代，所有的知識分子都認真的對待這些東西，並正經八百的把它們當作正規的學問來接受，甚至繼續發明一些類似的理論，將之變得更加複雜。

而這些現象本身，都是董仲舒將陰陽術加入儒家學問產生的必然結果。漢代公認的大儒們，如董仲舒、夏侯始昌、夏侯勝、京房、谷永等人，幾乎都深信天人感應，總結了許多荒誕不經的說法加入儒教之中。

另外，從漢武帝開始，人們也突然發現，當官是一個危險的職業，即便位高權重，也不能保證自己的安全，比如在漢代後期的丞相中，有許多人就是被皇帝脅迫著自殺而死。至於其他小官，更是難保自己的命運。

到最後，為了避免自己倒楣，大臣們也紛紛製造讖緯來規勸皇帝。如果直言不諱的批評皇帝暴政，必然會被皇帝殺死，但如果借助天災，向皇帝暗示，由於人間政治出了問題，引起了老天爺的憤怒，就有可能讓皇帝在不遷怒於大臣的情況下收斂一點。

15　《漢書．王莽傳》：「漢危無嗣，而公定之；四輔之職，三公之任，而公幹之；群僚眾位，而公宰之；功德茂著，宗廟以安，蓋白雉之瑞，周成象焉。故賜嘉號曰安漢公，輔翼於帝，期於致平，毋違朕意。」

漢武帝只是為了鞏固自己統治，編造儒教神話逼迫其他人相信，但到了他的子孫，就已經掉入儒教神話中無法自拔了。董仲舒的理論框架碰到了漢代的現實政治，共同創造了漢代越來越變味的學術氛圍。

在這種變味的學術之下，許多書籍被偽造了出來，每本書都說是周公、孔子寫的，但內容卻荒誕不經，充滿了預言、暗示和神化，這些書籍被稱為讖緯書籍。

人們偽造這些書，是因為流傳下來的儒家典籍實在太少，為了表達自己的意見，必須偽造一些書來為自己的理論服務。

這些書中有的把孔子變成了實實在在的帝王，認為孔子是黑帝精裔，他的出現就是為了給幾百年的漢朝制定規矩的[16]。還有的把劉邦神化成腳踏星空、神遊萬仞的仙人[17]。再借助孔子、劉邦等人，寫自己的理論。而所謂理論，大都是附會之言，預言未來會發生什麼事情，或者透過自然現象推演人間。

這一類的書很像現代的野史八卦，還充滿了荒誕不經的神話傳說，但在漢代卻被認為是正經八百的著作，甚至用來指導政治。

讖緯的出現，是一種嚴重的倒退。在戰國時期，由於政治並沒有給學術研究設定範圍，人們思維大開發，結果產生了百花齊放的諸子百家。可是，一旦政府給學術規定了範圍，告訴人們只能在某一個領域內思考，不得越界，那麼，必然產生學術的退化。當人們不能思考更廣泛的問題時，就會利用他的思維，在有限的範圍內胡編亂造，漢代的讖緯就是這樣胡編亂造的結果。

在思想束縛下和讖緯橫行之下，漢武帝之後的漢代學術一直停滯不前，除了語言鋪張卻言之無物的漢賦之外，沒有留下太多有價值的東西。

漢代圈養的知識圈，雖然在皇帝的飼養下活得很瀟灑，卻並非沒有「對手」。實際上，在漢儒們圍繞著原地畫圈時，少數人已經發現了超越的途徑，從而威脅到了這些既得利益者的飯碗。

這次超越，源於新發現的一批經文，這些經文的發現似乎證明，漢初以來人們一直沿用，並且深信不疑的五經裡，竟然有著許多錯誤。這個發現遲早會將漢代的學術體系炸飛，將人們從盲從之中解救出來……。

16 《春秋緯．演孔圖》：「孔子母徵在游於大澤之陂，睡，夢黑帝使請己。己往，夢交。語曰：『汝乳必於空桑之中。』覺則若感。，生丘於空桑之中，故曰玄聖。」

17 《河圖稽命征》：「帝劉季，日角載北斗，胸龜背龍，身長七尺八寸，名明聖而寬仁，好任主。」

第四章

利用各種偽造經文來宣示自己的正統

西元前五三三年～三一六年

隨著儒教快樂的享受著政權的樂趣，儒教內部的不同派別也大打出手。皇帝只能在各門派之間尋找一種平衡，希望尋找到一種統一的、中和的哲學。

在最受皇帝重視的《春秋》學問上，除了《公羊傳》這一種學說，另一派學者發現了另一種學說，稱為《穀梁傳》。為了調和兩種學說的矛盾，漢宣帝主持召開了一系列的會議，試圖將兩種學說統一起來。漢宣帝調和儒教紛爭的另一個做法是，增加「博士點」的數量，讓大家利益均沾，五經「博士點」的數量也從七個增加到了十二個。

對於既得利益集團（被稱為今文經集團）衝擊最大的是古文經集團。由於秦朝焚書坑儒，許多儒家著作都已經不完整，或者有了錯別字，統治哲學就建立在這些帶錯的經文之上。隨著一批戰國時期寫成的文獻（它們的錯誤更少，被稱為古文經）被從民間發掘出來，一批研究古文經的學者向既得利益集團發起挑戰，卻被學術門閥排斥在統治之外。

西漢末期，古文經學者為了分享政權，投靠王莽，並幫助王莽設計了復古改革，卻由於王莽的垮臺，成了新皇帝打壓的對象。

在古文經與今文經、漢光武帝與篡位者的大戰中，各方都紛紛祭起讖緯的大旗，利用各種偽造的經文來宣誓自己的正統地位，漢代哲學繼續向著迷信的腐臭深淵滑去。

正統地位之爭

漢宣帝甘露三年（西元前五一年），漢宣帝在石渠閣主持了一次哲學大辯論[1]。這場辯論並不是在兩方之間舉行，而是以混戰的形式出現。參與辯論的都是朝廷的王公大臣或者飽學之士，而辯論的問題在現代人看來卻顯得微不足道。不過，這些細碎的問題，在當時卻是事關王朝命運的大事。

比如，當時討論的問題之一是：兄弟數人中，哥哥沒有兒子，而其餘兄弟只有一個兒子，那麼，這個兒子是否應該過繼給哥哥？[2]

參與這項辯論的代表人物是著名《禮記》博士戴聖，他認為，按照《禮記》的大義，只要兄弟幾人中有一個兒子，作為長子的大宗就不能絕嗣，所以，生了兒子的那個弟弟應該把兒子過繼給哥哥，自己忍受沒有兒子的悲傷。

另一個叫做通漢的官員則認為，首先不能讓親生父親沒有後代，如果一個人只有一個兒子，就要留給自己，不能過繼給哥哥。

漢宣帝最終採納了戴聖的提議，決定寧肯讓小宗悲傷，不能讓大宗絕嗣。

除了這個問題之外，石渠閣會議上討論的問題還包括：

上朝的服裝是什麼顏色？

祭祀祖先的時候，要使用一個活人做「靶子」（當時稱為尸），讓祖先的靈魂依附到這個活

1 《漢書．宣帝紀》：「（三年）詔諸儒講五經同異，太子太傅蕭望之等平奏其議，上親稱制臨決焉。乃立梁丘易、大小夏侯尚書、穀梁春秋博士。」

2 出自《石渠禮論》，原書已佚，輯本來自清人馬國翰《玉函山房輯佚書》。

人上，這個「靶子」是可以用外姓人，還是必須使用自己的族人？

父親死了，在服喪期內，母親突然改嫁，做兒子的應該穿什麼樣的衣服？是喜服還是喪服？如果一個人死了，長時間沒有下葬，那些替他服喪的人到底要多久才能把喪服脫掉？漢宣帝耐心的聽著大臣們激烈的辯論，最後都一一定了調子，給出一個標準答案。

在基督教和佛教歷史上，都有過一些激烈的教義辯論。比如，佛教在佛祖釋迦牟尼死後，進行過幾次大的結集。所謂結集，就是各個弟子進行辯論，爭論哪些話是佛祖說過的，哪些教義是佛祖定下的，哪些是弟子們偽造的，哪些經文是偽經。經過爭論之後，將佛祖的言行結成集子（編注：將許多單篇作品彙編而成的書），作為最早的佛經。

在基督教歷史上，當基督教成為國教後，也有許多次由羅馬皇帝主持的會議。這些會議之所以要舉行，是因為人們對基督教的教義和經文有了不同的解釋，在皇帝的主持下，要確定哪些教義是正典，哪些是偽經。被定為偽經的教派就成了邪教，從此只能遠離中心舞臺，到世界的邊角地區，皇權管不到的地方去傳播。

而在中國，也有幾次類似的論戰活動，其中最早的一次，就是漢宣帝在西元前五三年和前五一年主持的石渠閣系列會議。這系列會議使得中國特有的儒教與基督教、佛教一樣，也出現了教義上的大紛爭，各方為了壟斷政權的教育資源大打出手。

然而，與西方和印度的宗教紛爭不同，儒教內部的宗教紛爭雖然也造成了暫時的分裂，卻並沒有像東正教、天主教、阿里烏（編注：Arianism，西元三世紀由曾於埃及亞歷山大港擔任長老的阿里烏所領導的基督教派別）、聶斯托留（編按：Nestorianism，西元五世紀由君士坦丁堡主教聶斯托留所創的基督教派別）等教派一樣，直到現在仍然處於分裂當中，甚至進行過你死我活的鬥爭，反而在東漢時期重歸一統，你好我好大家好，共同瓜分政權利益。

那麼，中國的宗教紛爭是如何產生，又如何解決的呢？

穀梁學家抬頭

漢武帝設立五經博士後，儒教學者們逐漸壟斷了皇家的上層政權，他們愉快的享受著權力帶來的樂趣。然而，這種樂趣在武帝死後就逐漸被一種焦慮所代替。

這種焦慮來自博士們內部和外部兩個方面。在內部，隨著越來越多的弟子對經書逐字的揣摩，他們對於經書精神的分歧越來越大。特別是當經文被用來解決社會問題時，不同的解讀可能會造成不同的裁決。

仍然以前面提到的「獨子是否要過繼給哥哥」這個例子來看，禮學博士們以《禮記》為基礎可以得出需要過繼的結論，而公羊博士們以《春秋》為基礎，則認為不需要過繼。到底是遵循《禮記》，還是遵循《春秋》的教導？兩派打起了嘴皮官司，只能靠皇帝強行作規定。

雙方之所以對這個問題爭執不下，並非因為具體的問題有多重要，而是想爭奪對於法律的闡釋權，都想當法學權威。而真正的世俗法精神卻早已被拋棄了。

五經博士對於不同的問題都有不同的見解，就連每一經的學科內部也爭執不斷，每一句經文的解讀都可能不同。特別是以「微言大義」著稱的《春秋公羊傳》，由於《春秋》是最重要的

「法律指導書」，而《公羊傳》又總是相信《春秋》裡的每一句話都隱藏著無數的啞謎，需要人不停的揣摩。每一個公羊學家都認為只有自己才掌握了微言大義的精髓，而其餘的人都只不過是皮毛。

當被圈養的學者們為了爭奪每一塊肉而吵得一塌糊塗時，到底應該怎樣才能確立唯一的權威？這個問題讓帝國的學術圈陷入了分裂。

除了內部之外，還有來自「博士點」外部的焦慮。所謂外部，不是指墨家、道家、法家，而是儒教內部其他沒有被列入「博士點」的分支帶來的壓力。這其中最著名的，是《春秋》經的另一個傳——《穀梁傳》。

《穀梁傳》與《公羊傳》一樣，屬於《春秋》三傳之一，在最初的時候也是以口頭流傳。人們傳說它的源頭也是孔子的弟子子夏，這一點與《公羊傳》一樣。很可能《公羊傳》和《穀梁傳》最初是《春秋》的同一種解釋，但是，子夏將他的解釋傳給不同的弟子時，就產生了不同方向的扭曲。

子夏的弟子公羊高和他的家族位居齊地，這個家族喜歡強調「微言大義」，摳著每一個字看它背後的意義，流傳到漢初，從口頭落實到竹簡，就形成了《公羊傳》。

與此同時，子夏的另一個弟子穀梁赤並不在意每一個字背後的意義，只是想弄懂《春秋》都說了些什麼事，他的方向形成了另一個分支，這個分支流傳到漢初，就形成了《穀梁傳》。

現代符號學家安伯托·艾可（Umberto Eco）寫過一本書《闡釋與過度闡釋》，其中提到，人們對於任何一本書首先想弄懂它的意思，這個「弄懂書的本意」的過程就是「闡釋」。可是，有的人卻另闢蹊徑，總是想解讀原書沒有的意思，甚至以這本書為幌子來發展自己的觀點，這就成了「過度闡釋」。但在現實中，往往這種過度闡釋受到人們追捧，被認為是有學問的表現，而實事求是的闡釋反而被看不起。

在《春秋》三傳中，《左傳》是闡釋的最好例子，作者左丘明以豐富的史實讓春秋從一本看不懂的書變成了能看懂的書。而《穀梁傳》位於中間，穀梁赤的學術功底比左丘明差了很多，他的書也模糊不清。《公羊傳》則是過度闡釋的最佳範例，作者學術功底同樣不高，卻隨意的將《春秋》解讀為自己的人生觀。

但在西漢，三傳受到的待遇也恰好符合了艾可的說法，過度闡釋的《公羊傳》是最受追捧的，而實事求是的《左傳》則除了像司馬遷這樣的歷史學家之外，幾乎沒有其他人在重視。

且不說《左傳》的情況，我們先把《公羊傳》和《穀梁傳》比較一番。《公羊傳》大都在齊地流傳，而《穀梁傳》則主要在魯地流傳。齊地的學問喜歡搞危言聳聽，而魯地的學問則比較迂腐平實。這種區別在兩個傳中也有所體會，從表面上看，公羊、穀梁對於經文解釋中，大部分都是相同的，可以互相對照。但是，與《公羊傳》動不動就自我發揮不同，《穀梁傳》講究貼著地皮，以經文的本義解釋經文。《穀梁傳》也很重視對於大義的弘揚，不過《公羊傳》弘揚的大義總是與「大一統」、「通三統」等宏大主題相關，而《穀梁傳》所說的大義則更具體表現在「仁義」、「禮儀」等的傳統儒家修養上。

漢武帝時期需要人們接受漢家正統的觀念，對於所謂的仁義卻並不看重。加上《穀梁傳》當時的傳人瑕丘江公是個不會說話的人，與董仲舒、公孫弘等人相比顯得笨拙無比，被漢武帝拋棄，公羊學從此成為顯學。《春秋》的「博士點」也授予了公羊傳人，公羊學的達官貴人層出不窮。而《穀梁傳》卻備受冷落，無人理睬[3]。

但是，瑕丘江公雖然因為木訥被冷落，他卻成功的吸引了一個人的注意，那就是漢武帝的太子劉據。劉據最初學習《公羊傳》，但隨後轉向了《穀梁傳》，認為穀梁的平實與樸素更優[4]。但隨後，太子劉據因為「巫蠱之禍」受到了奸臣江充的陷害，被迫起兵身死，瑕丘江公就更受冷落了。

在公羊學者們歡呼壟斷了《春秋》的闡釋權時，他們沒有想到的是，太子劉據雖然身死，卻留下了一個孫子在民間。到了漢武帝死後，立小兒子劉弗陵為漢昭帝，昭帝死後無子，權臣霍光幾經周折，最終確立劉據的孫子劉病已（後改名劉詢）為帝，是為漢宣帝[5]。

漢宣帝繼位後，聽說祖父劉據喜歡《穀梁傳》，開始有意識的培養《穀梁傳》的傳人，穀梁的春天到來了[6]。

確立儒家正統思想的石渠閣

漢宣帝之所以扶持《穀梁傳》，還有另外的原因。當他繼位時，漢代的江山已經徹底穩固了，隨著儒教控制了帝國的思想，已經沒有人再質疑漢代的正統性，當年的小流氓劉邦早已經成了人們思想中理所當然的天子，他的子孫們也成了上天的選擇。

到這時，《公羊傳》已經顯得有些不合時宜。《公羊傳》雖然強調大一統，卻又加入了董仲舒的天人合一，強調災異、讖緯，甚至可以被人們用來反對朝廷。比如，後來的王莽就利用了《公羊傳》和董仲舒思想中強調王朝更迭、天命轉移的思想，完成了改朝換代。反而是笨拙的《穀梁傳》由於不隨意發揮，只強調仁義、忠誠、禮儀，更有利於皇帝對社會的控制。漢宣帝已經不再需要《公羊傳》所代表的齊學的詭異，而更需要《穀梁傳》所代表的魯學的平實。

正是在《穀梁傳》的衝擊下，以及內部觀點越來越分裂，以五經博士為代表的既得利益階層充滿了焦慮。如何擺平不同意見，將他們同化掉？如果無法同化的話，又該如何讓新勢力分一杯羹，同時又將自己的損失最小化？漢宣帝時代學術界的新課題，就成了事關重大的利益分配問題。漢代的學者們從來不考慮學術成就，而是從利益的角度來考慮問題。

幸運的是，漢宣帝時期，西漢政權還有足夠的活力進行調整，容納一部分新的勢力，而石渠閣會議，就是這樣的嘗試。

3 《漢書．儒林傳》：「瑕丘江公，受穀梁春秋及詩於魯申公，傳子至孫為博士。武帝時，江公與董仲舒並。仲舒通五經，能持論，善屬文。江公吶於口，上使與仲舒議，不如仲舒。而丞相公孫弘本為公羊學，比輯其議，卒用董生。」

4 《漢書．儒林傳》：「於是上因尊公羊家，詔太子受公羊春秋，由是公羊大興。太子既通，復私問穀梁而善之。」

5 見《漢書．昭帝紀》、《漢書．宣帝紀》、《漢書．戾太子傳》。

6 《漢書．儒林傳》：「宣帝即位，聞衛太子好穀梁春秋，以問丞相韋賢、長信少府夏侯勝及侍中樂陵侯史高，皆魯人也，言穀梁子本魯學，公羊氏乃齊學也，宜興穀梁。」

這裡也可以看出東西方的不同。西方基督教的歷次會議都是以分裂和打擊為目標，皇帝組織會議，就是為了樹立一個統一的思想，而把另外的都打成異端，從思想甚至肉體上進行消滅。

而中國的會議並不是為了消滅一種思想，皇帝知道，《公羊傳》已經成了一種理論基礎，無法完全廢除，他追求的是在《公羊傳》中加入《穀梁傳》的成分，進行調和後，讓兩者都成為政權的基礎。至於《穀梁傳》和《公羊傳》中不一樣的地方，則由皇帝進行裁決，兩家都服從皇帝的意見，形成另一次理論統一。

而兩派的學者群也沒有誓死捍衛理論的決心，他們把自己當成是皇帝的臣民，隨時做好服從皇帝裁決的準備。

甘露元年（西元前五三年），漢宣帝召集了第一次會議。這次會議的目的是調和公羊學說和穀梁學說之間的區別，參加者一共有公羊學者五人、穀梁學者五人，還有以太子太傅蕭望之為代表的五經名儒十一人。形式是公羊學者和穀梁學者，對他們有分歧的三十餘處理論進行辯論，而蕭望之等人則評判雙方的對錯。

由於《公羊傳》學派一直在朝，學者們更樂於瓜分利益，而對經義研究不夠，反而是穀梁學者們忍辱負重、厚積薄發，這次辯論下來，裁判們大都認為《穀梁傳》學派的意見比《公羊傳》學派更可信，從而使得《穀梁傳》學派獲得了極大的名聲[7]。

但漢宣帝的意圖並非是扶持穀梁學說，並打倒公羊學說，而是在保留公羊學說的同時，讓穀梁學說也獲得一定的地位。兩年後，漢宣帝決定設立《穀梁傳》「博士點」。之前，《春秋》博士只設立公羊學一個「博士點」，此後，雙方各自設立博士，開展學術競爭，並瓜分政權利益。

穀梁學說加入到官方學術之中，並不是一個孤立的事件。由於雙方的理論有差異，而同時五經之間的觀點也有差異，皇帝決定一勞永逸的解決這些差異問題，於是漢宣帝時期成了學術會議最頻繁的時期。

漢宣帝本人是一個嚴肅、兢兢業業的君主，一生考慮的唯一一件事，就是怎麼維持漢朝的統治。在他的任上，任何能夠保持漢朝江山的理論都是要吸取的。皇帝並不喜歡公羊學，因為裡面充滿了大話和套話，但他仍然利用公羊學理論，不斷的強調在他任上出現了各式各樣的祥瑞，從天降甘露，到出現鳳凰、黃龍[8]，他的年號也改來改去，元康、神爵、五鳳、甘露、黃龍，充滿了祥瑞色彩。

在不捨棄舊理論的同時，如何與新理論調和？兩年後，皇帝召集大臣和學者再次在石渠閣開會，這次會議的重點是調和五經當中的分歧。

7 《漢書．儒林傳》：「劉向以故諫大夫通達待詔，受穀梁，欲令助之。江博士復死，乃徵周慶、丁姓待詔保宮，使卒授十人。自元康中始講，至甘露元年，積十餘歲，皆明習。乃召五經名儒太子太傅蕭望之等大議殿中，平公羊、穀梁同異，各以經處是非。時公羊博士嚴彭祖、侍郎申輓、伊推、宋顯，穀梁議郎尹更始、待詔劉向、周慶、丁姓並論。公羊家多不見從，願請內侍郎許廣，使者亦並內穀梁家中郎王亥，各五人，議三十餘事。望之等十一人各以經誼對，多從穀梁。由是穀梁之學大盛。慶、姓皆為博士。」

8 《漢書．宣帝紀》：「（甘露二年春正月）詔曰：『乃者鳳凰甘露降集，黃龍登興，醴泉滂流，枯槁榮茂，神光並見，咸受禎祥。其赦天下。減民算三十。賜諸侯王、丞相、將軍、列侯、中二千石金錢各有差。賜民爵一級，女子百戶牛酒，鰥寡孤獨高年帛。』」

這次會議形成了一系列的著作，這些著作分別對五經進行了解讀和規定，統一了各家的分歧，形成了由皇家主持的正統的哲學體系。

除了統一教義之外，漢宣帝還在組織上盡量向各個派別的文人開放。在漢武帝時期，五經博士一共只有七個「博士點」，其中《詩經》有三個，其餘各只有一個。漢宣帝將《易經》、《尚書》都一分為三，各立了三個「博士點」，《春秋》除了原來的公羊學一家外，又立了穀梁學一家，只有《禮記》還是只有一個「博士點」。這樣，漢宣帝時期的五經博士就有了十二家。

透過擴充五經博士數目，宣帝造就了一個皆大歡喜的格局。由於宣帝時期的經濟形勢不錯，官僚階層一直處於擴張之中，學術擴充產生了雙贏格局，每一家都感到滿意。這時的西漢學術機構就如同現在的某些學府，並不以學術研究而驕傲，反而以出了多少官僚，獲得了多少資源而著稱，所有的老師幾乎同時都是占有政府資源的商人，成了巨富。

然而，這已經是西漢時期的最後一次皆大歡喜。由於學術與官僚掛上了鉤，當民間經濟開始收縮，養不起這麼多官的時候，學閥內部的爭鬥就會立刻顯現。

與漢宣帝想的一勞永逸解決宗教紛爭不同，石渠閣會議還成了中國歷史上影響力最小的宗教統一大會。根據《漢書》記載，會議後形成了一系列的著作，來用作思想控制的教材，這些著作包括：《尚書議奏》四十二篇、《禮經議奏》三十八篇、《春秋議奏》三十九篇、《論語議奏》十八篇、《五經雜議》十八篇[9]。但可惜的是，這些書只有在漢代有人看，漢代之後就迅速失傳了，只有《禮經議奏》中幾個條款保留了下來，成為人們理解皇帝宗教統一大會的藍本。

它們之所以失傳，是因為從學術上來看，這些書籍都毫無價值。西漢時期的博士們由於過於聽話，幾乎沒有任何學術造詣，他們自以為曾經叱吒風雲，但漢代還沒有結束，就已經被新的學者們拋棄了。皇帝的話在他死前顯得無比重要，但放在歷史之中，漢宣帝本人也只是茫茫時間之軸上一個不起眼的小黑點而已，誰還在乎他當年調停學術的努力？

西漢時期的皇家博士和學術之所以迅速過時，還在於從外部又傳來了驚人的消息。他們的學術要遭受一次考古學的巨大衝擊：根據西漢時期考古學的最新成果，市面上流傳的六經課本都是假的，而孔子時期教學用的真課本正在被「考古學家」源源不斷的發掘出來。他們把新發現的經文稱為「古文經」，而將學閥們用的「假課本」叫做「今文經」。

漢代進入了今文經與古文經的紛爭時期。

發現古文經

秦朝的焚書坑儒幾乎澈底毀滅了諸子文化，到了漢代進入和平之後，雖然找到了五經的一部分版本，卻早已經不完整了，並且由於傳播的關係，充滿了錯誤。當漢武帝把五經列入了學官，這些錯誤也一併被接受了下來。

漢代官方所用的版本中，《易經》、《詩經》的爭議較小、本子較齊全，而其餘的都只是殘卷。由於當時找不到更好的版本，這些帶著錯誤與偏見的本子，就逐漸被樹立成了萬世不易的標

9　見《漢書．藝文志》。

準著作。

放在現在，一本書經過流傳出現訛誤是正常現象，但在漢代，卻是一個大是大非的問題。學者們對五經的文字進行一個字一個字的研究，深信每一個字都包含了宇宙的絕對真理。歐洲原教旨主義者對《聖經》虔誠無比，認為《聖經》裡的每一個字都是上帝流傳下來的，不可更動，漢代的學者們對於五經的態度，就和這些歐洲人是一樣的。如果有人告訴他們使用的版本有錯誤，會被他們當作無稽之談予以指責。

如果沒有人知道這些錯誤，那麼也無所謂。歷史如同在和他們開玩笑，隨著時間的推移，人們又找到了一批殘存得更早的五經版本。這些版本是戰國時期的原文，字都是幾百年前寫下的，當人們把這些本子與流傳的本子做個比較，就發現了流傳版本中的錯誤。

這些逐漸被發掘出來的經典是用秦朝之前的古文字寫成的。在戰國時期，各個國家除了地域不統一之外，就連文字也是不同的。大致說來，秦國和楚國有各自的文字系統，而山東五國的文字更加接近於另一個系統。直到秦始皇時期，才統一了文字。

漢朝採取了秦朝統一之後的隸書，官方承認的經典都是隸書寫成，被稱為今文經；而新發掘的戰國文獻由山東五國的古籀文寫成，被稱為古文經。

最早的古文經是《左傳》。到了漢宣帝時期，《春秋》的《公羊傳》和《穀梁傳》兩部注釋都列入學官，成了官僚們進階的工具，這兩部注釋被稱為今文經。而當時的人們對《左傳》這本書卻幾乎不提。實際上，在《公羊傳》和《穀梁傳》流傳時期，《左傳》已經出現了。

最早發現《左傳》的是漢初的北平侯張蒼，張蒼曾擔任過秦朝的柱下御史，是個史官[10]，也正因為這樣，他可能在秦朝的祕府中見過《左傳》。他將書獻給了皇帝，但沒有引起重視，被藏於祕府之中，只有少數人閱讀過這本書[11]。司馬談和司馬遷父子在寫《史記》時需要博覽群書，就曾經參考過這本書。在著名的人物中，賈誼、張敞、張禹、蕭望之、翟方進等人也學習過《左傳》，但是，與《公羊傳》和《穀梁傳》比起來，《左傳》的影響小得多。直到漢末，劉歆才從蕭望之等人處再次發掘出《左傳》，並在祕府裡捧起這部沾滿了塵土的著作。

用現代人的眼光看，《左傳》要比《公羊傳》和《穀梁傳》有價值得多。《公羊傳》對《春秋》進行不準確的講解和發揮，《穀梁傳》更注重對字詞和句子意思進行注釋，而《左傳》卻是對《春秋》中記載的歷史進行重新梳理和敘述。《春秋》寫得極為簡略難懂，而《左傳》卻文情並茂，將歷史說得栩栩如生。甚至有人認為，從文采和豐富性上來講，孔子和左丘明都不是一個級別的。

除了《左傳》之外，還有大量的古文經書從孔子的宅邸被找到。漢武帝末年，漢景帝的兒子魯恭王為了給自己修宮殿，要拆除孔子宅邸的部分房子。在打碎一堵牆時，突然從牆壁裡出現了

10 見《漢書・張蒼傳》。

11 《漢書・儒林傳》：「漢興，北平侯張蒼及梁大傅賈誼、京兆尹張敞、太中大夫劉公子皆修春秋左氏傳。誼為左氏傳訓故，授趙人貫公，為河間獻王博士，子長卿為蕩陰令，授清河張禹長子。禹與蕭望之同時為御史，數為望之言左氏，望之善之，上書數以稱說。後望之為太子太傅，薦禹於宣帝，征禹待詔，未及問，會疾死。授尹更始，更始傳子咸及翟方進、胡常。常授黎陽賈護季君，哀帝時待詔為郎，授蒼梧陳欽子佚，以左氏授王莽，至將軍。而劉歆從尹咸及翟方進受。由是言左氏者本之賈護、劉歆。」

許多書簡，透過孔子後人孔安國的整理，發現這是一批用古文字書寫的儒家經典[12]。經過釋讀，整理出《古文尚書經》、《禮古經》、《春秋古經》、《論語》、《孝經》等著作[13]。

另一批書由河間獻王劉德從民間徵集，包括了《周官》、《尚書》、《禮》、《禮記》、《孟子》、《老子》等著作[14]。

古文經派也想分一杯羹

如此眾多的古文書籍被發現後，人們有了對照和比較的機會。透過比較發現，已經被官方神化的文字實際上遺失嚴重，還有不少訛誤。以《尚書》為例，行世的今文尚書是透過伏勝流傳下來的，包括二十九篇文字，但從孔府發現的文字卻有四十六篇。

如果僅僅是缺少篇數，還可以認為是流傳過程中的損耗，而更麻煩的是，今文《尚書》中的文字與古文《尚書》已經有了出入。按照劉向的統計，今文《尚書》中有脫簡的情況，竹簡少一根，就掉二十幾個字。至於抄寫和背誦過程中的錯誤則更多，文字差異一共有七百多字[15]。

如果僅僅是文字上的差異也無所謂，只要承認了就可。但許多博士已經把自己的理論建立在錯誤的文字之上，做了過多的闡釋，不好改變了。

今古文經差別更大的是《禮》。高堂生傳下來的《士禮》（即《儀禮》，當時又稱為《禮經》）殘缺嚴重，只剩下十七篇。從孔子宅中所得的《禮古經》卻有五十六篇，包括了今文經的十七篇在內[16]。而這十七篇的文字差異也很大。

古文經和今文經之所以有這些差異，是因為今文經是流傳的，特別是早期依靠背誦和記憶，更容易出錯。當古文經面世時，如果今文經博士們承認這些差異，迅速改正，那麼不失為一種最明智的做法。

但現實卻是：由於處於廟堂之高，博士們已經不願意接受新的事物，當這些古文經被發掘出來時，他們根本沒有理睬，繼續按照原來的版本開課授業。漢代對於文字的神化，也讓他們無法承認經文有錯誤。

在圈養的博士們不肯承認錯誤時，一批來自政權邊緣的學者卻注意到了古文經，開始學習古文經。

12 《漢書・景十三王傳》：「恭王初好治宮室，壞孔子舊宅以廣其宮，聞鐘磬琴瑟之聲，遂不敢復壞，於其壁中得古文經傳。」

13 另一處記載來自《漢書・藝文志》：「武帝末，魯恭王壞孔子宅，欲以廣其宮。而得古文尚書及禮記、論語、孝經凡數十篇，皆古字也。恭王往入其宅，聞鼓琴瑟鐘磬之音，於是懼，乃止不壞。孔安國者，孔子後也。悉得其書，以考二十九篇，得多十六篇。安國獻之。」

14 《漢書・河間獻王傳》：「河間獻王德以孝景前二年立，修學好古，實事求是。從民得善書，必為好寫與之，留其真，加金帛賜以招之。繇是四方道術之人不遠千里，或有先祖舊書，多奉以奏獻王者，故得書多，與漢朝等。是時，淮南王安亦好書，所招致率多浮辯。獻王所得書皆古文先秦舊書，周官、尚書、禮、禮記、孟子、老子之屬，皆經傳説記，七十子之徒所論。」

15 《漢書・藝文志》：「劉向以中古文校歐陽、大小夏侯三家經文，酒誥脱簡一，召誥脱簡二。率簡二十五字者，脱亦二十五字，簡二十二字者，脱亦二十二字，文字異者七百有餘，脱字數十。」

16 《漢書・藝文志》：「漢興，魯高堂生傳士禮十七篇。訖孝宣世，後倉最明。戴德、戴聖、慶普皆其弟子，三家立於學官。禮古經者，出於魯淹中及孔氏，與十七篇文相似，多三十九篇。」

結果，古文經和今文經的研究者分成了涇渭分明的兩派：官方的博士們都靠今文經繼續找飯吃，而草莽的學者們在學習古文經的同時，又帶著偏激的情緒諷刺那些官方博士不學無術，拿錯誤的東西欺騙皇帝。

這種態度的不同又造成了學術風格的不同。官方學者研究學問是為了給統治者尋找合法的理由，他們把經文根據皇帝的需要進行肆意解釋。而草莽學者由於看不起他們，所以提出了另外的觀點。

古文經的學者認為[17]：所謂五經，並沒有充滿微言大義，所謂大一統、天人合一都是穿鑿附會上去的。孔子編纂的五經，只不過是留下了一份來自古代的文獻集，便於人們了解古代、研究古代。這就將五經的地位從與天相連的神祕天書，變成了普通的文獻資料。

雙方對於孔子的態度也有著巨大的差異。由於董仲舒在今文經中加入了較多的神學內容，學者們普遍把孔子神化了，認為他是不在帝王之位，卻有帝王之德的「素王」，是個大聖人。六經的所有文字也都是由孔子完成的，他的作品寄託了他的所有思想。古文經學卻認為孔子是個人、是個學者、是個文化傳承者。所謂六經，也並不是孔子的作品，而是在他之前就已經存在，只是由孔子用作了教材而已。

今文經學由於受《春秋公羊傳》影響最大，認為六經中最大的學問是《春秋》，其次是《易》、《樂》、《禮》、《書》、《詩》。而古文經學則不這麼認為，他們對最古老的作品最為尊重，在六經中，最古老的作品是伏羲畫八卦的《周易》。其次是《尚書》，《尚書》中的許多篇章都是夏商周時期流傳的文獻，《尚書．堯典》一章就被認為是三代之前的，是堯舜禪讓的證據。然後是《詩經》，《詩經》中最早的《商頌》被認為出自商代。《禮》、《樂》被認為是周公所制，也就是西周早期的。至於《春秋》，則是以魯國視角寫的東周時期的歷史，被認為是最後面，也最不重要的作品。

到底是今文經學的《詩》、《書》、《禮》、《易》、《樂》、《春秋》（按照重要程度遞增排列），還是古文經學的《易》、《書》、《詩》、《禮》、《樂》、《春秋》（按照重要程度遞減排列），兩家也都爭論不已。

在許多具體的研究上，雙方也持不同的態度，比如，雙方都把周代的封建制度和官制當作理想範本，但是，對古代封建制度的內容卻看法不一。

今文經學認為，古代封地分為五服，每一服五百里[18]。分封的爵位分成三等，第一等是公爵和侯爵，封地方圓一百里；第二等是伯爵，封地方圓七十里；第三等是子爵和男爵，封地方圓五十里。王直接統治的地方（王畿）也可以分封給他國。作為天子要巡行天下，五年一次。作為天子的官員，有三公（司徒、司馬、司空）九卿二十七大夫、八十一元士，一共一百二十人。這些官員是選舉產生的，不是世襲的。

古文經學則認為，周代的封地分為九服，每一服五百里，再加上王畿的一千里，一共為一萬

17 本節描述參考了吳雁南等人著作《中國經學史》第二章第一節。

18 這種説法以《尚書・禹貢》為代表：五百里甸服：百里賦納總，二百里納銍，三百里納秸服，四百里粟，五百里米。五百里侯服：百里采，二百里男邦，三百里諸侯。五百里綏服：三百里揆文教，二百里奮武衛。五百里要服：三百里夷，二百里蔡。五百里荒服：三百里蠻，二百里流。

里[19]。分封的爵位分成五等，第一等是公爵，封地方圓五百里；第二等是侯爵，封地方圓四百里；第三等是伯爵，封地方圓三百里；第四等是子爵，封地方圓二百里；第五等是男爵，封地方圓一百里。王畿不能分封給他國。天子巡行十二年一次。作為天子的官員，有三公（太師、太傅、太保）、三孤（少師、少傅、少保）、六卿（塚宰、司徒、宗伯、司馬、司寇、司空），再加上從屬於六卿的大夫、士、庶人，一共一萬兩千人。這些官員是世襲的，不是選舉產生的。

在經濟政策[20]上，雙方的看法也不一致，今文經學比較認同土地私有化原則，雖然也認同周代的井田制，但基本上把它看成是稅收模式，也就是天子從農戶手中取十分之一的稅收，只不過有的地方以種公田的形式代替，有的地方收實物。另外，除了耕地之外，還有許多山地和池塘等，今文經學也認為應該歸屬私人，而天子只收取十分之一的物產作為稅收。

古文經學則更加「公有制」，強調井田制的實質是公田，由天子根據距離首都的遠近，徵收不同的稅收，同時，山地和池塘都是公有的，不允許私人開採利用。

由於古文經學在考古方面做的工作更足，研究也更貼近客觀，越來越多的人開始重視古文經。古文經學的學者們也逐漸意識到了自己的力量，他們開始不滿足於漢代的學術現狀。在現有的框架下，不管古文經如何正確，朝廷的選官體系卻由太學和博士們把持，而所有的「博士點」都是今文經學的重鎮。妒忌、嘲弄、不甘心，立刻在古文經學中擴散開來。今文經學出於防禦的目的，為了保衛既得利益，也表現出了敵意，雙方的衝突已經不可避免了。

更致命的是，漢宣帝時期，由於社會經濟的發展，皇帝權威的加強，皇帝仍然可以透過開會的形式重新劃分勢力範圍，讓新興的學派加入到利益集團之中，形成皆大歡喜的局面。但是，到了宣帝之後，隨著漢代政治的板結（編注：比喻呆板、不靈活或不知變通）以及社會經濟的僵化，皇帝已經沒有能力繼續分餅了。在這樣的背景下，一位叫劉歆的人開始嘗試著請皇帝主持公道，允許古文經學參與政治。但是，他能成功嗎？

今文經與古文經之爭

漢哀帝時期，奉車光祿大夫劉歆做了一次努力，想調和今文經學和古文經學的矛盾，解決西漢政府的統治哲學問題。

在西漢後期，如果說還有真正的學者的話，那麼非劉向、劉歆父子莫屬。他們的祖先是漢高祖劉邦的小弟楚元王劉交。與劉邦的不學無術相比，劉交卻是個詩書胚子，漢代最早的一批儒學圖書就是由他發掘的，他任命了幾位《詩經》學者當他的智囊，在漢初混亂的年代起到了保衛讀書種子的作用[21]。

19 這種說法以《周禮．夏官》為代表：乃以九畿之籍，施邦國之政職。方千里曰國畿，其外方五百里曰侯畿，又其外方五百里曰甸畿，又其外方五百里曰男畿，又其外方五百里曰采畿，又其外方五百里曰衛畿，又其外方五百里曰蠻畿，又其外方五百里曰夷畿，又其外方五百里曰鎮畿，又其外方五百里曰蕃畿。

20 關於經濟政策問題，參考本書作者的另一本書《龍椅背後的財政祕辛》。

21 《漢書．楚元王傳》：「元王既至楚，以穆生、白生、申公為中大夫。高后時，浮丘伯在長安，元王遣子郢客與申公俱卒業。文帝時，聞申公為詩最精，以為博士。元王好詩，諸子皆讀詩，申公始為詩傳，號魯詩。元王亦次之詩傳，號曰元王詩，世或有之。」

劉向生活在漢宣帝、元帝、成帝時期，這時的西漢帝國已經在走下坡路，政治逐漸僵化，權臣控制朝政，整個社會政治中充斥著一種無力感。他飽讀詩書，是一個五經全才，同時又涉獵諸子，可謂當時最博學之人。中國第一份藏書文獻《漢書．藝文志》，就是以劉向、劉歆父子整理的藏書目錄為底本。除了整理圖書之外，他還做了許多編纂工作，比如現在流傳的《戰國策》，以及《說苑》、《新序》、《烈女傳》等，也都是他編撰的。

劉向雖然涉獵諸子，卻是個典型的今文經學家，他相信所謂的天地災變，曾經寫出了《洪範五行傳論》[22]，用災異的眼光來解讀政治，總結了歷代書籍上記載的自然災難，與政治作比較，利用數學和邏輯學，進行歸納，企圖得到社會政治與自然天象的互動關係。

劉向的時代也是權臣當道，當時，外戚的許氏和史氏在位弄權，而朝內又有太監弘恭、石顯把持。劉向數次警告漢元帝：最近災難頻發，就是權臣當道的明證。然而，這樣的說法並沒有給劉向帶來好運，反而三番五次帶來災禍[23]。

作為劉向的兒子，劉歆悲觀的意識到，僅僅依靠前代人傳下來的今文經學已經無力解釋現實狀況，天人感應、大一統學說都無法說明現實為什麼這麼無奈。而那些在臺上的大儒除了個人利益以外，已經不在乎所謂的政治和學術。劉歆對於今文經學並沒有像他父親那樣痴迷，反而由於父親的藏書，接觸到了另一個世界：古文經學。

劉歆最感興趣的是《左傳》，他最初在漢代的祕藏中找到了《左傳》，大受影響，正好當朝宰相翟方進對《左傳》頗有研究，劉歆拜在他的門下，學通了這本書，並把它發揚光大[24]。漢朝的人只在乎《春秋》中所傳的大義，並不把《春秋》當作一本歷史書，也不把《左傳》當作《春秋》的解讀。劉歆卻認為，《公羊傳》和《穀梁傳》兩傳只不過是孔子弟子的弟子們的著作，而《左傳》的作者左丘明卻是孔子同時代人，相對而言，了解《春秋》，比《公羊傳》和《穀梁傳》這種二手資料更加可靠。

除了《左傳》之外，他還推崇古文經中的《詩經毛氏傳》（《毛詩》）、《逸禮》、《古文尚書》，認為這些著作更接近於原貌，比起今文經更加可靠。

他從這些書籍中總結出了一套更加復古的政治理念，認為漢代從官制到政策都已經偏離了古代的方向[25]，而如果想恢復盛世，必須走復古的道路。而要走復古的道路，必須首先修改教科書，採用更加可靠的古文經典來代替今文經典，讓人們了解正確的價值觀。

漢哀帝時，劉歆終於走出了關鍵性的一步，他上書皇帝，要求根據漢宣帝時期的傳統，新設立幾個「博士點」，包括《左傳》、《毛詩》、《逸禮》和《古文尚書》。由於今文經集團的根深柢固，劉歆並沒有要求廢除今文經，而是希望今文經和古文經並置，都作為教科書。他相信依

22 《洪範五行傳論》在《漢書．五行志》中得以大量保留。

23 見《漢書．劉向傳》。

24 《漢書．楚元王傳附劉歆傳》：「及歆校祕書，見古文春秋左氏傳，歆大好之。時丞相史尹咸以能治左氏，與歆共校經傳。歆略從咸及丞相翟方進受，質問大義。初左氏傳多古字古言，學者傳訓故而已，及歆治左氏，引傳文以解經，轉相發明，由是章句義理備焉。」

25 劉歆《移書讓太常博士》：「往者綴學之士，不思廢絕之闕，苟因陋就寡，分文析字，繁言碎辭，學者罷老且不能究其一藝。信口說而背傳記，是末師而非往古，至於國家將有大事，若立辟雍、封禪、巡狩之儀，則幽冥而莫知其原。猶欲保殘守缺，挾恐見破之私意，而無從善服義之公心。或懷妒嫉，不考情實，雷同相從，隨聲是非，抑此三學，以尚書為備，謂左氏為不傳春秋，豈不哀哉！」

靠競爭和學生自己評價，更加穩重的古文經最終會擊敗華而不實、只知享樂的今文經。

與劉歆一樣，漢哀帝也對當時的社會憂心忡忡，希望做出改變。他試圖促成一次新的辯論，讓劉歆與今文經的五經博士進行對質，來比較今文經與古文經的分歧。

但這次，皇帝的權威不奏效了。今文經博士們紛紛避戰，根本不給劉歆同臺競爭的機會。劉歆失望之餘，寫了一封信質問當時掌管文化的太常博士[26]。這封著名的信就成了漢代哲學論戰的最高成果之一。在信中，劉歆回顧了古文經與今文經的來源，提出今文經經過這麼多年的以訛傳訛，實際上全都是漢代的三腳貓理論，古文經才是真正的研究周代制度的著作。他斥責了各個今文經學者抱守殘缺，為了利益和門派不肯弘揚大道，讓漢代的哲學走入了死胡同，也失去了政治和社會連接的能力，到最後損害的不僅僅是他們個人，而是整個皇朝。

這封著名的書信不僅沒有給劉歆帶來辯論的機會，反而讓整個的今文經學界（也就是大部分的官僚集團）對他都充滿了憤恨。著名的學者、光祿大夫龔勝立刻做出反應，以自責為名宣布辭職，要脅皇帝，同時大司空師丹更是大怒，上奏皇帝要治劉歆的罪。

劉歆為了避禍，不得不離開了中央，到地方任職。

這次劉歆以他的官運和身家性命為賭注，希望打破整個知識階層對於現實的無知和對於利益的貪婪，最終卻失敗了。他彷彿面對著一個巨大的城堡，這個城堡由於盤根錯節著整個朝廷的官僚系統，已經不容許新的思想進入了。

他不知道的是，一旦一個社會把一種思想樹立成指導思想，由於路徑依賴，就只能在這個思想的前提下騰挪，不可能再推倒重來。也許系統內的每一個人都不再相信這些理論，但是，又沒有人有足夠的力量去擊碎理論本身，因為那會毀掉整個系統。於是，人們只能裝模作樣繼續做著無用的研究。在漢代，人們只能順著天人合一、讖緯、災異的老路繼續走下去，等待著這個系統的崩潰。心灰意懶的劉歆對西漢政權絕望了，雖然他是劉氏宗親，但他對劉氏的漢朝已經不再留戀，並不介意用一個全新的系統，來代替漢朝建築在儒教今文經體系上的政權。

恰好這時，他的朋友王莽成了大司馬，於是劉歆迅速的將希望寄託在王莽的身上。

助莽篡漢，又密謀反叛

新莽始建國元年（西元八年），王莽稱帝建立新朝。王莽曾經與劉歆共事，對劉歆的才華了解得一清二楚，在他還沒有當皇帝時，就開始重用劉歆。西漢元始四年（西元四年），王莽命令劉歆建造一個叫做明堂的建築。

所謂明堂，指的是天子祭祀天地鬼神、舉行大典的地方。這是古文經學中的一個概念，在今文經學中，人們更願意使用的一個概念是太廟。所謂太廟，就是天子祭祀父輩祖先的地方，而古文經學更加推崇周代的制度，認為周天子不僅祭祀父母，還祭祀天地陰陽，這個祭祀的場所就是明堂[27]。

26 《移書讓太常博士》全文見《漢書．楚元王傳附劉歆傳》。

27 《周禮．冬官．考工記》記載明堂為：「周人明堂，度九尺之筵，東西九筵，南北七筵，堂崇一筵。」

現在的北京還存在一個巨大的明堂，就在北京城南的天壇，同時，明清時期也保留了太廟，位於天安門之後。這實際上綜合了今文經和古文經兩家的學說，兼而有之。

王莽建立明堂的舉動被視為古文經學崛起的標誌。實際上，所謂明堂屬於三雍建築群中的一個。按照古文經學的意見，皇家宗教性建築分成三部分，分別是明堂、辟雍[28]、靈臺[29]。如果和基督教、伊斯蘭教做一個對比，明堂是舉行大典、祭祀的場所，類似於基督教堂或者清真寺。而辟雍則是周代所設的大學，也就是皇家教育機構，相當於基督教的大學，或者伊斯蘭教的古蘭經學校。靈臺則是皇帝觀天象、預測國家命運的場所，可以與基督教和伊斯蘭教的天文臺相比。

明堂、辟雍、靈臺，就構成了王莽時期的國家宗教建築群。國家宗教的古文化，意味著皇帝對古文經的認可。

但是，王莽為什麼要認可古文經呢？

原因在於，他要為自己的篡位做理論儲備。在古文經中，有一本書叫《周官》，是劉歆發現的一本記載周代禮儀制度的書籍，這本書後來改名叫《周禮》，成了儒家經典「三禮」的一部。《周禮》曾經被認為是周公所做的禮儀制度，王莽在篡位之初，希望把自己打扮成周公的角色。周朝滅亡商朝後，周武王很快就死了。由於繼位的周成王年幼，周武王的弟弟周公負責攝政。王莽標榜自己是漢代的周公，為年幼的漢天子攝政，所以被封為安漢公。作為周公的繼承人，王莽希望把制度都周公化，所以，《周官》這本書就成了他的理論基礎之一。

劉歆之所以幫助王莽，則是為了推廣自己的理論，促使王莽在政治上使用古文經。此刻他已經對漢代社會的革新能力不再抱希望，因此投靠了王莽這個更加銳意改革的人。

劉歆的理論包括：在哲學上，推行周代的教育系統，也就是把古文經當作教材使用；在政治上，重新實行周代的官制，把漢代的創造去掉，完全恢復周代的官名；在經濟上，由於周代是井田制，皇帝應該重新實行土地公有制，並實行一套與周代理想合拍的貨幣制度。

劉歆並不熱衷於幫助王莽登基。但他與同黨甄豐、王舜等人為了改革漢代制度，希望授予王莽足夠的權力，幫助王莽當上了安漢公，後來又幫助他獲得了「宰衡」的稱號，這個稱號也是被周朝的周公、商朝的伊尹使用過的。

王莽為了報答三人，將他們升職。當其他人看到他們高升後，紛紛效仿討王莽歡心，呼籲王莽當所謂的「攝皇帝」。攝皇帝就是代理皇帝，安漢公雖然權力大，但還不是皇帝，但代理皇帝就是皇帝了。幫助王莽當上攝皇帝的，是泉陵侯劉慶、前輝光謝囂、長安令田終術等人[30]。這些人的操守已經不如劉歆和甄豐。到這時，劉歆就已經是被局勢推著走了，他只是想借助王莽推行改革，卻被潮流裹挾著成了漢朝的叛臣。

但這還不是結束，當劉慶、謝囂、田終術等人得手後，又有一些更不可靠的人想求官，不斷的製造祥瑞和符讖，也就是各種預言說王莽是奉天命當皇帝的。王莽就是在這一波波的浪潮下當上了真皇帝。

---

28 《禮記．王制》：「大學在郊，天子曰辟雍，諸侯曰泮宮。」
29 張衡《東京賦》：「左制辟雍，又立靈臺。」
30 見《漢書．王莽傳》。

到最後，劉歆感覺到事情已經失控，卻又無可奈何，只能指望王莽在當上皇帝之後，繼續用自己的理論來治理國家。

王莽當皇帝後並沒有忘記劉歆，任命他為國師，皇帝的頭號智囊。新莽一代雖然只有短短的十幾年，卻成了**中國歷史上改革最頻繁的朝代**。但是，王莽又並沒有全部採納劉歆的觀點，而是既使用了今文經學的主張，又使用了古文經學的主張。

比如，在官制改革方面，他把漢代的官名全部改掉了，但基本上還是使用了今文經學的主張，按照今文經學對周代的理解改名。比如，設立了大司馬司允、大司徒司直、大司空司若三個官，把大司農更名為羲和，後來又更名為納言，把大理更名為作士，太常更名為秩宗，大鴻臚更名為典樂，少府更名為共工，水衡都尉更名為予虞，與三公司卿一共九卿，分別隸屬於三公。每一卿又設置了大夫三人，一個大夫設立元士三人，一共二十七大夫、八十一元士，分別掌管中央官職。

另外，把光祿勳改名為司中，太僕改為太御，衛尉改為太衛，執金吾改為奮武，中尉改為軍正，又設立了大贅官，掌管皇帝的車馬物件，以後還負責練兵，這些人都是上卿，稱號為六監。把郡太守改名為大尹，都尉改名為太尉，縣令長改名為宰，御史改名為執法。

更重要的則是官名改變背後的意義。周代的官制是不分國家官員和皇家官員的，也就是說，所謂的官員，其實都是周王的私臣。而漢代在官制上有一個巨大的進步，就是把內臣和外臣區分開來，外臣就是管理國家事務的官員，而內臣則是負責皇帝起居和家事的私臣。王莽的改變，把內臣和外臣又混為一談，實際上是把權力更加集中在皇帝手中了。

他這樣做有野心的一面，也有迫不得已的一面。與現代的改革一樣，王莽也面臨著改革悖論：**要想改革，必須有足夠的權力才能推動，所以要先集權，再改革。可是集權之後，又容易扼殺民間活力，導致沒有人再相信所謂的改革**。

官制上基本是今文經學的思路，但在土地改革、貨幣改革等經濟類改革上，王莽則採用了古文經學的觀點。他把土地都收歸國有，並訂立了一套複雜的貨幣系統，使用了金、銀、銅、龜、貝五種材質，設計了二十八種貨幣。結果民間由於土地關係紊亂，金融秩序崩潰，最終導致了新朝的滅亡。

王莽的試驗也表明，不管是古文經學還是今文經學，它們作為一種哲學觀念、一種學術思想是可以的，可一旦將它們現實化為政治政策，就會立刻引起巨大的社會失調。

不過，古文經學在王莽時期的確獲得了與今文經學平起平坐的地位，《毛詩》、《逸禮》、《古文尚書》、《周禮》都列入了學官，並設置了新的「博士點」，試圖保持所有文化都繁榮昌盛的景象。

隨著王莽改革造成的混亂，劉歆開始心灰意冷。他心目中想的是一種純粹的改革，得到的卻是一堆揉合與妥協的雜貨。隨著改革的失敗，新王朝也搖搖欲墜。他孜孜以求將古文經學列入學官，這個目標表面上是達到了，但一旦進入了官僚系統，古文經學家並沒有表現得比今文經學家更好，而是迅速同流合汙，變成了食利階層。實際上，任何的學術，只要沾上了官僚的氣味，都會變成同樣的貨色。

當各地紛紛揭竿而起時，劉歆參與刺殺王莽的行動，希望投靠東方崛起的劉秀，繼續他的學術冒險。但這一次，政變失敗了，他被迫自殺。他的死亡決定了漢代經學的命運。經學家們認為自己掌握了宇宙真理，卻無法改變哪怕一個小小王朝的命運。到了東漢，一切還都得順著漢武帝創造的慣性繼續走下去……。

篡位成功卻敗在改革

與劉歆同樣悲劇的還有新朝唯一的皇帝——王莽。

王莽作為改革家，曾經試圖統一今文經和古文經，利用宇宙真理製造一次巨大的繁榮。但現實卻又逼迫他最終投靠了所謂的讖緯，依靠著各種方士和陰謀家製造的虛假預言來維持統治。這導致西漢末年到東漢初年，成了中國歷史上最迷信朝代的最迷信時期。

在王莽登基之前，他就造了一系列的祥瑞、符命和讖緯來給自己的篡位製造依據。平帝元始元年（西元元年）四川地區蠻夷獻上了白野雞，讓他當上了安漢公。元始四年（西元四年），王莽開始為古文經正名，同時獲得正名的還有讖緯，他命令徵集精通《逸禮》、《古文尚書》、《毛詩》、《周官》、《爾雅》、《史篇》的人，以及鐘律、月令、兵法等專業人才，而天文（觀天象解讀命運）、圖讖等也被列為專業人才受到重用[31]。

當讖緯受到重用之後，各種類型的超自然現象出現了爆發式增長。元始五年（西元五年），有人挖井時得到了一塊白石頭，上面寫著紅字「告安漢公莽為皇帝」，結果王莽當上了代理皇帝。隨後，有人夢到了天公的使者，請王莽當真皇帝。而哀章則偽造了銅匱勸進，這些人共同努力把王莽打造成了真皇帝。王莽當皇帝後，也投桃報李，封官加爵，同時頒布了一本叫做《符命》的書，一共四十二篇，都是說王莽應該當皇帝的。

除了皇家頒布的《符命》之外，各式各樣的讖緯、符命書籍更是層出不窮。如同現在街邊擺滿的算命書一樣，當時最熱門的圖書品種也是算命書。這些書有一個特殊的名字，與五經等「經書」相對，被稱為「緯書」（請參見下頁表3）。

王莽沒有想到的是，他可以借助偽造的符命、讖緯當上皇帝，別人也可以偽造來反對他。結果，在他執政時期，災異也層出不窮。天鳳二年（西元一五年），有人宣稱有一條黃龍在黃山宮摔死了，這件事一傳十、十傳百，形成了巨大的衝擊波，王莽聽了擔心影響政權，連忙派人去查看這件事是怎麼發源的，最終也無法找到謠言的出處[32]。地皇二年（西元二一年），又有人預言王莽將被漢家取代。

這類謠言越傳越廣，當初怎麼推王莽上臺，又在後來怎麼讓他下臺。

然而，王莽帶起來的風潮並沒有隨著他的死亡而結束。由於社會思潮已經被他和前人帶入了迷信的軌道，讖緯已經成了人們思考問題的出發點，到了劉秀起兵建立東漢時，也不得不繼續利用讖緯來做文章，為自己尋找合法性。

31　《漢書．王莽傳》：「立樂經，益博士員，經各五人。徵天下通一藝教授十一人以上，及有逸禮、古書、毛詩、周官、爾雅、天文、圖讖、鐘律、月令、兵法、史篇文字，通知其意者，皆詣公車。網羅天下異能之士，至者前後千數，皆令記說廷中，將令正乖謬，壹異說云。」

32　《漢書．王莽傳》：「訛言黃龍墮死黃山宮中，百姓奔走往觀者以萬數。莽惡之，捕系問語所從起，不能得。」

表3 緯書舉例[33]

七緯	篇目	題解
易緯六種	稽覽圖	把易經與曆法結合起來，用六十四卦配合四季、十二月、二十四節氣、七十二候，講卦氣，占驗災異吉凶，說明天人感應，以備帝王稽覽，書中有圖，故曰稽覽圖。
	乾鑿度	乾為天，度者路也。說明聖人鑿開通向天庭的道路，溝通人神。
	坤靈圖	坤為地，指地之靈妙，有圖配合，故曰坤靈圖。
	通卦驗	透過卦氣來占驗吉凶災異，故曰通卦驗。
	是類謀	一作筮類謀，卜筮其可行之類，預為籌謀，故曰筮類謀。
	辨終備	占驗災祥，透過天人感應之理，辨其吉凶，而做充分準備，故曰辨終備。緯中說：小辨終備無遺。言無遺患之意。
詩緯三種	推度災	以陰陽五行、天人感應據天的行度，以推天意，占驗災異，故曰推度災。
	氾曆樞	氾曆樞說：大明在亥，水始也。詩緯以三百篇配陰陽五行天干地支。午亥之際為革命，配大明，即武王伐紂革命之詩。歷數的運行，貴在掌握關鍵時刻，即革命的時機。趙在翰說：泛覽五際，其樞在水。亥為水始，即革命之際，乃歷數運行的關鍵時刻，故曰氾曆樞。
	含神霧	讖緯是神學，認為天命人事，統於神靈，神靈下降，其氣象是霧氣茫茫的，故名含神霧。
禮緯三種	含文嘉	禮是區別文質、象徵文明的，乃是嘉美的集中表現，故名含文嘉。
	稽命徵	考察天命，只有神聖才能徵應，受命為王，故名稽命徵。
	斗威儀	北斗在天中象徵威儀。禮主容儀，取法北斗，故名斗威儀。
書緯五種	璿璣鈐	古代帝王制曆明時，璿璣玉衡是古代觀測天文的重要儀器，最為關鍵，故名璿璣鈐。
	考靈曜	考察日月星辰的運行，測其光景，故名考靈曜。
	刑德放	帝王政教，以德為本，刑以輔之。陽生陰殺，放效天行，故名刑德放。
	帝命驗	帝王曆運，決於天命，朝代興亡，隨五行更替，各有徵驗，故名帝命驗。
	運受期	帝王的興起，受命於天，隨五行之運，各有應期，故名運受期。

（接左頁）

七緯	篇目	題解
樂緯三種	動聲儀	歌詠舞蹈，雍容盛德，故名動聲儀。
	稽耀嘉	順乎天行，功成事舉，光耀永嘉，故名稽耀嘉。
	葉圖徵	製作靈圖，以為徵驗，故名葉圖徵。
春秋緯十四種	演孔圖	孔丘端門受命，天降血書，中有作圖制法之狀，故名曰演孔圖。
	元命包	聖人制命，統於一元，無所不包，故名元命包。
	文耀鉤	孔子修《春秋》九月成書，凡萬八千字，文成光耀四布，鉤治陰陽，故名文耀鉤。
	運斗樞	北斗七星的運動變化為記時之樞紐，故名運斗樞。
	合誠圖	天人感應，以誠想通，有圖相配，故名合誠圖。
	感精符	天降精氣，聖人以生，天人相感，如合符契，故名感精符。
	考異郵	天垂象，見吉凶。考其禎祥災異，天人通郵，符應不爽，故名考異郵。
	保乾圖	承天之命，應運受圖，於時保之，故名保乾圖。
	漢含孳	孔子以西狩獲麟而作《春秋》，為漢制法，麟為漢受命之端。故作《春秋》孕育著漢的孳生，因名漢含孳。
	佐助期	聖王興起，必有神靈輔佐幫助，應期而至，故名佐助期。
	握誠圖	誠為天道，王者所握，有圖相配，故名握誠圖。
	潛潭巴	陰陽災異，其理奧祕，深潛難知，精微難言，其曲如巴，故名潛潭巴。
	命曆序	帝王年世，有命自天，五運相承，歷數有序，故名命曆序。
	說題辭	這等於春秋緯的序言，解說經旨，闡明緯理，宣揚聖意，以為題辭，故名說題辭。
孝經緯兩種	援神契	援引眾義，闡發微旨，孝通神明，天人合契，故名援神契。
	鉤命決	孝通神明，以立情性，鉤稽天命，以崇人倫，故名鉤命決。

在劉秀和四川軍閥公孫述的戰爭中，雙方都大打迷信牌，爭相宣告正統地位。公孫述認為，孔子寫《春秋》一共十二代，而西漢也已經傳了十二代，到了歷數終結的時候了。至於誰將繼承漢朝，他四處翻書，在一本叫做《援神契》（請參見上頁表格）的緯書中尋找到了依據，這本書中有一句是：西太守，乙卯金。他把這句解釋為，西方的太守（公孫述本人）應該終結劉氏的天下。另外，根據當時流行的五行理論，西方屬金，顏色崇尚白色，而五德輪替中，王莽崇尚的黃色繼承了紅色，又會被白色所替代，公孫述認為自己西方所代表的白色應該替代王莽的黃色。

但劉秀卻並不這麼看，他認為，所謂的乙卯金不是說終結劉氏，而是說在乙未那一年重新授權給劉氏。

公孫述還曾經引用另一處文字，在一本叫做《錄運法》的書中找到一句「廢昌帝，立公孫」，以及在一本叫做《括地象》的書中找到一句「帝軒轅受命，公孫氏握」，表明應該由公孫氏繼承帝位。但劉秀則反駁說，其實這兩處文字早已經在西漢就應驗了。這兩句話預言的是當年霍光廢黜漢廢帝劉賀，重新立漢宣帝的故事。當年漢昭帝死後，權臣霍光首先立昌邑王劉賀為帝，可是劉賀當皇帝二十七天後，霍光不滿意他，又把他廢掉，立了另一個人為帝，這個人叫劉病已，是武帝廢太子劉據的孫子，所以被稱為公孫病已[34]。

劉秀還發明了一套赤赴符，赤裸裸的宣稱：劉秀發兵捕不道，四夷雲集龍鬥野，四七之際火為主[35]。所謂四七之際，就是說漢高祖創立漢朝到劉秀稱帝，時間為兩百二十八年，而劉秀自稱火德，認為繼承了漢帝國的正統。

雖然最終的勝負是在戰場上決定的，但光武帝對於讖緯的信奉，使得東漢繼續頂著最迷信朝代的稱號。

於是，從董仲舒發端的天人合一理論，雖然成功的抵禦了古文經學的攻擊，卻最終變成了符讖的大雜燴，東漢的學者中充斥著各類迷信色彩，人人口言災異，四處比附，至於真正的學問，卻並不在他們的腦子裡。從漢武帝開始的哲學系統，已經成了嚴重拖累中國學術發展的緊箍咒。

33 本表引自任繼愈主編的《中國哲學發展史．秦漢卷》的緯書綜述一章。

34《後漢書．公孫述列傳》：「述亦好為符命鬼神瑞應之事，妄引讖記。以為孔子作春秋，為赤制而斷十二公，明漢至平帝十二代，歷數盡也，一姓不得再受命。又引錄運法曰：『廢昌帝，立公孫。』括地象曰：『帝軒轅受命，公孫氏握。』援神契曰：『西太守，乙卯金。』謂西方太守而乙絕卯金也。」

35 見《後漢書．光武帝紀》。

第五章 文人打架與皇帝和泥

西元三三六年～一二〇〇年

東漢末年，當今文經學者、古文經學者鬥得不亦樂乎時，他們卻突然間雙雙變成了歷史的注腳，被邊緣化了。

今文經學之所以衰微，原因在於它已經不是學問，而是關係與幫派的綜合體。失去了研究能力，最終必然失去它把持的權力本身。而古文經學衰微，來自於它過分的想取代今文經學占據政治的中央，吸納了太多的糟粕，從而失去了原本的銳度。

東漢時期的白虎通會議又做了一次綜合今古文經學的努力，取得了一些成果。東漢末年，綜合今古文經學的大儒終於出現，重新統一了經學。但在經學統一之時，人們卻悲哀的發現，不管是今文經學還是古文經學，其實都已經死亡。

在東漢，已經產生了一批試圖跳出今古文經學鬥爭思維研究問題的學者。其中揚雄試圖效仿儒教體系，創造一個類似於當時流行哲學，卻又有別於流行哲學的體系，但由於他的體系模仿性較強，也缺乏追隨者，成了稍顯滑稽的異類。

東漢也出現了一批反對讖緯的學者，最典型的代表是機械論者王充。但王充在質疑讖緯、破壞原有哲學體系的同時，卻無法建立新的哲學體系。真正將漢代哲學清掃乾淨的，是後來的玄學和舶來的佛教。

皇權式微，學術再次失控

漢光武帝劉秀在獲得天下後不久，就受到了一位郎中的嘲弄，這次嘲弄是東漢時期學術爭論的縮影。

建武二年（西元二六年），光武帝劉秀任命了一位儒生為郎中，這位儒生叫尹敏。這次任命反映了光武帝的政治抱負。劉秀深知馬上打天下、書本治天下的道理，在開國後，迅速向儒術治國轉變。他首先從西漢王朝在長安的祕府中尋找到了大量的圖書，裝載起來竟然有兩千多輛馬車，由於他把首都設在洛陽，這些圖書都被裝上車從長安送到洛陽，成了皇家館藏。

在東漢歷代皇帝的經營下，皇家館藏又擴大了三倍。但是，光武帝也許永遠想不到這些圖書最終的命運。到東漢末年的董卓之亂時，由於士兵們不知道圖書的價值，將竹簡木簡劈了當柴燒，布帛的圖冊則被用來製作簾子和傘蓋，幾乎所有的圖書都失散了。

當董卓捨棄洛陽，遷往長安時，司徒王允搜集了一下圖書，只找到了原藏書的百分之一，裝了七十多車，在路上又損失了一半。王允和呂布聯合殺死董卓後，董卓的部將郭汜和李傕進攻長安，將關中地區變成了荒地，最後的圖書也在此次事件中失散。東漢末年的圖書之災並不亞於秦朝的焚書坑儒[1]。漢代之後，歷史不斷的重複這一幕，大量的古代典籍被藏於祕府，無法被民間利用，卻被付之一炬。

光武帝除了搜集圖書外，更想像當年漢武帝一樣，將帝國的整個學術界掌握在手中。隨著王

1　《後漢書．儒林列傳》：「初，光武遷還洛陽，其經牒祕書載之二千餘兩，自此以後，參倍於前。及董卓移都之際，吏民擾亂，自辟雍、東觀、蘭臺、石室、宣明、鴻都諸藏典策文章，競共剖散，其縑帛圖書，大則連為帷蓋，小乃制為縢囊。及王允所收而西者，裁七十餘乘，道路艱遠，復棄其半矣。後長安之亂，一時焚蕩，莫不泯盡焉。」

莽的滅亡，大量的讀書人都逃進了山中，光武帝將他們延攬到首都洛陽，授予一定的職位。一位叫尹敏的儒生也是這個時候投靠了光武帝。

尹敏最初學習的是今文經中的《歐陽尚書》，後來又學習了幾部古文經，包括《毛詩》、《穀梁傳》和《春秋左氏傳》，是一位兼修今古文經學的大家。他來投靠光武帝，是希望發揮自己的特長，誰知，光武帝授予他職位後，卻派給他一個荒誕的工作：整理讖緯書籍。

在當時，不管是王莽還是光武帝都深信所謂的讖緯、祥瑞和災異。王莽將原來的讖緯圖書添加了許多有利於自己的內容，於是，對緯書的考據學正式成了一門學問。光武帝希望將王莽添加的內容去掉，恢復讖緯書籍的本來面貌。尹敏的工作就是校訂這些書籍，去掉王莽的痕跡。

尹敏對於讖緯書籍毫不在意，他上奏說：讖緯書籍本來就不是聖人的作品，而是後人杜撰的，就算恢復了王莽之前的模樣，它照樣是偽書，整理這樣的書籍會誤人子弟的。

光武帝並不這麼看，他相信讖緯書籍與經書一樣，同樣是聖人留下的教導。尹敏悶悶不樂的開始了他的工作。

有一天，光武帝找來一本尹敏校訂過的緯書翻閱，突然發現其中有一句：君無口，為漢輔。所謂君無口，恰好是一個「尹」字，如果這句話是真的，就意味著應該請尹敏入閣輔政。光武帝連忙將尹敏叫來詢問這是怎麼回事。尹敏不慌不忙回答：「我見前人偽造圖書，也不自量力，偽造一把，萬一成了呢[2]？」

光武帝知道尹敏這是在諷刺自己過於相信讖緯，不再重用他，但也沒有懲罰他。

尹敏的命大在於他碰到了性格寬厚的光武帝，如果碰到漢武帝，他肯定會因為欺君之罪而掉腦袋。不過，光武帝之所以寬厚，也反映了另一個現實：東漢時期的學術界已經不再像西漢時那樣鐵板一塊。西漢時，皇帝的權力更加集中，學者的官運掌握在皇帝的手中，沒有人敢於反抗，也沒有人敢在皇帝面前賣弄學問。董仲舒的天人感應思想，深深的根植在每一個人的腦子裡，而各個「博士點」的家法傳承又養成了不容懷疑的精神。西漢的學者大都只從師父手中接受知識，不准許靈活變通，也不准許融入其他家的說法。

但到了東漢，隨著中央集權程度的減弱以及學問的庸俗化，學者為了獲得真知灼見，勢必要打破家法的束縛，拋棄掉那些成見，開始自我探索。另外，在東漢時期，古文、今文、讖緯之間的鬥爭也越演越烈，即便皇帝也很難擺平各派的偏見。

以光武帝時期為例，由於王莽大量使用古文經人才，光武帝召回的學者中既有古文經人才，也有今文經人才。光武帝最初的意圖是調和今古文經學之爭，但由於今文經學者的態度更加強硬，偏見更深，在他們的逼迫下，光武帝不得不取消了古文經學官，只保留了今文經學官，又開始了另一個今文經為主的時期。由於古文經受到排斥，在民間反而形成了欣欣向榮的學術群體，結果，皇帝已經不能獨占知識的闡釋權了。

除了今古文經學之外，讖緯也始終如影隨形，成了皇家信仰的一部分。讖緯、今文經學、古文經學就在皇帝的面前鬥來鬥去，讓皇帝無所適從。

東漢皇帝的式微，導致學術界進入了一個失控的時期。學者們之間的鬥爭日益激烈，皇帝試

2 見《後漢書・尹敏列傳》。

圖在其中尋找平衡，採取了和稀泥的態度。但最終，學者的爭鬥還是超出了政權的容忍程度，發展出了影響政局的大變動。

光武帝時期大辯論

光武帝建武四年（西元二八年），尚書令韓歆的一份奏章引起了軒然大波，並掀起了今文經學與古文經學最激烈的爭鬥[3]。

這場爭鬥可以追溯到兩年前光武帝對儒家學者的大徵召。這場徵召中，除了前面提到的尹敏之外，還有幾個大學問家，他們是范升、陳元、鄭興、杜林、衛宏、劉昆、桓榮等人。在這七位中，有三位是今文經學家，另外四位是古文經學家[4]。

在光武帝的政治圖譜中，最初，他希望採取不偏不倚的態度對待今文經學、古文經學和讖緯。西漢時期設立了五經「博士點」的都是今文經學家，將古文經學家排除在外。光武帝想對這種局面做出平衡，在徵召了諸位大家之後，接下來，就是重新設立五經博士的問題。

這時，尚書令韓歆領會了皇帝的意圖，乘機上奏，請求皇帝設立五經博士的同時，注意在今文經學和古文經學之間平衡，為屬於古文經學的《費氏易》和《左氏春秋》設立「博士點」。

在東漢初期，今文經學繼續分裂，較為主流的已經有了十四個分支，分別是：《易》四家，施、孟、梁丘、京氏；《尚書》三家，歐陽、大小夏侯；《詩》三家，齊、魯、韓；《禮》二家，大小戴；《春秋》二家，嚴、顏。

在十四家今文經學之外，再設立《費氏易》和《左氏春秋》兩家古文經學，既符合皇帝的和平意圖，也是在政治上做出一定的平衡，避免今文經學一家坐大，也防止古文經學由於沒有正規途徑進入官場而變得極端。

韓歆的提議讓光武帝大喜，但為了向臣下表明他的慎重態度，他下詔請群臣到雲臺議事，討論一下可行性。在很多事情上，所謂討論只不過是橡皮圖章，但光武帝沒有想到，由於設立新「博士點」動到了某些人的利益，這次議事變成了一次大規模的爭吵。而爭吵的主角們，就是當初他請過來的諸位大學問家。

由於王莽時期劉歆強行推廣古文經學，與今文經學家們結下了梁子，今文經學家們拿出了視死如歸的氣魄，堅決抵制古文經學。

首先跳出來的是范升。范升是光武帝所立的《易經》博士，學的是《梁丘易》。除了《梁丘易》之外，他還看過《論語》和《孝經》，同時還看過道家著作《老子》。作為今文經學博士的他聽說皇帝要立古文經學博士，立刻表示反對，他把主要的火力集中在了《左傳》上，主要觀點是：《左傳》不是孔子著作，而是左丘明寫的，不是聖人言；《左傳》也沒有合格的繼承人來做研究；先帝們沒有設立這個「博士點」，現在也沒有理由設立。

范升的說法引來了大量的辯駁，韓歆和太中大夫許淑對他進行了詰難。在朝堂上沒有吵出結

3 見《後漢書．儒林列傳》。

4 陳元、鄭興治《左傳》，杜林治《古文尚書》，衛宏治《毛詩》。

果，范升退下來後憤憤不平，抓起筆來又給皇帝寫了信。在信中，他著重強調了三條理由：第一，經學的各個分支太多，《易經》傳承中，除了費氏之外，還有高氏，《春秋》傳承中，除了《左傳》之外，還有騶氏、夾氏，如果將《費氏易》和《左傳》立了「博士點」，那麼其他家都會爭先恐後前來爭取「博士點」；第二，《左傳》和《費氏易》傳承關係不明，內容和其他家大都不一致，有違聖人之理；第三，由於剛剛建國，當務之急是打基本功，找到講《詩》、《書》的人，而不是擴大基礎，去尋找偏僻的《左傳》、《費氏易》傳人。

范升還列了《左傳》中十四處他認為有違聖人的錯誤，由於司馬遷喜歡引用《左傳》，范升連帶著把司馬遷也批駁了一通，又列了《史記》裡三十一處錯誤[5]。

范升的奏章上去後，惹怒了另一位當時的大家陳元。陳元也是光武帝當初徵召的文人之一，主修《左傳》。他上奏皇帝，批駁范升。他對范升提出的《左傳》和《史記》共四十五處錯誤進行了一一反駁，說明范升只是小題大作，故意挑刺。隨後，又繼續說，即便先帝沒有立，但後來的皇帝是可以立的，比如當初的《穀梁傳》也沒有立「博士點」，到了宣帝時期才設立。皇帝應該根據政治需要來設立學官，網羅人才[6]。

范升和陳元又你來我往，進行了十數回合的交戰，最終，由於光武帝本人對《左傳》有好感，決定仍然設立《左傳》「博士點」。

但隨後又發生了問題：在《左傳》「博士點」的四個候選人中，參與辯論的陳元排名第一。為了避嫌，光武帝只好選擇了第二位的司隸從事李封來擔任《左傳》博士。

但即便如此，今文經學的眾多官員仍然感到《左傳》博士觸動了他們的利益，繼續喧嘩，試圖影響皇帝。

到最後，光武帝不勝其煩，只好趁李封去世的機會，不再補充新的人選，從而廢除了《左傳》「博士點」。

這次爭執以今文經學的勝利而告終，光武帝最終設立了十四個「博士點」，全部為今文經學。古文經學經過了王莽時期的曙光之後，再次被打入了地下狀態。

然而，今文經學家彈冠相慶時，想不到的是，他們的勝利顯得如此短暫。因為從光武帝到後來的皇帝，都已經是在古文經學的薰陶下長大，他們即便無法將古文經學立於學官，卻總是在試圖將之正常化。

到了漢章帝時期，古文經學的第二次機會到來了。

白虎觀大和泥

光武帝去世後，經過明帝較為嚴厲的統治，今文經學、古文經學、讖緯三派的矛盾被擱置了起來。然而，性格寬厚的章帝繼位後，皇帝再次想撮合今文經學、古文經學的分歧，形成經學上的統一。

5 見《後漢書・鄭范陳賈張列傳》。
6 見《後漢書・陳元列傳》。

章帝本人愛好古文經學，特別是《左傳》和《古文尚書》。在當時，研究這兩門學問的大家是賈逵。賈逵的父親直接師從於劉歆，他本人除了熟悉各種古文經學經典之外，對於今文經學經典也有涉獵，可謂最懂兩種經典差異的人。

章帝一繼位，就把賈逵召進了北宮白虎觀和南宮雲臺。與光武帝不同，章帝明白如果只是泛泛的說要採納《左傳》，必然引起巨大的反彈。他必須找到《左傳》優秀的地方，才能說服群臣它值得設立「博士點」。章帝命令賈逵總結《左傳》和《公羊傳》、《穀梁傳》的區別，特別是《左傳》比其他兩傳更優秀的地方。

賈逵得到命令後，從《左傳》中選取了三十七個地方，這些地方都是強調君臣正義、父子綱紀的。由於東漢最缺乏君臣之間的互相尊重，《左傳》顯然可以幫助皇帝說話。而與《左傳》相比，《公羊傳》在這些地方則主要強調權變，對皇權有害，這是皇帝所不需要的。

除了這些區別之外，賈逵認為，《左傳》與《公羊傳》其餘部分大都相同，相同的比例占到百分之六七十，即便有不同，區別也不大，對整體無害。

另外，賈逵還指出了一個最重要的意見：東漢的皇帝自認為是火德，色尚赤，是堯的後代，可是，如果採用今文經學中五經的記載，都記載黃帝之後是顓頊，按照五行迭代，傳到堯時，不可能是火德。只有《左傳》記載黃帝之後是少昊，圖讖中將少昊稱作帝宣，從這個世系來算，漢才是火德。

章帝拿到了賈逵的奏章，感到很滿意。既然《左傳》關係到漢朝的命運，那麼應該不會有反對意見了。於是他賞賜了賈逵，並命令賈逵從《公羊傳》的學徒中選取二十位優秀學生來教授

《左傳》[7]。

到這時，皇帝還只是命令教授《左傳》，沒有將它列為「博士點」。但即便是這樣，今文經學家們仍然強烈反對，這次跳出來的帶頭人是公羊學專家李育。賈逵從《左傳》中找了三十七處來證明《左傳》比《公羊傳》好，李育就找了四十一處證明《左傳》比《公羊傳》差[8]。

雙方仍然大打嘴仗。到最後，蘭臺校書郎楊終上奏，乾脆開個會討論一下[9]，章帝無奈，只好下令在北宮白虎觀召開一次經學會議。這次會議可以視為一次學者們的「華山論劍」，參加的主體，是各大學派的掌門人和官員。這是繼漢宣帝時期召開的石渠閣會議後，第二次由皇帝主持的大會[10]。

與基督教召開的大公會議相同，這次會議的目的還是辯論誰是真經。不過，由於皇帝持調解態度，此次會議不會證明誰是偽經，而是如何將各家學派綜合起來，形成一套對漢朝皇帝最有利的學說。

會議的目的主要集中在兩個方面：

第一，由於漢儒不善於學習，只善於詮釋，結果，五經文字原來極為簡單，在他們的注釋下

7 見《後漢書．賈逵列傳》。
8 見《後漢書．李育列傳》。
9 《後漢書．楊終列傳》：「終又言：『宣帝博徵群儒，論定五經於石渠閣。方今天下少事，學者得成其業，而章句之徒，破壞大體。宜如石渠故事，永為後世則。』於是詔諸儒於白虎觀論考同異焉。」
10 《後漢書．肅宗孝章帝紀》：「於是下太常，將、大夫、博士、議郎、郎官及諸生、諸儒會白虎觀，講議五經同異，使五官中郎將魏應承制問，侍中淳于恭奏，帝親稱制臨決，如孝宣甘露石渠故事，作白虎議奏。」

卻變得冗長乏味，有時候經文不過只有區區數萬字，而注釋卻有上百萬字，還不准學生隨意發揮，學生學習時背得頭大。如何化簡注釋（也就是所謂的章句），成了人們必須考慮的問題。

第二，各家學派本來都是為皇權服務的，但隨著學問傳來傳去，就產生了許多不利於皇權的因素，各派之間的差異和矛盾也越來越多。如何把各派的經義重新統一起來，產生一個最有利於皇權的正解？

從這個意義上，白虎觀會議又是一場和稀泥的會議，就是要大家放棄分歧，重建共識，服務朝廷。

三綱六紀成為道德規範

與石渠閣會議相比，白虎觀會議之所以幸運，在於會議的文集歷經滄桑之後竟然保存了下來。在會議過後，皇帝叫人將會議要點記錄形成一個統一的說法。這個記錄人就是《漢書》的作者班固，他的記載成了一本叫做《白虎通義》（或《白虎通德論》）的書。透過這本書，我們就了解了漢代的「客觀真理」。

與現代包攬一切的各種「客觀真理」相同，《白虎通義》上討論天，下討論地，中間討論人，將圍繞著政權和社會產生的所有問題都考慮在內，將科學、宗教、哲學都包括其中。

全書分成四十三個專題[11]，可以分為三個方面。

第一，**對於科學和自然的認識**。書中討論了天地、日月、四時都是什麼，為什麼形成。

什麼是天？漢代君臣認為，天就是居於高處統領天下的有意志的實體，代表著不變，而地則是萬物的始祖，代表著變化。

在宇宙形成學上，如同現在的大爆炸理論一樣，漢代也有一套生成論。最早的世界叫「太初」，就好像我們常常談論的「奇點」，「太初」是沒有形體概念的。「太初」又變成「太始」，隨後形成了形體，稱為「太素」。「太素」雖然有形體，但仍然是混沌一片，看不見、聽不見的。之後世界開始分離，精氣上升、濁氣下降，精氣形成日月星辰，而其餘的形成五行。五行中生出萬物和「情性」，「情性」中又生出「汁中」，「汁中」生出「神明」，「神明」生出「道德」，「道德」又生出「文章」。這樣，自然的天地就和人世的道德文章聯繫在了一起。天地之間的運轉（天向左旋轉，地向右旋轉）則和人世間的君臣、自然界中的陰陽一樣，是一組對應的概念[12]。

11 分別是：爵、號、諡、五祀、社稷、禮樂、封公侯、京師、五行、三軍、誅伐、諫諍、鄉射、致仕、辟雍、災變、耕桑、封禪、巡狩、考黜、王者不臣、蓍龜、聖人、八風、商賈、瑞贄、三正、三教、三綱六紀、情性、壽命、宗族、姓名、天地、日月、四時、衣裳、五刑、五經、嫁娶、紼冕、喪服、崩薨。

12 《白虎通德論．天地》：「天者何也？天之為言鎮也，居高理下，為人鎮也。地者，易也。言養萬物懷任，交易變化也。始起之天，始起先有太初，後有太始，形兆既成，名曰太素。混沌相連，視之不見，聽之不聞，然後剖判清濁。既分，精出曜布，度物施生。精者為三光，號者為五行。行生情，情生汁中，汁中生神明，神明生道德，道德生文章。故乾鑿度云：『太初者，氣之始也。太始者，形兆之始也；太素者，質之始也。陽唱陰和，男行女隨也。』天道所以左旋、地道右周何？以為天地動而不別，行而不離。所以左旋、右周者，猶君臣、陰陽相對之義。」

第二，**對於人類社會的討論**。書中討論了人類社會運行的各種事務，如商業、農業、法律、婚嫁、喪事等，這些都是從天地運行中延伸出來的。

第三，從對於人類社會的討論又上升到了對於政治的討論，這就有**一套符合君臣禮儀的規則出現**。君臣之禮又對應於天地之禮，上升為一種所有人都必須遵守的規則。這些規則，就將人類社會固定住了。當一個人生下來是什麼位置，他就必須遵從於這個位置來度過他的一生，因為這是符合天道的。

在這些禮儀中，「**三綱六紀**」是主要的道德標準。所謂「三綱」，就是君臣、父子、夫婦；所謂「六紀」，就是諸父、兄弟、族人、諸舅、師長、朋友[13]。其中「三綱」效法天地人，也就是君臣關係根據天來設計，父子關係根據地來設計，夫婦關係根據人來設計，而「六紀」則主要根據「六合」，也就是上下東西南北六個方向來設計的。

「三綱六紀」將中國人裝入了一個包羅萬象的大盒子，從天地到六合都被牢牢控制。一個人生下來就已經不是為自己生活，而是為了皇帝、父親、配偶以及各種親戚而活著，他必須努力勞動來維持這些關係，所謂發明和創造力，都是不需要的。

即便我們現在已經不再提所謂的漢代哲學，但是，「三綱六紀」仍然是每個人生活中拋之不去的陰影。君臣父子不再提，卻變成了所謂家國情懷繼續存在，而夫婦和六紀則變身為各式各樣的人情，不斷的占用著每一個人的時間。這些事情最終的目的，就是要讓他放棄自己的創造力和理想，生活在俗事之中無法擺脫。

從傳承上來看，《白虎通德論》是一個綜合的產物，這一點上，漢章帝和稀泥的目的達到了，它以今文經學的觀點和內容為主，同時吸收了古文經學中的《毛詩》、《周官》（後來稱《周禮》）、《逸禮》的部分文字。另外，還引用了大量的讖緯學著作。

今人在研究哲學時，已經很少提到這本《白虎通德論》，原因在於它的內容很少是原創的，只是各派觀點的一個大雜燴，選取了對皇帝最為有利的一方面。但是，它之所以重要，是因為它代表了東漢時期最流行的統治哲學，是東漢社會組織的基礎性文獻。它是東漢時期的語錄，是打開一代王朝思想的鑰匙。只有理解了這本書，才真正理解了東漢社會的精神面貌。

白虎觀會議之後，古文經學在統治圈獲得了某種程度的承認。但是，如果皇帝想要為古文經學設立「博士點」，仍然困難重重。到最後，皇帝只好做出了妥協，他沒有增加古文經學「博士點」，卻以詔書的形式命令各地的高才生必須學習古文經[14]。

13 《白虎通德論．三綱六紀》：「三綱者何謂也？謂君臣、父子、夫婦也。六紀者，謂諸父、兄弟、族人、諸舅、師長、朋友也。故君為臣綱，父為子綱，夫為妻綱。又曰：『敬諸父兄，六紀道行，諸舅有義，族人有序，昆弟有親，師長有尊，朋友有舊。』何謂綱紀？綱者，張也；紀者，理也。大者為綱，小者為紀，所以張理上下，整齊人道也。人皆懷五常之性，有親愛之心，是以綱紀為化，若羅網之有紀綱而萬目張也。詩云：『勉勉我王，綱紀四方。』君臣，父子，夫婦，六人也，所以稱三綱何？一陰一陽之謂道。陽得陰而成，陰得陽而序，剛柔相配，故六人為三綱。三綱法天、地、人，六紀法六合。君臣法天，取象日月屈信，歸功天也。父子法地，取象五行轉相生也。夫婦法人，取象人合陰陽有施化端也。六紀者為三綱之紀者也。師長君臣之紀也，以其皆成己也；諸父兄弟父子之紀也，以其有親恩連也；諸舅朋友夫婦之紀也，以其皆有同志為紀助也。」

14 《後漢書．肅宗孝章帝紀》：「（建初八年冬十二月）詔曰：『五經剖判，去聖彌遠，章句遺辭，乖疑難正，恐先師微言將遂廢絕，非所以重稽古，求道真也。其令群儒選高才生，受學左氏、穀梁春秋、古文尚書、毛詩，以扶微學，廣異義焉。』」

表面上來看，今文經學最在乎的官場之路，仍然被今文經學博士們把持，但是「博士點」的學生們被要求必須在學習今文經的同時，學習一些古文經文獻，這是今文經學和古文經學混合的第一步。

從此以後，今文經學學者們也慢慢的研習古文經，熟悉了古文經的經文。章帝透過努力，終於將兩派捏合在了一起，兩者開始了從鬥爭走向融合的道路。

一個哲學異類的生存方式

今文經學和古文經學之所以出現如此反覆的鬥爭，其原因在於，他們爭奪的是皇家資源。讀書人追求的不是學問，而是成為皇帝身邊的大臣，或者在各自的地方上當官稱雄。他們內部雖然鬥爭，但隨著古文經學的地位上升，又共同反對更加邊緣化的人群，防止他們搶了飯碗。

隨著古文經列入官修課程，漢代的官方教育體系也更加成型。除了中央的太學之外，地方上也有各級地方官設立的教育機構。學生們必須首先到州縣的教育機構就學，然後才有可能被發現並送往更高的教育機構。

還有很多人連官方教育機構都進不去，他們就被排斥在了升官道路之外。這些人的學問自成一家，不受經學門派的束縛，甚至想自創門派。

然而，這些人由於水準有限，又學不會各類學術術語，他們的研究能力和創造力到底有多強，是值得懷疑的。這些人的榜樣是一個叫揚雄的人[15]。

揚雄是四川人，生活在王莽時代。對於讀書人來說，王莽時代是一個好時代，只要肯出賣自己的立場，奉承皇帝幾句，不管是今文經學還是古文經學都可以升官發財。揚雄所學的學問大都是自學，沒有師承，他也不屑於去學習五經的詞句，只是了解大意就足夠了。這樣的人本來是跳出古文經學和今文經學傳統之外的，也只有在王莽時期，才有可能受到不拘一格的任用。

但揚雄忍住了奉承君主的誘惑，一輩子雖然做過小官，但整體上不得志。他也淡泊名利，對於錢財不在意，而是專注於文字創作。這樣的人成為後世的楷模，的確不算過分。

但是，揚雄既然處於朝廷之外，又沒有受到正規經學的腐蝕，是否就可能創造出獨立的門派呢？答案卻是悲觀的。

實際上，由於受到當時流行觀念的影響，揚雄的著述並沒有擺脫五經的束縛，反而由於強烈的模仿而顯得怪異了。

在揚雄看來，漢代的儒生是沒有創造力的，只是不斷的背誦課文，再生搬硬套運用到生活和執政當中，他希望自己擺脫出來，創造出真正的作品和獨創的哲學思想。他的作品不是以對某一本書做注釋為滿足，而是想寫出與《論語》、《易經》、《離騷》等作品同等地位的傑作。這種理想已經超出了漢儒敢於設想的極限。

但是，揚雄想寫出偉大作品的雄心壯志，卻是靠模仿來實現的。比如，他認為《論語》是一個偉大的作品，他要寫一本超越性的著作，於是，模仿《論語》的格式寫出了《法言》一書。但

15 見《漢書．揚雄傳》。

是他不明白，當你模仿別人的格式去寫作時，就決定了你只是在別人的框架內打轉，不可能超越了。除了《法言》模仿《論語》之外，他還模仿《易經》寫了一本叫《太玄》的著作。

《易經》以八卦為基礎，採取了二進位的方法，產生了兩儀、四象、八卦、六十四重卦、三百八十四爻，並以此為基礎來進行占卜。

《太玄》則模仿性的創造了一個三進制的世界，它的基礎符號不是陰和陽，而是「一、二、三」，分別用一長橫、兩短橫和三短橫來表示。它的複雜度也是按照三的級數來演化，分成三方、九州、二十七部、八十一首、七百二十九贊。然後再以這些數字為基礎進行一定的比附，與天地人相配合，形成了一套新的宇宙論。

與《易經》的宇宙論一樣，《太玄》的宇宙論也是揚雄拍腦袋想出來的，它最初的出發點只是一個頭腦遊戲，即利用三的級數創造一個圖形，再對圖形進行一定的解釋。至於這些解釋是否符合自然規律，則是作者無法考慮的。

揚雄認為他的體系足以比肩《易經》，但可惜的是，漢代的人們偶爾會讚嘆他設計的圖形如何精妙[16]，但很少有人真的把他當一回事。

除了《太玄》和《法言》，揚雄還模仿過別的作品。屈原的《離騷》在當時算是最流行的文學，揚雄又想著去超越，於是模仿《離騷》寫了一篇《反離騷》，後來還不過癮，寫了一篇《廣騷》，又寫了一篇《畔牢愁》[17]。

他以為自己寫得很好，是反抗當時流行思想的代表，卻不知道這些模仿，證明了他仍然沒有擺脫漢代的流行哲學，只會用與流行哲學類似的語言來說話。這就像當下（中國大陸）出現的許多文人一樣，一方面批評馬克斯主義，另一方面由於小時候教育的關係，只會用馬克斯的語言說話。

背離經學者增多

揚雄的遭遇說明，在漢代隨著政府將哲學壟斷，不管是在朝還是在野，都不由自主的受到影響，無力擺脫從而進行獨立的研究。即便到後來，漢代的經學已經變質，甚至腐爛了，人們也無力拯救。直到社會崩潰後，讀書人突然發現自己已經失去了進階的可能，才痛定思痛，產生了一批背離經學的思想者，這就到了魏晉時期。

揚雄當年的大部頭到了現代，也幾乎被遺忘。但他的另一個成就卻越來越常被人提及，那就是對讖緯觀念的反叛。

西漢末期和東漢時期，令學術界最烏煙瘴氣的還不是今文經學和古文經學的鬥爭，而是對讖緯的濫用。讖緯作為一種皇帝提倡的思想，已經變得無可救藥，學者們開始了自發的抵抗。

16 比如《後漢書．張衡列傳》：「常耽好玄經，謂崔瑗曰：『吾觀太玄，方知子云妙極道數。』」

17 《漢書．揚雄傳》：「實好古而樂道，其意欲求文章成名於後世，以為經莫大於易，故作太玄；傳莫大於論語，作法言；史篇莫善於倉頡，作訓纂；箴莫善於虞箴，作州箴；賦莫深於離騷，反而廣之；辭莫麗於相如，作四賦；皆斟酌其本，相與放依而馳騁云。」

揚雄不算反對天人合一的代表人物，他有時強調人力決定，有時候又透露出人力無法干預天命的思想[18]。但在對待讖緯的態度上，卻有著強烈的反對色彩，認為如《黃帝終始》這樣的書不僅不是聖人言，反而是偽造的[19]。對鄒衍這樣受到經學家們崇拜的陰陽家，也認為不可信[20]。

東漢初年，揚雄對於讖緯的態度被繼承了下來，越來越多的人開始反對讖緯。其中比較著名的，除了本章開頭提到的尹敏之外，還有桓譚、鄭興等人。

在光武帝時期，由於皇帝喜歡圖讖，幾乎所有的大臣都言必讖緯，一時間整個朝堂之上瀰漫著各式各樣的預言和災祥，桓譚[21]和鄭興[22]卻當著皇帝的面宣稱自己不相信。桓譚更是屢次上言，表示讖緯誤國，都沒有效果。

從揚雄，到桓譚、鄭興等人，對於讖緯的反對之聲不絕於耳，但東漢的皇帝們卻由於政治的需要，繼續推崇讖緯來維持自己的統治。這時，就到了王充出世的時候了。

反對讖緯的機械論者

光武帝建國後不久，在東南方的會稽郡出生了一位童子，誰也沒有想到，他會成為反對讖緯的主將。

王充出生於貧困人家，年幼即失去了父親。後來他來到京師進入太學機構，師從於當時的大儒班彪，即《漢書》的作者班固的父親。王充在仕途上一直不得志，雖然是太學出身，但脾氣倔強，與其他的鑽營之徒不合拍，最後退而寫書。王充最著名的著作是《論衡》，流傳到了今天。

由於深受唯物主義影響，當今的學者對王充總是持拔高態度，認為他是東漢時期唯物主義的旗手，與唯心主義做鬥爭。但實際上，王充也許並不符合當下給他貼的那麼多標籤。

首先，我們總是把人類哲學史當成唯物主義與唯心主義做鬥爭的歷史，但這是錯誤的。在歷史上，唯物主義只是人類思想中一個很小的分支，幾乎所有的民族都是唯心主義的，他們大都相信神靈、靈魂，即便到了現在，相信神、上帝的人也不在少數。

人類歷史上哲學的對立，在不同時候也有不同的主題，有時候表現為唯實論和唯名論的爭論，有時候表現為唯理論與經驗論的對立。

而在中國的漢代，在哲學上則主要是漢儒所代表的**宇宙論（強調人依附於天，建立一個試圖解釋一切的理論體系）**與戰國哲學強調的**心性論（試圖弄明白人如何認識世界，但不主張建立包**

18 《法言・問明》：「或問命，曰：命者，天之命也，非人為也。人為不為命。請問人為？曰：可以存亡，可以死生，非命也。命不可避也。」

19 《法言・重黎》：「或問黃帝終始。曰：『托也。昔者姒氏治水土而巫步多禹；扁鵲，盧人也，而醫多盧。夫欲讎偽者必假真。禹乎！盧乎！終始乎！』」

20 《法言・五百》：「鄒衍『迂而不信』。」

21 《後漢書・桓譚馮衍列傳》：「其後有詔會議靈臺所處，帝謂譚曰：『吾欲以讖決之，何如？』譚默然良久，曰：『臣不讀讖。』帝問其故，譚復極言讖之非經。帝大怒曰：『桓譚非聖無法！將下斬之。』譚叩頭流血，良久乃得解。」

22 《後漢書・鄭興列傳》：「帝嘗問興郊祀事，曰：『吾欲以讖斷之，何如？』興對曰：『臣不為讖。』帝怒曰：『卿之不為讖，非之邪？』興惶恐曰：『臣於書有所未學，而無所非也。』帝意乃解。興數言政事，依經守義，文章溫雅，然以不善讖故不能任。」

容一切的理論體系）之間的爭執，在組織上主要是今文經學、古文經學、讖緯論之間的合縱連橫。所謂唯物主義，其實並不在人們爭論的焦點之內。

其次，王充是否是唯物主義者，也是有問題的，他並不完全否認天和命。如果找一個更合理的標籤，我們可以將他稱作機械的經驗論者。

所謂機械的經驗論，是從他的主要觀點來看的。他的主要觀點是：**我只相信我看到的東西，其餘的一切都是虛妄的**[23]。他的出發點是從經驗中尋找真相，而絕不是有一個自動站隊的唯物主義世界觀。

由於在仕途上鬱鬱不得志，他對當時的一切流行看法都看不慣，所以針對流行的觀點都一一進行批判，寫了一本憤世嫉俗的書。由於漢代時讖緯流行，讖緯也就成了王充批判的對象。而現代唯物主義者以破除迷信自居，自然也就把王充劃歸了同類。

在哲學上，王充的價值並不大，原因也在於他擅長批判，卻極少構建。哲學上最偉大的人物往往是創造型的，他們構建了一套自洽（編注：邏輯上一致性）的理論（如柏拉圖、笛卡兒、牛頓），或者研究出一種方法（如亞里斯多德、培根）。

王充的批判也大都是從機械經驗出發，如果放在現在，他會否定萬有引力和電磁波的存在，原因是「我看不到」。但在質疑王充唯物主義標籤時，不能否定，王充的質疑很多是有道理的。總結起來，他對當時的幾個流行觀點提出了質疑：

第一，對漢代的災異觀進行了批判。漢代儒生認為，天人之間是有感應的，所以，人世出了問題，老天爺就會降出災異來懲罰人類。王充並沒有完全否認人類的命運，而是認為老天爺太大了，不可能對人類的事情隨時做干預[24]。從這個角度出發，他認為所謂的天降災異都是假的。他對於天的認識，反而更接近道家的天，認為天道自然。

但在另一方面，由於受漢儒的局限，他對天的認識又停留在董仲舒的意志天上，認為天是一種擁有意志的實體存在。

除了天之外，他也相信命，認為人的命運是絕對的，人的生死、福禍、貴賤，無一不是命造成的。更有甚者，他在否定災異的同時，為了迎合皇帝，又在某些篇中讚揚所謂的瑞符。這些互相矛盾的看法，表明他並沒有一個體系，只是想到什麼說什麼。

第二，對於鬼神觀念的批判。漢代流行厚葬，認為人死後會去往另外的世界，而王充不僅對這種傳統不滿，同時還否定鬼的存在[25]。那麼，人死後去了哪兒？王充認為，人是陰陽二氣交匯的結果，陰氣形成人的形體，陽氣形成人的精神。而陰陽二氣則瀰散在空中，是沒有感覺、沒有意識的。直到陽氣的精神附著在陰氣形成的實體上，才有了感覺和意識。當人死後，陰陽二氣分離，陽氣又回到了空中，感覺和意識也隨之消滅[26]。

23《論衡·佚文》：「論衡篇以十數，亦一言也，曰：『疾虛妄。』」

24《論衡·變動》：「夫天能動物，物焉能動天？何則？人物繫於天，天為人物主也。」「故人在天地之間，猶蚤虱之在衣裳之內，螻蟻之在穴隙之中。蚤虱螻蟻為逆順橫從，能令衣裳穴隙之間氣變動乎？蚤虱螻蟻不能，而獨謂人能，不達物氣之理也。」

25《論衡·論死》：「人死血脈竭，竭而精氣滅，滅而形體朽，朽而成灰土，何用為鬼？」

26《論衡·論死》：「人未生，在元氣之中，既死，復歸元氣。元氣荒忽，人氣在其中。人未生，無所知，其死，歸無知之本。」《論衡·訂鬼》：「人之所以生者，陰陽氣也。陰氣主為骨肉，陽氣主為精神。」

需要說明的是，王充對於陰陽二氣的看法同樣來自漢儒體系。以陽為天，陰為地，所以陽氣代表了天，是人死後精神去往的地方，陰氣代表了地，是人死後身體腐朽之地。

第三，針對漢代神化孔子，將儒家五經奉為神聖的做法，王充也感到不滿。他寫了《問孔》、《刺孟》等篇，認為聖賢也會犯錯，不需要將他們無限制拔高。所謂的五經，在王充看來也不是不能更改的聖經，因為在漢儒傳播的過程中，不知道錯過多少了[27]。這個看法又和當年劉歆的看法類似。

第四，除了上述三點之外，王充還花了大量的篇幅，對當時的種種迷信做法進行了駁斥，如神仙方術、占卜忌諱等。

整體而言，王充的書代表了漢代學者對於漢代思潮中，不良觀念的較高水準批評，也表明在他的時代，已經有了一個較為清醒的階層，開始反思當時的各種讖緯觀念。並不是王充一個人粉碎了讖緯，而是這個時代已經感覺到了讖緯的荒謬性，這才會出現王充。

到這時，董仲舒所建立的天人合一體系也進入了垮臺的節奏。一方面，它已經成了整個社會觀念的基礎，但另一方面，人們開始不相信它。

這就像進入一九八〇年代的蘇聯社會。共產主義已經成了整個社會構建的基礎，但已經沒有人相信它，只是缺乏另一種理論來取代它而已。更麻煩的是，雖然人們不再相信共產主義，但由於受教育的關係，所有的人思維方式還是固定不變的，哪怕反對，也只會用固定不變的語言去反對，這樣的蘇聯政權不可能不出問題。

果然，隨著東漢的崩塌，魏晉知識分子拋棄掉漢儒的天人合一之後，建立了另一套玄學體系，希望盡早的擺脫漢代的影響。

但在漢代哲學崩塌之前，由漢章帝開始的今文經學和古文經學的合併，也即將完成。

古文經學人才輩出

漢章帝要求儒家知識分子也學習古文經學，但沒有單獨設立古文經學「博士點」，這導致東漢時期哲學界出現了一種奇怪的特徵：今文經學由於把持著通往官場的管道，輸送了大量的官員，但古文經學雖然在野，卻逐漸成了哲學的主角。

到了東漢後期，今文經學再也出不來大學問家，而古文經學卻人才輩出，他們大都不是當權派，卻著書立說成為一代宗師。

這樣的格局看上去相安無事，但隨著今文經學喪失了研究能力，合併的機會終於來臨。

東漢由於皇權較弱，是一個對知識分子較為優厚的時代。明帝時期，皇帝要親自到辟雍去尊養三老五更，以示對學問的尊重，並親自參加講課，聽眾如雲，《後漢書》中用「億萬」來形容

27 《論衡·正説》：「儒者説五經多失其實。前儒不見本末，空生虛説，後儒信前師之言，隨舊述故，滑習辭語，苟名一師之學，趨為師教授，及時蚤仕，汲汲競進，不暇留精用心，考實根核。故虛説傳而不絕，實事沒而不見，五經並失其實。」

當時的聽課人數。對於功臣子孫、大姓都要設立單獨的校舍，甚至匈奴都派子孫來學習[28]。學校的規模在順帝和質帝時期達到頂峰，皇帝修建了二百四十房、一千八百五十室的大校舍，人數則達到了三萬餘人，略少於東漢總人口的百分之一[29]。青年人已經形成了遊學的風氣，以上學為藉口到京城遊蕩，建立關係網[30]。

但東漢又是一個分層的社會，讀書人雖然多，晉階的機會卻大都被世家大族所把持，許多讀書的青年並沒有明確的出路，皇帝也沒有這麼多官位留給他們。結果是，一方面讀書人數眾多，但另一方面，真正樂於去讀書的卻是少數，特別是在官方舉辦的學校之中，混日子的人很多。安帝時期，由於皇帝突然間鬆懈下來，結果，博士們占據了職位卻不講課，學生們也懶散慣了，學校荒蕪成了菜園[31]。順帝雖然增加了太學生的人數，卻無法讓他們更加重視學業，反而成了朝廷的財政負擔。

今文經學走到這一步，與它成為當官的工具有著必然的聯繫，看上去這可以鼓勵人們學習經學，但實際上，隨著求學目的的庸俗化，反而產生了大量的學閥，他們的教科書充滿了錯誤，又不允許學生自由發揮，形成了學術僵化。

與人們的理解相反，任何與官運掛鉤的學術機構到最後都會走到這一步，從漢代的太學，到明清的科舉莫不如此。即便到了社會多元化的現代，最熱門的考試也不是為了學術，而是最沒有學術價值的公務員考試。在大學中，由於行政化的束縛，真正追求學問、產生出有價值研究成果的也是極少數。

今文經學走向僵化的同時，古文經學獲得了官方的認可，卻沒有參與官位的分配，反而產生了一大批立志於學問的大家。東漢時期，古文經學人才輩出，杜林、鄭興、衛宏、賈逵、許慎、馬融、服虔、盧植、鄭玄等人相繼主導了經學的發展。

最初，這些大家還以與今文經學辯論為己任，到後來他們已經不再滿足於簡單的爭吵，而是遍讀書籍，開創自己的體系去了。

今文經學由於壁壘森嚴，一個學者往往只學一本書或者幾本書，而古文經學家到了後期幾乎要把所有的經典都讀一遍，再通通進行注釋。

以古文經學大儒馬融為例[32]，在他漫長的一生中（他活到八十八歲），僅僅他注釋過的書籍

28《後漢書·儒林列傳》：「明帝即位，親行其禮。天子始冠通天，衣日月，備法物之駕，盛清道之儀，坐明堂而朝群后，登靈臺以望雲物，袒割辟雍之上，尊養三老五更。饗射禮畢，帝正坐自講，諸儒執經問難於前，冠帶縉紳之人，圜橋門而觀聽者蓋億萬計。其後復為功臣子孫、四姓末屬別立校舍，搜選高能以受其業，自期門羽林之士，悉令通孝經章句，匈奴亦遣子入學。濟濟乎，洋洋乎，盛於永平矣！」

29《後漢書·儒林列傳》：「順帝感翟酺之言，乃更修黌宇，凡所結構二百四十房，千八百五十室。……本初元年，梁太后詔曰：『大將軍下至六百石，悉遣子就學，每歲輒於鄉射月一饗會之，以此為常。』自是遊學增盛，至三萬餘生。」東漢總人口根據《後漢書·郡國志》：「至於孝順，凡郡、國百五，縣、邑、道、侯國千一百八十，民戶九百六十九萬八千六百三十，口四千九百一十五萬二百二十。」

30《後漢書·儒林列傳》：「自光武中年以後，干戈稍戢，專事經學，自是其風世篤焉。其服儒衣，稱先王，遊庠序，聚橫塾者，蓋布之於邦域矣。若乃經生所處，不遠萬里之路，精廬暫建，贏糧動有千百，其耆名高義開門受徒者，編牒不下萬人，皆專相傳祖，莫或訛雜。至有分爭王庭，樹朋私里，繁其章條，穿求崖穴，以合一家之說。」

31《後漢書·儒林列傳》：「自安帝覽政，薄於藝文，博士倚席不講，朋徒相視怠散，學舍頹敝，鞠為園蔬，牧兒蕘豎，至於薪刈其下。」

32 見《後漢書·馬融列傳》。

就有《孝經》、《論語》、《詩》、《易》、《三禮》、《尚書》、《列女傳》、《老子》、《淮南子》、《離騷》，他曾經還想注《左傳》，但看到賈逵和鄭眾的注釋後，最終放棄了，只寫了一部《三傳異同說》。

由於他的學問扎實，受到世間稱讚，他的學生常常有數千人，其影響力已經遠超過了那些官方的博士。

經學的統一與滅亡

對於整個經學界影響最大的，是一位叫鄭玄的經學家。在流傳中，由於古文經學和今文經學對於經典的解讀並不相同，甚至意思上都會出現巨大的差別，大部分古文經學家在注疏時，會嚴格的按照古文學派內部流傳的解釋來注釋。但鄭玄是一個例外，他不僅精通古文經學，還對今文經學有著透澈的學習，這使得他成了統一古文經學和今文經學的不二人選。

鄭玄年輕時曾經進入太學，學習了《京氏易傳》、《春秋公羊傳》等今文經學著作，以及《三統曆》、《九章算術》的曆數方法。後來，又師從東郡的張恭祖學習了《周官》、《禮記》、《春秋左氏傳》、《韓詩》、《古文尚書》等古文經著作。

他把在洛陽所能學到的學問都掌握後，感慨整個中原地區已經沒有什麼可學的了，又過函谷關前往陝西地區，投在馬融門下學習。學成後繼續遊學，共花了十幾年時間在遊學上。這與太學生們只守在京師等待升官發財是完全不同的兩條路。由於鄭玄的學問好，他的弟子有了數千人之多，北海相孔融由於尊敬他，特地在高密縣（今高密市）設立了一個鄉，叫「鄭公鄉」。鄭玄的名聲甚至傳到了反叛者的耳中，黃巾賊亂時，鄭玄從徐州前往高密，路上遇到了數萬人的黃巾軍，這些叛亂者不僅不敢動他，還見了他都下拜，紛紛避開他所在的高密縣，不打擾他。

鄭玄曾與今文經學唯一還上得了檯面的學者何休展開了論戰。其原因是何休寫了三本反對古文經學的書，分別是《公羊墨守》、《左氏膏肓》、《穀梁廢疾》。鄭玄利用何休的章句進行回擊，破掉了何休的說法。何休感慨的說：「這是在進我的房間，拿我的矛來打我[33]。」

這也是最後一次今文經學與古文經學的鬥爭，之後，經學將進入另一個時期。

雖然與今文經學論戰，但鄭玄並沒有馬融等人的門派之見，他的目標是超越今文經學和古文經學的對立，為現存的所有的經典都尋找一個權威的解讀。在今文經學和古文經學中，對於同一本書的解讀大部分是相同的，不同的部分中，有的今文經學說得對，有的古文經學說得對。但在雙方長期的爭吵中，由於門派之見，即便知道對方說對了，也不能採納，只能全盤的接受某一方的理論。

鄭玄正是將所有各家的觀點拿在一起進行比較之後，擇善而從形成一個新的版本[34]。漢代的大儒並不以著述出名，而是以注釋經文為傲，鄭玄用一生的工夫將儒家經典的大部分都重新進行

33 《後漢書．鄭玄列傳》：「休見而嘆曰：『康成入吾室，操吾矛，以伐我乎！』」

34 《後漢書．鄭玄列傳》：「自秦焚六經，聖文埃滅。漢興，諸儒頗修藝文；及東京，學者亦各名家。而守文之徒，滯固所稟，異端紛紜，互相詭激。遂令經有數家，家有數說，章句多者或乃百餘萬言，學徒勞而少功，後生疑而莫正。鄭玄括囊大典，網羅眾家，刪裁繁誣，刊改漏失，自是學者略知所歸。」

了注釋，包括《周易》、《尚書》、《毛詩》、《儀禮》、《禮記》、《論語》、《孝經》、《尚書大傳》、《中候》、《乾象曆》。除了這些注釋之外，還寫了《天文七政論》、《魯禮禘祫義》、《六藝論》、《毛詩譜》、《駁許慎五經異義》、《答臨孝存周禮難》等書，加起來一共有百餘萬言。另外，他的學生根據他解讀五經時的問答，又依照《論語》的格式整理了八篇《鄭志》。

在對於經典的注釋中，鄭玄大部分選用古文經學版本為底本，又加入了大量今文經學的研究成果，甚至有的進行對校，或者將兩方的說法並行排列。比如，對《詩》的評注，採用了古文版的《毛詩》為底本，但也用了今文經學的齊、魯、韓三家來進行校正。注《儀禮》則並存今古文經學，按照今文說法記錄的，就在注裡寫出古文經學，按照古文經學的說法，則在注裡標出今文經學。注釋《論語》，則以魯論為底本，用齊論和古文經學進行考證。

在所有這些著作中，整本流傳到今天的一共四部，分別是「三禮」（《周禮》、《儀禮》、《禮記》）的注釋，以及《毛詩》的注釋。後人總結的儒家經典「十三經」[35]中，有四部用的就是鄭玄的注本。

鄭玄的著作一出，不管是今文學派還是古文學派都被邊緣化了。在他之前，每一個博士都有自己的課本。鄭玄之後，博士們的書沒人看了，不管誰家的弟子只要擁有一套「鄭玄全集」，就可以了解整個儒教系統了。可以說，鄭玄的課本成了孔子之後又一次統一的教科書。

隨著東漢末年和曹魏初年，鄭玄的弟子們在政權中逐漸升任高官，「鄭學」也成為了一門顯學，正式取代了兩漢的今文經學。當年橫行一時的各大學派則逐漸衰亡，被人遺忘，最終失傳了[36]。

鄭玄統一經學本來應該是哲學界的一件大事，但實際上，他的統一又是微不足道的。今文經學和古文經學鬥爭，為的是進入朝廷，掌握政權，影響社會。在東漢的整個繁榮期內，文人之間的鬥爭越演越烈，不僅沒有成為政權的好幫手，還不停的製造麻煩。由於政權機器運行不暢，皇帝不能靠文人治理，逐漸倒向了宦官和外戚，引起了東漢政治的腐敗和崩塌。

直到東漢已經不行了，漢代的經學才歸於統一。時局的動盪已經把對社會的控制權從文人轉到了武夫手中，依靠學問控制社會的時代結束了。

所謂儒家弟子們不僅沒有為經學統一而欣慰，反而體會到了社會的幻滅。於是，他們不僅把今文經學拋棄了，甚至連儒家的理想都拋棄了。董仲舒創建的今文經學和讖緯兩大系統，躲過了文人們的攻擊，最終在武夫們的衝擊下崩潰了。

兩漢經學剛剛統一，就被拋棄，埋入了墳墓。取而代之的，是一個叛逆和玩世不恭的哲學嬉皮士時代。

35 包括《周易》、《尚書》、《毛詩》、《周禮》、《儀禮》、《禮記》、《春秋左氏傳》、《春秋公羊傳》、《春秋穀梁傳》、《論語》、《孝經》、《爾雅》、《孟子》。

36 皮錫瑞《經學歷史·經學中衰時代》：「於是鄭易注行，而施、孟、梁丘、京之易不行矣；鄭書注行，而歐陽、大小夏侯之書不行矣；鄭詩箋行，而魯、齊、韓之詩不行矣；鄭禮注行，而大小戴之禮不行矣；鄭論語注行，而齊、魯論語不行矣。」

第二部

哲學嬉皮士：以自然的名義反叛教權

西元一六六年～三一六年，三國到西晉

第六章

亂世文人抱腳難

西元一一六六年～一二二〇年

東漢末年的黨錮之禍，澈底扒下了文人的尊嚴。宦官集團的勝利將文人分享權力之路堵死，也預示著漢代的權力哲學迎來了大變局。

東漢也是文人最喜歡拉幫結派的時代，由於私學發達，大的學者可以有上萬的徒子徒孫，對權力形成了綁架。文人集團雖然有正義的一面，但黨錮之禍也是權力本身對於文人綁架政權的不滿與反抗。

皇帝禁止文人集團參與政治之後，為了解決官僚不足的情況，試圖繞過原有的學術架構，另立學校，培養人才供應朝廷。但由於學術能力不足，無法填補官僚真空。

文人集團脫離政治後，也導致了一批「閒雲野鶴」的出現，他們開始思考漢代哲學的問題，從而啟動了對於玄學的探索。

宦官勢力參政的濫觴

東漢建寧元年（西元一六八年），漢靈帝剛繼位不久，東漢大將軍竇武就捲入了一場與宦官的生死爭鬥[1]。

竇武的女兒是桓帝的皇后，桓帝死後無子，竇武和竇太后遂商議立十二歲的解瀆亭侯劉宏為皇帝，是為靈帝。既然竇武是皇太后的父親，又兼任大將軍錄尚書事，本來應該是東漢最具實力的實權派。更何況與他一同在尚書臺的太傅陳蕃是他的同黨，而他的兒子渭陽侯竇機擔任侍中，侄子雩侯竇紹擔任步兵校尉，掌管北營五軍中的一軍，竇紹之弟西鄉侯竇靖也是侍中，監管羽林左騎。

竇氏一門都在權力中樞，又有誰能和他挑戰呢？

答案是：宦官。當時的宦官是中常侍曹節、王甫等人。與東漢歷代宦官相比，曹節、王甫在竇武之前並沒有顯示出大惡的跡象，實際上，東漢宦官雖然權柄較大，但更多原因是皇帝和行政工作的需要。由於政治結構不合理，皇帝的許多打手工作找不到合適的人選，只能讓宦官去做，時間長了，他們自然有了一定的權力。

靈帝初期，由於竇武等人的節制，宦官權力並沒有大到不可收拾。曹節之所以有權，只不過是他奉命迎接靈帝入宮繼位。而王甫也是個知是非的人，曾經在審判名士范滂時，被范滂的凜然所感動，主動幫他解開枷鎖[2]。可見，作為政權機器零件的宦官，也並非十惡不赦，只是皇帝的工具而已。

但竇武在陳蕃的鼓動下，決定澈底剷除當權的宦官集團，並換上自己的、聽話的新人。然而，竇武的性格中有一個要命的因素：猶豫不決。這個因素又遇到了另一個障礙——竇武

1 本段史實見《後漢書．竇武列傳》。

2 《後漢書．范滂列傳》：「桓帝使中常侍王甫以次辨詰，滂等皆三木囊頭，暴於階下，餘人在前，或對或否，滂、忠於後越次而進。王甫詰曰：『君為人臣，不惟忠國，而共造部黨，自相褒舉，評論朝廷，虛構無端，諸所謀結，並欲何為？皆以情對，不得隱飾。』滂對曰：『臣聞仲尼之言，見善如不及，見惡如探湯。欲使善善同其清，惡惡同其汙，謂王政之所願聞，不悟更以為黨。』甫曰：『卿更相拔舉，迭為脣齒，有不合者，見則排斥，其意如何？』滂乃慷慨仰天曰：『古之循善，自求多福；今之循善，身陷大戮。身死之日，願埋滂於首陽山側，上不負皇天，下不愧夷、齊。』甫愍然為之改容，乃得並解桎梏。」

的女兒竇太后。竇太后認為，宦官集團是朝廷的一部分，代表著一定的行政功能，不可能全部不要；即便要誅殺某個具體的人，也需要合法的藉口。竇武只好從長計議，從針對整個宦官階層改為針對某些具體的個人。他首先請求太后誅殺了中常侍蘇康和管霸，當桓帝去世時，竇太后曾想把桓帝的諸位妃子都殺掉，是這兩個人苦苦勸諫，阻止了竇太后[3]，因此，對於殺這兩個人竇太后是沒有意見的。接著竇武又找藉口要求誅殺曹節，這次太后認為理由不夠，沒有同意。但竇武已經下定決心要把曹節做掉。

到了這年八月，由於天象不好，竇武決定提前動手。他首先把司隸校尉、河南尹、洛陽令都換成心腹，然後又奏免了黃門令魏彪，換上了聽話的另一個宦官山冰。接著，他逮捕了長樂尚書鄭颯，關進了北寺獄進行審問，利用他來牽連曹節、王甫等宦官。

準備工作完成後，竇武決定，不僅對曹節、王甫動手，還要將前朝的宦官群體一網打盡，重新換人。但在這時，消息洩露了。

消息之所以洩露，是因為竇武在誅殺宦官時不得不利用宦官。當竇武離開官府回家後，執掌文書的小宦官立刻報告了長樂五官史（也是宦官）朱瑀。朱瑀看到竇武的奏章後，大罵竇武不近人情，認為他可以誅殺那些放縱的宦官，怎麼可以把所有的宦官都滅掉！朱瑀立刻行動起來，一面大聲宣揚竇武謀逆想廢皇帝，一面找了十七個人，他們共同起誓要殺掉竇武。

消息傳到了曹節耳中，他迅速將皇帝、太后軟禁起來，逼迫太后下詔書到北寺獄把竇武的同黨尹勳、山冰殺掉。同時下令在南宮設防，關閉禁門，進行殊死抵抗。最後，又派人去抓捕竇武。到這時，竇武誅殺宦官的計畫已經失敗了。

當宦官去抓捕他時，竇武逃到了兵營，召集他能控制的北軍五校士數千人屯紮在都亭，號令軍士殺掉黃門宦官。與此同時，宦官也借助皇帝的詔書，命令少府周靖率領人馬進攻竇武，雙方進入了戰爭狀態。由於宦官不得人心，竇武與宦官即便發生戰鬥，也並不落下風。

但這時，另一個人決定了雙方的實力對比。東漢著名將領、護匈奴中郎將張奐恰好從邊疆歸來，身在洛陽。張奐一生為人正直，不肯侍奉權貴，對宦官也沒有好感，常常被宦官告黑狀剝奪賞賜。但因為他剛回來，並不知道首都發生了什麼事，曹節等人決定以皇帝的名義下詔，讓張奐前往攻打竇武。

不明就裡的張奐接到詔書後，立刻領兵前往都亭。身經百戰的他顯示出了巨大的號召力。竇武的士兵越走越少，散光了，他被迫自殺身亡，他的宗親、姻屬、賓客都被誅殺，就連竇太后也被軟禁[4]。

竇武剷除宦官集團的圖謀以他的死亡而告終，東漢末年的宦官專權也越演越烈。在竇武死前，曹節、王甫等人還有所忌憚不敢為所欲為，竇武死後，缺乏制衡的他們變得專斷跋扈，東漢的政治就徹底倒向了宦官集團。

竇武之死不僅是東漢政權崩潰的前兆，還是東漢文人的超級劫難。因為竇武不僅僅是個普通

3　《後漢書．桓思竇皇后紀》：「太后素忌忍，積怒田聖等，桓帝梓宮尚在前殿，遂殺田聖。又欲盡誅諸貴人，中常侍管霸、蘇康苦諫，乃止。」

4　張奐知道真相後後悔不已，雖然宦官因為感激升了他的官，但他總想找機會為竇武申冤。最後，不堪忍受迫害的他回鄉閉門不出，著書立言去了。見《後漢書．張奐列傳》。

的外戚，他還被當時的讀書人尊奉為文人之首。與竇武合謀的太傅陳蕃則是另一位文壇領袖。當竇武死的時候，陳蕃已經七十多歲，白髮蒼蒼的他一聽說事情完了，立刻率領他的下屬和學生八十多人，拔刀闖入皇宮的承明門，大呼：大將軍是忠義為國，是黃門在造反，怎麼反說竇氏大逆不道！

王甫出來與陳蕃爭論一番，最後下令逮捕陳蕃。七十多歲的老人拔劍廝殺，抓他的人圍了數十重，才把他送往北寺獄，當天就把他殺掉了[5]。

竇武、陳蕃死後，宦官們開始製造「黨錮」，將他們的同黨一網打盡，殺害的殺害，剩下的禁止為官。他們的門生故吏遍布天下，這使得幾乎整個知識圈都被禁絕。這就是著名的黨錮之禍。黨錮之禍給文人帶來的衝擊是巨大的，他們除了被禁止當官之外，也發現了所謂的文人是多麼脆弱，他們所相信的原則在暴力的面前是多麼不堪一擊。在反思聲中，東漢的哲學體系走向了崩潰。

但是，黨錮之禍的發生又是一種必然，即便沒有這次災難，東漢已經失控的文人圈也必然導致另一次禍患，從這個角度說，東漢的哲學體系之所以崩潰，又可以理解為是它內部的原因。

夾縫中的文人結派

與西漢的酷烈相比，在歷史上不聲不響的東漢卻是文人的白銀時代。皇帝對文人更寬容，也較少對他們進行直接的迫害。

但文人生活悠閒的同時，權力卻比西漢時期下降了。西漢大儒可以升任宰相，東漢的權力更多的被分給了一個封閉的小圈子，這個小圈子由一些大家族把持，文人雖然受到了皇帝的優待，但權力卻是減少的。

結果，東漢的讀書人形成了不同於西漢的習慣：他們生活悠閒，喜歡拉幫結派，評論政事，卻缺乏實際的政務經驗。

在集結小團夥上，東漢人的群聚性可以讓後世各朝代都甘拜下風。除了皇帝製造了三萬人的太學供讀書人交遊之外，各地的地方學校以及私學都極其發達，私下裡開門授徒的學者不下萬人，而每個人的學生也都很多。

《後漢書．儒林列傳》記載了這一幫儒者的事蹟，這些文人大都有大量的徒子徒孫，最多的幾個每人有弟子上萬人，少則數千人。這些徒子徒孫不僅是學知識，而且在任何時候都可以伸出援手幫忙。

當老師死亡時，是檢驗徒子徒孫規模的最佳時機。各地的弟子都要趕赴老師的葬禮，在葬禮上不僅僅是哀悼，還是炫耀的好時機。東漢靈帝中平四年（西元一八七年），著名學者陳寔（編注：音同時）死亡，除了大將軍何進派人弔唁之外，各地的徒子徒孫們傾巢出動，一共三萬多人參加葬禮，披麻戴孝的都有數百人[6]。

5 見《後漢書．陳蕃列傳》。

6 《後漢書．陳寔列傳》：「中平四年，年八十四，卒於家。何進遣使弔祭，海內赴者三萬餘人，制衰麻者以百數。共刊石立碑，諡為文範先生。」

這個巨大的讀書人群體，有著知識的自負以及懷才不遇的感慨，他們虎視眈眈的注視著東漢的政局，並不時的拉幫結派對皇帝的政策品頭論足，構成了巨大的清議壓力。他們沒有足夠的實務經驗，卻是政治提案的製造者。

到了靈帝時期，隨著帝國政治的惡化，文人的拉幫結派運動也達到了高峰期，這時，全國性的文人網路已經形成，在這個網路頂部的，是被人們奉為「三君」、「八俊」、「八顧」、「八及」、「八廚」的三十五個人（請參見下表4）。這些人中有的身居高位，有的只是普通的學者，身居高位的需要普通學者們擁戴，普通人則需要高官的撐腰。在文人官員的領導下，讀書人突然有了參政議政的歸屬感，並死心塌地成了政治鬥爭的工具。

對於讀書人參政形成阻礙的，在東漢後期主要有兩個集團。

首先出場的是**外戚集團**。比起西漢來，東漢的皇帝更加依靠內部人統治，最大的內部人就是妻子的娘家人。西漢時期還屢屢有平民皇后出現[8]，東漢光武帝之後，皇后大致只能出自幾個大家族。

表4　東漢靈帝時期的名士[7]

名稱	意義	人名
三君	君者，言一世之所宗也	竇武、劉淑、陳蕃
八俊	俊者，人之英也	李膺、荀翌、杜密、王暢、劉祐、魏朗、趙典、朱宇
八顧	顧者，言能以德行引人者也	郭林宗、宗慈、巴肅、夏馥、范滂、尹勳、蔡衍、羊陟
八及	及者，言其能導人追宗者也	張儉、岑晊、劉表、陳翔、孔昱、苑康、檀敷、翟超
八廚	廚者，言能以財救人者也	度尚、張邈、王考、劉儒、胡母班、秦周、蕃向、王章

由於光武帝對中央權力系統進行了改造，邊緣化了丞相所代表的外官體系，把原本屬於外官的權力交給了宮內的尚書臺，尚書臺又控制在幾個外戚大族手中，中央政府慢慢的變成了幾個大族的戰利品。

到了東漢中期，皇帝與外戚的衝突已經越演越烈，於是又引進了另一個集團，這個集團在正規的儒家經典上是沒有地位的，沒有聖人教導要怎麼處理他們，但是皇帝卻十分需要他們。這就是**宦官集團**。

永元四年（西元九二年），宦官鄭眾幫助皇帝幹掉了外戚竇憲。這是宦官勢力得勢的開始。皇帝之所以不得不利用宦官，是因為宦官是最無法培養自己嫡系勢力的。與外戚時常利用讀書人不同，宦官大都缺乏儒家訓練，對於儒家提出的各種仁義道德也不在意，他們唯皇帝馬首是瞻，且沒有後代，不會形成龐大的家族勢力。

之後，宦官與外戚發生了數次衝突，比如，安帝死後，宦官孫程誅殺外戚閻顯，擁立順帝；桓帝時期，宦官單超誅殺外戚梁冀。

到了桓帝末年和靈帝初期，桓帝的岳父、外戚竇武決定剷除宦官集團。出於需要，他開始與文人集團聯合，並得到了文人集團的認可。在文人集團的推動下，竇武成為「三君」之首、文壇領袖。

---

7 資料來自《後漢書．黨錮列傳》。

8 如漢宣帝皇后許皇后，以及漢成帝皇后趙皇后等。見《漢書．外戚傳》。

除了竇武之外，對於剷除宦官呼聲最強的是太尉陳蕃，兩人聯合後，竇武又借助皇帝把志同道合的尹勳封為尚書令，劉瑜為侍中，馮述為屯騎校尉。還有曾經被廢黜的名士前司隸李膺、宗正劉猛、太僕杜密、盧江太守朱寓等，都被竇武找來列於朝廷，前越巂太守荀翌成了從事中郎，潁川陳寔作為下屬[9]。

外戚與文人的聯合，是文人集團試圖更深入參與政治的表現。由於文人本身沒有統治能力，必須依附於外戚或者宦官之一。與宦官相比，外戚還是較為名正言順的集團。畢竟在白虎觀所代表的哲學體系中，能夠找到外戚的位置，卻沒有給宦官留下合法的空間。

竇武聯合文人集團，準備對宦官集團動手時，文人集團內部的拉幫結派現象也達到了高峰，進入了所謂的結黨時期。

朋黨與宦官之爭

文人們在桓帝和靈帝時期第一次有記載的結派運動，可以追溯到桓帝剛上臺之時。桓帝未當皇帝之前是蠡吾侯，當時曾經給一個叫周福的人當學生。周福是甘陵[10]人，與當時的河南尹房植是同鄉。

桓帝當上皇帝後，為了報答恩師，將周福提拔為尚書。漢代人有利用歌謠嘲諷政治的習慣，這時，甘陵本地人就造出了一首民謠，叫「天下規矩房伯武，因師獲印周仲進」，大意是在肯定房植的同時，嘲諷周福依靠皇帝的裙帶關係升官。這兩家賓客互相嘲諷，各自樹立朋黨，在甘陵號稱南北部。這就是桓帝時期黨人的開始[11]。

另一個朋黨事件出現在汝南和南陽，都是首都洛陽附近的重鎮。這兩個地方的太守都委任了一個特別能幹的功曹，汝南太守宗資任命的是「八顧」之一的范滂，而南陽太守成瑨委任的是「八及」之一的岑晊。這兩個人剛正不阿，用人嚴厲，得罪了不少人，他們提拔了一批官員來推行自己的政策。那些嫉恨他們的人乘機說這是結黨營私[12]。民間又出現了歌謠，嘲笑兩個太守不管事，權力被兩個功曹把持了[13]。

范滂、岑晊的名聲傳到了首都的太學之中，成了太學生們的榜樣。當時的太學生領袖是郭泰和賈偉節，這些人又和官員李膺、陳蕃、王暢互相往來，共同抬高身價，再結交范滂、岑晊等，形成了更大的朋黨群。這個朋黨群遍及整個學術圈，學者們大都屬於清議一派，他們對於時政進行了毫不留情的褒貶，構成巨大的壓力集團。朝廷的達官貴人、宦官外戚，莫不對這個巨大的清議集團側目，害怕被他們議論。

9 見《後漢書．竇武列傳》。

10 甘陵現位於河北省邢台市清河縣，在東漢時期地屬清河王國。漢安帝劉祜在當皇帝前，是清河王劉慶的兒子，為帝後，為劉慶在清河造陵墓稱為甘陵。

11 見《後漢書．黨錮列傳》。

12 《後漢書．范滂列傳》：「太守宗資先聞其名，請署功曹，委任政事。滂在職，嚴整疾惡。其有行違孝悌，不軌仁義者，皆掃跡斥逐，不與共朝。顯薦異節，抽拔幽陋。……郡中中人以下，莫不歸怨，乃指滂之所用以為『范黨』。」

13 《後漢書．黨錮列傳》：「汝南太守范孟博，南陽宗資主畫諾。南陽太守岑公孝，弘農成瑨但坐嘯。」

在清議集團中，又以已經獲得了官職的陳蕃、李膺和王暢三人更加活躍。其中李膺由於擔任河南尹（大首都行政圈的最高官員）而備受推崇，他執法時剛正不阿，甚至過於嚴厲。

在他當河南尹時，有一個叫羊元群的人帶著大量的贓物離開北海郡的職位，李膺控告他的罪狀，卻被羊元群行賄宦官，先告了狀，李膺被誣告了。好在在同志們的幫助下，李膺沒有被判罪，反而當上了司隸校尉。吃過宦官虧的李膺對於宦官群體更是深惡痛絕。

當時一個有名的宦官叫張讓，他的弟弟張朔是野王縣令，張朔為人殘暴無道，甚至有過殺孕婦的罪行。當張朔聽說李膺要懲罰他時，連忙逃回首都，藏在哥哥張讓的房子裡。房子裡的柱子是可以打開的，張朔就藏在柱中。李膺打聽到了這個消息，率領士兵進入張讓的宅子，將柱子打碎，把張朔揪出來帶走。到了洛陽的監獄，先記錄了他的供詞，隨後將他處死。大為震驚的張讓連忙向皇帝告發李膺，李膺在皇帝面前侃侃而談，最後，皇帝只好對張讓說：「那是你弟弟的錯，怪司隸什麼事？」自此以後，宦官們不敢出宮門，害怕碰到李膺。

但李膺的清流精神總有遇到麻煩的時候。延熹九年（西元一六六年），有一個叫張成的術士與宦官集團交往甚密，有一次，他透過占卜得知（更可能是透過內部消息得到）皇帝即將大赦，就趁這個空閒教唆自己的兒子報私仇殺了人。殺人之後，果然大赦，也就是說殺人者被赦免了。這件事卻讓李膺感到憤怒，他不允許自己的轄區內出現這種事，於是不理睬所謂的大赦，照樣殺掉了張成的兒子。

由這件事作為導火線，張成借助宦官的力量遊說皇帝，一是告李膺不理睬皇帝的詔令私自殺人，二是乘機告李膺等人拉幫結夥、樹立朋黨、誹謗朝廷、疑亂風俗。皇帝大怒，下令各地逮捕所謂的黨人，首先把李膺捉拿歸案，之後抓了兩百多人，還有很多人逃走後被懸賞，暫時沒有抓到。這就是所謂的「第一次黨錮之禍」。

儒教理想的終結

當文人集團受到第一次打擊時，把集團從混亂中救出來的，就是外戚竇武。竇武此時還沒有當上大將軍，但作為外戚，又是文人，為了拉攏清議集團，他上書請求赦免這些黨人。竇武和其他人的求情起了作用，皇帝下令將他們釋放出來，但不再讓他們當官。

這一次黨錮之禍持續時間不長，但文人出獄後，由於失去了上升空間，更加拉幫結派，議論朝政。外戚竇武也就成了這幫人的首領，並且被奉為「三君」之首，儼然是最有影響力的一位。

但是，當文人集團與外戚綁在一輛戰車上時，也就成了最危險的時刻。

漢靈帝建寧元年（西元一六八年），竇武在與宦官的鬥爭中失敗被殺，東漢讀書人最後的轉捩點到了。竇武和陳蕃死後不久，對黨人的大錘再一次落下。

這一次，出頭的是張儉的一位同鄉。張儉位列「八及」之首，這位同鄉在宦官侯覽的授意下，上書狀告張儉和其他二十三位同鄉拉幫結黨，其中張儉是首領。這人又造了一個新的「八俊」、「八顧」、「八及」的名單，把這些同鄉都編排進去，這和老的名單是完全不同的。靈帝下令抓捕張儉，命令下到大長秋曹節手中，曹節乘機下令逮捕老的「八俊」、「八顧」、「八及」，司空虞放、太僕杜密、長樂少府李膺、司隸校尉朱寓、潁川太守巴肅、沛相荀翌、河內太守魏朗、山陽太守翟超、任城相劉儒、太尉掾范滂等百餘人被逮捕，最後死於獄中。剩下沒有被捕的人中，要麼逃走，要麼被禁止當官。

李膺被捕前，他的鄉人都勸他逃走，他說：「出了事不要躲避，有了罪不要逃刑，我已經六十歲了，死生有命，逃又能逃到哪裡？」

他自投羅網，最後被拷打致死[14]。

范滂待在鄉下的家裡，逮捕他的督郵吳導來到縣上，抱著詔書，閉上驛館的門，伏在床上大哭，范滂一聽就知道是衝著自己來的。他自投縣上的牢獄，縣令郭揖大驚，把印綬一解，要跟著他逃走。范滂拒絕了，他死時只有三十三歲[15]。

第二次黨錮之禍持續了十六年，後來才因為黃巾賊亂，朝廷急需人才而解禁。東漢文人最大的問題是缺乏實務經驗，動不動就回到儒家經典中去吵架。黨錮之禍爆發前，由於朝廷花錢養著他們，同時又有一定的上升通道，即便無法上升，也因為是文人受到尊敬，他們可以四處遊蕩、悠然自得。但黨錮之禍斷絕了他們的上升通道，朝廷甚至抓捕、驅趕他們。流離失所之後，有人開始痛定思痛，不再寄希望於朝堂之上了。

在文人們對於治國平天下失去了興趣之後，皇帝也陷入了沒有文人擁戴的困局。皇帝在治理國家上，已經離不開宦官的幫助，但如果只有宦官，整個政權腐敗的速度就會加劇，必須有文人在旁邊監督，減少腐敗。當文人集團離開後，皇帝只好想方設法重新塑造一個文人集團。

如果放在漢武帝時期，由於皇帝有足夠的權威，這種塑造也可能有效，甚至創造出另一個體系來維持。但在東漢時期，皇帝已經沒有權威了，他們的做法就成了笑柄。

皇帝想塑造的新文人集團分成兩個團體，一個叫鴻都門學，一個叫宣陵孝子。所謂鴻都門學，是靈帝試圖取代太學機構設立的一個學校，地址在洛陽的鴻都門下，所以稱為鴻都門學。所謂宣陵孝子，則是自願為桓帝陵墓（宣陵）守陵的一幫人，由於東漢強調孝道，靈帝就把他們提出來做榜樣，封了小官[16]。

且不論更加低級的宣陵孝子，僅看鴻都門學。與教授儒家經典的太學不同，鴻都門學主要是教授辭賦、書畫以及一些當官用到的實用性技巧，畢業後直接派去當官[17]。從培養人才的角度，廢棄虛學，提倡實學，倒也不失為一種正確的方法，但問題在於，當最優秀的文人群體被排除在政權之外時，鴻都門學受到了人們普遍的抵制，只有那些投機分子和品性不端的人，才會進入鴻都門學學習，這導致了品質的低下，無法填補黨錮帶來的真空。

失去了文人支持的皇帝、與失去了皇帝支持的文人，雙雙成了東漢末年的輸家，即便是曾經呼風喚雨的宦官們也沒有笑到最後，當帝國已經沒有了凝聚力，更加粗暴的武人上臺，埋葬了延續數百年的儒教學術。

14 見《後漢書．李膺列傳》。
15 見《後漢書．范滂列傳》。
16 《後漢書．蔡邕列傳》：「初，帝好學，自造皇羲篇五十章，因引諸生能為文賦者。本頗以經學相招，後諸為尺牘及工書鳥篆者，皆加引召，遂至數十人。侍中祭酒樂松、賈護，多引無行趣勢之徒，並待制鴻都門下，憙陳方俗閭裡小事，帝甚悅之，待以不次之位。又市賈小民，為宣陵孝子者，復數十人，悉除為郎中、太子舍人。」
17 《後漢書．蔡邕列傳》：「光和元年，遂置鴻都門學，畫孔子及七十二弟子像。其諸生皆敕州郡三公舉用辟召，或出為刺史、太守，入為尚書、侍中，乃有封侯賜爵者，士君子皆恥與為列焉。」

經學葬處，玄學萌發

黨錮之禍將許多優秀的人才排除在政權之外，但並非所有的人都感到難過。即便在黨錮之禍之前，也已經有越來越多的人對政治感到失望，他們或者如同鄭玄那樣著書立說，或者開始了另一種更加悠閒的生活。

漢代哲學強調的是與政權的捆綁，但到了東漢後期，人們開始遠離政權，過一種悠然甚至放浪的生活。當一條路已經走到了死胡同，如此眾多的文人死節時，另外的人卻發現了一條通往鳥語花香的道路。

在黨人中位於「八顧」之首的郭林宗，從某種程度上說，可以被稱為玄學的早期代表。郭林宗，名泰，字林宗，山西介休人。他年輕時就顯現出不為五斗米折腰的氣質。由於他家貧，父親又死得早，母親要他到縣衙打工，他拒絕了，認為「大丈夫焉能處斗筲之役乎」！他學習了三年就精通了典籍，然後開始了全國性的遊學。

在當時，河南尹李膺是人人都希望結交卻結交不上的名士，當時同樣很有名氣的荀爽求見時，幫李膺趕了一次車，立刻高興的四處炫耀：今天我給李君趕車了！

但郭林宗去見李膺時，李膺立刻引為知己。李膺的器重也讓郭林宗名震京師，他離開時，送他的人乘坐著上千輛車，到了黃河，李膺和郭林宗一同乘船離開，其餘的人只有看著的份，以為他們是神仙。史書上說他「身長八尺，容貌魁偉，褒衣博帶，周遊郡國」。

郭林宗氣質獨特，一直拒絕為官。他四處遊蕩，又具有很強的正義感。他在母親去世時極盡孝道，在陳蕃身死後痛哭流涕，不久就死去了。雖然他有正義感，但由於他從不危言聳聽，即便那些製造黨錮之禍的宦官也奈何不得他。

郭林宗最擅長的是品評人物。所謂品評，不僅僅是評頭論足，而是如同伯樂一般將異人從凡人中尋找出來，鼓勵他幫助他成才。在郭林宗的傳記中，列出他發掘的人才帶姓名的就有二十幾個，另外還有沒有姓名的六十個[18]。

在後來的魏晉玄學中，一個分支就是評價人物的才性。這個淵源可以追溯到班固的《漢書》，班固在書中特別列了一個表，叫《古今人物表》，將從上古到漢代的名人分成九等，列在表中。由於缺乏標準，這個表也是《漢書》爭議最大的篇章之一。但班固的精神到了東漢末年和魏晉時期卻成了一種風尚，人們習慣於對人物進行評級，甚至曹魏建立的人才選拔制度「九品中正制」也帶著這樣的痕跡，要求把人才分成九等，便於任用。而郭林宗對於人物的品評顯然起到了推進作用。

郭林宗所表現的出世感已經有了很強的魏晉之風，可是，他本人雖然脫離了政治，但關注點仍然在政治之中，所以在陳蕃死後，他傷心而死。

在東漢時期已經有了更加遠離政治的人士。這個人叫徐穉（編注：音同至），字孺子。他完全斷絕了一切與政治的聯繫，過著隱士的生活。更重要的是，他澈底放棄了漢儒所推崇的禮儀觀

18　《後漢書．郭太列傳》記載的人物有左原、茅容、孟敏、庾乘、宋果、賈淑、史叔賓、黃允、謝甄、王柔、王澤、張孝仲、范特祖、召公子、許偉康、司馬子威、郭長信、王長文、韓文布、李子政、曹子元、周康子、王季然、丘季智、郝禮真等。

念，而是採取了與道家類似的人生態度。

曾經對他有知遇之恩的太尉黃瓊死後，徐孺子背著糧食徒步到江夏，買了隻雞，擺上薄酒，哭了幾聲就離開了，連姓名都沒有通報。這時郭林宗也在當地，聽說後立刻知道就是徐孺子，連忙派人去追，追上之後，徐孺子與來人吃了一頓飯，臨走託他帶話給郭林宗：「大樹快倒了，一條繩子根本拉不住，不如找個安寧的地方待著[19]。」

即便他的好友郭林宗母親去世，他也是帶一束草放在屋前就離開了。

由於儒教講究「禮」，所以漢代人講究厚葬。到了徐孺子這裡，已經澈底擺脫了儒教思想對人的束縛。

《後漢書》還記載了許多人的事蹟。比如，周勰（編注：音同協）從小喜歡玄虛，學習老子的清淨，但該玩時又能宴游自如、隨心所欲。戴良在母親去世時照樣喝酒吃肉，只在悲哀到極致時才偶爾哭泣，這和禮法要求的必須一直哭泣，已經有了天壤之別，但戴良卻毫不在意流俗。

向栩也深受老子影響，不修邊幅，喜歡長嘯，如同學道，又如同癲狂。袁閎在黨錮之禍時披散頭髮，想與世隔絕投入森林，卻由於老母在不能遠行，就在家旁蓋了間土房，每天隔牆拜母親，但又不和母親見面[20]。這些人或瘋或癲或狂，共同構成了東漢末年知識分子掙扎的形象。

但是，此時的知識分子又和魏晉玄學有些距離。玄學除了行為學之外，還有著背後的理論基礎，這就要從漢代的儒教哲學中打破出去，建立新的理論基礎和世界觀。

而東漢末年的人雖然已經開始親近老子，從道家尋找精神寄託，卻沒有獨創的思想來支撐他們這麼做。他們之所以這樣，只不過是因為政權不接納他們，或者他們不信任政權。這是經學哲學瓦解的一個過程，而不是玄學哲學建立的時刻。要想建立玄學，必須等到人絕望夠了的時候，才會想到重新建立另一套。

這就像我們現代一樣，人們開始四處尋找新的信仰，有的人回到儒家，有的人找到民族主義，有的人回到宗教，而宗教又有基督教、佛教和伊斯蘭教，但僅僅在現成的理論中尋找答案，最終是無法滿足人們需要的。於是，接下來的一個階段，就是創新。

玄學誕生的時候到了。

19 《後漢書．徐穉列傳》：「為我謝郭林宗，大樹將顛，非一繩所維，何為栖栖不遑寧處！」

20 這四人的發掘來自侯外廬主編的《中國思想通史》第二卷。事蹟分別見《後漢書》各自本傳。

第七章

一切都是「無」

西元二二〇年～二六〇年

漢代哲學講究的是灌輸和盲從，不要求學者們去追問為什麼，只是將「天人合一」的理論灌輸給他們，要求他們必須相信。魏晉哲學的本質卻是思辨，要求人們從「什麼都不相信」出發，用自己的理性和邏輯，去尋求應該相信什麼。

所謂玄學，是一種質疑精神，一種方法論，對五花八門的現象提出質疑、辯論，恢復人的思考能力，這種態度就是玄學。

玄學包含的內容五花八門，看上去各不相干，但它們有一個共同的特點，就是用思辨的邏輯去分析問題，不要人云亦云。這個特點讓玄學成了打破舊有觀念的最好武器。

玄學的萌芽期，來自學者們對政權的不滿。他們認為政權和皇帝是無知的，分不清人才的好壞，故開始探討建立一套更加科學的人才鑑別標準。品評人物，就成了玄學的第一個主題。透過品評人物，發展到對人的「才華」和「天性」關係的討論，試圖用邏輯來論證才性問題，這就進入了思辨的節奏。

玄學的成熟期，是兩個嬉皮士利用思辨的力量來解決宇宙的本源問題，並提出了不同於「天人合一」的另一套理論：

整個宇宙不是誕生於天人合一，而是從「無」這個抽象概念誕生的。

漢代哲學認為功名利祿也是天道的一部分，而玄學的「貴無論」則認為，人們生活的目的是回歸自然。

經學再次分裂

甘露元年（西元二五六年）魏國皇帝曹髦與群臣的幾次辯論，讓我們在形式上看到了玄學的影子，但內容又帶著濃重的經學特徵。他處的時代，恰好是經學向玄學轉變的初期。

曹髦當皇帝時已經進入了魏國末期，三十多年前，魏王曹操[1]的兒子曹丕在父親去世後，終於抑制不住篡權的衝動，取代了漢朝。群臣的勸進，曹氏的扭捏推辭，漢獻帝的配合，如同王莽取代西漢一樣重複了一遍。此時，漢代經學的作用已經只剩下一個：給統治者找藉口進行統治。然而，經歷了文帝曹丕和明帝曹叡之後，曹魏的政權被司馬氏掌控，到最後，司馬師廢除了皇帝曹芳，將帝位授予了年輕的高貴鄉公曹髦。

曹髦得到帝位後，卻深知這個皇帝是司馬氏的玩物，他不甘心當傀儡，開始了反抗。在京城之外，鎮東將軍毌丘儉、揚州刺史文欽也先後發動了針對司馬氏的起兵，卻不幸失敗了。與在外將領的武力反抗不同，在首都的皇帝曹髦根本調不動軍隊，只能做櫥窗裡的小丑擺個姿態，於是，和身邊文臣的辯論就成了皇帝表達不滿的舞臺。

第一次辯論發生在甘露元年（西元二五六年）二月，當時皇帝在太極東堂大宴群臣，隨後，與侍中荀顗以及尚書崔贊、袁亮、鐘毓，給事中中書令虞松等人講述禮典。曹髦之前的皇帝曹芳

1　曹操有能力篡權，卻把機會留給了兒子。《三國志．魏書．武帝紀》裴松之注引《魏氏春秋》：「夏侯惇謂王曰：『天下咸知漢祚已盡，異代方起。自古已來，能除民害為百姓所歸者，即民主也。今殿下即戎三十餘年，功德著於黎庶，為天下所依歸，應天順民，復何疑哉！』王曰：『施於有政，是亦為政。若天命在吾，吾為周文王矣。』」

年號叫正始，一般認為，魏晉玄風就是從正始年間正式開始的，而玄學一個重要的特徵就是品評人物。曹髦與群臣談著談著，自然也進入了品評人物的節奏，這次他們評論的人物是夏朝的君主少康以及漢朝皇帝劉邦。

少康是夏朝著名的君主，他之前的君主叫太康，太康時期夏朝出現了衰落，結果被東夷（位於現在山東境內）滅國了。少康則聚集了夏朝的殘眾，擊敗了東夷，完成了復國，這就是「少康中興」。漢朝皇帝劉邦則屬於開國皇帝。這次爭論的題目，翻譯成現代人能理解的詞句，就是：開國之君和中興之主，誰更偉大？

群臣大都支持劉邦，認為開國之君要比中興之主更偉大。而曹髦則認為開國往往是趁著前朝的衰弱順勢而為，而中興是將已經衰落的勢頭逆轉過來，難度上要大得多，所以，少康優於漢高祖。群臣為了照顧皇帝的面子，最終不得不同意了他的觀點[2]。

這場辯論已經流露出了曹髦的志向，他認為自己當皇帝後，曹魏的政權實際上已經被司馬氏篡奪了，而他要做一個中興之君，將國運逆轉。

第二次辯論發生在同一年的四月，皇帝到太學和眾儒家辯論。這次的辯論形式上是玄學式的，但主題卻是經學的。

在曹髦時期，從經學中突然出現了一位叫做王肅的人，將東漢末年本來已經被鄭玄統一的經學又強行分裂了。

實際上，從曹魏開始，經學已經衰微到了寒磣的地步。魏文帝曹丕雖然恢復了太學，又恢復了部分考試制度，但這時的太學已經和東漢鼎盛時期有了天壤之別。表面上看，太學生人數從最初的數百人恢復到了最高千把人（編注：一千上下），但這些人大都是因為天下戰亂跑到太學裡來避難的，至於學習則談不上。到了皇帝曹芳時期，朝堂上的公卿百官有四百多人，能夠操筆寫作的不到十人，大部分人都只是為了吃飽飯。至於郎官和司徒領吏更是達到了兩萬多人，能夠用文章來回答皇帝問題的也沒有多少[3]。

經學已經微不足道時，王肅卻是個例外。魏晉時期王肅的解經曾經暫時性壓倒了鄭玄，人們稱他的學問是「王學」。他曾經做過《尚書》、《詩》、《論語》、《三禮》、《左傳》的注，並把他父親寫的《易傳》做了整理和刊行。這些書都成了魏國後期的教材。

王學與鄭學的區別是：鄭玄綜合了今文經學和古文經學，誰說得對，就選擇誰的經義；而王肅精通的是古文經學家賈逵和馬融的理論，他主要從這兩家來尋找理論上的彈藥庫，一旦這兩家無法提供足夠的支援，他就偽造一部分書籍來說明自己的觀點。魏晉歷史上有不少偽託古人做的偽書，其中儒家偽書多和王肅有關[4]。

2 《三國志．魏書．三少帝紀》，裴松之注引《魏氏春秋》。

3 《三國志．魏書．王肅傳》注引《魏略》：「太學始開，有弟子數百人。至太和、青龍中，中外多事，人懷避就。雖性非解學，多求詣太學。太學諸生有千數，而諸博士率皆粗疏，無以教弟子。弟子本亦避役，竟無能習學，冬來春去，歲歲如是。又雖有精者，而臺閣舉格太高，加不念統其大義，而問字指墨法點注之間，百人同試，度者未十。是以志學之士，遂復陵遲，而末求浮虛者各競逐也。正始中，有詔議圜丘，普延學士。是時郎官及司徒領吏二萬餘人，雖復分布，見在京師者尚且萬人，而應書與議者略無幾人。又是時朝堂公卿以下四百餘人，其能操筆者未有十人，多皆相從飽食而退。嗟夫！學業沈隕，乃至於此。」

4 如《孔子家語》和偽《古文尚書》，有人認為多和王肅或其弟子有關。

在魏晉時期，王肅對於經義的注解超過了鄭玄，成為了逐漸縮小的儒教群體的精神支撐。魏國大臣中仍然有儒教修養的人大都跟從了王肅，但是曹髦卻是王學和鄭學兼修，並且更加偏向於鄭學。

那麼，王肅為什麼能夠壟斷曹魏時期的經學解釋呢？這和他的身分有關。他的第一個身分是重臣王朗的兒子。在《三國演義》中，司徒王朗是被諸葛亮罵死的，但在真實的歷史中，王朗卻是位兼有品德和文采的重臣，並且獲得了善終[5]。僅僅這個身分還無法說明王學為什麼如此受人推崇，王肅的另一個身分是司馬昭的岳父[6]，群臣們不給王肅面子，也必須給權臣面子。

當司馬氏掌權後，王肅的學問開始橫掃整個魏國政壇。但到了高貴鄉公曹髦上臺後，皇帝反司馬氏的情緒就給群臣帶來了新的困擾：到底是支持王學還是鄭學，群臣面臨了選邊站的難題。

這天，曹髦視察太學時，首先和學者們討論了《易經》的問題，從三代以上的聖人，到孔子和鄭玄，皇帝都提出了疑問，表現了他的質疑精神。

討論完《易經》之後，開始講《尚書》時，才真正展現了皇帝的思想。皇帝抓住了《尚書・堯典》中的一句話，其中鄭玄和王肅給出了不同的解釋。《堯典》是堯舜禪讓的故事，由於司馬氏掌權，曹氏衰弱，所以堯舜禪讓的故事被授予了格外的意義。曹髦自然站在了堯的立場上，而許多人為了討好司馬氏，恭維司馬氏是舜，要透過禪讓獲得堯的王位。

皇帝和學者的衝突發生在「若稽古帝堯」這一句，對於「稽古」這兩個字，王肅和鄭玄有著不同的解釋。鄭玄認為：「稽古」就是「同天」的意思，是說堯和天一樣偉大。王肅認為：「稽古」就是「順考古道而行之」的意思，是說堯考察了古代的做法，決定跟著做。這就給後來的禪讓做了鋪墊。

皇帝贊同前一種說法，是為了給自己的地位做辯護；學者們支持後一種，則是給司馬氏做鋪墊。皇帝和學者中的代表人物博士庾峻你來我往辯論了起來，直到庾峻承認自己的「愚見」不能答覆，才告一段落[7]。

曹髦雖然依靠權威壓住了群臣的辯論，但手無軍隊的他卻無法在事實上戰勝司馬氏，後來在一次衝動中送掉了性命。

我們之所以對曹髦與群臣的辯論這麼感興趣，是因為這場辯論恰好反映了經學向玄學的過渡：兩漢經學到了曹魏時期，已經失去了活力，除了給政治鬥爭的人群找個藉口之外，已經沒有了其他的功用。

即便是用到經學的地方，但在辯論上卻已經玄學化了。曹髦和群臣品評少康和劉邦，就是典型的早期玄學做法。這一派叫「才性派」，以品評人物為樂，不僅品評當代人物，還在古人之間、古人與當代人之間比來比去。流傳下來的最著名的品評人物的書籍《人物志》甚至專門討論如何劃分人物的才性，好對人物分門別類，儼然認為這是一門管理科學[8]。

5　見《三國志．魏書．王朗傳》。
6　《晉書．皇后傳》：「文明王皇后，諱元姬，東海郯人也。父肅，魏中領軍、蘭陵侯。」
7　《三國志．魏書．三少帝紀》：「講易畢，復命講尚書。帝問曰：『鄭玄曰稽古同天，言堯同於天也。王肅云堯順考古道而行之。二義不同，何者為是？』」具體辯論的內容參見原書。
8　見劉劭《人物志》。

而在辯論《堯典》時，所用到的辯術也是玄學的。特別是皇帝曹髦，由於他的地位與司馬氏衝突，更加借重於玄學的辯論技術與學者爭論。

在唐代之後，人們把學問總結為「傳道授業解惑」，通俗一點，就是老師給學生填鴨式教學，而在魏晉，學生們卻更看重技巧。玄學最重要的技巧是**辯論**，雙方尋找一個題目，並施展各自的手段進行辯論，其中的邏輯力量並不亞於現代。

魏晉玄學在現代也被賦予了特殊的意義，代表著人們的自由精神被壓抑了數百年後，又獲得了一次釋放的時機。於是，它脫離了當初的政治含義，成了一種彰顯人類自由的運動。我們要追尋的，除了什麼是玄學，還有它是如何在政治中產生？又如何跳到了政治之外，成了一種象徵？

何謂玄學？

所謂玄，最早出現於《老子》的「玄之又玄，眾妙之門」。這裡的「玄」，與「道」同義，就是天地之間總結的規律。最著名的玄學家之一王弼在《老子指略》中將玄解釋為深遠[9]。所謂玄學，就是深遠、深邃的學問。

這樣說還是太深奧了，用現代語言總結來說，所謂玄學，不是一個像漢代儒教一樣體系化的東西，而是故意將原來的體系否定掉。玄學其實是一種質疑精神，一種方法論，對五花八門的現象提出質疑、辯論，恢復人的思考能力，這種態度就是玄學。它其實更多的是**教會人如何思辨的看待世界**。

當你看到有的人品格很高，但才能很低，有的人滿肚子壞水卻很有能力，突然想到，這和聖人教導的「人的天賦與道德是統一的」不是矛盾了嗎？於是經過思考，提出了人的「才幹」和「品德」是分離的。這個理論雖然小，但你思考的過程其實就是玄學。

當你思考萬物的背後有什麼，是不是老天爺？最後得出結論，不是老天爺，而是「無」或者「空」，有點類似於大爆炸理論的奇點，這樣的思考也屬於玄學。

當你讀到孔子不喜歡鄭國和衛國的音樂，說它們是「淫聲」，你提出質疑：聲音還有什麼好壞？然後論證這個質疑，得出結論：聲音沒有悲哀和歡樂。這個論證過程就是玄學。

當你思考「語言到底能不能把客觀世界全都表達出來」，並想出了一個巧妙的論證，這就是玄學。

玄學包含的內容五花八門，看上去各不相干，但它們有一個共同的特點，就是**用思辨的邏輯去分析問題，不要人云亦云**。這個特點讓玄學成了打破舊有觀念的最好武器。

玄學為了發展思辨性，也有著一定的理論儲備作為彈藥庫。這個彈藥庫包括三本書：《周易》、《老子》、《莊子》。這三本書稱為「三玄」。其中《周易》是儒家經典，《老子》、《莊子》是道家經典。玄學更偏向於道，之所以對《周易》重視，在於這本書與其他的儒教經典有所不同。

其他的儒教經典強調的是一個「禮」字，周代是一個最尊重禮的朝代。但在「禮」之外，周

9 《老子指略》：「玄也者，『取乎幽冥之所出也。……玄，謂之深者也。』」

代也從夏商兩代繼承了另一個特徵：占卜文化。《周易》就是一本關於占卜的書，與其他書強調「禮」不同，《周易》強調的是「變」，與其說是周代文化，不如說是更早文化的殘留。

秦始皇焚書坑儒時期，將其他的儒家經典都燒了，卻保留了《周易》，因為他根本不覺得這本書是儒家的，只認為它就是一本占卜書。

《周易》的變還不是特殊的變，而是千變萬化。由於占卜是一種高度不確定的行為，對《周易》的解讀也是五花八門，莫衷一是。這種自由度讓《周易》成了歷代術士的寶庫，可以對它進行隨心所欲的解讀，即便現在，算命先生們也總宣稱是利用《周易》來算卦的。

道家、玄學、陰陽學都看上了《周易》的千變萬化，當需要找古書來證實自己的理論時，總是將這本最含糊的書揪出來。

雖然三本經典有了，玄學的出現，還是一個漫長的過程。

仍然回到東漢末年，隨著黨錮之禍以及東漢社會的崩塌，大量的學者離開了圈養的知識圈，他們突然間意識到了社會的殘酷並不符合所謂的天道規律。

董仲舒說，天人是合一的，天的運行反映了人間的狀況，而人也影響著天的徵兆。只要人們遵從皇帝的領導，皇帝又遵從天道，那麼世界就會和諧、和平、和睦，不會有天災人禍，也不會有朝代更迭。

但到了漢末，董仲舒的假設卻嚴重背離了人們的感受。人們突然發現，即便他再守規矩，仍然免不了成為魚肉，皇帝甚至連性命都掌握在別人的手裡，又怎麼去「替天行道」？到底怎麼解釋這種現象呢？那所謂的「天人合一」在人們最需要的時候，跑到哪裡去了？

學者們發生了兩個方向的轉向。

第一，他們的**學問從儒家的五經轉向了三玄**。在他們看來，漢代經學利用五經做的那些牽強比附已經無法解決現實問題了。反而是三玄所代表的精神，更與現實合拍。三玄中，首先是《周易》，世界之所以如此亂套，是因為它太複雜了，其中的變化需要《周易》這樣的複雜系統。其餘四經講的是一個確定的世界，信服度不夠。對典籍研究的變化，決定了學者的思維已經逐漸跳出了漢代的天人合一和讖緯。

第二，學者們由於無法被政權吸收，遊蕩於江湖時，仍然不免諷刺一下朝廷和皇帝的無知。於是，與皇帝選人標準不同的另一套標準建立了起來。既然皇帝無法識別人才，那麼江湖自有標準，在文人的世界裡，誰是第一？誰是第二？誰的品格優秀？誰的學問更好？都自有公斷。

這種與皇帝不同的品評人物的做法，就成了玄學萌芽期。

才性二元劃分

最初品評人物，還只是籠統的評價，但後來人們開始制定標準。比如，兩個人比較時，人們可能說，甲的天賦高，但乙的造詣大。這其中「天賦」和「造詣」就是不同的標準[10]。品評人物

10　《人物志・流業第三》：「蓋人流之業，十有二焉。有清節家，有法家，有術家，有國體，有器能，有臧否，有伎倆，有智意，有文章，有儒學，有口辨，有雄傑。」

集大成者劉劭在他的《人物志》中，就把人才分成了十二種。品評詩歌的著作《詩品》則把詩人們進行分門別類，試圖尋找出優劣排序[11]。

如果說，對人物的品評還是文人對社會的一種反應和行為的話，為品評人物設立標準，就已經表明文人開始尋找理論了。

在尋找理論的過程中，人們發明了一種劃分方法，即「才」和「性」的二元劃分。所謂才，就是一個人能力的外在表現；所謂性，就是一個人的內在品性。這和我們現在所說的「現象」（對應於才）和「本質」（對應於性），有點接近。

當人們開始對現象和本質的關係問題進行探討時，就已經提升為哲學問題了。這也可以看出魏晉玄學和漢代經學的區別。兩漢時期的哲學匠人很像現代的小學老師，他們只告訴你，官方規定的靜止世界是什麼樣的，不准懷疑，只准全盤接受。一個人沒有懷疑的權利，只能按照傳授的規矩生活。

可以說，漢代經學首先創造一種天人合一的宇宙觀，再用它來解釋一切，是由「大」（宇宙）到「小」（社會、家庭、個人）的思路。而玄學最初研究的就是「小」的，研究人的問題，然後從「小」，再研究到「更小」（微觀），也就是人的才和性的問題，兩者的研究對象是迥然不同的。

才性問題的研究以魏國的正始年間為盛。正始是魏國皇帝曹芳的年號，對應時間是西元二四〇年到二四九年。這段時間恰好是司馬氏篡權的時期，上一個皇帝曹叡死後，權力掌握在大將軍曹爽和太尉司馬懿手中。在接下來的鬥爭中，司馬懿用計策剷除了曹爽的勢力，基本上控制了曹魏的政權[12]。這一段時期是政治上變動最為劇烈的時候，也是許多人政治幻滅的時候。政治上的幻滅催生了哲學上的發展。所以，這一段時間也被稱為玄學哲學化形成的時間。玄學的出現，也被稱為**正始玄風**。

關於才性問題，正始時期的人看法各個不同，但基本上有四類：一、才和性這兩種東西，其實是相同的，也就是說，一個人外在表現出的才能，和他的內在品性是一樣的，看不出什麼區別，這叫「**才性同**」。二、「**才性異**」，外在才能和內在品性並不相同。一個人的品性可能很好，但外在之才也許並不佳，另一個人看上去很有才，但實際上資質並不行。三、「**才性合**」。才性雖然不一定完全相同，但整體趨勢是一致的。四、「**才性離**」。才性之間本來沒有必然的聯繫，什麼情況都可能發生。

關於「才」和「性」的這四種觀點，總稱為「四本」[13]。才性問題本來是非政治性的，但在魏國，因為不同的人持不同的觀點，而不同的人又屬於不同的政治集團，結果才性問題就和政治派別結合了起來。

在漢代，雖然沒有明確提出來，但是統治者暗含的認為「才」和「性」是一回事，有品格、

11　鐘嶸《詩品》將五言詩的源流分成國風、小雅、楚辭三派，並對一百多位詩人進行分級，分成了上中下三品。比較典型的名人中，王粲、曹植、阮籍、陸機、潘岳、左思、謝靈運等入上品；曹丕、嵇康、何晏、石崇、郭璞、顧愷之、陶淵明、江淹、沈約等入中品；班固、曹操、曹叡、嵇紹、傅玄、杜預、范縝等入下品。

12　見《三國志．魏書．曹爽傳》、《晉書．宣帝紀》。

13　《世說新語．文學》注引《魏志》：「（鍾）會論才性同異，傳於世。四本者，言才性同、才性異、才性合、才性離也。尚書傅嘏論同，中書令李豐論異，侍郎鍾會論合，屯騎校尉王廣論離。」

有道德的人才會有才華。可是，到了魏王曹操時期，由於天下的讀書人已經不多，曹操也更重視實務經驗，所以，主張把一個人的才和性分開，即便這個人道德上有缺陷，但如果他有才華，能夠勝任官府中的具體事務，那麼就應該受到重用。

曹操之後的魏國皇帝大都繼承了這個思路，認為「才」和「性」不是一回事。不過他們內部也有分歧，有的認為「才」是第一位，有的認為「性」是第一位。

司馬氏崛起後，他們對才性問題採取了更為保守的看法，為了打擊忠於曹魏的人，往往借助人品問題做文章，就開始強調「才」和「性」是合的。還有一部分人處於中間騎牆的位置，誰也不想得罪，就主張才性是離的，沒有什麼必然聯繫[14]。

名與理問題

才性問題是玄學作為理論哲學尋找到的第一個問題。而第二個問題就是所謂的名理問題。「才」和「性」基本上是針對人來說的，才性如果擴大到整個世界，就是所謂的「名」和「理」的問題。所謂名，指的是人類對事物的認識，以及事物具體的個體屬性。所謂理，指的是事物的實質屬性，或者事物的總體屬性。

從才性到名理，又是一個從「小」到「大」的過程，也就是把研究對象從人擴展到了整個自然界。漢代經學是從自然到社會，而玄學則是首先考慮人，再到人的品性，最後擴大到自然，其中的人文關懷也就在這裡。

在研究名理問題時，玄學的哲學性發展到了最高峰。這時候，玄學與漢代經學中的另一大區別顯現了。漢代經學是比附式的，也就是首先創造一個理論，再根據這個理論建構一個固定的世界，把一切現象都比附進去。一旦打雷，不是去考慮雷是什麼，而是立刻想到雷是老天爺在警告人類做錯了事情，惶惶然不可終日。這是一種生搬硬套。玄學卻是思辨式的，它強調一個理論之所以成為理論，要禁得起推敲、禁得起質疑、禁得起來回的辯論。如果說，漢代經學和西方的宗教很相似，只允許相信，不允許質疑，那麼魏晉的玄學就和西方真正意義的哲學很類似了。

在思考名理問題的時候，產生了幾個流派，第一個就是正始時期何晏和王弼的貴無派。所謂貴無派，是研究名理問題時，認為萬物的實質，歸根結柢都是一個「無」字。這個「無」不是一無所有，而是更像佛教的概念「空」。

以後，魏晉的玄學就圍繞「無」這個概念做文章，並從各個角度來辯論，希望揭示名理之間的關係，或者找到萬物的「名」和「理」。

魏晉玄學除了理論上之外，還有兩個很強烈的特點。一個是在形式上強調辯論。人們不分師承、不分背景和身分，在辯論時都是平等的。一場辯論有一個題目，再由雙方各自擺出自己的觀點，然後互相尋找對方的矛盾所在。而其餘的人都是聽眾，並且用公論的形式來評定優劣。公論很像現在的投票制度，誰的支持者多，誰就勝利了。有時候雙方並沒有辯出勝負，聽眾們卻大呼過癮，因為他們聽到了最好的辯論技巧，以及最出乎意料的論點和論據。

14 見侯外廬主編的《中國思想通史》第三冊第二章。

第二個特點是，由於玄學題目脫離了政治題目，人們更加關注自己的內心，表現在生活上，就是放誕不羈，驚世駭俗，脫離了儒家社會的教導。不管是嵇康臨刑前的從容不迫，還是阮籍、劉伶的嗜酒如命，或是郭象、葛洪的神仙氣質，都讓人讚嘆不已。

正因為這兩個理論之外的特點，玄學吸引現代人，不是因為它研究的題目（才性、名理），反而是那些人物的作風、個性和生活方式，至於他們對於政治的蔑視，更讓人神往了。

陰陽、五行與才性

品評人物的最主要代表人物叫劉劭，他寫的一本《人物志》流傳到了今天，成為我們研究魏晉早期玄學的經典文獻。

劉劭出生於漢靈帝年間，受到過正統的經學教育，他死時，已經是魏國正始年間了。他曾經擔任過許多和文化有關的工作，比如搜集五經群書，分門別類，之後又負責首都官員的考察和評價，為此他寫了《都官考課七十二條》，當作典章制度。所以，劉劭對於評價和分類學頗有研究[15]。

而他所寫的《人物志》最能代表他在品評分類上的功力，分析它的內容，也有助於理解魏晉時期是怎麼品評人物的。

由於受過經學教育，劉劭的思想還有漢代的特點，一定要從大到小敘述。所謂從大到小，就是說出發點一定要回到宇宙論上去。他認為，人作為帶血氣的物種，可以分成三個方面：第一個方面叫「質」，也就是人類最根本的屬性，所有的人都是相同的。第二個方面叫「性」，也就是人的性格，每個人是不同的。第三個方面叫「形」，也就是人的形體，是人的外在表現。

從宇宙學上來講，人的這三個屬性是從不同的源頭得來的，人的「質」是來自於「元一」，也就是天地間最基本的氣或者元素，是萬物的根本。「元一」作為根本的氣分化後，輕氣上升形成了「陽」，濁氣下降形成了「陰」，於是就生出陰陽，而陰陽則是生成人的「性」的源頭。從陰陽繼續變化，生出五行，而五行就是構成人的「形」的源頭。

劉劭透過區分質、性和形，就與元一、陰陽和五行聯繫了起來。

陰陽對人的困擾是它決定了人的品性，比如，陽氣重的人好動，明白通達，但是不善於深思熟慮；而陰氣重的人正好相反，動作慢，但是善於思考。不過，與董仲舒認為「陰是壞，陽是好」不同，劉劭的陰陽並不區分好壞，只是不同特點罷了。到底是動作快好，還是善於思考好，答案或許是，都好，但又都有缺陷。決定人的好壞的，在於五行。

金木水火土五行，對人的影響是在身體上的，木對應著人的骨頭，金對應於人的筋，火對應於人的氣息，土對應著肌肉，水對應著血。除了生理上，五行同樣影響著人的性格，木對應著人的「仁」，火對應著人的「禮」，土對應於「信」，金對應於「義」，水對應於「智」。所以，人的仁義禮智信五常是因為五行而生的。再進一步分析性格，人的「仁」外在表現叫弘毅；「禮」的外在表現叫文理，所謂文理，就是氣質清朗；「信」的外在表現叫貞固，所謂貞固，就

15 見《三國志．魏書．劉劭傳》。

是體質端莊誠實；「義」的外在表現叫勇敢；「智」的外在表現叫通微，也就是通達精微。

這樣，透過陰陽、五行，就把人的優劣決定了。而透過分析人的相貌、姿態、性格，就可以得到這個人由陰陽、五行決定的品質。這就是當時品評人物背後的理論基礎。

發現、品評人才

那麼，如何透過觀察人物來知道他們的品格呢？劉劭給出了九種特徵，這就是所謂「九徵」，也就是觀察人的九種指標、九種徵候。這九種徵候是：「平陂之質在於神，明暗之實在於精，勇怯之勢在於筋，強弱之勢在於骨，躁靜之決在於氣，慘懌之情在於色，衰正之形在於儀，態度之動在於容，緩急之狀在於言[16]。」

透過這九種徵候，就可以決定一個人的優劣了。一一對應九個指標，如果人能做到平澹、中睿、外朗、筋勁、植固、聲清、色懌、儀正、容直，就是最高境界，是純粹的德行。如果無法全部達標，只有一部分合格，就是所謂偏雜型人才。

根據一個人能達到多少指標，又可以把人分成五類：

第一類是所有標準都達到的，這樣的人有個名字，叫做**中庸**，也叫做**聖人**。

第二類是這些標準都幾乎達到了，但又差這麼一點，這種人叫做**德行**，或者**大雅**。

第三類是至少有一類標準達到了，其他的雖沒達到，但也沒有違反，這種人叫做**偏才**，也叫**小雅**。

第四類是都沒有達到，但有一徵似乎還算可以，這種人叫**依似**，也叫**亂德**。第五類是有的達到了，但有的又徹底違反了，這種人叫**無恒**，也叫**間雜**。

但作者對於偏才也並沒有歧視，他總結了十二種偏才，分別是：清節家、法家、術家、國體、器能、臧否、伎倆、智意、文章、儒學、口辨、雄傑。這些偏才雖然不能成為聖人，但都有作為人臣的潛質，所以，要有聖人來學會利用他們。

透過這種框架，劉劭就完成了自己的伯樂術。之後的人們雖然在理論上大同小異，但是有一點則是共通的，他們都相信人才是可以看出來的。所以，魏晉時期也就成了一個品評人物的高峰時期。

所謂高峰，是指從政府到私人都以發現人才、品評人才為樂趣。政府制定了如同相馬一樣的人才選拔術，叫「九品中正法」[17]。

所謂九品中正法，是一種人才選拔機制。漢代時依靠察舉選擇人才，各郡的太守每年要負責向中央舉報人才，由中央檢查合格後，予以任用。但後來，察舉失實了，官員們舉報的人才都是自己親朋好友的兒子，甚至酒囊飯袋也送上來不少。到了魏國，推出九品中正制，制定了一些選拔人才的標準，防止官員們隨便亂報。

16 見《人物志．九徵》。

17 《三國志．魏書．陳群傳》：「文帝在東宮，深敬器焉……及即王位，封群昌武亭侯，徙為尚書。制九品官人之法，群所建也。」

這個標準把人分成了九個等級，最高等級的是聖人，由於人們認為世上很少有聖人，所以這個等級等於是空缺的，而次高等級的人才就已經是最了不起的。至於如何評價人的等級，很可能採取的是與劉劭《人物志》類似的方法。

但是，九品中正制實行了沒多久就失敗了，原因在於，人才實在太難量化了，也許這個人在甲看來是上中等，也就是第二等，而在另一個人看來，只不過是下中等，倒數第二等，所以最終選拔的人才仍然都是親朋好友的後代。

雖然朝廷選拔人才失敗了，但在私人和民間，品評人物的做法仍然非常普遍，他們不需要進行量化，只是給一個評價就足夠了。

在南朝宋臨川王劉義慶編撰的《世說新語》中，有許多篇幅都和品評人物有關。比如，《世說新語》中有專門的兩卷，叫做《賞譽》和《品藻》，通篇都是對從東漢末到南朝的人物評價，前者偏重於評價個人，後者偏重於對比。如它談到，在漢末名士中有兩個人叫陳蕃（黨錮「三君」的最後一位）和李膺（黨錮「八俊」的第一位），當時人們認為他們水準相當，無法定奪孰優孰劣，這時一個叫蔡伯喈的人評價說：「陳蕃強在他敢於犯上，而李膺強在他嚴於對下，比對下來，犯上還是更難一點。」就因為他的一句話，陳蕃就排在了李膺之前[18]。

再如，人們對諸葛瑾、諸葛亮兄弟和他們的從弟諸葛誕的評價，這三個人分別在吳、蜀、魏三國擔任大臣，認為「蜀得其龍，吳得其虎，魏得其狗」。

而《世說新語》的其他篇章，也都是對於人物的品評。比如，竹林七賢之中，山濤評價嵇康，「嵇叔夜之為人也，岩岩若孤松獨立，其醉也，巍峨若玉山之將崩」[19]，將嵇康身材修長偉岸，風度翩翩又桀驁不馴的神情表達得淋漓盡致。而王戎則評價山濤是「如璞玉渾金，人皆欽其寶，莫知名其器」[20]，正好點出了竹林七賢的特色，他們有著深厚的才華，卻又不事雕琢，傲物獨立。

魏晉時期對人評價的名句妙語輩出，其背後的評價邏輯，正是玄學的一大特色。

另外，對人物的品評還有一個好處，雖然官方的人才選拔評價極其失敗，但是私人的評價卻總是極其亮眼。一個人如果能夠在一場聚會、一次活動中脫穎而出獲得讚譽，他就有了走向仕途的資本，被名士引薦，甚至成為名士的女婿。正是透過這樣的非正式評價體系，魏晉維持統治階層穩定性的同時，又可以吸納一定的新鮮血液，保證人才不會匱乏。

到底是由「有」構成，還是由「無」化生？

品評人物只能算玄學的一個偏門的小分支。人們也許不會料到，魏晉玄學的正門，卻是由兩個嬉皮士踹開的。

這兩個嬉皮士是中國式紈袴子弟的典型，他們生活腐化、沉湎情色、吸毒，與正人君子的形象毫不沾邊。

18 見《世說新語・品藻》。
19 見《世說新語・容止》。
20 見《世說新語・賞譽》。

與古代印度和阿拉伯世界擁有大麻不同，中國歷史上一直缺乏代表性植物毒品。但中國古人卻發明了一種礦物性的替代品——五石散。五石散是用礦物（丹砂、雄黃、白礬、曾青、慈石）配製的一種藥劑，據說可以長生不老，但實際上吃了卻渾身燥熱，出大汗，長期服用可能要人命。魏晉時期人們壽命短，除了戰亂之外，富人文士們的早夭可能與這種藥有關。

服用五石散的風氣，就是由一位叫何晏的人宣導的，他就是本節的主角之一。在魏晉時期可能是服用五石散致死的名單中，我們可以找到本節的另一位主角：王弼。王弼二十四歲就死了，人們有理由懷疑他是死於藥物中毒。在這短短的二十四年間，他創立了玄學的第一個代表性理論：**貴無論**。

魏晉時期的人們不熱衷於背誦經文，而是更看重思辨和靈性，漢代儒生的形象是白髮雞皮的老頭子，因為他們要先花大半輩子背書，才能出人頭地，但魏晉時期許多年輕人卻憑著論辯的智慧，在十幾歲、二十歲就已經成了名士。

王弼[21]，字輔嗣，出生於曹魏建國之後的西元二二六年，死於西元二四九年。他出生於世家，當時著名的文學家、「建安七子」之一的王粲是他的繼祖父（本來是族中祖父輩）。

三國時期，各個地方的學術界是不同的，玄學主要在魏國發生，在吳國和蜀國兩個國家內部，也沒有遵從漢代經學的教導，同樣發生了偏離。

在東吳，由於社會秩序更加安定，東吳的君主更加倚重於江東的世家大族，雖然表面上沒有提，君主實際上採取了無為而治的道家思想，回歸了黃老之術的傳統。

而在蜀漢，諸葛亮代表的官僚集團採取法家的思想進行統治，同樣拋棄了儒術。

曹魏的統治者雖然仍尊崇儒教的地位，但由於曹氏並非出自東漢時期的世家大族，而是出自較小的庶族家庭，他們也借鑑了更多刑名和法家傳統，將碎片化的社會強行捏合在一起。但隨著社會的玄化，不管是刑名還是法家都無法抵抗玄學的力量。

除了籠統的說幾個國家的統治思想之外，有一個地區卻值得特別提出，那就是荊州。荊州位於現在的湖北省西部，從地理位置上說是中國的中心部位，東漢末年屬於軍閥劉表，隨後被魏蜀吳三國瓜分，魏國占去了北部，蜀國、吳國瓜分南部，後來，吳國趕走了蜀國，殺掉了蜀國守將關羽，獲得了整個荊州南部。可以說，荊州是一片四分五裂的土地。

但在劉表統治時期，由於其餘地方都處於戰亂之中，荊州反而成了一片安靜之地，聚集了一批著名的文人。劉表本人就曾經跟一位叫王暢的人學習過，而王暢就是著名的「八俊」之一。王暢有兩個孫子，分別是王粲和王凱，其中王粲就是著名的建安七子之一[22]。劉表以貌取人，嫌王粲太醜了，把女兒嫁給了他的兄弟王凱，生下了王業。王粲曾經獲得了大文學家蔡邕送給的上萬卷圖書，這些書最後都給了王業，王業的兒子就是王弼。所以，王弼從小就受到荊州學派的耳濡目染，又有一定的讀書量作積累沈澱，有助於他在小小的年紀就創立了自己的學說。

貴無嬉皮士的另一位代表何晏則是大將軍何進的孫子，也是曹操的養子[23]。曹操接納了他的

21《三國志．魏書．鍾會傳》對王弼有簡單介紹。
22 見《三國志．魏書．王粲傳》。
23 見《三國志．魏書．曹爽傳》附《何晏傳》。

母親。他後來又當了曹操的女婿。到了司馬氏掌權時期，何晏由於參與政治，和曹爽一起反對司馬懿，被司馬氏殺死了。

這樣一位官宦子弟，加上一位毛頭小子，他們到底發明了什麼理論呢？

何晏：萬物靠「無」而生

在金庸的小說中，面對一個圍棋的殘局，所有的高手都束手無策，但一位不懂圍棋的人卻可以無意中找到解法。這是因為當局面過於複雜的時候，也許最簡單的人能夠找到出路，而考慮過多，只會陷入更加混亂的境地。

漢代的經學就是一片關係錯綜複雜的沼澤地，誰陷入其中，就再也無力掙扎出來。如果要開創新的哲學，就不能陷入這片沼澤，而是必須從另外的地方找一條乾路通過。

何晏和王弼沒有太多的經學包袱，他們拋棄了儒家的大部分經典著作，只選擇了三本小書：道家的《老子》和儒家的《易經》、《論語》。他們認為，除了《易經》之外的其他五經都只是對社會的繁瑣描繪，距離根本性的問題相差很遠。而真正能夠描繪根本問題的，是《老子》和《易經》。

至於《論語》，在漢代《論語》並不受重視。《論語》要一直到宋代確立「四書」時，才被提高到了經典的地位。在漢代，它只是被認為是一本讖緯書，裡面都是孔子的預言，在未來會一一應驗。

到了何晏手中，才將其當作一本哲理語錄，恢復了它的真實身分。

首先創造「貴無論」的是何晏。何晏在讀書時，發現了一個問題：按照《老子》和《易經》的說法，萬事萬物的緣起都是「道」，也就是說，「道」是萬物之母。萬物都是有形的，每一個物體的形狀都是不同的，作為萬物共同母親的「道」又該是什麼形狀的呢？

這個問題很有現代哲學的氣味，比如，雞和鴨都是鳥類，所以「鳥」這個概念應該既包括了雞，也包括了鴨，我們可以總結為「鳥是帶翅膀的活物」。而鳥和獸都是動物，動物這個概念應該既包括雞、鴨，也包括其他獸類，我們就不能說動物有翅膀，只能把動物定義成「活物」了。概念越往高級走，就越泛化。按照何晏的想法，所有的動物、植物、石頭、水等，都屬於一個最高的概念，就是「道」。「道」也必須是最泛化的一個概念，它具有的性質是最普遍的。

可是，什麼是最普遍的呢？所有可以說出來的性質都不是最普遍的，都必然能舉出反例來。比如，如果我們說「道」是有體積的，那「道」就不包括思想這種東西，就稱不上是最高概念。如果我們說「道」是沒有體積的，那麼就無法包括「實物」這種概念。不管怎麼說，總會遺漏掉一些東西。

何晏得出結論：「道」要想包括萬物，就必須抽象成「無」。萬物有形，他們是「有」，「道」必然是無形的，只有「無」才能無所不包。而「有」是從「無」中「生」出來的。

何晏的作品流傳下來一本《論語集解》，此外還有他的三段話，這三段話表明了他關於「無」的理論：

第一段是他《道論》裡的話，大意是：有之為有，要靠無才誕生，而事物也是靠無而成就。

事物的本源是說不出來，無法命名，看不見形狀，聽不見聲音的，只有這樣才是完整的道[24]。

後兩段是他《無名論》裡的話，大意是講「無」和「有」的辯證關係：「道」是無所有的，無名的，只有這樣，才能成為眾有之有，眾名之名。而真正的聖人，是那些不在乎自己名聲（無名）的人，但只有這樣，反而能夠得到人們的交口讚譽，成就有名[25]。

《論語集解》中也已經帶有「貴無」的思想，但沒有明確提出。讓何晏獲得聲譽的，主要就是這三段話。

王弼：從多回到一，從一回到無

雖然何晏先提出了「貴無」的觀點，但是，不管在當時還是在現在，人們往往把王弼的才華和作用放在何晏之上。那麼，王弼又做了哪些突破呢？

王弼與何晏的不同在於：何晏是從一個問題出發，創造了一個概念。而王弼是從一個系統出發，創造了整個體系，使得玄學成了如同佛學那樣自洽的理論，人們可以不離開這個體系，就創造出千變萬化來。

王弼的體系基礎是：將紛紜複雜的世界回歸原點。

由於漢代經學體系過於複雜，過於墜入具體現象之中，妄圖對每一個現象給出解釋。比如，發現了白野雞，意味著什麼；出現了流星，意味著什麼。這個世界上有數不完的變化，不可能每一個變化都給一個說法。

如果把如此眾多的問題回歸原點，王弼給的答案是：從多回到一，從一回到無。也就是尋找事物的本源。

再比如，漢代的經學家為皇帝尋找合法性依據，說皇帝之所以合法，是因為他是老天爺派下來的代表，老天爺掌管了人世的運轉，每一個人以及整個社會都必須符合老天爺的意志。但戰亂之後，老天爺並沒有干預人間的屠戮，結果這個世界觀崩潰了。王弼又是怎麼解決政權的合法性問題呢？

王弼認為，皇帝和政府的合法性不是所謂的「天人合一」，而是他們能否治理好國家。而要治理好國家，就必須「崇本」，也就是抓住問題的根本。什麼是世界上最根本的呢？王弼認為，就是「無」，以及從「無」發出的各種變化規律。對於政權來說，主要就是要「無為而治」。

---

24 《列子．天瑞》注引《道論》：「有之為有，恃無以生，事而為事，由無以成。夫道之而無語，名之而無名，視之而無形，聽之而無聲，則道之全矣。故能昭音響而出氣物，包形神而章光影。玄以之黑，素以之白，矩以之方，規以之圓。圓方得形，而此無形，白黑得名，而此無名也。」

25 《列子．仲尼》注引《無名論》：「凡所以至於此者何哉？夫道者，惟無所有也。自天地已來，皆有所有矣。然猶謂之道者，以其能復用無所有也。故雖處有名之域，而沒其無名之象；由以在陽之遠體，而忘其自有陰之遠類。夏侯玄曰：天地以自然運，聖人以自然用。自然者，道也。道本無名，故老氏曰，強為之名。仲尼稱堯蕩蕩無能名焉，下云巍巍成功，則強為之名，取世所知而稱耳，豈有名而更當云無能名焉者邪？夫惟無名，故可德遍以天下之名而名之，然豈其名也哉？為民所譽，則有名者也；無譽，無名者也。若夫聖人，名無名，譽無譽，謂無名為道，無譽為大；則夫無名者，可以言有名矣；無譽者，可以言有譽矣。然與夫可譽可名者，豈同用哉？此比於無所有，故皆有所有矣。而於有所有之中，當與無所有相從，而與夫有所有者不同。同類無遠而相應，異類無近而不相違。譬如陰中之陽，陽中之陰，各以物類自相求從，夏日為陽，而夕夜遠與冬日共為陰；冬日為陰，而朝晝遠與夏日同為陽；皆異於近而同於遠也。詳此異同，而後無名論可知矣。」

為什麼「無」是根本？因為世界上的東西都是從根本而變化來的。萬物可以歸結為金木水火土這五種物質，而金木水火土也是從根本變化來的。可是，金木水火土是完全沒有共同特徵的五種物質，要有一種根本性的概念能夠生出這五種截然不同的物質，同時包容五種物質，只有「無」是符合條件的。無生有，有生一，一生二，二生三，三生萬物。

而之所以要從《老子》和《易經》兩本書出發尋找根本，也是有它的邏輯性的。首先，《老子》是描寫「無」的書，告訴人們什麼是世界的根本問題，只有把握了「無」，才掌握了「道」，有了「道」，才能統治好國家。國家統一後，最重要的政策是無為，不要破壞自發秩序的穩定。

但是，《老子》只是闡述了基本問題，卻沒有提供方法。方法問題就由《易經》來提供。《易經》在玄學中的作用，是告訴人們，當「無」生出萬物之後，萬物是怎麼變化的。當無變成有，進而變成豐富多彩的物質世界和社會時，其中的變化規律就由《易經》來概括。

比如，當國家統一時，要使用無為，但在國家沒統一之前的混亂時期，就需要使用《易經》的理論，強調軍事上的有為。一旦完成了統一，又要根據《易經》的變化，適時的轉移到無為的軌道上。

對於人來說，最重要的無為是與自然合一，因為自然就是從「無」變化出來的。這導致了魏晉時期人們對於自然的喜愛，不管是真隱士假隱士，都以自然田園為憧憬。

王弼認為，在玄學的體系中，《老子》是一本歸納性的著作，把萬事萬物歸納成一個「無」的概念，而《易經》則是一本演繹性的著作，告訴人們，從「無」怎麼生出萬事萬物。

所以，總結而言，王弼的思想是：

第一，**萬事萬物可以由眾歸結為寡，由動歸結為靜，最後歸結為道**。這是研究事物的根本，抓到這個根本，就可以更清楚的了解事物的變化[26]。

第二，道這個根本，繼續追究，又可以追究為「無」。萬物的開端是沒有名字沒有形狀的，並且無所不在，一旦得了形狀和名字，就已經無法做到無所不在，也就不是根本了[27]。

第三，天地自然，都是無的創造，所以，我們的生活最終必須與自然合一。與自然合一的做法，就是對社會和人有利的[28]。

就這樣，一個年輕人，一個輕浮子，發現了通往新哲學聖殿的道路。與漢代經學做一個對比，就會發現玄學是多麼的思辨。經學創造了一個體系，卻不允許人們懷疑，到了玄學時，人們卻突然發現，經學體系中原來有這麼多漏洞，每一個概念如果細細追究，都經不起推敲。玄學就

26 王弼《周易略例．明彖》：「夫眾不能治眾，治眾者，至寡者也；夫動不能制動，制天下之動者，貞夫一者也。故眾之所以得咸存者，主必致一也，動之所以得咸運者，原必無二也。物無妄然，必有其理，統之有宗，會之有元，故繁而不亂，眾而不惑。」

27 《老子注》二十五章：「凡有皆始於無。故未形無名之時，則為萬物之始，及其有名有形之時，則長之育之亭之毒之，為其母也。言道以無形無名始成萬物，以始以成而不知其所以然，玄之又玄也。」《論語釋疑》（引自邢昺《論語正義》）：「道者，無之稱也，無不通也。況之曰道，寂然無體，不可為象。」《老子注》三十四章：「道氾濫，無所不適，可左右上下周旋而用，則無所不至也。」

28 《老子注》：「萬物萬形，其歸一也，何由致一？由於無也。（四十二章）自然者，無稱之言，窮極之辭也。（二十五章）天地任自然，無為無造，萬物自相治理，故不仁也。（五章）天地之中，蕩然任自然，故不可得而窮。（五章）萬物以自然為性，故可因而不可為也。（二十九章）」

是要對這些概念進行一一考究，重新確定根本性的問題，重新解釋世界。

在這一番重構中，漢代的「天人合一」就變成了玄學的「一切都是無」。

但不幸的是，由於開創玄學的人太年輕、太輕浮，當他們找到了道路之後，卻無法將思辨精神貫徹到底。玄學比起漢儒來是進步多了，但是與佛教和基督教、伊斯蘭教比起來，它又過於淺薄了。它過於倚重於「無」這個概念，卻缺乏更深厚的內涵，因而很快的轉向玄談和辯論這個方向上。

玄學本應該沿著事物的「名」與「理」、本質與現象更深入挖掘下去，如果這樣的話，將成為一門更加深入的哲學。但是當發掘到了「無」這個概念後，就沒有人繼續順著這條路走下去了。以後有的人贊成「無」，有的人反對「無」，說世界不是「無」而是「有」，還有的人說既不是「無」也不是「有」，而是「獨化」等，這些名詞又由於政治的變化而變化，最終，已經無力去探究事物的本質問題了。

在文學裡，最簡單的作品是玄幻作品，作者不用對社會現實有任何的了解，在腦子裡轉一轉，就可以天馬行空的做任何想像。玄學的發展如同是玄幻作品，人們不再需要鑽研學問，只需要坐在椅子上喝著茶，就可以雲裡霧裡的建構什麼是無，無如何生有了。

它的簡單性讓它很快風行天下，但由於缺乏深度，又讓它在一陣風掠過之後，形不成更實用的成果。

但畢竟，它將「名教（功名利祿）」與「自然（終極規律）」統一起來。魏晉時期的人們已經隱隱約約認識到，除了漢儒們說的那種和人世間存在感應的「天」之外，更存在一個獨立於人間的「自然」。「自然」與漢代「天」的區別在於，自然是獨立運行的。

當然，由於人們認識不澈底，魏晉時期的人們也有多種看法，王弼和何晏等人認為「自然」雖然獨立運行，但人世仍然可以尋找到它的規律，並與之契合，只是人世不能再影響「自然」，不存在所謂的感應一說了。而他們之後的嵇康等人更加澈底，認為自然就是和人世澈底脫離的，人們應該越名教而任自然。

另外，何晏和王弼的哲學還是享樂主義，甚至帶著點樂觀主義的。他們相信規律的可行性，也相信可以既有功名利祿，也有自然享受。這和他們的生活方式分不開。

但是，正始十年（西元二四九年），作為曹家女婿的何晏，因為參與曹爽與司馬懿的對抗活動，被司馬懿殺死。王弼也在這一年得病死去（可能與服用五石散有關）。兩位代表人物的死去，加上改朝換代帶來的政治環境惡化，也讓魏晉的玄學之風驟然轉向，變成了放誕俗世的幽憤主義和悲觀主義。

第八章

放誕俗世做酒仙

西元二四九年～三一六年

玄學發展到嵇康與阮籍時期，已經成了人們反抗政治的武器。而政治對於玄學的鎮壓，讓這個時期最著名的兩位哲學家即使選擇了放誕於世俗之外，也仍然無法逃脫政治的迫害。

嵇康和阮籍將思辨的力量指向了政治本身，將政治的荒謬之處透過邏輯的力量予以展示，提出了將名教排除在自然之外，澈底否定了政治對於哲學的干預。

在嵇康時代，對於人的「才華」和「本性」的討論已經上升為政治問題，持不同立場的人，分別代表了不同的政治派別，讓即便想遠離官場的人，也不免捲入其中。

阮、嵇之後的哲學家已經開始分道揚鑣，但即便是最貼近政權的人，亦不免在政治中顛沛流離。

玄學的思辨力量，在論證三個主題——「聲無哀樂論」、「養生論」、「言盡意論」時，發展到了高峰。

三國偽君子

在三國時期，如果要選擇最虛偽的人，那麼魏國的鍾會至少可以進入候選名單。

鍾會是曹魏太傅鍾繇的幼子，鍾繇則是當時最著名的書法家，他的書法深受後來「書聖」王羲之的推崇。鍾會也和他的父親一樣，以書法聞名當世，而且從他小時候，在魏國君臣之間就傳誦著他如何聰明。

比如，他和哥哥鍾毓跟隨父親第一次去見魏文帝曹丕時，哥哥嚇得大汗淋漓，而弟弟卻無事一般從容不迫，魏文帝問哥哥：「你臉上怎麼這麼多汗？」哥哥鍾毓回答：「戰戰惶惶，汗出如漿。」魏文帝又問弟弟鍾會：「你怎麼不出汗？」鍾會回答：「戰戰慄慄，汗不敢出。」

兩兄弟又喜歡趁父親睡覺時偷藥酒喝。一次父親裝睡，看兩人的反應。哥哥鍾毓偷了酒之後，喝之前要先學著大人行禮的樣子拜一拜，然後再喝，而弟弟鍾會則拿起來就喝。父親問鍾毓為什麼要拜？鍾毓回答：「根據禮法，喝酒是一種禮儀，所以喝之前不敢不拜。」父親又問鍾會為什麼不拜？鍾會回答：「偷本來就不符合禮儀，所以不用拜了[1]。」

這兩件事反映了鍾會的聰明才智，又帶著很強的功利心態。

到了鍾會的青年時期，學問更是與發明了「貴無論」的王弼齊名。鍾會曾經學習過道家言說，並把刑名家的思想融合進道家。

當時，魏國文人討論最多的是「才性」問題，即一個人的才華和他的本性之間的關係。由此衍生出了四種說法，分別是才性同、才性異、才性合、才性離。

曹操之後的曹魏君主們大都認為「才」、「性」是不同的，一個人有才，但不一定品格高尚，而君主重用某人，只要看到他的優點就可以忽略缺點。而司馬氏崛起後，為了鎮壓忠於曹魏的大臣，強調品格和才華是關聯的，把不忠於司馬氏的人都劃歸到品格不好的行列中予以貶斥。

鍾會本人是一個品格和才華分家的最好例子，他的品格低下，卻有很高的才華。為了投奔司馬氏，他提出的觀點卻是「才性合」，也就是才和性是同步的。為此，他寫了一本專書，叫《四

1 兩故事均見《世說新語．言語》。

本論》，將四種觀點都進行了論述，並著重談了自己認為的「才性合」。

寫好這本書後，他決定將這本書送給當時最著名的學問家嵇康，請他來評判一番，於是帶著這本書去找嵇康。從年齡上說，嵇康只比鍾會大一歲，卻早已是文壇領袖，又性格桀驁不群，喜歡辯論，絕不謬讚。鍾會心懷忐忑的揣著書來到嵇康門外，卻不敢進去，只好把書往屋裡一扔，嚇得扭頭就走[2]。

他之所以這麼怕嵇康，一方面是因為自己心虛，為了迎合司馬氏，違心的提出「才性合」，嵇康如果看出來他的投機，一定會嘲笑他；另一方面，是嵇康的觀點更接近於「才性離」，如果兩人辯論一番，也不是對手[3]。

不過，雖然鍾會在嵇康面前顯得渺小，在司馬氏眼中卻是很好的幫手。司馬氏掌權後（篡位之前），曹魏舊臣有許多心懷不滿的，其中位於淮南地區的毌丘儉開始反抗。大將軍司馬師決定率軍親征，他的弟弟衛將軍司馬昭則緊跟在後，鍾會就在司馬師軍中。這次反抗雖然鎮壓了下去，但司馬師也得病死去了。這時，洛陽朝廷裡出現了一股反對司馬氏的陰謀，皇帝派遣尚書傅嘏（編注：音同古）前往司馬昭軍中，以淮南剛剛平定為藉口，請求司馬昭留在許昌穩定局勢，而把大軍交給傅嘏帶回洛陽。這樣做，實際上是要剝奪司馬昭的兵權。

鍾會立刻看出了其中的門道，和傅嘏談話把他爭取了過來，請求傅嘏上書皇帝，要求和司馬昭一起回洛陽。司馬昭率領大軍回到洛陽，由於他的兵權脅迫，皇帝只好任命他繼任大將軍，繼續把持朝政。

隨後，淮南再次發生了諸葛誕的反抗，又是鍾會的計策讓司馬昭擊破了吳國前來幫助諸葛誕的將領，從而贏得了戰爭。

鍾會在得寵後，成了司馬氏集團不可缺少的人物，不時的參與政策制定和人事任免，擁有著打擊政敵的權力。

而真正讓他揚名天下的，是魏國的滅蜀戰爭。在戰爭發生前，大部分朝臣是不主張滅蜀的，認為風險太大，只有鍾會是極少數主戰派之一。司馬昭最終支持了鍾會，給了他十幾萬大軍，讓他作為主將大舉伐蜀。

然而，事情卻向著對鍾會不利的方向演進。他雖然借著蜀國防守漢中（秦嶺以南的小盆地，四川和陝西的交通要道）的薄弱攻克了漢中，但在繼續向四川推進時，卻屢屢不利。從漢中進入四川的關鍵通道是金牛道，而金牛道上最重要的關口是劍閣，在這裡，蜀國大將姜維千里躍進，堵塞了鍾會的進路。鍾會的背後還有蜀軍的據點，魏軍很有可能會被包夾。

在作戰中，鍾會的虛偽狡詐也暴露無遺，給軍隊造成了困擾。除了鍾會之外，還有一支軍隊由諸葛緒率領，從甘肅趕過來。鍾會為了獲得指揮全權，密奏諸葛緒畏懦不進，抓起來用囚車送回了國，接管了對方的軍隊。

內鬥加上姜維的阻擋，這次遠征看來要以失敗告終。

2 見《世説新語．文學》。

3 嵇康對於才性問題的觀點，可以從他的《明膽論》中看出來。在文章中，嵇康對「明」和「膽」這兩個概念進行了辨析：所謂「明」，指的是人的智慧和品性；所謂「膽」，指的是人的才華和膽量。嵇康認為，「明」和「膽」是兩個不同的概念，不應該強行將之聯繫。

但就在這時，著名的將領鄧艾卻打開了一條傳誦千年的道路，捷足先登了。當兩國大軍僵持在劍閣時，鄧艾率領三萬人馬開山闢路，從甘肅的陰平起，在大山裡硬是開出一條路，進入了四川盆地，並逼迫蜀國皇帝劉禪投降[4]。

蜀國投降後，鄧艾採取仁政爭取人心，同時等候魏國大部隊到來。而阻擋鍾會的蜀軍將領姜維聽說成都失陷，選擇了投降鍾會。鍾會兵不血刃的率領大軍進入成都。

但誰也沒有想到，在成都他做的第一件事，就是針對伐蜀的最大功臣鄧艾。他利用司馬昭害怕將領擅權的心理，密奏鄧艾謀反，獲得司馬昭命令後，將鄧艾抓起來關進了囚車。

更讓人沒有想到的是，其實真正謀反的卻是鍾會本人。除掉鄧艾後，鍾會不滿足於當臣屬，決定以恢復曹氏權力為幌子，向司馬氏開戰。

可惜這一次，鍾會碰到了更大的對手。司馬昭在向鍾會發布命令，逮捕鄧艾的同時，就親率大軍向長安移動了，一旦司馬昭占領了長安，不讓鍾會出川，鍾會的計謀就告失敗了。最終，鍾會只好倉促起兵，但士兵不聽號令，起事將鍾會殺死[5]。

在伐蜀途中的兩次密奏，加上最後的謀反，將一位偽君子的形象展示於人。作為伐蜀最大功臣的戰略家鄧艾卻含冤致死，直到歷史進入了西晉時代，鄧艾才得以昭雪。

放誕世俗依然遭受政治迫害

然而，鄧艾並非是鍾會謀反的唯一受害者。在鍾會伐蜀之前，還害死了他認為的另一個仇人，原因同樣是妒忌。如果說，在武功上，鄧艾超乎鍾會之上，那麼在哲學和文學上，鍾會與嵇康的差距更是雲泥，鍾會又怎能忍受？

除了鍾會第一次向嵇康獻書之外，歷史還記載了兩人的另一次相會[6]。嵇康由於家境貧窮，常常和朋友向秀打鐵糊口。一次，年少得志的鍾會終於鼓起勇氣，穿著時尚的衣服，趕著肥馬拉的車，帶著如雲的賓客，一起去拜望嵇康。

當他們來到嵇康的住處，卻發現嵇康坐在地上打鐵。鍾會恭恭敬敬的等著嵇康，嵇康既不說話，也不抬頭，繼續幹他的鐵匠活。鍾會在眾多的隨從面前等待良久，大丟面子。離開時，嵇康終於開了口，問道：「何所聞而來？何所見而去？」鍾會不懷好意的回答：「聞所聞而來，見所見而去。」

如果說第一次拜訪是因為鍾會的膽怯，那麼第二次拜訪，則是嵇康對他直接的侮辱。嵇康一

4 見《三國志．魏書．鄧艾傳》。

5 《三國志．魏書．鍾會傳》記載，鍾會的謀反盡在司馬昭掌握之中。司馬昭認為，蜀國剛剛平定，處於喪膽狀態，而魏國的軍隊又紛紛思歸，這種狀態下，即便有人謀反，也沒有成功的可能性。他率軍前往長安時，認定不管鍾會是否謀反，大軍到達長安之時，蜀地已經塵埃落定。果然，當他到達長安時，鍾會已經死亡。

6 《晉書．嵇康傳》：「初，康居貧，嘗與向秀共鍛於大樹之下，以自贍給。潁川鍾會，貴公子也，精練有才辯，故往造焉。康不為之禮，而鍛不輟。良久會去，康謂曰：『何所聞而來？何所見而去？』會曰：『聞所聞而來，見所見而去』。會以此憾之。及是，言於文帝曰：『嵇康，臥龍也，不可起。公無憂天下，顧以康為慮耳。』因譖『康欲助毌丘儉，賴山濤不聽。昔齊戮華士，魯誅少正卯，誠以害時亂教，故聖賢去之。康、安等言論放蕩，非毀典謨，帝王者所不宜容。宜因釁除之，以淳風俗』。帝既昵聽信會，遂並害之。」另見《世說新語．簡傲》。

向對自己看得起的人熱情似火，即便千里迢迢也說去就去[7]，但對於他看不起的人，連一個字也懶得說。

這次拜訪給鍾會的心靈造成了永久性的傷害。他記住了嵇康這位不給權貴面子的狂人。當司馬昭逐漸掌握權力，排斥忠於曹魏的人時，鍾會不失時機的說：「嵇康是一條臥龍，你駕馭不了他，但他言論放蕩，詆毀聖賢，又有大批的追隨者，是個心腹大患。」

司馬昭聽信了鍾會的話，開始製造冤獄，殺掉了嵇康。

司馬昭找的理由是一個花邊新聞。嵇康有個好友叫呂安，呂安的哥哥呂巽姦淫了呂安的妻子徐氏，為了防止呂安的打擊報復，呂巽先發制人汙蔑呂安不孝。在司馬氏統治下，提倡儒教精神，不孝是大罪。呂安為了脫罪，引嵇康作證，嵇康作為朋友義不負心，將呂巽如何姦淫弟媳和汙蔑的事情都說了出來。

但既然司馬昭決定除掉嵇康，就不會聽他的證詞，呂安不但自己沒有脫罪，反而將嵇康也牽連在內[8]。兩人雙雙被判死刑。

在臨刑前，嵇康望著地上的日影，要過了一把琴，彈奏了一曲《廣陵散》，並嘆息這個曲子從此絕跡了。三千名太學生請求當嵇康的學生，希望保下他的性命，但鐵了心的司馬昭還是除掉了這位才華絕世的高士，只是在事後，才假惺惺表達了後悔[9]。

也許鍾會沒有想過，他害死的是魏晉時期最具反抗精神的哲學家，也代表著魏晉玄學最自由、最獨立的精神。在這個時期，哲學家和文人們大都帶著反叛的影子，反抗漢代以來形成的名教對人的壓迫。但是，幾乎所有的人在反抗的同時，都給自己留了一條後路，既享受名教帶來的榮華富貴，又對名教採取嘲弄的態度。

還有的人則寄希望於將名教和自然打通，享受政權好處的同時，也不放棄對自由的追求。這就像現代某些寄生在體制之中的學者一樣，一方面想追求學問，另一方面又很在乎自己的薪資和職稱，不時的申請個諂媚的課題。

只有嵇康以一種決裂的態度來看待名教問題，告訴人們守著這玩意兒毫無用處，只會妨礙你對自由的追求。

但是，嵇康的死讓人明白，集權的籠子裡不會有自由的鳥兒，只要你在中央帝國的控制之下，就不會找到真正的自由，哪怕你想回歸山林，不問政事，但只要你有足夠的才華，這個政權就會自動把你當作敵人。

嵇康死後，哲學雖還保留著反叛之名，卻再無反叛之實。文人們那種故作超然的姿態，實際上是一種犬儒主義的表演，既要彰顯獨立性，又總是在諂媚著權力者。

那麼，嵇康的哲學包含了哪些內容？他給魏晉這個動盪卻反叛的時代做出了哪些貢獻，才讓現代人把他當作魏晉玄學最偉大的代表人物予以紀念呢？

7　《晉書．嵇康傳》：「東平呂安服康高致，每一相思，輒千里命駕，康友而善之。」
8　《三國志．魏書．王粲傳》引《嵇康傳》：「初，康與東平呂昭子巽及巽弟安親善。會巽淫安妻徐氏，而誣安不孝，囚之。安引康為證，康義不負心，保明其事，安亦至烈，有濟世志。鍾會勸大將軍，因此除之，遂殺安及康。」
9　見《世說新語．雅量》。

〈與山巨源絕交書〉

大約在曹魏景元元年（西元二六〇年），一次當官的機會突然出現在嵇康的面前。這次機會是由他的朋友山濤舉薦的。這一年，山濤從尚書吏部郎遷任大將軍從事中郎，留下來的職位需要填補，他立刻想到了好朋友嵇康。

嵇康，字叔夜，在他年幼時就失去了父親，跟著哥哥嵇喜長大。他身長七尺八寸，換算成現在的尺度，身高超過一百八十公分[10]。他言談舉止優雅風儀，卻又土木形骸，不加修飾，人們稱之為「龍章鳳姿，天質自然」。他性格恬靜寡欲，含垢匿瑕，寬簡有大量。在學問上他是當時的文壇領袖，卻不講究師門，博覽群書，而尤其喜好《老》、《莊》[11]。對嵇康，當時人形容他的風姿是「嵇叔夜之為人也，岩岩若孤松之獨立；其醉也，巍峨若玉山之將崩」。

山濤之所以想到嵇康，除了他的才華之外，還有一個非常重要的原因：嵇康娶了魏國曹氏的宗室女子，是曹魏的女婿。他還因此官拜中散大夫，只是隨著對政治的失望，才遠離了政壇，放棄了職務。

但是，隨著司馬氏掌握了曹魏大權，司馬氏取代曹氏已成定局，作為曹氏姻親的嵇康就成了司馬氏忌憚的人物，甚至有生命危險。如果這時候能夠出山擔任司馬氏提供的一個官職，就相當於投靠了司馬氏，也就獲得了安全。山濤舉薦嵇康，是想保護這位最好的朋友。

嵇康的哥哥嵇喜就很懂得這樣的道理。他也是當時的名士，論做官，比嵇康更勝一籌，擔任過揚州刺史、太僕、宗正等職位，自然也獲得了安全[12]。

但令山濤沒有想到的是，他的一片好心被嵇康直接拒絕了。不僅拒絕，嵇康還特地寫了一封信與他絕交。這封著名的〈與山巨源絕交書〉就成了魏晉時期少有的好作品，也是解讀魏晉風流人物的一個窗口。

在信中，嵇康首先表示他和山濤不再相知，之後，轉入對歷史人物的總結，評論了十一個歷史人物，認為人應該根據自己的性格，各安本命。而他本人則仰慕那些不為官的人士，這樣的志氣不可奪。他把自己描寫成一個懶散、孤傲、不喜約束的人，懶到常半個月甚至一個月不洗頭不洗臉，更不通人情禮儀[13]。

隨後，他轉入了最著名的段落，提出了自己不適合當官的九個理由，這九個理由又分為「七不堪」和「二甚不可」。所謂「七不堪」還簡單，指的是生活上的七種習慣與做官格格不入，比如起得晚、不喜人跟隨、愛動且不喜歡向上級行禮、不喜歡寫字、不喜歡應酬、不喜俗人、不耐煩俗世。而「二甚不可」則顯得離經叛道了。所謂「二甚不可」，是指他喜歡「非湯武而薄周

10 一魏尺大約二十四公分。
11 見《晉書．嵇康傳》。
12 魏晉時期的人們都喜歡評頭論足，關於兄弟兩人的優劣，也不能避免。一次，嵇康的朋友呂安去拜訪他，卻只見到哥哥嵇喜在家。嵇喜熱烈歡迎呂安，但呂安不進門，只是在門上寫了個「鳳」字，就離開了。嵇喜大喜過望，以為呂安在誇獎自己。到嵇康回來後，笑著告訴哥哥，所謂「鳳」，拆開就是「凡鳥」兩個字。見《世說新語》。
13 《與山巨源絕交書》：「少加孤露，母兄見驕，不涉經學。性復疏懶，筋駑肉緩，頭面常一月十五日不洗，不大悶癢，不能沐也。每常小便而忍不起，令胞中略轉乃起耳。又縱逸來久，情意傲散，簡與禮相背，懶與慢相成，而為儕類見寬，不攻其過。又讀莊老，重增其放，故使榮進之心日頽，任實之情轉篤。此猶禽鹿，少見馴育，則服從教制；長而見羈，則狂顧頓纓，赴蹈湯火；雖飾以金鑣，饗以嘉餚，愈思長林而志在豐草也。」

儒教文化的澈底否定。

孔」，以及說話直言不諱，絕不替人掩飾[14]。而「非湯武而薄周孔」一項，更是對自漢代形成的

從孔子開始，整個儒家的哲學體系就是建立在周代禮法體系之上的，特別是周公這個人，更被認為是周代禮法體系的鼻祖。這就好像基督徒突然有一天對耶穌開炮，或者佛教徒否定釋迦牟尼一樣，一旦批判，整個體系就會轟然倒塌。

「非湯武而薄周孔」表明的是嵇康的生活態度，但在時人看來，卻是他的政治宣言。因為如果周公失去了合法性，在當時受打擊最大的就是司馬氏。因為司馬氏在篡權之前，總是以周公自居，這就像當年王莽以周公自居，到最後卻篡奪了漢朝是一樣的。如果周公沒有了合法性，那麼司馬氏搞攝政就成了亂臣賊子，而不是功臣了。

「非湯武而薄周孔」還不是嵇康態度的終點，他除了否定這些人之外，還要替被周公鎮壓的人翻案。在周公時代，他有兩個同胞弟弟管叔鮮和蔡叔度，這兩個人在儒教寫成的歷史上一直是反派角色。西周滅商後，他們最早被周武王派到了崤山以東原來商朝的土地上，幫助周朝維持秩序，武王死後，年幼的成王即位，武王的弟弟周公成了攝政，這時管、蔡兩人發動了叛亂反對周公。他們的叛亂被鎮壓了下去，他們也被打成了將近三千年的惡人，是冒犯中央帝國的罪犯。

但嵇康認為，管、蔡兩人不是罪犯。首先，他們是周武王任命的，幫忙維持了中原地區的秩序，如果不是他們，地處陝西的周朝是無法控制廣大中原地區的。其次，按照儒教的看法，聖人不犯錯，而周武王就是個聖人，如果管、蔡是壞人，就證明周武王的任命是錯誤的，這和周武王是聖人相矛盾。再次，從情理上講，一個小孩子當了王，而另一個成年人虎視眈眈的攝政，自然

會讓人疑心這個成年人要篡位。所以管、蔡的叛亂不是叛亂，而是在勤王[15]。

最後這條理由更是直刺司馬氏。魏明帝曹叡死後，大將軍曹爽和太傅司馬懿攝政，隨後司馬懿發動政變，處死了曹爽，開始了攝政生涯。在司馬氏攝政之後，發生了著名的淮南三叛：淮南地區的三位將軍（揚州刺史文欽、鎮東將軍毌丘儉、征東將軍諸葛誕）先後叛亂。他們之所以起兵，是不滿司馬氏的攝政，試圖恢復曹魏的政權，趕走司馬氏。嵇康對管、蔡的辯護，就彷彿是在歌頌三位將領的反叛[16]。

嵇康這樣的觀點絕不會被司馬氏所容忍，卻讓他成了文壇領袖。實際上，司馬氏篡奪皇位之前的那段時間，是中國歷史上最混亂的時期之一，大量的人敢怒不敢言，有的人被殺害，有的人被迫投降，而嵇康的態度則成了當時不屈服的標誌。

寄情山水、流連詩酒

在司馬氏輔政的那段時期，文壇最著名、最具特色的是一個叫做「竹林七賢」的鬆散群體。這個群體中最年長、最具組織才能的是山濤，而最核心的人物有兩位，除了嵇康之外，還有一位

14 《與山巨源絕交書》：「又每非湯、武而薄周、孔，在人間不止，此事會顯，世教所不容，此甚不可一也。剛腸疾惡，輕肆直言，遇事便發，此甚不可二也。」
15 見《嵇中散集．管蔡論》。
16 見《三國志》各自本傳。

叫做阮籍的人。除了這三人之外，還有向秀、劉伶、阮咸、王戎，這七人常在竹林中游宴，號稱竹林七賢。除了七賢之外，還有一個他們的朋友圈，而在朋友圈中最顯著的就是嵇康的朋友呂安，也就是導致他死亡的那位摯友。

竹林七賢代表了一種傾向，當文人們對政治不滿時，就會寄情於山水之間，流連於詩酒之中。雖然後來七人的結局不同，但在某個時間，他們都對政治有著強烈的不滿。而在七人中，又以阮籍和嵇康最為純粹，兩人興趣相似，互相欽慕，成為雙璧。嵇康更善於論理，而阮籍長於寫詩。有後人品詩將阮籍列在了上品，而將嵇康列在了中品，大概因為嵇康不注重文采，寫詩時，只是用極其冷峻的筆調記錄自己的感想而已。

兩人的作品中，都流露著對於現實的巨大不滿。

比如，阮籍最著名的非詩體作品叫《大人先生傳》，就是對現實的批評。阮籍和嵇康都認為，古代的制度是一種無為而治的制度，所以人們相安無事，和平幸福。但是到了當世，由於皇帝推崇名教治國，強調人的德行和君王的有為，大量的賞賜和嚴苛的刑法不僅無力治理國家，反而讓社會亂了套。而所謂的名教，實際上是「竭天地萬物之至，以奉聲色無窮之欲，此非所以養百姓也」[17]。

阮籍對於那些儒家君子最精闢的嘲諷，就是把他們比作一群褲襠裡的蝨子，追求功名利祿自以為安全，就像蝨子在褲襠裡，躲在棉絮裡以為是大宅子，行動在布縫裡以為找到了正確的道路，動不動就吸人血，以為找到了享用不盡的美味佳餚。但是，一把火襲來，這些蝨子就被燒死在褲襠裡了[18]。

嵇康對現實鞭笞最深的文字則來自《太師箴》，認為以前治國是為了天下，今天則是為了一個人而已。結果導致臣下仇恨皇帝，皇帝猜忌臣下，四處喪亂，國家傾亡[19]。

正因為司馬氏統治的殘忍，嵇康和阮籍對政權澈底失去了信心，他們才發生了中國哲學史上的一次大轉折：澈底放棄人們熱衷的名教，澈底的擁抱自然。

越名教而任自然

在中國古代歷史上，永遠是政治壓過科學，入世壓過出世，名教壓過自然。**所謂名教，一般指功名利祿和儒家禮法，而自然則指政治之外的江湖之遠**。走得最遠的人，也只能說要兼顧「名教」和「自然」，不敢將自己澈底置於傳統的敵對面。

17 《阮步兵集．大人先生傳》：「今汝尊賢以相高，競能以相尚，爭勢以相君，寵貴以相加，驅天下以趣之，此所以上下相殘也。竭天地萬物之至，以奉聲色無窮之欲，此非所以養百姓也。於是懼民之知其然，故重賞以喜之，嚴刑以威之。財匱而賞不供，刑盡而罰不行，乃始有亡國、戮君、潰敗之禍。此非汝君子之為乎？汝君子之禮法，誠天下殘賊、亂危、死亡之術耳！」

18 《阮步兵集．大人先生傳》：「且汝獨不見乎虱之處乎褌中，逃乎深縫，匿夫壞絮，自以為吉宅也。行不敢離縫際，動不敢出褌襠，自以為得繩墨也。饑則嚙人，自以為無窮食也。然炎丘火流，焦邑滅都，群虱死於褌中而不能出。汝君子之處區內，亦何異夫虱之處褌中乎！」

19 《嵇中散集．太師箴》：「季世陵遲，繼體承資。憑尊恃勢，不友不師。宰割天下，以奉其私。故君位益侈，臣路生心。竭智謀國，不吝灰沈。賞罰雖存，莫勸莫禁。若乃驕盈肆志，阻兵擅權。矜威縱虐，禍蒙丘山。刑本懲暴，今以脅賢。昔為天下，今為一身。下疾其上，君猜其臣。喪亂弘多，國乃隕顛。」

發明了「貴無論」的王弼本人也採取了這樣的態度，他認為「名教」和「自然」是調和的，不管是「名教」還是「自然」，它們的最終特徵都是「無」，把握了「無」，既可以理解「名教」，也可以理解「自然」。而理解了「無」之後，可以把自然界的「無」、「無為」等理論運用到政治實踐之中，實現「名教」和「自然」的統一。

和王弼相比，嵇康的思想可以分為兩個階段：

第一階段，由於他出生於黃初四年（西元二二三年），比王弼還要大三歲。在王弼與何晏的思想占據主流時，嵇康也秉持與他們同樣的觀點，認為透過掌握自然的規律，就可以過一種將名教調和於自然的生活。

他甚至認為，中國的三皇五帝時代，是因為有人根據自然規律，制定了正確的生活準則，才讓當時的人們幸福的活著。

這個時期是曹魏統治時期，曹氏並不是東漢的大家族，它的統治雖然強調法家和刑名思想，但主要是為了將社會捏合在一起。而在實際的統治中，卻對士大夫階層相對寬鬆。加上曹氏統治者中許多人本身就是文人，創造了一個文人的黃金時代。

最能反映嵇康此階段思想的作品是《太師箴》，嵇康甚至為此敘述了他的宇宙觀[20]，認為宇宙中最原始的物質是太素，從太素生陰陽，隨後生出天地萬物和人倫社會。人倫社會剛剛形成的時候，沒有善惡羞恥，也不擔心未來、不經營財產，處於自然狀態，而這個時期反而是最「仁」的時期。之後，隨著人們的物欲打開，憂患意識形成，才有了人世間的各種禍患。所以，聖人不是要打開人們的欲望，或者限制人們的生活，而是要讓他們回歸自然。即所謂「君道自然，必託賢明」。

從「君道自然」可以看出，嵇康當時仍然相信可以把「名教」和「自然」結合起來，也就是皇帝採取「自然無為」的方式進行統治，就可以做到人事與自然和睦。

然而，嵇康的想法卻在現實中無法實現。

景初三年（西元二三九年），魏明帝曹叡去世，將太子曹芳託給了司馬懿、曹爽等重臣輔佐。十年後，司馬懿發動政變，殺死了曹爽。從司馬氏掌權到篡位的十幾年中，司馬氏祖孫三代四人鎮壓、淘汰不服從的人，曹魏時期文人的黃金時代成為過去。嵇康的思想也就進入了第二個階段。

第二階段，嵇康不參與、不認同司馬氏黨同伐異的做法，開始對政治失望，他不再相信所謂人既可以享受功名利祿，又可以遵循自然的說法，而是把自然和名教對立了起來。

他開始仇視名教，認為人之所以受到束縛，是因為脫離了自然，而墜入了名教織成的網中無法自拔。如果想恢復自由，必須掙破這個名教之網，到自然中去尋找真正的自由。如何掙破名教之網？他認為所謂掙破，不是說人要到山上隱居，再也不見人，而是要做到對名教無視。哪怕你身處於鬧市之中，甚至朝堂之上，只要做到無視眼前的人，將功名利祿之徒視為糞土，不追求、不參與、不恭維，就已經掙破了這個名教之網。

20　《嵇中散集．太師箴》：「浩浩太素，陽曜陰凝。二儀陶化，人倫肇興。厥初冥昧，不慮不營。欲以物開，患以事成。犯機觸害，智不救生。宗長歸仁，自然之情。故君道自然，必託賢明。」

這個時期他的思想主要反映在另一篇文章《釋私論》中。

他在《釋私論》中提到[21]，所謂君子有兩個標準，第一個標準是：心裡根本不在意人世間所謂的禮法、是非等觀念；第二個標準是：減少自己的欲望，不放縱自己的感情和行為。當做到第一點的時候，就能夠「越名教而任自然」，做到第二點，就可以「審貴賤而通物情」。

後人常說「大隱隱於市」，與嵇康的觀念就有相似之處，一個真正的君子既要在思想上超脫於俗世之外，但又甘心在行為上做一個普通人，對自己的境遇毫不在意、毫不強求。

文人的反叛極致

「越名教而任自然」的提出，是秦代之後中國文人第一次要擺脫集權帝國的束縛，尋找真正的自由。嵇康將自然看成是通往大道的途徑，而把俗世的名教看成是通往大道的障礙。

與此同時，阮籍也提出了類似的觀點，阮籍的觀點反映在他的作品《大人先生傳》裡，他塑造了一個叫做「大人先生」的角色，這個角色的原型可能是嵇康和阮籍都認識的好友孫登，也是一位隱士。

在文章開頭，「大人先生」和一位名教中人辯論，這個名教中人認為，所謂君子，應當注重禮儀，忠於朝廷，束身修行，鑽營官職。而「大人先生」乘機反駁，將名教所說的君子禮法說成是殘賊亂危死亡之術，而真正的君子要超乎於天地之外[22]。

這一段的辯論基本上繼承了嵇康所說的第一個標準，心裡根本就不在意人世間所謂的禮法是非。

「大人先生」的話自然引來了叫好聲，這次叫好的是一位隱士。這位隱士立刻把「大人先生」當作同類，罵了一通社會之後，邀請他一同去隱居。

而「大人先生」隨即又把隱士教訓了一通，他認為，隱士所罵，只不過是出於激憤，別人說是他就一定要說非。而真正的君子，是超脫於世事之外，不會為了這些事激憤，也不會刻意去隱居。他可以處於任何地方，而又對一切身外之物視而不見。

「大人先生」和隱士的辯論，恰好與嵇康所說的第二個標準暗合。

嵇康和阮籍的思想也由此達到了中國文人的反叛極致。在之前和之後，中國也有數次對政治不滿的思想反抗運動，但除了嵇、阮之外，文人們雖然對政治不滿，卻並不否認有一種理想的名教系統，只是現在的統治者做得不夠好而已。只有嵇、阮認定，名教本身就是與大道相矛盾的，如果要追求大道，就必須放棄名教本身，去追求心靈和思想的澈底解放。其他人也有遊山玩水不問政治的，但他們大都採取犬儒主義態度，比如陶淵明。但嵇康卻是以完全敵視的態度來對待政治，採取了極端的否定態度。

21《嵇中散集．釋私論》：「夫稱君子者，心不措乎是非，而行不違乎道者也。何以言之？夫氣靜神虛者，心不存於矜尚；體亮心達者，情不繫於所欲。矜尚不存乎心，故能越名教而任自然；情不繫於所欲，故能審貴賤而通物情。物情順通，故大道無違；越名任心，故是非無措也。」

22《阮步兵集．大人先生傳》：「是以至人不處而居，不修而治，日月為正，陰陽為期。豈吝情乎世，繫累於一時。乘東雲，駕西風，與陰守雌，據陽為雄，志得欲從，物莫之窮，又何不能自達而畏夫世笑哉？」

嵇康、阮籍等人拋棄名教逃到自然之後，又能做些什麼？他們兩人的境遇又有所不同。

嵇康注重的是「養生」，所謂養生，除了為長命百歲，也是為了與自然合一。嵇康由此成了養生學的專家。只是司馬氏對他的迫害，打斷了他的養生之路。

與嵇康相比，阮籍的心沒有那麼沉，他更多的是靠喝酒發洩苦悶，卻仍然無法避開世事的紛擾。史書中記載了許多阮氏喝酒的故事，比如阮氏家族喝酒用大缸喝，有時豬過來喝水，也走到大缸前喝一通，人們也毫不在意[23]。

但不管怎樣，到最後，這群放縱詩酒的人仍然無法躲過名教的迫害。司馬氏在奪取曹魏政權的過程，不允許有不選邊站的人。特別是嵇康、阮籍這樣的文壇領袖，他們的一舉一動都影響著太多的人，當他們宣稱「非湯武而薄周孔」、「越名教而任自然」時，就是對帝國最大的威脅。最終，不肯合作的嵇康被殺。嵇康就刑後，阮籍又多活了一年，他過著醉生夢死的生活直到死去。

司馬氏為了拉攏阮籍，想和他結親，為了避免和司馬氏成親家，阮籍大醉六十天，讓提媒的人沒有機會說話，才躲了過去[24]。

害死嵇康的鍾會也曾經想對阮籍下手，他數次向阮籍請教問題，試圖找到他的把柄，也被阮籍喝醉躲避了過去。

但即便這樣，當司馬炎篡位時，要完成一系列的儀式，魏國皇帝要先給司馬炎加九錫，而司馬炎要推辭，這時再由群臣寫勸進表，請司馬炎接受。寫勸進表的任務就被推給了阮籍。阮籍還是以喝醉推託，但這次他沒有這麼幸運，司馬炎派人去取時，發現他趴在案上醉了，卻什麼都沒有寫，於是臨時把他搖醒，讓他在醉中強行寫一篇。

阮籍只好抓起筆完成了任務。在如此高壓的政治下，他也很快去世了，到底是因為酒，還是因為政治？也許只有死亡能讓他們擺脫名教的迫害。

嵇康的《琴賦》[25]中暗藏了一首歌，這首歌彷彿是他提前為自己的結局所寫的，這首歌的歌詞是：「凌扶搖兮憩瀛洲，要列子兮為好仇。餐沆瀣兮帶朝霞，眇翩翩兮薄天游。齊萬物兮超自得，委性命兮任去留。」

一句「委性命兮任去留」道出了他對生命的曠達態度，他相信，所謂生和死，只不過是兩種自然的形式。在他死後，人們也樂於相信，他不是死去，而是進入了「齊萬物兮超自得」的另一種境界，繼續以他高冷的姿態嘲笑著世人的蠅營狗苟。

分道揚鑣的賢人們

嵇康和阮籍的先後死亡，讓司馬氏恢復了對魏國朝政的控制權，從而為取代魏國做好了準備。此時，在戰場上的反抗早已經消失，首都文化圈的領袖人物已經除去，沒有人再敢發出對司

23《世說新語・任誕》：「諸阮皆能飲酒，仲容至宗人間共集，不復用常杯斟酌，以大甕盛酒，圍坐，相向大酌。時有群豬來飲，直接去上，便共飲之。」
24 本則和以下數則皆取自《晉書・阮籍傳》。
25 見《嵇中散集・琴賦》。

馬氏統治不利的聲音。

曾經的竹林七賢是最活躍思想的發源地，七賢中又以阮籍和嵇康的成就最大，失去了他們之後，這個鬆散的群體中剩下的人又將如何？

事實證明，他們本來只是有著一定共同興趣的人，聚合在一起，當政治壓力逐漸加大時，這個群體就分崩離析了。

在七賢中，山濤的年齡是最大的，他比阮籍大了五歲，比嵇康更是大了將近二十歲。他的社會交遊更廣，可以視為這個群體的組織人。他雖然也讀《老》、《莊》，但對所謂的名教並沒有如此排斥。他當初之所以棄官，更多是出於自保，避開司馬氏與曹爽的爭鬥。也是在棄官期間，他和嵇康、阮籍等人來往過密。

後來，一旦司馬氏確定勝利，山濤意識到必須投靠司馬氏，就再次進入了官場。他的一個姑祖是司馬懿的岳母，憑著這層關係，他很容易就融入司馬氏集團。在司馬昭率軍西進，防止在四川的鍾會作亂時，山濤被留在了後方監視曹魏的宗室。司馬炎被立為太子的過程中，也有山濤的功勞。

由於山濤有過竹林七賢的經歷，具有一雙辨識人才的眼睛，他向西晉帝國進薦了大量的人才，人們甚至將他推薦的人才列成花名冊，稱為「山公啟事」。到最後，山濤官封司徒，達到了極致，並安然善終[26]。

不用懷疑，如果嵇康和阮籍更加靈活，都會被山濤一一發掘出來，成為達官貴人，甚至位居「山公啟事」的榜首。

雖然由於山濤推薦嵇康，導致嵇康與他決裂。但嵇康死後，山濤義無反顧承擔了撫養嵇康未成年兒子（嵇紹）的責任，並且把他培養成了與父親完全不同的人。嵇紹後來在晉朝為官，也是山濤鼓勵的。

山濤死時家無餘財，只有十間舊屋而已。這個人是大部分中國士大夫的榜樣，一個合格的大臣、好官員。竹林的經歷只是他一次短暫的休息而已。

除了嵇康、阮籍、山濤這三大主將之外，竹林七賢中還有四個名氣稍微小一點的人，分別是向秀、劉伶、阮咸和王戎。

這四人中，劉伶的才華並不算突出，卻是竹林七賢之中的死硬派。他有過幾次短暫的入朝和參軍經歷，但在軍隊仍然維持著自己邋遢的作風，後來晉武帝司馬炎把他召去策問，他仍然堅持宣揚無為而治，與皇帝對著幹，結果被趕走了[27]。

後來他放蕩到光著身子喝酒，當別人指責他時，他就說：「天地是我的房子，屋子是我的褲子，你跑到我褲子裡幹嘛[28]？」劉伶就這樣在酒罈子裡度過了一生，算是保留了在竹林時期的氣節。但是劉伶的創造力不足，除了留下「酒仙」的名聲之外，在思想上無法與阮籍和嵇康比肩。

比劉伶靈活一點的是向秀。在竹林七賢中，嵇康對阮籍非常尊重，但最親近的是向秀。嵇康

26 見《晉書．山濤傳》。
27 見《晉書．劉伶傳》。
28 見《世説新語．任誕》。

喜歡打鐵，在住處架起了鐵匠爐子，而為他拉風箱的大都是向秀。在學問上，嵇康與向秀的交流也最多，特別是在養生的問題上，兩人還有過交鋒，但這只是學術上的探討。

嵇康死後，作為嵇康密友的向秀也成了目標，為了避開司馬氏的迫害，他不得已應詔擔任了一些閒職。但他選擇了做官不做事，以消極抵抗的方式度過了危機，保留了自己的氣節[29]。最能體現向秀心情的是他寫的《思舊賦》[30]。中國歷史上有幾首著名的紀念亡人的詩歌。其中紀念死去妻子最悲切的是蘇軾的《江城子》，而紀念朋友最深切的則是向秀的《思舊賦》，其中幾乎每一句都能榨出人的眼淚來。

四人中最得阮籍真傳的，是他的侄子阮咸。阮咸生性放達，無拘無束。雖然也和阮籍一樣掛著散官官職，實際上卻遠離官場，過著自己的日子。他愛好音樂，認真鑽研，真正做到了「越名教而任自然」，完全不去考慮官場的鉤心鬥角，只做自己喜歡的事情[31]。

竹林七賢中最小的是王戎，他比嵇康整整小了十歲。在竹林七賢中官癮最大的也莫過於王戎。他參加與嵇、阮的宴游時仍然是年輕人，隨著司馬氏的得勢，他很快就放棄了自然，回歸了名教。

山濤雖然為官，但是私心不大。而王戎與山濤不同，有著很強的私心，是個財迷鬼，購置了大量的田產和水碓。在當時，水碓作為搗米的設備，是一種重要的工業資源，購買水碓，就像擁有磨坊一樣。但王戎本身的能力又很出眾，除了做京官之外，還做過河東太守、荊州刺史、豫州刺史，擔任過建威將軍，參加過滅吳戰爭，後來還封了侯（安豐縣侯）。

王戎和山濤一樣，也做到了司徒，晉身於西晉的最高官員行列。但是，在西晉的政治制度下，雖然做官可以風光無限，卻總不能避免政治鬥爭和戰亂。王戎曾經因為八王之亂，為了避禍而遊山玩水，不問政事。也因為派系之爭而失去官位。最後，又由於戰亂而顛沛流離。

西晉永興二年（西元三〇五年），王戎去世。在他去世之前，西晉帝國已經被八王之亂折騰得元氣大傷，王戎本人也逃出京城，在跟隨皇帝逃亡的途中去世。王戎死前一年，嵇康的兒子嵇紹在保護晉惠帝時，中箭身亡。竹林賢士的下一代，也進入了凋零之年。

王戎可以說是竹林七賢中的異類，他只是暫時與嵇、阮等人接觸，很快禁不住誘惑，選擇了離開自然，返回名教。有一次，已經當上尚書令的王戎乘車經過一家酒館，這是當年他和嵇康、阮籍痛飲的所在地，只是這時候，他發現酒館就近在眼前，卻彷彿隔著無數的山河。當年的竹林精神已經變成了一場夢境[32]。

29 見《晉書．向秀傳》。

30 《思舊賦並序》：「余與嵇康、呂安居止接近，其人並有不羈之才。然嵇志遠而疏，呂心曠而放，其後各以事見法。嵇博綜技藝，於絲竹特妙。臨當就命，顧視日影，索琴而彈之。余逝將西邁，經其舊廬。於時日薄虞淵，寒冰悽然。鄰人有吹笛者，發音寥亮。追思曩昔游宴之好，感音而嘆，故作賦云：將命適於遠京兮，遂旋反而北徂。濟黃河以泛舟兮，經山陽之舊居。瞻曠野之蕭條兮，息餘駕乎城隅。踐二子之遺跡兮，歷窮巷之空廬。嘆黍離之愍周兮，悲麥秀於殷墟。惟古昔以懷今兮，心徘徊以躊躇。棟宇存而弗毀兮，形神逝其焉如。昔李斯之受罪兮，嘆黃犬而長吟。悼嵇生之永辭兮，顧日影而彈琴。託運遇於領會兮，寄餘命於寸陰。聽鳴笛之慷慨兮，妙聲絕而復尋。停駕言其將邁兮，遂援翰而寫心。」

31 見《晉書．阮咸傳》。

32 《晉書．王戎傳》：「嘗經黃公酒壚下過，顧謂後車客曰：『吾昔與嵇叔夜、阮嗣宗酣暢於此，竹林之遊亦預其末。自嵇、阮云亡，吾便為時之所羈紲。今日視之雖近，邈若山河！』」

玄學思辨的精華

歷史倏忽間已到東晉建武元年（西元三一七年）。這一年，東晉的開國皇帝晉元帝登基，在北方，蠻族人劉曜正橫掃著這片文明的土地。

在輔佐晉元帝開國的元勛中，有一對兄弟的功勞最大，他們是王戎的族人王導和王敦兄弟。兄弟兩人一個管文，一個管武，幫助司馬睿穩固了東南江山，並建立起了領導班子。可以說，如果沒有王氏的努力，就沒有東晉的江山，所以當時才會有「王與馬，共天下」的說法。

王導作為當時文人的代表，也深受魏晉玄學的影響。當他到了江左之後，文人賢士更是雲集在他的四周。但人們發現，在談玄論道時，王導總是由三個主題出發，再由這三個主題發散出去，變得無所不入，無所不能談。

這三個主題是「聲無哀樂論」、「養生論」、「言盡意論」[33]。在王導看來，這三論代表了當時哲學的最高成就，他把它們稱為「三理」。

在三理中，《聲無哀樂》和《養生》都是嵇康的理論文章，而《言盡意論》則是西晉時期哲學家歐陽建的文章。從王導的推崇也可以看出嵇康在當時人心目中的地位。那麼，這三論都說了什麼？為什麼會如此受推崇？

如果用現代的觀點進行評價，《聲無哀樂》和《言盡意論》代表了魏晉時期思辨玄學的最高成就，特別是《言盡意》，已經接近了西方哲學的熱門題目之一：概念與事物的對應關係，這是唯名論與唯理論的爭執焦點。

而《養生》則是魏晉時期人們追求自然的一種具體表現，也是從古至今追求長生的自然延續。由於《養生》研究的題目過於具體，這裡只對更具思辨性的《聲無哀樂》和《言盡意》進行討論。

首先看《聲無哀樂》。在兩漢時期的儒教哲學體系中，音樂是一個重要的道具，當時的人認為，音樂是一種等級禮儀的表現，也有著好壞之分，比如，孔子對鄭國和衛國的音樂就有過嚴厲的批評，認為那是靡靡之音、亡國之音。而莊重的音樂則適合在國君的朝廷中演奏。到了漢代，音樂更是成了宇宙體系的一部分。比如司馬遷就說：「樂者，天地之和也；禮者，天地之序也。[34]」將音樂和禮等同起來，又和天地關聯在一起。

漢代在甘泉宮祭祀太一的時候，要找童男童女七十人唱著歌完成祭祀。

而叔孫通替漢高祖制定廟樂規矩更是繁複，當皇帝的神官迎接神靈時，必須在廟門口演奏專門請神的音樂，叫《嘉至》。等皇帝進了廟門，要演奏《永至》，這首歌就如同現在中國人民代表大會會場上的進行曲一樣，是有行步節奏的。等上了祭祀品，要奏《登歌》，這是一首人聲歌曲，不能用樂器伴奏。《登歌》完了，要演奏《休成》，請神明享用美食。然後皇帝在東廂房擺酒坐定，演奏《永安》，表示禮儀已經完成。另外，漢高祖的唐山夫人還寫了一首《房中祠樂》，簡稱《房中樂》，也被用來演奏。

---

33 《世說新語．文學》：「舊云：王丞相過江左，止道聲無哀樂、養生、言盡意，三理而已。然宛轉關生，無所不入。」

34 見《史記．樂書》。

漢高祖死後，祭祀他的高廟裡要演奏《武德》、《文始》、《五行》這三種舞樂，因為這三種樂代表了漢高祖的蓋世功績。文帝死後，文廟裡演奏《昭德》、《文始》、《四時》、《五行》。武帝死後，武廟裡演奏《盛德》、《文始》、《四時》、《五行》之舞[35]。

這一切都是在說，音樂是一種與天地合拍的禮儀，同時，音樂也分好壞，有神聖的，也有淫邪的。

但這種說法到了嵇康時期，卻受到了懷疑。嵇康試圖用客觀的考察來戳破神話。由於嵇康將「自然」和「名教」澈底割裂開，認為自然是人類追求的極致，而名教只是障礙，這種二分法讓他認為，所有自然之物，和人類之物是沒有必然關聯的。他試圖把這種二分法貫徹到一切領域。最典型的思想體現在他的兩篇文章中，一是《明膽論》，二是《聲無哀樂》。《明膽論》討論的是人的才性問題，而《聲無哀樂》討論的是音樂和人的感情之間的關係。

嵇康認為，音樂是自然之聲，和人類沒有必然的關係，自然聲音的發出不是為了取悅人類，也不是為了懲罰人類，所以，音樂本身是沒有喜怒哀樂的。但是，為什麼人們聽了聲音之後會產生喜怒哀樂的情緒呢？這是因為，人本身就已經有了情緒，只是當聽到音樂後，借助音樂而激發了出來。由於每個人心情的不同，聽見同樣的音樂，有的人會高興，有的人則會悲傷，這就是明證。

嵇康的《聲無哀樂》實際上打破了漢代的宗教教條，將音樂重新放回了欣賞的角度，不再帶有任何的功利色彩。他本人也因為對樂理的理解，成了當時最著名的音樂家。

思辨哲學大門就此開啟

《言盡意論》則是針對魏晉時期人們經常討論的另一個話題，牽扯到了語言和現實的關係。即便現代人也會有這樣的體會：相對於自己豐富的感情而言，語言總是不夠用的。不管是男孩子想讚美女孩子，還是作家想描繪一個豐富的場景，都會感到語言的貧乏，突然間不知道該寫什麼、說什麼。

那麼，語言是否能夠把自然、社會或者感情百分之百描繪出來呢？有的人認為做不到，這就是「言不盡意」；另一些人認為做得到，這就是「言盡意」。到底哪一種更正確？

如果再昇華一點，語言問題其實是人類認知過程中最重大的問題之一，人類如何從客觀世界獲得認知？又如何把這些認知組織成語言，再透過文字記錄語言，將認知變成知識傳授給沒有這類認知的其他人？這些都是西方哲學所研究的重大主題，在魏晉時期，這些主題已經進入了中國的玄學之中。

對這個問題最好的思辨性探討，來自西晉時期的歐陽建。

歐陽建是西晉大富豪石崇的外甥，擔任過馮翊太守、頓丘太守，在八王之亂時和趙王司馬倫有矛盾。司馬倫的親信孫秀圖謀石崇的寵姬綠珠，向石崇討要，石崇沒有送給他。當司馬倫篡位

35 見《漢書．禮樂志》。

後，孫秀借機殺掉了石崇和歐陽建的全家[36]。在死前，歐陽建寫了一首〈臨終詩〉，表達了對於世外的嚮往，以及對自己身陷名教的無奈[37]。

在《言盡意論》中，歐陽建首先虛擬了兩個人物——雷同君子和違眾先生，前者持「言不盡意」的觀點，並說世間大部分人都認為「言不盡意」，為什麼你偏偏認為「言能盡意」呢？

違眾先生先是總結了一下那些認為「言不盡意」的人的觀點。那些人之所以認為言不盡意，是透過比附的方法來論證的。比如，老天爺不說話，但是一年四季照樣運行；聖人不說話，但是心中對人和事物的評價都已經有了；形狀不用說出來，而方圓已經現成擺著呢；顏色不用稱呼，黑白早已分明。這樣看來，不用說話，事物的性質已經確定了[38]。

那麼，違眾先生怎麼來反駁這些人的看法呢？他認為，「不說」和「不能說」不是一回事。比如，聖人不說話，但是心中已經清楚善惡對錯。可實際上，聖人只是不說，並不代表他說不出，他想說的時候自然可以說出來。「形不待名，而方圓已著」，但實際上，方圓是有名字的，不管你名還是不名。

違眾先生認為，名稱相對於物體，語言相對於事理，就如同回聲相對於聲音，影子相對於物體一樣，是現成的、不可分離的。

對於人來說，要想辨識物體，就必須給它們不同的名字；要闡述你的意思，就必須給它們不同的表達。物體和意思有多少，名稱和語言就有多少，這樣，最終必然能做到言盡其意[39]。

歐陽建以他高度的思辨性，獲得了人們的讚賞。正是這種思辨的方法讓王導可以舉一反三，用這幾個有限的命題來解釋一切。

魏晉時期所開闢的思辨哲學，也終結了兩漢時期的機械宇宙論，讓人們開始關注對具體問題的分析，而不是死記硬背什麼災異對應什麼樣的社會現象。當思辨的大門打開後，從印度而來的佛學才容易「占領」這個東方的中央帝國，繼續注入更加思辨性的哲學體系。

36 見《晉書．歐陽建傳》。

37 歐陽建〈臨終詩〉：「伯陽適西戎，子欲居九蠻。苟懷四方志，所在可游盤。況乃遭屯蹇，顛沛遇災患。古人達機兆，策馬游近關。咨余沖且暗，抱責守微官。潛圖密已構，成此禍福端。恢恢六合間，四海一何寬。天網布紘綱，投足不獲安。松柏隆冬悴，然後知歲寒。不涉太行險，誰知斯路難。真偽因事顯，人情難豫觀。窮達有定分，慷慨復何嘆。上負慈母恩，痛酷摧心肝。下顧所憐女，惻惻心中酸。二子棄若遺，念皆遘凶殘。不惜一身死，惟此如循環。執紙五情塞，揮筆涕汍瀾。」

38 《言盡意論》：「夫天不言，而四時行焉；聖人不言，而鑑識存焉。形不待名，而方圓已著；色不俟稱，而黑白以彰。」

39 《言盡意論》：「誠以理得於心，非言不暢；物定於彼，非言不辯。言不暢志，則無以相接；名不辯物，則鑑識不顯。鑑識顯而名品殊，言稱接而情志暢。原其所以，本其所由，非物有自然之名，理有必定之稱也。欲辯其實，則殊其名；欲宣其志，則立其稱。名逐物而遷，言因理而變，此猶聲發響應，形存影附，不得相與為二，苟其不二，則無不盡，吾故以為盡矣。」

第九章

被收編的嬉皮士

西元二〇六六年～三一一六年

嵇康死後，玄學的思辨被利用來為政治服務，由於無法再像漢代一樣靠灌輸讓人相信，有人就試圖從邏輯上做文章，證明政治的必然性。

裴頠（編注：音同偉）提出的「崇有論」表面上是駁斥「貴無論」，實際上卻是想喚起人們對於政治的熱情，重新回歸到功名利祿的軌道上，但裴頠本人卻死於政治。

向秀和郭象提出的「獨化論」，想將功名和自然重新統一起來，是一種和稀泥的理論。但西晉和平時代的過去，讓統一成為不可能。

亂世時期，嬉皮士們最終沒有找到名教，卻倒向了享樂主義的懷抱。玄學退化成了「今朝有酒今朝醉」的理論依據，進入了尾聲階段。它的邏輯主義傾向，也被更加思辨的佛教所取代。

千年前的文化大批判

西晉泰始元年（西元二六六年），剛剛篡奪了曹魏政權的晉武帝司馬炎決定算一卦，看他新建立的政權能夠傳多少代。他屏氣凝神，抽出了一卦，打開一看，上面寫著的是個「一」字。如果按照字面意思，就是晉帝國只有一位皇帝就到了盡頭。

在旁邊觀看的群臣突然間都傻了眼，一言不發，不知道該如何收場。皇帝心中的震驚更是無以言表。

這時，突然從群臣中走出一個人，朗聲說道：恭喜陛下！

眾人一看，這人是侍中裴楷。大家正納悶為什麼他敢如此大膽恭喜皇帝，就聽見他繼續說下去：臣聽說「一」是萬物之本，天得到了「一」就變得清明，而地得到了「一」就變得安寧，王侯得到了「一」就可以讓天下忠貞不貳。

當裴楷說完後，皇帝哈哈大笑，群臣也鬆了一口氣，讚嘆他的靈活機智[1]。裴楷實際上利用了《老子》中「一」的概念，置換了數字「一」的概念，將晉武帝從尷尬中解救了出來。

西晉王朝作為中國中古時期少有的統一時代，開始了它雄心勃勃但是顛沛流離的命運。晉武帝不知道，雖然西晉的帝位名義上傳了不只一代，但除了他之外也只有三代，其中後兩代懷帝和愍帝時期，天下已經大亂，所謂皇帝，只不過是流竄的囚犯而已。這樣算來，除了司馬炎本人以外，西晉的帝位事實上只傳了他的傻兒子晉惠帝司馬衷一代。

晉武帝稱帝之後有過一段雄心勃勃的時期，他希望將晉朝打造成如同兩漢一樣的統一帝國，並長期維持下去，於是在軍事、經濟、文化上，都做了許多改革措施。

在軍事上，由於疆土剛剛統一，各地（特別是原本東吳和蜀漢的土地上）對晉朝沒有形成向心力，司馬炎派出了許多司馬氏的子孫分布到全國，擔任諸侯王，希望依靠親情的力量來維持統一。同時，他解散了全國郡縣的地方軍，卻授予了諸侯國兵權，最大規模的諸侯王可以組織五千人的部隊[2]。

1　《世說新語・言語》：「晉武帝始登阼，探策得一。王者世數，繫此多少。帝既不說，群臣失色，莫能有言者。侍中裴楷進曰：『臣聞天得一以清，地得一以寧，侯王得一以為天下貞。』帝說，群臣嘆服。」

2　《晉書・職官志》：「大國中軍二千人，上下軍各千五百人，次國上軍二千人，下軍千人。其未之國者，大國置守土百人，次國八十人，小國六十人，郡侯縣公亦如小國制度。」

在經濟上，晉武帝試圖推行一套全新的財政制度，其主要目標是：摸清帝國的人口數量，並把耕地平均分配給廣大的人口，讓他們安居樂業的同時，為政府也提供可靠的財政收入[3]。經過清查，晉朝的人口為一千六百餘萬人[4]，比三國時期總人口增加了一倍。除了太平時期的人口自然增長之外，也由於戰爭中流民重新回歸家鄉，被納入戶籍之中。

查明戶籍之後，晉武帝規畫了更加革命性的土地改革。每一個男丁可以占田七十畝，女丁可以占田三十畝，一個家庭（一夫一妻）正常的土地是一百畝。再根據土地的數量、人口、戶籍的多寡，進行收稅，一方面做到人人有田種，另一方面做到稅收充足。

為了考慮周到，晉武帝還規定了許多稅收減免措施，從方案的詳細來看，皇帝的改革充滿了誠意，想全心全意打造一個新的盛世帝國。

而在文化上，晉武帝也繼承了兩漢的正統，重新撿起了儒教，試圖利用儒教標準統一人們的思想，取代那些張牙舞爪的玄學思想，完成一次禮法的復興。

在晉武帝的張羅下，針對嵇阮、何王等人的批判也逐漸展開，而最要緊的工作，是制定一套新的理論體系，針對何、王的「貴無論」和嵇、阮的「自然論」進行大批判，從理論上論證他們是錯誤的。於是文人們紛紛尋找理論，進行大批判。

在所有的批判者中，做得最成功、理論上最成熟的，就是裴楷的同族人裴頠。他提出的「崇有論」將玄學題目的爭論引向了又一次高峰。但人們沒有料到的是，即便批評「貴無論」的人，也必須利用玄學的工具進行論證，這也從側面反映了，晉武帝試圖恢復儒教的努力是有多麼的蒼白無力。

回歸正統，死於正統

裴頠出自著名的河東（現山西境內）裴氏家族，他的父親是大名鼎鼎的裴秀，中國已知最早的地圖集《禹貢地域圖》就出自裴秀之手。前文所說的裴楷則是裴頠的堂叔。

在西晉時期，隨著政權再次儒教化，司馬氏政權希望將更多的讀書人吸納到政治之中，而不是讓他們遊山玩水。嵇康、阮籍宣導的「越名教而任自然」，是司馬氏的第一大敵。當文人對政治不再抱希望，澈底脫離政治懷抱時，反而是統治者最恐懼的。中央帝國的權威需要所有的人都圍著它轉，不管愛它還是恨它。

第二個敵人則是何、王等人的「貴無論」。作為大有為的皇帝，「無為」、「靜」這些觀念都意味著主動放棄權力，這是皇帝不願見到的。

司馬炎認為，當前社會是一個大一統的盛世，是一個需要人們行動起來，變得有為的時代，人人都應該參加建設強大祖國的大業，只有將前兩者的幽靈祛除掉，才能讓更多的人加入歌頌祖國的合唱團。

3　經濟政策參考本書作者的另一本書《龍椅背後的財政祕辛》。

4　《晉書．地理志》：「太康元年，平吳，大凡戶二百四十五萬九千八百四十，口一千六百一十六萬三千八百六十三。」根據《通典．食貨七》，三國時期人口數，魏國（西元二六三年）大約是四百四十三萬二千八百八十一人，蜀國（西元二六三年）大約是一百零八萬二千人，吳國（西元二八〇年）大約是二百五十六萬七千人。

裴頠作為西晉的高官，意識到了問題的嚴重性。與政府的步調一致，他認為最大的敵人是嵇康對名教的敵視，引起了整個文化圈對政府的不信任，政府的高官們「口談浮虛，不遵禮法，尸祿耽寵，仕不事事」[5]，其次是王弼的「貴無論」。

為了對抗兩大學說，他必須從理論上進行回擊，於是提出了「崇有論」。這個理論表面上是直接反駁王弼，但深層次暗含的卻是針對嵇康。

裴頠的崇有論包含如下幾層意思：

第一，貶斥《老子》和道教，將儒教恢復到正統地位。他認為《老子》裡的確有對的地方，比如強調「一」這個概念。但這些對的地方其實是和儒教經典《易經》暗合的，《易經》也強調「一」和陰陽。同時，裴頠認為《老子》裡錯誤的地方更多，比如對「無」的強調，這些虛無性的東西不應該當作真理，只應該當作一家之言[6]。

第二，從理論上，他提出事物的本源並不是「無」。王弼認為，事物總要有個本源，比如，世界上有無數張實際存在的桌子，最終都可以追溯到一個叫做「桌子」的抽象概念，而「桌子」又可以歸結到更大的概念之中，比如「物體」，每一次歸納，都讓概念變得更加籠統，更加大而化之，到最後，如果把普天下的事物都歸結成一個概念的話，這個概念就應該是最籠統、最大、包容性最強的。它不能帶一點具體的特性，因為只要帶具體的特性，就會把不符合這個特性的一些概念排除出去，它也就不是那個終極概念了。所以，這個終極概念只能是「無」，因為「無」不具有任何特殊性，可以包容一切。

但裴頠卻認為，「無」並不是最終的本源，因為所有這些概念都是存在的，而「無」是不存在，所以「無」不能生「有」，而「有」只能是「有」生出來的。這就像人不能憑空生出來，必須有父母，才能有子女一樣。

那麼，「有」是怎麼被創造出來的呢？「有」是被其他的「有」創造出來的。比如，器物是匠人創造出來的，器物是「有」，如果沒有「匠人」，就無法創造這個「有」，而「匠人」就是另外的「有」。所以，各種「有」之間形成了一種複雜的聯繫，每一種「有」都可能參與創造了其他的「有」，這就有了「群有」的概念。

透過對「有」和「群有」概念的塑造，裴頠就提出了一種積極的人生觀。比如，如果去打獵，依靠「無為」等待是打不到獵物的，必須積極行動起來，選擇「有」而不是「無」，選擇「動」而不是「靜」，才能打到獵物。

到這裡，裴頠的「有」主要是針對王弼的「無」。接下來，裴頠就把對「有」的概念應用到了政治之中，批判嵇康等人的出世哲學。認為這些人忘記了禮法，從而擾亂了政治[7]。

由於有形的東西容易考察，無形的「無」卻摸不著看不見，不容易檢驗，結果反而能夠糊弄

5　《晉書．裴頠傳》：「頠深患時俗放蕩，不尊儒術，何晏、阮籍素有高名於世，口談浮虛，不遵禮法，尸祿耽寵，仕不事事。」

6　《崇有論》：「觀老子之書雖博有所經，而云『有生於無』，以虛為主，偏立一家之辭，豈有以而然哉！人之既生，以保生為全，全之所階，以順感為務。若味近以虧業，則沈溺之釁興；懷末以忘本，則天理之真滅。」

7　《崇有論》：「闡貴無之議，而建賤有之論。賤有則必外形，外形則必遺制，遺制則必忽防，忽防則必忘禮。禮制弗存，則無以為政矣。」

更多的人。這些人聚集起來一唱一和，形成了風氣，結果造成了禮法廢弛，人們不喜歡功名，反而去追求虛無之理。到最後，聰明的人都滿口玄理，笨蛋們只知道交口稱讚。說一句俏皮話就當成玄妙，當官的不務正業叫做雅遠，修身不注意操守，反而稱為曠達[8]。

透過批判虛無，裴頠樹立了另一種價值觀。但這種價值觀並不是新的，而是舊有的，或者說，按照司馬氏政權的期望，回歸到漢儒傳統中去尋找解藥，回歸到功名利祿的軌道上去。

但是，裴頠也許永遠不會明白，當思辨的魔法盒打開之後，人們已經無法回歸漢儒了。漢儒是建立在一系列的盲目相信上的，要求人們放棄思考，只是死記硬背一些教條，再加上一些比附，以及偽造的讖緯，當人們已經學會思考更抽象的問題時，只能繼續向下發展。

實際上，裴頠批評貴無論，建立崇有論，使用的也是思辨哲學和邏輯學，這些學問都是依靠玄學發展起來的，而他的文章如果拿給漢儒看，對方根本就無法看懂。

除了在理論上反駁嵇、阮、何、王等人之外，裴頠還是個朝政上的行動派[9]。晉惠帝司馬衷時期，晉國的朝政最初由賈后賈南風把持，朝野混亂，作為尚書的裴頠與司空張華、侍中賈模商議將賈后廢掉，另立更加賢慧的謝淑妃為皇后，後來事情不了了之。

賈后繼續執政，與趙王司馬倫勾結。但趙王是個有野心的人，掌握朝政後，就逼迫晉惠帝把皇位讓給了自己。作為顯臣的裴頠成了趙王篡位的障礙，被趙王殺死了。

裴頠在寫《崇有論》時，可能永遠想不到，他所推崇的「有」和「名教」是如此險惡，就算像他這樣信心滿滿的人都無法控制。他所推崇的「動」把他打造成了行動派，卻始終沒有別人行動迅速。

裴頠死後，崇有派繼續存在，但西晉的政局卻讓那些試圖恢復名教的人心寒，最後不了了之。兩晉南朝的士大夫們仍然回到了王弼、嵇康所指引的舊軌道上，並且變得越來越頹廢，陷入了享樂主義的泥沼。

獨化：最後的調和派

當裴頠無法找到一條現實的出路時，還有兩個人提出了另外一套理論，試圖將名教和自然結合起來，同時把「有」和「無」的問題也結合起來。之所以說是兩個人，是因為這牽扯到一通文人公案。

在歷史上，中國文人向來不重視版權問題，在西晉時期有一部流行的書籍，到底誰是作者，人們一直爭論不休。這部書就是《莊子注》。在三玄中，《老子》和《易經》早就有了較好的注本，但是《莊子》卻一直沒有好的注本。阮籍寫過《達莊論》，嵇康也一直推崇《莊子》，但真正對之做出全面注解的卻是竹林七賢之一的向秀。

然而，向秀在死前並沒有注完，死後他的稿本零散，被郭象拿到後接著完成，就形成了今天

8 《崇有論》：「是以立言藉於虛無，謂之玄妙；處官不親所司，謂之雅遠；奉身散其廉操，謂之曠達。故砥礪之風，彌以陵遲。放者因斯，或悖吉凶之禮，而忽容止之表，瀆棄長幼之序，混漫貴賤之級。其甚者至於裸裎，言笑忘宜，以不惜為弘，士行又虧矣。」

9 見《晉書．裴頠傳》。

最流行的《莊子注》。後世一千多年來，爭論的焦點，就在於向秀和郭象到底誰的貢獻大。根據《晉書》記載，《莊子》三十三篇中，向秀沒有完成的只有《秋水》和《至樂》兩篇。郭象為人輕薄，竊取了向秀的文字，自己只做了這兩篇的文字，又把《馬蹄》一篇的注釋替換掉，剩下的都幾乎原封不動照搬了向秀的注解[10]。

但這種指控是否屬實，現在仍然有爭議。向秀死於晉武帝篡位後、西晉滅亡吳國之前，恰逢西晉政治上的上升期，但在注釋中卻深深的帶著社會崩潰之後的滄桑感，比如，書中談到，很多人聚集在一起，必然要以一個人為主，這個人就是皇帝。沒有皇帝，或者有多個皇帝，都會引起社會的巨大混亂[11]。

這種說法顯然是針對西晉的八王之亂，八個諸侯王爭相控制朝政，造成了西晉政治的澈底失衡。向秀本人沒有經歷八王之亂，他對於「君」也沒有這麼深的感情，反而是輕薄的郭象會說出這樣的話。在無法分清兩者貢獻的情況下，只能將《莊子注》看作兩人共同的作品。

《莊子注》雖然名為注釋《莊子》一書，但實際上卻是以《莊子》借題發揮，闡述新的思想。《莊子》的特點本是狂放恣肆、天馬行空，是「越名教而任自然」的好工具，注釋卻反其道而行之，將它解讀為「名教」與「自然」結合的書，充滿了調和精神。

在《莊子注》中，最引人注目的是所謂的「獨化」。要談「獨化論」，首先必須談作者引入的「天然」這個概念，要談「天然」，又要從作者同時否定王弼的「無」和裴頠的「有」談起。

作者首先認為，世界的本源絕對不是「無」，因為「無」生不出「有」來。那麼，「有」又是什麼生出來的呢？他也不認為像裴頠所說的，是由其他的「有」創造出來的（就像鞋匠這個

「有」，把鞋這個「有」創造出來），而是認為，每一個具體的「有」，都是自己生出來的，是「自生」的，不是「他生」的。這種「自生」，就是自然，自己而然，也叫「天然」[12]。

需要注意的是，雖然《莊子注》和裴頠都否定了「無」，但是裴頠所說的「有」是動的，是他生的，是被別的「有」創造的；而《莊子注》卻認為不是他生的，而是靜的，天然就有的。所謂靜的，天然就有的，就叫做「無待」，也就是不依賴於別的東西而天然存在。能夠保持無待，保持天然存在的，就是「獨化」[13]。

「獨化」很像現代物理學中的概念，一個物體如果不受外力，就會保持靜止或者均速運動，無始無終。而獨化也是，一個物體如果不被其他物體干擾，就會一直保持下去，無始無終。從獨化又可以引出另一個概念：逍遙。所謂「逍遙」，就是「無待」，就是「獨化」。比

10 《晉書．郭象傳》：「先是注莊子者數十家，莫能究其旨統。向秀於舊注外而為解義，妙演奇致，大暢玄風，惟秋水、至樂二篇未竟而秀卒。秀子幼，其義零落，然頗有別本遷流。象為人行薄，以秀義不傳於世，遂竊以為己注，乃自注秋水、至樂二篇，又易馬蹄一篇，其餘眾篇或點定文句而已。其後秀義別本出，故今有向、郭二莊，其義一也。」

11 《莊子注．人間世》：「千人聚，不以一人為主，不亂則散。故多賢不可以多君，無賢不可以無君。此天人之道，必至之宜。」

12 《莊子注．知北遊》：「誰得先物者乎哉？吾以陰陽為先物，而陰陽者即所謂物耳。誰又先陰陽者乎？吾以自然為先之，而自然即物之自爾耳。吾以至道為先之矣，而至道者乃至無也。既以無矣，又奚為先？」《莊子注．齊物論》：「無既無矣，則不能生有；有之未生，又不能為生，然則生生者誰哉？塊然而自生耳。自生耳，非我生也。我既不能生物，物亦不能生我，則我自然矣。自己而然，則謂之天然。」

13 《莊子注．齊物論》：「若責其所待而尋其所由，則尋責無極，卒至於無待，而獨化之理明矣。」

如，鯤鵬展翅九萬里，看上去很逍遙，但是，它要依賴於風才能飛翔，這就不是「無待」，也就算不上「逍遙」。可是怎樣才能「無待」（不依賴於外力）呢？不依賴於外力的物體所處的狀態，就叫「玄冥之境」，也就是人們應該追求的最高境界。

在政治上，也應該以「玄冥之境」作為標準，所謂「神器入於玄冥之境」。神器一般指的就是政治。要想達到玄冥，就不要隨便施加外力，不要干擾人民的自我運動，讓他們自己決定生活方式，這又回到了「無為」的概念上。

《莊子注》一書透過一系列的論證，回到了道家的無為概念。但它本身又是有為的，希望參與政治運行。這樣，一方面否定了貴無派的「無」，調和了名教和自然的關係，讓人們最後還是回到名教中來，參與政治建設。但另一方面，政治建設的手段就是無為而治。這就又做到了不要出世，又做到了無為而治。

魏晉玄學從「無」開始反對漢儒的「天人合一」，後來人為了反對「無」，提出了「有」，最後又有人同時反對「無」和「有」，提出了「獨化」，再次回歸到對政治的參與感。這些理論都有社會背景，也都有一定的道理。到現在，人們已經不會單獨相信某一個理論，玄學真正流傳下來的，反而是那些思辨性的論證過程，以及人們對於獨立思考的堅持。從玄學之後，對權威的盲目服從已經土崩瓦解。即便到了隋唐時期，人們已經跳出了玄學主題，但思辨精神卻保留了下來，直到元明時期，中國的學術才再次被威權主義所籠罩。

《莊子注》作為一部調和的作品，已經是玄學最後的高峰，當它出現時，天下已經大亂。西晉短暫的和平時代結束，進入了烽火連天的戰爭狀態。這個時候，無論怎麼提倡無為而治，都毫無用處了。

從精神超越倒向形體享樂

西晉王朝的崩潰，意味著玄學理論的創造活力最終消失了。人們疲於奔命時，不再考慮思辨性的玄學問題，而和平恢復之後，佛教已經逐漸取代了玄學，繼續思辨性的遊戲。

事實證明，晉武帝的改革完全以失敗而告終。不管是軍事上，還是經濟、文化上，改革措施要麼不到位，要麼產生了巨大的副作用，不僅沒有加強皇帝統治，反而摧毀了帝國。

對帝國影響最大的是軍事改革。晉武帝設立了許多司馬氏的諸侯王，又授予他們兵權，本是想讓他們幫助控制全國的，但諸侯們熱衷於爭權奪利，在晉武帝死後不久，就發動了八王之亂。八個諸侯王互相仇殺、控制朝政，讓中央政府澈底癱瘓，也給了北方蠻族的劉淵、石勒機會。他們起兵叛亂，推翻了西晉。而郡縣裁兵的措施又讓西晉缺少足夠的兵源對付蠻族的反抗[14]。

經濟改革也在士族的陽奉陰違中失效，沒有土地的人照樣沒有土地，大地主照樣擁有著大量的土地。

文化改革同樣沒有效果，裴頠等人試圖建立另一套理論來取代王弼、嵇康等人建立的脫離世

14 西晉裁撤士兵，遭到過大臣的反對。《晉書．山濤傳》記載：「吳平之後，帝詔天下罷軍役，示海內大安，州郡悉去兵，大郡置武吏百人，小郡五十人。帝嘗講武於宣武場，濤時有疾，詔乘步輦從。因與盧欽論用兵之本，以為不宜去州郡武備，其論甚精。」

俗、尊崇自然的風氣，把人們引回到名教中來。但是，政治和社會的現實卻告訴人們，在名教中的日子越來越不好過。

不管是做官還是富貴，到最後都不能保證善終。石崇是巨富之人，可一旦得罪了權貴，立刻遭到殺身之禍。即便貴為皇帝，在貪婪的諸侯和可怕的蠻族面前也顯得軟弱無力。在八王之亂中，晉惠帝逃出京城，在路上只剩下兩塊布和三千文錢，想吃一隻雞都不可能。晉懷帝被匈奴人劉曜圍困，文武百官都餓著肚子，城裡一點炊煙都見不到，人們餓得只好吃人。愍帝被劉曜困在西部，一斗米被炒到兩斤黃金的價格，死者大半，君臣除了哭之外做不了什麼[15]。

在這樣的背景下，中國的哲學思想不僅沒有像皇帝期望的那樣回歸儒教，反而變得更加放蕩難測。如果說，嵇康、阮籍、劉伶等人雖然放浪形骸，可心中仍然有他的「道」，那麼，西晉時期產生的另一種思潮，就是純粹為了放浪而放浪，為了享樂而享樂了。

我們可以和希臘哲學做一個對比。希臘哲學中有一個著名的學派叫伊比鳩魯學派，這個學派最初的出發點是物質論（按照現在人的說法，有點接近唯物主義），也就是否定人類的靈魂，認為人死魂滅。既然人死之後沒有靈魂，那麼人們所能追究的就只剩下此生的歡樂。所以，這個學派很容易引出一種「得歡樂處且歡樂」的主張，變成徹頭徹尾的享樂主義。

這裡有一個現代人不願承認的事實：物質論往往是和「暴政」、「享樂主義」伴生的。因為物質論認為人沒有來生，沒有靈魂，所以人們此生做的事情（不管是享樂還是作惡）都不會受到懲罰，也沒有什麼因果報應。當執政者意識到這一點，就會產生暴政；當普通人意識到這一點，就會及時享樂。

魏晉後期也產生了一種類似於伊比鳩魯派的看法。當人們發現所謂的「因果報應」、「天人感應」都是虛假的，老天爺沒有隨時盯著人間時，當人們看到作惡的人不受懲罰，而善良的人反而在亂世中喪命時，及時享樂的想法就自然而然出現了。

代表這一思潮的作品是《列子》。在秦朝以前，確實有個列子寫過一本書，但這本書到魏晉時期已經失傳了，晉人假託列子的名義（或者借鑑了原來的某些材料）寫了一本新的《列子》流傳到了今天，成了我們了解魏晉享樂主義思潮的最佳資料。

這本書一共八篇，其中最讓人無法接受卻又說出了事實的，是《楊朱》和《力命》兩篇。其中《楊朱》的主要論點是：人應該要及時享樂，不要去管死後會怎麼樣。沒有天人合一，各種教條的目的都是為了讓你聽話，從而喪失掉享樂的本能。如果你聽從這些教條，那麼你就進入了羅網；如果你掙脫了這些教條，他們拿你也毫無辦法。這就徹底打碎了儒教禮法約束人的種種理論。

《力命》則成了一種對「好人有好報」的反思，認為命運是絕對的，不是每個善良的人都有好報，也不是每個惡人都受懲罰。所以，弱者總以為那些欺負自己的人在未來會受報應，這種想法只是鴕鳥心態而已。對於命運的絕對化，又讓人們轉而追求享樂主義，放棄那些渺茫的希望。

---

15 《晉書．食貨志》：「惠後北征，蕩陰反駕，寒桃在御，只雞以給，其布衾兩幅，囊錢三千，以為車駕之資焉。懷帝為劉曜所圍，王師累敗，府帑既竭，百官饑甚，比屋不見火煙，饑人自相啖食。愍皇西宅，餧饉弘多，斗米二金，死者太半。劉曜陳兵，內外斷絕，拾餅之麴屑而供御，君臣相顧揮涕。」

所有問題全歸諸於命

魏晉時期的人比戰國時期更善於講故事和論理，所以《列子》的閱讀快感比起諸子來要高得多，也更容易鼓動人們的情緒，接受它的觀點。

比如，在《楊朱》篇中，作者借助齊國的管仲和晏嬰（兩個人並非同一時代的）來討論養生態度的問題，從而引出了享樂主義的主張。

晏嬰首先問管仲養生之道，歷史上的管仲本人就是一個喜歡富貴享樂的人，他回答：養生之道就是隨心所欲，不要試圖壓抑。

他接著提出了如何隨心所欲：放任耳朵聽想聽的，放任眼睛看想看的，放任鼻子聞想聞的，放任嘴巴說想說的，放任身體去想去的，放任意願幹想幹的[16]。這六條已經達到了人類享樂的極致。只要能做到這些，就可以樂呵呵的等死了，即便能這樣活上十年、一年、一月、一天，都挺滿足的。如果做不到這些，而是陷入禮法之中無法自拔，那麼悲戚戚毫無樂趣的活上百年、千年、萬年，也沒有什麼意思。

談完養生之後，管仲反問晏嬰如何看待死的問題。晏嬰本人生性淡泊，不懼死亡，倒是談死的正確人選。他說：「死有什麼可談的，我又控制不了死亡。死後人的身體放火燒了也可以，沉到水裡也可以，用土埋了也可以，扔到野外也可以，拿草遮住丟到溝裡也可以，穿著好衣服裝進石頭棺槨也可以。碰到什麼算什麼[17]。」

管仲最終總結說：「我們兩個人加起來，就把生死之道都看透了！」

在同篇的另一處，作者借楊朱的口把儒教最崇拜的舜、禹、周公、孔子四個人與歷史上臭名昭著的亡國之君夏桀、商紂做了對比。儒教的傳統推崇堯、舜、禹的禪讓，又把周公當成是周代禮儀等級制度的起點，至於孔子，則是儒教的教主。但在《列子》的作者看來，他們的做法卻並不值得效法。反而是桀、紂的做法更有價值。為什麼？

舜的一生「四體不得暫安，口腹不得美厚；父母之所不愛，弟妹之所不親。行年三十，不告而娶。乃受堯之禪，年已長，智已衰。（兒子）商鈞不才，禪位於禹，戚戚然以至於死」，所以，舜是一個苦難深重的人。

而禹的父親因為治水無功被殺，他本人為了治水，家裡生孩子連名字都來不及取，「過門不入，身體偏枯，手足胼胝」。雖然舜禪位給了他，但是他自己住得很差，卻要給鬼神準備美麗的祭祀服裝，最後戚戚然以至於死，可以說禹是個憂苦的人。

至於周公和孔子，一個過得擔驚受怕，一個活得淒慘窘迫，都沒有什麼好羨慕的。

這四個人雖然死後獲得了萬世之名，可這些名和他們沒什麼關係了，因為他們死了，變成了草木土塊，什麼都不知道了。

反而是桀、紂，高居帝位，受人尊敬，為所欲為，放情縱欲，快快樂樂的過了一輩子，即便

16 《列子．楊朱》：「恣耳之所欲聽，恣目之所欲視，恣鼻之所欲向，恣口之所欲言，恣體之所欲安，恣意之所欲行。」

17 《列子．楊朱》：「既死，豈在我哉？焚之亦可，沈之亦可，瘞之亦可，露之亦可，衣薪而棄諸溝壑亦可，袞衣繡裳而納諸石槨亦可，唯所遇焉。」

死亡也是須臾之間的事情，相比於一生的快樂，並沒有什麼了不起的。至於死後的名聲，他們反正不知道了。

這種絕對化的享樂主義讓中國人第一次體會到了物質論的魅力，也成了現在一些無所畏懼的人的先驅。

在《力命》篇中，還給出了享樂主義的理論基礎：人的命運並不掌握在自己手中，即便採取苦修的態度，或者行善積德，也並不能真的積來德。比如，有的人省吃儉用一輩子，好不容易積累了一點家業，一旦革命到來，反而成了掉腦袋的事情。

作者虛構了兩個角色，分別是「力」和「命」，代表著人力和命運，他們之間發生了一次對話，爭論誰的功勞大。

人力認為：壽與夭、窮與達、貴與賤、貧與富，都是我人力可以決定的。

但命運並不同意，他舉了許多好人沒好報，壞人卻長壽富貴的例子[18]，最後總結說，如果你人力就可以決定，為什麼會有這麼多聖人窮、壞人達、賢人賤、愚人貴、善人貧、惡人富的例子呢？

人力只好認輸說：「這麼看來，我是決定不了，可是你命運為什麼做這麼多乖張的事情，讓好人沒好報呢？」

命運回說：「這你就不懂了，既然叫做命，就是說沒人能決定。我最多也就是對順利的事情稍微推動一下，對於曲折的事情則聽之任之。至於每個人的命，都是早就注定了的，我也改變不了啊！」

這種看似詼諧的小故事，透露的卻是魏晉時期深深的無奈。一方面，人們對於政權並不抱太大希望，認為政權做事如同擲骰子，胡亂的決定每個人的命運，已經不具有確定性。另一方面，政權在失去了控制力之後，雖然有心恢復統一的哲學，卻已經無能為力了。結果，魏晉哲學從最初的思辨、積極，到最後消極、喪失了活力。

到這時，另一股更加活躍、更加思辨的哲學力量逐漸占據了主流，將玄學這種相對簡單的哲學形式排斥到歷史的角落之中。

佛教來了。

18 《列子・力命》：「彭祖之智不出堯舜之上，而壽八百；顏淵之才不出眾人之下，而壽四八。仲尼之德不出諸侯之下，而困於陳蔡；殷紂之行不出三仁之上，而居君位。季札無爵於吳，田恒專有齊國。夷齊餓於首陽，季氏富於展禽。」

第三部

當皇權遭到拒絕：三教的競爭與妥協

西元三一六年～九六〇年，東晉到五代

第十章

長不大的道教，思辨的佛教

西元前二年～三一六年

在中國哲學史上，道教一直是一個奇特的存在。作為哲學的道家是一個出世、崇尚自然和簡樸的學派，但作為宗教的道教卻是一個極其世俗化，與政權關係密切的宗教。

中國歷史上第一個政教合一的政權就由道教提供，是位於陝西漢中地區的五斗米道。著名的天師道就是從五斗米道發展而來的。

在對世俗政權的崇拜和利用上，道教和儒教是等同的。它不僅不反對人間統治，還總是試圖加入它。道教與儒教的不同，更多表現在對於丹藥和修煉的痴迷，符咒、仙藥、修煉、陰陽、五行成了道教的特徵，持續到現在仍然是這一套。

從印度傳入的佛教，是一個比玄學更加思辨的體系，在玄學衰落之後，繼承了中國哲學中的邏輯力量。

印度早期的上座部佛教，其理論核心是所謂的「四諦」，即「集、苦、滅、道」四種真理。人類在輪迴中承受著一切苦難，如「生、老、死、愁、苦、憂、惱、怨憎會、愛別離、求不得」等。這些苦難之所以產生，是因為貪、嗔、痴三毒，也就是集諦。如果要消滅痛苦，就必須消滅貪、嗔、痴三毒，跳出輪迴，即滅諦。道諦，就是跳出輪迴的方法和修行。

佛教發展到大乘階段，將上座部求解脫、跳出輪迴的目的稱作「解脫道」，也就是只注重自己脫離苦海。大乘佛教同時提出「菩提道」，即幫助眾人共同脫離苦海。所謂菩提道，就是成為佛陀那樣的「佛」，是更高級的解脫。

大乘佛教根據修行理論的不同，又分為「中觀」、「唯識」和「真常」三支。前兩支流行於印度，並傳入中國。後一支發源於印度，在印度卻並不流行，反而在中國找到了最佳土壤，發展出了不少中國本土原創的分支。

張魯：政教合一的先行者

在三國正在形成之際，人們很少注意到，在如今的陝西漢中地區形成了中國歷史上第一個政教合一的地方政權，這個教不是佛教，也不是儒教，而是道教。

漢中的地理位置在秦嶺之南的漢江上游，翻過秦嶺，就是陝西著名的關中平原和長安。從漢江向東而下，就到達了湖北的襄陽盆地，這裡已經接近楚文化的中心地帶。從漢中向南，則是著名的蜀道入口，千百年來，這裡是從內地進入四川的首選道路。

漢中本身就是一個小盆地，擁有著豐富的資源，漢高祖劉邦被項羽封為漢王時，最初的都城就設在這裡。到了漢末，一個奇怪的宗教群落卻在這裡發展起來。

最初在這裡發展宗教的，是一位叫做張脩的人[1]。當全國各地都尊孔子時，張脩卻反其道而行，獨尊老子。他雖然尊崇老子，但最具有號召力的把戲卻是治病。如果誰生病了，他就叫這個

1　關於張脩和張魯的關係，人們有不同的說法。注《三國志》的裴松之認為，張脩即張衡，為張魯的父親。而《三國志．魏書．張魯傳》記載：「張魯字公祺，沛國豐人也。祖父陵，客蜀，學道鵠鳴山中，造作道書以惑百姓，從受道者出五斗米，故世號米賊。陵死，子衡行其道。衡死，魯復行之。」而在注中又引《典略》記載：「光和中，東方有張角，漢中有張脩。」後來張魯殺死張脩，取代了張脩。綜合考慮，本書作者認為，張魯取代張脩更符合邏輯，而張魯的祖父和父親是否存在，仍然值得懷疑，很可能是張魯為了推行五斗米道而偽造的世系。

人進入一間安靜的房間清修，再派人為他祈禱。祈禱的方式是製作三份咒符，寫上生病人的名字，一份放到山上，另一份埋到地下，最後一份則沉到水裡。為病人祈禱的人有一個名字，叫「鬼吏」。另外，還有一種人叫做「奸令」，所謂「奸令」，不是一般人能做的，必須是能夠背誦《老子》的文化人。他們要幫助病人學會背誦《老子》。這些文化人平常被授予「祭酒」的職位，也就相當於組織裡的官僚階層，在幫助病人學習時就被稱為「奸令」。

當然，治病是要收費的，每一個病人要出五斗米，所以，又稱為「五斗米教」。張脩時期，這個組織還比較粗糙，不能算是一種政教合一的政權。

在東漢末年、三國之前的亂世時期，各路諸侯都忙著收編各地的豪強，張脩也被位於四川的益州牧劉焉收編了，賜予別部司馬的官職。但是他並沒有官運，隨後被另一個覬覦漢中的人張魯所殺。

張魯也是劉焉封的官，官職是督義司馬。劉焉死後，張魯和劉焉的兒子劉璋鬧翻了。劉璋殺了張魯的母親和家室，導致張魯割據了漢中，成了一方軍閥。

正是張魯借助張脩打下的基礎，在漢中開始了第一個政教合一地方政權的試驗。要建立政權，第一要務，就是建立組織。張魯自稱是「師君」，也就是宗教導師和政治君主的合體。剛剛加入組織的人被稱為「鬼卒」，經過訓練後，已經皈依了教門的，就稱為「祭酒」，祭酒們可以建立支部，如果他的支部規模很大，權力也就很大，這樣的人被稱為「治頭大祭酒」。

至於張脩的傳統節目治病，也被放在了宗教的審視之下。如果人病了，必然是他不誠實，或者做了壞事，這時就需要在祭酒的指引下進行懺悔，只要懺悔得當，病自然就好了。如果病沒有好，證明這人不可救藥。

組織化之後，張魯率領著他的人馬做了不少好事。比如，各位祭酒有責任設立一些義舍，相當於慈善性質的機構，有的設在驛站，有的設在縣裡，人們路過時餓了，就可以進去免費吃喝一頓。但如果一個人貪得無厭吃得太多，張魯就會命令小鬼讓他生病。

根據教主的教導，人們還應該誠信、不欺詐，檢驗的標準也是看他是否生病。另外，如果犯了法，也要原諒三次，第四次才懲罰。

由於有了「祭酒」這個集團，張魯也就不再設立正規的行政官員，利用祭酒來管理這片地方。這樣，祭酒們就成了這個政教合一體制的核心元件，他們負責控制人們的思想，也負責規範人們的行為[2]。

張魯的政權讓我們第一次認識了政教合一在中國的魅力。雖然漢帝國也可以說是政教合一的，但畢竟它還有正規的官僚系統，官僚們雖然利用儒教治國，但由於國家很大，很難納入一個嚴密的政教體系中。而在漢中地區實行的政教合一是絕對化的，與西方的政教合一機構已經很類似了。

張魯為了宣揚自己的正統性，宣布他的爺爺叫張陵，父親叫張衡。他還宣稱五斗米教是他爺爺在四川旅遊時創建，並在漢中實施的。這也許並不是真的，只是為了消滅張脩的痕跡而已。但是，民間卻相信他造的神化，張陵也被民間授予了另一個名字——張道陵，他被封為道教的祖

2 張魯事蹟見《三國志．魏書．張魯傳》

師，又稱為張天師。

人們在談論道家時，往往會認為所謂道家，就是主張天馬行空、無拘無束，從而以為道教也必然符合這個主張。但實際上，道教自從誕生的那一天起，就是一個世俗性的、功利性的組織，以控制人為目的，而不是實現最大化的自由。

張魯後來被曹操收編，得以善終。漢中地區也恢復了世俗生活，但是，張魯所創造的五斗米教卻以「天師道」的形式存在下來，塑造了中國兩千多年道教的形態。

作為宗教的「道」

什麼是「道家」？什麼又是「道教」？這是兩個完全不同的概念。所謂道家，是指一個學術流派，這個流派以《老子》、《莊子》（以及後來的《列子》）為經典進行學術探討。但是，他們的學術並不會與政治和社會直接掛鉤，最多只是有一定的指導作用。

而所謂道教，則依託於一個社會化的組織，設計了一套「萬有理論」。這個組織是帶有強迫性的，對人身設定了一系列的準則，要求信徒們必須執行。同時，這套「萬有理論」也是無所不包的，希望能夠指導人們從生下來到死亡期間發生的任何事情，不管是生病，還是養生，或是參與社會活動，都在它的指導範圍之內。

這也是一個宗教與普通思潮的區別，一個思潮只是探討，不具有強迫性，一旦**一個思想與政權相結合，要求人們必須以某種思想為指導來生活，那它就變成了一種宗教**。

人們普遍認為，道教的產生是對儒教的一種反抗，但實際上，道教是依託於儒教才產生的。在漢代隨著儒教深入到人們思想的各個方面，所產生的新教派也必然是儒教的變種，這時出現的道教也不例外。

漢代道教和儒教的區別僅僅在於，他們用老子取代了孔子，用《老子》取代了《春秋公羊傳》。至於組織化的一切都是類似的。又由於組織化的類似性，老子取代孔子也是不澈底的。

關於道教的誕生，和一本叫做《太平經》的書有關。

大約在漢順帝時期，市面上出現了一本假冒仙人所作的神書[3]，這本書中談了許多虛無縹緲的事情，並承諾按照這本書的指引，不僅可以治理國家，還可以修身養性、成仙得道。這本書號稱《太平清領書》，共一百七十卷，後人將之稱為《太平經》，傳世的有五十七卷。

《太平經》是一本什麼樣的書？簡單的說，它是一本融合了儒教讖緯、政治觀、養生、神仙、符水等內容的大雜燴，並點綴了一點道家的宇宙觀，雜湊而成的書。這種書之所以出現，是深受董仲舒天人合一的影響，又想做出點特色，所以取道家的理論揉合進去。

這本書和儒教觀點相合的地方主要在於以下兩點：

第一，天地陰陽生成說。關於天地萬物的化生關係，書中大部分觀點都和儒教相通，只是在數字的解讀上稍有區別。

3　《後漢書．襄楷列傳》：「初，順帝時，琅邪宮崇詣闕，上其師干吉於曲陽泉水上所得神書百七十卷，皆縹白素朱介青首朱目，號太平清領書。其言以陰陽五行為家，而多巫覡雜語。有司奏崇所上妖妄不經，乃收臧之。後張角頗有其書焉。」

儒教認為太一生兩儀，兩儀生四象，四象生八卦，所謂「一、二、四、八」的數列，而《太平經》根據道家傳統，從《老子》裡說的「道生一，一生二，二生三，三生萬物」中，強調「一、二、三」的數列，除了「一」代表「太一」之外，「二」則代表天地、陰陽、雌雄等，而且進一步把「一」當作陽數，而「二」當作陰數，從而推斷出一系列的結論。為什麼一個皇帝要有很多大臣？因為君是陽，而陽是「一」，臣是陰，而陰是「二」（表示「多」）。另外，書中還由此主張兩女共侍一男，因為男是陽，女是陰等[4]。

《太平經》對於「三」這個數字也很重視，認為元氣有三名：太陽、太陰、中和，「形體有三名，天、地、人。天有三名，日、月、星，北極為中也。地有三名，為山、川、平土。人有三名，父、母、子。治有三名，君、臣、民」。

第二，關於陰陽災異的學說，繼承了儒教的天人合一理論，並將它變得更加複雜化，從而設計一套「人法天地」的政治制度。這個制度與儒教制度並沒有本質的區別。從這裡也可以看出道教和道家的區別，道家是反制度的，對一切人為制度充滿了警惕，而道教並不反制度，反而勸說人們遵從政治，這一點和儒教的目的是相同的。

修行就能成仙？

除了與儒教的相同點，《太平經》中也有一些儒教理論較少涉及的領域。這些領域並不來自老子，也不來自孔子，而是來自中國神話學的另一個傳統：薩滿傳統。

所謂薩滿教，指的是相信萬物皆神的一種原始宗教。它一般出現在人類早期，或者發展較慢的游牧、山林部落之中。到後來演化成一種多神教體系，與更加思辨的一神教相對立。中國文明和其他文明一樣，一直有萬物皆靈的傳統，並持續到了現在。《太平經》中由此設計了一套多神教的體系，也就是神仙體系，並由此演化出一套修仙成道的理論。要修仙，有兩種方式，一種是使用符水，靠畫符來獲得功力；另一種則是煉丹，吃丹藥成仙。

關於《太平經》和儒教的不同，可以列為如下幾點：

第一，它設計了一個六等的神仙體系，這個體系中包括了神人、真人、仙人、道人、聖人、賢人。其中道人以下就回到了人間，前三種則升到了天上。所以，儒教所推崇的聖賢（如周公、孔子），在道教看來，只不過是最後兩等而已。至於普羅大眾，則不在這個體系之內。

第二，一個普通人如何才能進入這個體系呢？這就要修行。修行的方法主要包括：一、要遵守社會規則，做一個良民，比如，忠君、孝敬等都被說成是一種功德；二、要從理論上參悟，主要是要學會靜，要學會守一等；三、要服藥，或者使用符水。

當然，道教的符水也不是它的特色，這是從儒教的讖緯變化而來的，而且更加具有功利性。《太平經》成書後，最初由於內容蕪雜難信，並沒有受到重視，但到了東漢末年，突然間引爆了一個大事件，這就是黃巾軍叛亂。

4 《太平經》：「天法，陽數一，陰數二。故陽者奇，陰者偶。是故君少而臣多。陽者尊，陰者卑，故二陰當共事一陽，故天數一而地數二也，故當二女共事一男也。」

黃巾軍的領導人張角曾經得到過這本書，被它的理論所吸引，打出了「蒼天已死，黃天當立」的大旗，開始了對東漢政權的反叛。張角的組織號稱「太平道」就來自於此書，而他和他的兩個弟弟號稱「天公將軍」、「地公將軍」、「人公將軍」，就來自《太平經》對數字「三」的解讀[5]。

張角最初的特色是以符水咒來治病，相當於對人實施信心療法。即便現在，中國大陸還存在著許多巫醫，有的巫醫門口車水馬龍，大到富商大賈，小到平民百姓都去治病，可見兩千多年並沒有太大長進。與張魯的五斗米道一樣，張角的符水也並不保證藥到病除，而是教病人叩頭思過，如果病人好了，就說他信道了；如果沒有好，就說他不信道活該[6]。

隨著人們傳得神乎其神，他開始建立組織，並招兵買馬，對抗朝廷。他的組織更像是軍事化部隊，缺乏更緊密的宗教性聯繫。被鎮壓之後，太平道也隨之進入低潮。

漢中的五斗米道則和太平道不同，透過把人變得社會化和組織化，建立了一套政教合一的體制，成為道教的開端。

被曹操收編後，五斗米道雖然不再是政教合一，但作為一種宗教卻被保存了下來。

由於道教從誕生之日起就是功利化的，總是希望與政權相結合，導致道教一直長不大。和佛教相比，佛教是思辨性的，可以獨立於政治。但道教出生於漢代，漢代的哲學是中國歷史上最缺乏邏輯能力的，導致道教不喜歡思考問題，只習慣於用一系列的比附和符咒，動不動就跳神，失去了進化的能力。

即便到了現在，道教所談論的東西其實和漢代沒有太多區別，仍然是符咒、仙藥、修煉、陰陽、五行等東西，很少有理論上的創新，這也導致道教一直不如其他兩種教派昌盛。

儒、道文化本一家

道教的定型還和另一個人有關：兩晉時期的道士葛洪。他給道教提供了兩方面的營養：第一，外儒術，內神仙，一個人外在表現要採用儒教的仁義道德標準，而內在要修長生不死的神仙學。第二，煉丹，中國歷史上轟轟烈烈的長生不老丹藥運動，就從這裡發端。前者決定了道教實際上是和儒教合流的，而後者決定了道教未來只在長生不老的丹藥裡打轉。

葛洪[7]的祖父是東吳的高官，父親則在西晉滅吳後，入晉做官。葛洪父親早逝，他經歷過貧窮，但這並沒有妨礙他博覽群書。他讀書的起點，是從儒教的經典著作開始[8]，之後進入雜家，

5 《後漢書．皇甫嵩列傳》：「初，鉅鹿張角自稱『大賢良師』，奉事黃、老道，畜養弟子，跪拜首過，符水咒說以療病，病者頗愈，百姓信向之。角因遣弟子八人使於四方，以善道教化天下，轉相誑惑。十餘年間，眾徒數十萬，連結郡國，自青、徐、幽、冀、荊、楊、兗、豫八州之人，莫不畢應。遂置三十六萬。方猶將軍號也。大方萬餘人，小方六七千，各立渠帥。訛言『蒼天已死，黃天當立，歲在甲子，天下大吉』。以白土書京城寺門及州郡官府，皆作『甲子』字。」

6 《三國志．魏書．張魯傳》引《典略》：「太平道者，師持九節杖為符祝，教病人叩頭思過，因以符水飲之，得病或日淺而愈者，則云此人信道，其或不愈，則為不信道。」

7 見《晉書．葛洪傳》。

8 《抱朴子．外篇．自敘》：「年十六，始讀孝經、論語、詩、易，貧乏無以遠尋師友，孤陋寡聞，明淺思短，大義多所不通。」

這也決定了葛洪的思想並未脫離儒家的窠臼。

葛洪年輕時，恰逢西晉的石冰作亂，他參與過鎮壓。之後由於天下大亂，南行到廣州，投靠了廣州刺史嵇含（嵇含的爺爺叫嵇喜，嵇喜是嵇康的哥哥）。

但他去了不久，嵇含就遇害了。葛洪在廣州逗留許久，開始系統的鑽研他的神仙理論。東晉建立後，葛洪回到了江南在元帝朝廷混官，但並不得意，最後又返回廣州，著述文章，死在了那裡。從他的經歷可以看出，葛洪並不是一個靜心的人，對於功名的追求，表明他離不開儒教的立場。他對於「道」的理解也是功利化的，就是為了長生不老。

正因為這樣，他對於之前的「道」都持批評態度。比如，東漢末年的早期道教，葛洪就認為他們只不過是一些奸邪逆亂之徒[9]。

而在他生活的時代，五斗米道信仰仍然在民間保留著，不管是反叛者還是順從朝廷的人，都有五斗米的從眾。比如，東晉王朝的反叛者孫恩家族就信奉五斗米道[10]。王羲之所在的琅琊王氏，也有許多五斗米道的信徒，他的兒子王凝之在孫恩打過來時，不僅不做軍事準備，還去祈禱請鬼兵，結果他的五斗米道不如孫恩的五斗米道，王凝之也被殺[11]。

葛洪認為，這些以前的道教分支都不夠聽話，他要進行改造，讓它們更聽話，不要反抗。

甚至對於道家的老子、莊子，他也缺乏尊重。對於老子，他的評價是：老子的五千言只是泛泛之談，過於簡略，讓人無法找到當神仙的步驟；對於莊子，他也認為莊子只是說到大概，距離真理還遠得很[12]。那麼，葛洪認為的真理又包括什麼呢？大致可以總結如下：

第一，他繼承了道家的一些詞彙，提出世界的本源是「元」（也就是玄）、「道」、

「一」，在他看來，這幾個詞都是一個意思，就是世界的本源。

第二，人類的目的就是要「守一」成仙。只有成仙才能長生不死。為此，他花了大量的篇幅憧憬成仙之後的各種妙處。當然成仙也是很難的，不是所有人都能成仙。「成仙很好，成仙很難」，此類同義反覆的話說了很多遍。

第三，不僅成仙很難，而且成仙也有等級。有的人有仙骨，有的人沒仙骨。而且成仙也不一樣，有的人整個身體升入太虛，叫做天仙；有的人在名山大川中遊蕩不死，叫做地仙；有的人要先死掉，然後得以解脫，叫做尸解[13]。有人認為，葛洪本人也只混了個尸解仙[14]。

第四，繞來繞去，終於到了不可避免的問題：如何才能成仙？步驟是什麼？葛洪還真的列出了不少成仙的法子，具體到讓人流淚。最大的法子就是服用仙丹。

9　《抱朴子．內篇．道意》：「曩者有張角、柳根、王歆、李申之徒，或稱千歲，假託小術，坐在立亡，變形易貌，誑惑黎庶，糾合群愚。進不以延年益壽為務，退不以消災治病為業。遂以招集奸黨，稱合逆亂。」

10　《晉書．孫恩傳》：「孫恩字靈修，琅琊人，孫秀之族也，世奉五斗米道。」

11　《晉書．王羲之傳》：「王氏世事張氏五斗米道，凝之彌篤。孫恩之攻會稽，僚佐請為之備。凝之不從，方入靖室請禱，出語諸將佐曰：『吾已請大道，許鬼兵相助，賊自破矣。』既不設備，遂為孫所害。」

12　《抱朴子．內篇．釋滯》：「又五千文雖出老子，然皆泛論較略耳。其中了不肯首尾全舉其事，有可承按者也。但暗誦此經，而不得要道，直為徒勞耳，又況不及者乎？至於文子、莊子、關令尹喜之徒，其屬文筆，雖祖述黃老，憲章玄虛，但演其大旨，永無至言。」

13　見《抱朴子．內篇．論仙》。

14　《晉書．葛洪傳》：「（洪卒）時年八十一。視其顏色如生，體亦柔軟，舉屍入棺，甚輕，如空衣，世以為尸解得仙云。」

如何煉製仙丹？他給出了不少藥方。比如，黃帝當年成仙時服用的九鼎神丹，一共有九種丹，分別叫做丹華、神丹（也叫神符）、神丹（原書如此，與第二丹同名）、還丹、餌丹、煉丹、柔丹、伏丹、寒丹。

這些丹如何做？有的沒有具體說明，有的給了藥方。比如，九鼎神丹中第一丹的藥方如下[15]：第一丹名曰丹華。當先作玄黃，用雄黃水、礬石水、戎鹽、鹵鹽、礜石、牡蠣、赤石脂、滑石、胡粉各數十斤，以為六一泥，火之三十六日成，服七之日仙。又以玄膏丸此丹，置猛火上，須臾成黃金。又以二百四十銖合水銀百斤火之，亦成黃金。金成者藥成也。金不成，更封藥而火之，日數如前，無不成也。

當然，沒有人能根據這個藥方煉出丹來，因為這個方子並沒有寫重量、配比，而且耗時動不動就是幾十天，來來回回折騰到死，也不可能找到「正確」的比例。所以，即便給了藥方，所謂煉丹，也不過是人們在漫長的一生中等死時玩的遊戲而已[16]。

除了九鼎神丹，慷慨的葛洪在書裡還給出了許多其他的藥方。不僅僅是藥方，還有其他修身養性的大法，同樣可以達到長生不死。除了成仙，另外還有煉金銀的方法，這就又走上了致富的道路。

走向妥協、服從威權

但整體而言，葛洪之前，特別是東漢時期，信奉道教的人們使用的大都是符水，也就是畫個符弄個咒，給人治病；葛洪之後，畫符詛咒已經成了小打小鬧，只保留在底層的民間信仰之中，而高級道士們紛紛開始開爐煉丹了。到了唐代，人們嫌煉丹更麻煩，於是興起了煉內丹，也就是不再煉實體的丹藥，而是透過養性修身，讓丹藥自動在體內形成，就達到長生不老了。

除了修仙之外，葛洪還定義了道教的另一個特點，那就是「儒道雙修」，或者「內神仙，外儒術」。

在他的心目中，儒和道都是「大道」的一個方面，只是道是「本」，而儒是「末」[17]。雖然有所差別，認為神仙之術更加高貴，但葛洪主張的人生哲學是：在人世裡規規矩矩遵守禮法，暗地裡煉丹成仙，不和社會對抗，也不違逆世俗的社會規則。

在他的觀念裡面，天道、君道、臣道、人道，都是等同的。比如，人們認為伊尹和霍光是賢臣，因為他們廢掉了昏君，又認為商湯和周武王是聖王，因為他們討伐無道昏君，建立了新的王朝。但在葛洪看來，這都是錯誤的，因為這鼓勵了大家叛逆。他認為，君就是天，是父，如果君主都可以廢棄，就好像天也可以改，父親也可以拿掉一樣[18]。

太平道和五斗米道時代，道教做的是群眾運動，這是皇帝最害怕的。葛洪把道教關於群眾運

15 見《抱朴子．內篇．金丹》。
16 到了唐代，又有好事者將九種丹的藥方都補全了，寫了一本《黃帝九鼎神丹經訣》，各丹的方子繁複到令人哭泣，自然也沒有人真的能夠煉出來。
17 《抱朴子．內篇．明本》：「道者，儒之本也；儒者，道之末也。」
18 見《抱朴子．外篇．良規》。

動的內容去掉了，變成了只和上層打交道，出入於王庭的宗教，這實際上有利於道士們提高地位，又掃除了皇帝的戒心。

在這樣的理論下，道教走的是一條妥協的路，服從中央帝國權威的管理，不做任何讓政權不高興的事情。到了後世，這已經成了一種交易，即政權默許甚至支持道教的存在，而道教一方面煉自己的仙丹，另一方面則幫助政權穩定局勢。在漫長的中國歷史中，經過了改造的道教幾乎從來不鬧事，反而是悶聲大發財，甚至和佛教爭寵，希望獲得更多的政權資源，其原因就在於葛洪對道教的改造。

在葛洪的影響下，東晉南北朝的道教終於脫離了民間，形成了一個上層集團和文人參與的宗教，他們越來越不重視民間的信仰者。這時的道教分成了如下幾個支派：

在北朝，是道士寇謙之建立的天師道。在南朝，則分成了兩支，分別是道士陸修靜代表的靈寶派（也叫南天師道）和道士陶弘景所代表的上清派（也叫茅山派）。

所謂北朝天師道[19]，是寇謙之在五斗米道基礎上建立的教派，這個教派抽去了五斗米道的群眾基礎，卻建立了複雜的上層架構。寇謙之創造了一個新神「太上老君」，又創造了一個職位「天師」。他宣稱最早的天師是五斗米道的名義創始人張道陵（張陵），而現在則是他寇謙之。除了這個職位之外，他設立了道壇，又模仿政治制度創立了道教的各種儀規。更重要的是，天師道是直接和皇帝打交道的，熱衷於當皇帝的謀臣，並希望能成為國教。

所謂靈寶派，是奉《靈寶經》（相傳為葛洪所作）為聖經的一派，也和五斗米道有些瓜葛。陸修靜也熱衷於建立組織，講究排場規矩，重視符籙，這些都和天師道類似，所以被稱為南天師道。

而上清派則尊奉《上清經》，這是一本偽造真人所作的經書，這一派相對出世，注重個人的修道，繼承了葛洪神仙修行的一脈思想。

但總體而言，這三派要麼熱衷於成為國師，要麼熱衷於成仙得道，都以皇帝的好幫手自居。

在道教被改造成順從的宗教，希望能夠獲得政權支援時，另一支外來的宗教卻以更快的速度席捲了全國，成了皇帝的座上賓，它就是佛教。

浮屠真義

西元前六世紀的一天[20]，一位印度的王子（迦毗羅衛國的國王淨飯王的太子）喬達摩．悉達多（Gotama Siddhattha）離開了王宮，去尋找心中的「道」。在他的前半生，他享受著無憂無慮的王子生活，榮華富貴唾手可得。但在二十九歲那年，一次出行改變了他的命運。他在路上看到了人的死亡、病困和衰老，開始意識到皇宮內的一切雖然值得留戀，卻顯得那麼虛幻，掩蓋了真相。他開始考慮人之為人的意義，既然人們都要死，為什麼還要活著？妻子、孩子、王國都是如影旋滅的東西，那麼什麼是永恆的呢？

19 見《魏書．釋老志》。
20 本書作者曾遍訪印度佛教遺跡，並寫出了《印度，漂浮的次大陸》一書，關於佛陀生平、教義的敘述均選自該書。

最終他選擇了離開皇宮，去尋找答案。這次尋找，帶來了一個世界性的宗教。

那麼，佛教都說了些什麼？在佛教之前，印度其實已經有了婆羅門教，而佛教的許多理論就脫胎於其中。可是，現有佛教理論中，哪些是它從印度的婆羅門教繼承的？哪些是它新創的？

如今人們一談到佛教，就要談到輪迴觀念，但這並不是佛教的發明。印度的原始人口是達羅毗荼人，後來來自亞歐大草原的雅利安人入侵了印度，成了統治階層。為了便於統治底層的達羅毗荼人口，雅利安人製造了種姓制度，將人口分成了四種姓，分別是：婆羅門（教士階層）、剎帝利（國王和武士階層）、吠舍（商人階層）、首陀羅（底層人口），另外還有不入等級的賤民階層。

為了保持血液的純淨，這些階層之間沒有血緣流通管道，不能通婚，一個賤民也永遠沒有機會上升到高等級。

如果社會如此板結，那麼必然引起下等人的反抗。為了避免這種反抗，婆羅門教製造了輪迴觀念。人死後靈魂會再次托生，開始另一個循環。如果一個人在此生表現良好，安守種姓的本分，不違規、不逾矩，那麼，到了下一次輪迴的時候，將升入高的種姓。如果他表現不好，到了下一次輪迴，就會降入低種姓，甚至不再是人，變為畜生。

輪迴觀念透過給人虛無縹緲的「下輩子」希望，避免了下等人在「這輩子」進行反抗。

但是，這種信仰到了悉達多時代，受到了衝擊。他處於印度的十六國時代，也就是戰爭最頻繁的階段，世界過於慘烈，使得人們感覺來生也沒有了希望。

悉達多要解決的問題，就是在輪迴的基礎上再創立一種學說，給人以新的希望。當然，他不能把希望寄託在來生，因為來生的社會同樣混亂，打打殺殺，來了也是受苦。所以，他設想了另一種可能性：跳出輪迴。透過修行，人們可以跳出輪迴，就不用再回到這個混亂的世界。在新的理論下，跳出輪迴是比下一輩子晉升高種姓更令人羨慕的事情。這樣，佛教就給了下等人和上等人平等的地位，因為不管是誰，只要生活在輪迴之中，就是受苦，而且誰都能透過修行跳出去。

悉達多（我們應該稱祂佛陀了）的理論可以用「四諦」來概括，**所謂四諦，就是「苦、集、滅、道」四種真理**。

苦諦，指的是輪迴之中的一切苦難，如「生、老、死、愁、苦、憂、惱、怨憎會、愛別離、求不得」等，都是人生必須經受的苦難。

這些苦難之所以會產生，是因為貪、嗔、痴三毒，也就是集諦。所謂集，就是人類的欲望的集合體。如果要消滅痛苦，就必須消滅貪、嗔、痴三毒，消滅了三毒，也就跳出了輪迴。這就是滅諦。

而道諦，也就是跳出輪迴的方法和修行。佛教弟子修行的行為規範，一般來說是指八正道，「正見解、正思想、正語言、正行為、正職業、正精進、正意念、正禪定」。這些正道幫助人們消滅三毒，跳出輪迴之苦，從而達到其活著的意義和死後的永恆。

後世的佛教基本上都承認這個「四諦」，特別是在「集、苦、滅」三諦上，大乘、小乘、金剛乘都沒有什麼分歧。但是對於「道」諦，後世的發揮卻層出不窮，因為「道」是跳出輪迴的方法，每一個派別提供的方法都是不一樣的，而看待世界的理論也各個不同，所以，各個派別的爭執，主要都是爭誰的「道」才是正道。

在爭執中，主要又分成了幾個派別，分別是「小乘佛教」、「大乘佛教」和「密教」。佛陀死後，他的言論和戒律被弟子們記錄下來，這些記錄就是《巴利三藏經》。小乘佛教的經典是用巴利文（這是一種類似於梵文的語言，與更加正式的梵文比起來，巴利文是更加通俗的民間用語）記錄的，所謂三藏包括了律藏（佛教戒律和規範）、經藏（記載佛陀言行）、論藏（後來弟子的解釋性教義）。

與《巴利三藏經》對應的，是最早形成的佛教派別上座部，也稱小乘佛教，由於現在的上座部主要透過斯里蘭卡傳入東南亞，也稱為南傳佛教。

在中國早期，也曾經選擇性的翻譯了一部分上座部經典（主要從經藏部分翻譯），這些經文統稱為《阿含經》，而《阿含經》又包括了《長阿含》、《中阿含》、《雜阿含》、《增一阿含》幾部分。

細化自我修行

上座部基本上繼承了佛陀的理論，認為人的修行，就是為了跳出輪迴，得到解脫。它又做了一些細化工作，增加了幾個概念。

第一個概念是「業」。所謂業，是一個數學概念。上座部講修行是持續許多個輪迴的，由於修行很難，一個人一生可能只修行了五〇％，還達不到脫離輪迴的標準，那麼他下一輩子再修行二〇％，第三輩子又修行了三〇％，加起來達到了一〇〇％，就可以脫離輪迴了。「業」就是衡量一個人修行成果的計量指標，我們可以將它看作這個百分比。有了業的概念，一個人就不用急著在這輩子解脫了，他只要堅持不斷修行，總有一輩子能夠達到目標。

第二個概念是「十二因緣」，也就是把「四諦」裡面的「集諦」繼續細化，總結了人類的十二種活動，由低到高排列，分別是「無明」（最初的渾渾噩噩的狀態）、「行」（從最初狀態開始有了行動）、「識」（行動之後有了辨識能力）、「明色」（有了辨識能力之後，對事物開始分門別類）」、「六入」（透過各種感官獲得認知材料）、「觸」（接觸外界事物）、「受」（感受外界事物）、「愛」（感受之後，對外界事物做出評價）、「取」（有了評價之後，主動獲取喜歡的事物）、「有」（占有主動獲取的事物）、「生」、「老死」。

第三個概念是修行的細化，即修行要從「戒（遵守戒律）、定（禪定）、慧（對教義的領悟）」三方面入手。關於遵守戒律，並沒有太多值得探討的，而修行功夫主要在於禪定和領悟。比如，本書作者曾經參與過南傳佛教的禪修，所謂禪定，並非僅僅打坐，而是要求在打坐的同時，好好體會呼吸的每一個步驟，觀察氣流在身體中的運行，並從中體會到人體與宇宙的合一。另外，一個修行者每天要花大量的時間在走路上，走路時必須將每一步都進行無限分解，體會到每一個動作、每一塊肌肉的運動，並與天地融合，體會到無窮智慧。

南傳佛教的信徒們就這樣花一輩子去體會人體與宇宙的合一，然後又一輩子，再一輩子……不斷的積累著「業」。

第四個概念是對四諦的總結，提煉出三句話，號稱三法印：「諸行無常，諸行皆苦，諸法無我」。即人生沒有常態，人生都是受苦，以及「我」並不是獨立的實體，只是因緣之中的一個被動的受體而已。

透過這些概念，小乘佛教就建立了一套修行體系，信徒們用畢生的工夫進行修行，希望積累他的「業」，等業積累夠了得到解脫。而修行的內容主要是禪定、戒律，加上一定的教義探討。與後來出現的大乘佛教相比，它更加原始，更少理論化的，更強調行動，缺乏思辨性。

除了小乘佛教外，佛教第二個分支是密宗，也叫金剛乘，由於主要流傳於西藏，也稱為藏傳佛教。

在修行方法上，密宗和小乘佛教是兩個極端。小乘佛教講究「業」，一個人要透過許多輪迴的積累，最終才能脫離輪迴。而密宗則忍受不了這麼長時間的禪定修行，而是講究高效。它提出，除了這樣年復一年、生復一生的修煉方式（這種方式也叫漸悟）之外，還有一種更加迅速的方式，叫做「頓悟」。

所謂頓悟，就是在一瞬間，人的「業」從零突然增加到百分之百，立刻脫離輪迴成佛了。而且「業」還可以傳授，透過一個人瞬間傳給另一個，讓他也從零增加到百分之百。

密宗之所以出現，是兩種因素的產物，一種是人類的心急，等不了太久的修煉，另一種是受更加原始的宗教，比如薩滿教、苯教的影響，相信自然界的超能力，並且超能力可以傳授。

我們經常會看到密宗的信奉者們四處遊蕩，要麼給別人傳授某種法門，要麼接受別人的法門，寄希望於頓悟，這一輩子趕快得道。即便不能立刻得道，也可以多增加點特異功能，讓人刮目相看。

在中國歷史上，密宗對於哲學的影響也並不大。

對於中國哲學影響最大的，是大乘佛教。那麼，什麼是大乘佛教？它又說了些什麼？

大乘度世，小乘度人

如果把佛教的各個教派和其他兩大宗教做個對比，小乘佛教相當於是基督教中的天主教，或者伊斯蘭教中的遜尼派，而之後出現的大乘佛教則類似於基督教中的新教，或者伊斯蘭教中的什葉派。

大乘佛教和小乘佛教的信仰基礎是相同的，都信奉佛陀提出的四諦。但在這基礎之上，兩派又有著不少差異，這些差異又經過組織化之後，變得不可調和，成了根本性的分裂。

大乘佛教又分成了許多分支，如空宗（中觀）、有宗（唯識）等，相當於新教分裂出的許多小派別，如英國國教、喀爾文派，或者美國的一些小教派，而在什葉派中也分成了伊斯瑪儀派、十二伊瑪目派、宰德派等。

與基督教和伊斯蘭教的血腥衝突不同，大乘佛教內部的分野沒有那麼武力敵對，卻仍然由於組織化的加強，形成了一個個分裂競爭的僧團。

在大乘佛教誕生之前，小乘佛教主張透過自我修行來脫離輪迴，目的相對簡單，修行也以個人經驗為主。這種修行方法更接近於佛陀的本意，卻由於過於樸素，缺乏號召力。

於是，有人提出了另一種思路：所謂修行，不是僅僅修自己的行，而是要幫助天下人都能獲得道。

為了區分自己修道和為天下修道，他們提出了兩個名詞，這兩個名詞導致了大乘佛教和小乘佛教的根本性分歧：「解脫道」和「菩提道」。

所謂**解脫道**，**就是小乘佛教的修行方式**，**追求的是個人解脫**。而所謂**菩提道**，**指的是更宏偉的目標**：**不僅要個人解脫**，**還要像佛陀一樣幫助他人解脫**。他們把只修解脫道當作小家子氣，所以叫「小乘」，而把修菩提道當作康莊大道，稱為「大乘」。

但是，什麼是菩提道呢？

菩提道要求人們像佛陀一樣幫助他人，修菩提道的人最終目標不是解脫輪迴，而是成為佛陀（立地成佛）。到這時，人們會發現，對於「佛」的概念，大小乘佛教也有了區別。小乘佛教認為佛陀只是一個導師，來指引人們脫離輪迴之苦，這一點更像早期的耶穌形象。而大乘佛教則把佛陀神化成了一個無所不能的神，這就類似於上帝了。神還不只一個，世界上有許多佛，釋迦佛只是其中之一，大乘佛教給這些佛一一取了名字和定了意義，這花了不少功夫。

從定義可以看出，小乘佛教基本上還是按照佛陀去世前的教導來修行，沒有脫離這個框架。而大乘佛教已經超越了佛陀生前的教導，變得天馬行空，甚至又創造了無數的佛陀。

自然修行方法上也不能滿足於小乘佛教的方法，所以，除了「戒定慧」和「八正道」之外，又增加了許多修菩薩道的方法，比如六度和四攝。所謂六度，是指布施、持戒、忍辱、精進、禪定、智慧六個要素；而四攝，是指日常生活中要布施、愛語、利行、同事。

只有六度、四攝還不行，大乘佛教又設立了五十二個等級，按照這些等級次第修行，才能達到菩提道[21]。這五十二個等級就是硬生生造出的五十二個意義難懂的名詞，為了解釋它們，就要消耗許多佛經的篇幅。

而從這眾多的概念、名詞和意義中，自然會產生出無數的變化，讓每個人究其一生，都不可能走出來。所以，大乘佛教的理論是無窮無盡的，在人們學會修行方法之前，就在這種概念組成的迷宮中消耗了一生。

也正由於概念眾多，大乘佛教又分成了無數的支派，每個人都有自己的看法，他們湊在一起吵來吵去，辯論充滿了思辨性，使得佛教驟然間複雜化，成了世界上最難懂的宗教。當大乘佛教進入中國後，立刻讓玄學的思辨成了小兒科，相形見絀，被淘汰了。從此以後，思辨哲學的代表被佛教取代。

任何宗教總是一方面是戒律，另一方面是理論化的教義。我們可以把佛教的教義理解為對世界的解讀。世界到底是怎麼構成的？只有理解了世界的構成，才能找到通往菩提的道路。

大乘佛教的教義主要發展出三個分支，分別是「中觀」、「唯識」和「真常」。

21 這五十二個等級是：十信（信心、念心、精進心、慧心、定心、不退心、迴向心、護法心、戒心、願心）；十行（歡喜行、饒益行、無嗔恨行、無盡行、離痴亂行、善現行、無著行、尊重行、善法行、真實行）；十住（初發心住、治地住、修行住、生貴住、具足方便住、正心住、不退住、童真住、法王子住、灌頂住）；十迴向（救護一切眾生離眾生相迴向、不壞迴向、等一切佛迴向、至一切處迴向、無盡功德藏迴向、隨順平等善根迴向、隨順等觀一切眾生迴向、如相迴向、無縛無著解脱迴向、法界無量迴向）；十地（歡喜地、離垢地、發光地、焰慧地、極難勝地、現前地、遠行地、不動地、善慧地、法雲地）；等覺；妙覺。

「中觀」一支最早出現，也是魏晉南北朝時期在中國最流行的一支[22]，又叫般若宗、空宗或三論宗。這一支最核心的觀點是一個「空」字：只要理解了「空」，就是理解了世界，也就找到了通往菩提的道。

所謂「空」，是指萬事萬物都不是實在的，而是「空」的。我們看到的事物只是一種幻象，只是一個名字，沒有實物，這個名字叫「假名」。既然是幻象，我們又怎麼能夠觸摸到一個桌子，親吻到愛人的嘴巴呢？因為事物之間的關係（因緣）也不是實在的，是另一種幻象，我們認為觸摸到了，親吻到了，只是被欺騙的幻覺，如果不破除這種幻覺，就無法達到菩提道。

不僅僅世間的實物是幻覺，就連修行的佛教理論也不是實在的，是幻覺、假名。所以，任何認為找到了修行大道的人，實際上都是掉入了幻覺之中，只有跳出修行的執念，才能理解「空」的含義，無意之間理解了修行之道。

當然，這裡的「空」不是一無所有，既然有幻象，就不等於完全不存在。所謂「空」，是說事物不是實在的，只是一種虛託的關係，是沒有主體性的。所有的世界和所有的道都處於「不生亦不滅，不常亦不斷，不一亦不異，不來亦不去」的狀態。我們可以把中觀派的「空」和魏晉玄學裡的「無」做一個對比，就會發現，「無」的觀念和「空」有很大相似之處，都強調不是空無一物，而是可以有千變萬化，但它又不和任何實體相聯繫。

正因為「空」和「無」的相似性，當中觀派進入中國的時候，當年信奉玄學的人毫無障礙的轉到了「空」的概念上。

理論、方法分裂

但中觀派「空」的概念卻是有缺陷的，這個缺陷被大乘佛教的另一個分支唯識派[23]發現了。唯識派認為，中觀派說所有的佛法也都是「空」，可是它自己卻定義了一個法，叫「所有的佛法都是空」，至少這句話應該是實在的吧？如果這句話都不實在了，那麼中觀派就陷入了悖論之中。

在古希臘有一個說謊者悖論，哲學家艾皮米尼地斯（Epimenides）說：所有的克里特人都是撒謊精。艾皮米尼地斯本人就是克里特人，如果人們認為他這句話是真的，那麼艾皮米尼地斯本人也是撒謊精，他說的這句話就肯定是假的。如果人們認為這句話是假的，那麼克里特人就說真話，作為克里特人的他說的這句話就是真的。

中觀派「佛法是空」的結論也掉入了說謊者悖論之中。為了解開這個悖論，唯識派設立了三種例外，認為有三種道理不是「空」的，而是「有」的，只是這種「有」和普通的「有」不一樣，叫「妙有」。所謂妙有，就是它是「有」，但又不同於普通的「有」，人們知道它是「有」，但又不會執著的把它變成一種執念。

22 代表人物為龍樹（Nagarjuna）和提婆（Arya Deva），代表著作為《大般若波羅密多經》、《中論》和《大智度論》。

23 代表人物有彌勒（Maitreya）、無著（Asanga）、世親（Vasubandhu），代表著作有《解深密經》、《入楞伽經》、《密嚴經》、《菩薩藏經》、《攝大乘論》、《十地經論》、《唯識三十論》等。

三種「妙有」情況稱為「三自性」，即遍計所執性、依他起性、圓成實性。

遍計所執性，是指人們沉浸在經驗的世界裡，會把本來為空的事物當成是實有的。

依他起性，指的是事物本來是空的，這在佛教用語裡叫沒有「自性」，但是事物可以有「他性」，也就是說可以進入到人們的經驗之中，但保持為空。

圓成實性，指的是當所有的妄念被破解掉之後，真實的佛法卻可以保留下來。有了這個「圓成實性」，就解決了中觀派的說謊者悖論，因為破妄之後的佛法是可以保留下來的「妙有」。

這三自性針對的，都是人類的意識活動，討論的是人類經驗世界的「妙有」。一切佛法都只存在於人類的意識之中（一切法唯識），這就是「唯識」這一派名字的來歷。

唯識派在提出了「一切法唯識」之後，就開始對「識」進行劃分。它把「識」當作人類的感覺、思維和下意識，提出人類一共有八種「識」，即「眼」、「耳」、「鼻」、「識」、「身」、「意」、「末那」、「阿賴耶」。

這些「識」其實就是現代人所說的意識。現代人認為，除了普通的五種感官（五感）之外，還有第六感存在，叫「直覺」。有的人足夠大膽，還提出第七感。在唯識派中，早已超越了現代理論，提出了有八種識。

在八識中，前六識與現代的六感對應，而最重要的卻是第七識和第八識。

第七識叫「末那識」，指的是「我執」，也就是產生自我意識的那種感覺。第八識叫「阿賴耶識」，則被定義為「藏識」，也就是隱藏在人們心中、通向菩提道的那種智慧。這一識雖然早已在人們心中，但絕大部分人說不清、道不明，甚至覺察不到它的存在，一旦你的第八識被激發出來，你就成佛了。

所以，唯識派繞到最後，實際上就變成了「認識你心中的第八識」的問題。只要開發出了第八識，你就是佛，覺察不到你就是凡人。圍繞著「第八識」的性質，唯識派又分成了三派，分別是「攝論宗」、「地論宗」、「唯識宗」。

攝論宗認為，阿賴耶識還不是盡頭，它也不是完全純粹的，人類心中還有一個第九識「阿摩羅識」，這一識才是最純粹的智慧，要想成佛，必須利用第八識喚醒第九識，才達到了證果。

地論宗認為，阿賴耶識就已經是最純粹的智慧，只要打開它、激發它，就可以證果。

唯識宗則認為，阿賴耶識既不是純粹，也不是不純粹。它本身是普通的，但在阿賴耶識之中蘊含著通往佛法的種子，人們不僅要打開阿賴耶識，還要讓阿賴耶識裡的真理種子（學名叫無漏種子）生根發芽，才能證果。

雖然唯識派的理論已經發展到如此繁複的高度，但歷史發展到現在為止，還沒有一個人找到了阿賴耶識，更別提什麼第九識和無漏種子了。

除了中觀派和唯識派之外，佛教的「真常」一支出現得更晚[24]，也更適合中國人的口味。

「真常」和「中觀」、「唯識」兩支的區別在於，「中觀」認為一切皆空，即便佛法也是空的，而「唯識」認為，一切皆空，只有蘊含著佛法的「識」是有（實體性）的，他們把這種有稱為「妙有」。而「真常」則認為，一切皆空，只有佛和佛性是有（實體性）的，他們把佛性稱為

24 代表著作有《法華經》、《華嚴經》、《大般涅槃經》。

「真常」。

最初，小乘佛教認為人類修行是為了脫離輪迴（解脫道），而大乘佛教認為人要修菩提道，但並沒有否定解脫道。到了「真常」一支，則認為沒有所謂解脫道，世界上只有一種道，就是修成佛性。所謂眾生皆能成佛，沒有其他的道。這樣，大乘佛教和小乘佛教就徹底決裂了。

另外，不管是大乘佛教還是小乘佛教，都認為世界上存在一種不具備佛性的人，稱之為「一闡提（Icchantika）」，這種人不論怎樣修行，都無法修成正果。但是「真常」一支卻認為，所有的人都有佛性，即便是「一闡提」也可以修佛法。

由於人人具有佛性，那麼，人類的目的就是發掘出自己的佛性，找到真我，而這個真我就不能是「空」的，必須是「有」，這就是「真常」。

人人有佛性的說法很符合中國人的口味，所以，雖然最初中國人大都採用中觀論，但到了唐代，最著名的幾家都是從真常論出發，來發展自己的哲學。至於唯識論，由於它理論過於複雜，不符合中國人的胃口，雖然經過玄奘的大力弘揚，卻仍然免不了落寞的命運。

西域船來，落戶中原

在耶穌出生前兩年（漢哀帝元壽元年，西元前二年），西漢的哀帝派遣一位叫景盧的博士弟子前往大月氏使者的住處。景盧懷著一個特殊的使命：向使者學習一種中國沒有見過的經文——浮屠經。所謂浮屠經就是佛經。而景盧也成了首位接觸佛經的中國人[25]。

在這之前，印度的佛經已經傳到了西域的大月氏之中，又經過西域來到了漢地的家門口。不過，由於漢人不了解佛經，認為佛經和《老子》大概是差不多的理論，甚至傳說這是老子出函谷關之後去往西方，教給蠻人的。

到了東漢時期，佛教正式登場。最早的信奉者包括了漢光武帝的兒子楚王英[26]。不過，楚王英時期，仍然僅僅把佛教當作方士的一種，關注的是它的形式，而不是教義。

明帝永平十年（西元六七年），明帝派出使者迎來了第一批僧人到洛陽，為他們建立了著名的白馬寺[27]。佛教開始在中國緩慢傳播，到了東漢末年，已經形成了一定的規模。但這時，上到皇帝下到百姓，仍然只把佛教當成一種法術的教門而已。

東漢時期，傳播佛教的大都是西域人士，他們本來屬於月氏人、安息人、康居人等，所以，來到中國後以「支」、「安」、「康」為姓。至於印度（天竺）來客，則以「竺」為姓。比如，東漢最著名的小乘佛教僧人安世高、大乘經的首譯者支婁迦讖，以及安玄、竺朔佛等人。

東漢末年恰好是印度大乘佛教出現時期，中國正好趕上了頭班車，較早接受了大乘佛教，受

25 《三國志．魏書．烏丸鮮卑東夷傳》注引《魏略．西戎傳》：「昔漢哀帝元壽元年，博士弟子景盧受大月氏王使伊存口受浮屠經，曰復立者其人也。浮屠所載臨蒲塞、桑門、伯聞、疏問、白疏間、比丘、晨門，皆弟子號也。浮屠所載與中國老子經相出入，蓋以為老子西出關，過西域之天竺、教胡。浮屠屬弟子別號，合有二十九，不能詳載，故略之如此。」

26 《後漢書．楚王英列傳》：「英少時好遊俠，交通賓客，晚節更喜黃老，學為浮屠齋戒祭祀。」

27 《魏書．釋老志》：「後孝明帝夜夢金人，項有日光，飛行殿庭，乃訪群臣，傅毅始以佛對。帝遣郎中蔡愔、博士弟子秦景等使於天竺，寫浮屠遺範。愔仍與沙門攝摩騰、竺法蘭東還洛陽。中國有沙門及跪拜之法，自此始也。」

小乘佛教的影響比其他地方小。到了三國時期，僧人繼續源源不斷進入中國。由於旅行線路的問題，佛教主要在曹魏和東吳傳播。到曹魏傳播的大都走陸路的西域進來，而到東吳傳播的則走海路，比如曹魏的曇摩迦羅、曇無諦，東吳的支謙、康僧會等人。

曹魏甘露五年（西元二六〇年），一位中國僧人終於踏出了國門，前往西域取經，他的名字叫朱士行[28]。朱士行為了取得大乘真經，從洛陽出發，到達陝西、甘肅，再西渡流沙，走絲綢之路南線到達于闐，也就是現在的新疆和田，在那兒得到了經書。朱士行之後，宗教旅遊就成了一種熱門，培養出了法顯、玄奘等忠實的追隨者。

朱士行的出現，也說明中國人已經不滿足於只知道佛教的鳳毛麟角，而是想從義理上進行更深入的了解。此時，中國的玄學正盛，佛教仍然依附於玄學，借助玄學的概念來傳播佛教精神。西晉時期最重要的僧人是竺法護，他翻譯出了大批的大乘佛經，為「空」的概念的傳播起到了積極的作用。

到了東晉，中國開始分裂，北方陷入了一片混亂，但是南方卻保持了文化的穩定。曹魏和西晉時期，佛教在北方更興盛，而到了東晉，則開始南移，南方取代混亂的北方成了學術中心。此時玄學已經接近尾聲，人們需要更新的理論作為談資，前面的譯經和傳經活動終於開花結果，佛教大肆傳播的同時，人們對於義理的討論也越來越多樣化。

首先進入中國的是大乘空宗，也就是中觀派。大乘空宗的傳播形成了所謂的六家七宗，中國佛教也進入了般若學的時期。所謂般若學，是圍繞著《大般若波羅蜜多經》的教理，討論「空」的學問。而此時中國人仍然離不開玄學的「無」，所以大都將「空」理解成「無」，由此形成了六家，而其中第一家又分成了兩宗，構成了六家七宗。

這六家七宗分別是：本無宗、本無異宗、即色宗、識含宗、幻化宗、心無宗、緣會宗。這裡不對這些宗進行詳細解釋，僅僅說，它們都是圍繞著「無」（空）這個概念進行發揮，所以都屬於般若學的變種。

在般若學的熱潮中，最著名的人物是釋道安[29]。釋道安處於西晉末期，他的主要活動地仍然在北方，但是他的影響力卻遍布南北。他本人持本無宗的觀點，這是比較正統的一派，認為一切法都是空的，由於時人分不清「空」和「無」，所以叫本無宗。

釋道安真正的貢獻不僅僅是發明了一家之言，他的功勞在於推動了大乘佛教的傳播。他一方面推動佛教理論的傳播，盡最大可能的區分佛教和玄學，另一方面，又在制定佛教儀規，在佛教組織正規化上做了很多工作。他的弟子遍天下，不僅北方有，南方也有，更是加速了佛教的擴張。佛教已經穿越了政治的邊界，成了溝通南北的紐帶。

釋道安死後，他的弟子慧遠[30]在南方成了一代宗師，慧遠雖為大乘般若學，卻鼓勵一切形式和內容的佛教發展。在他的努力下，佛教不僅成了普遍信仰，更是征服了東晉皇族，成了貴人和富人的座上賓。

28 見《出三藏記集・卷十三・朱士行傳》、《高僧傳・義解一・晉洛陽朱士行》。
29 見《高僧傳・義解二・晉長安五級寺釋道安》。
30 見《高僧傳・義解三・晉廬山釋慧遠》。

慧遠在南方開疆闢土時，北方的龜茲人鳩摩羅什[31]也尋找到了機會。北方經過西晉末年以後的大混戰，在前秦王苻堅的手中再次統一，但隨後，苻堅在淝水之戰中被東晉擊潰，北方第二次陷入混亂。

在陝西地區，取代苻堅的是羌族人姚萇建立的後秦帝國。

後秦時期的陝西、甘肅一帶暫時保持了穩定，鳩摩羅什最初被從西域抓到了甘肅涼州（武威），後來又到長安譯經。鳩摩羅什翻譯了大量的經文，並帶來了佛教最正宗的義理，使得西北再次成了佛教中心。在未來，雖然北魏取代了其他政權，統一了北中國，但北魏採納了佛教後，更是讓北方再次成為佛教的領地。

鳩摩羅什有一個弟子叫竺道生[32]，他從北方來到了南方，脫離了一般的般若學，建立了另一個學派：涅槃宗。他所持的觀點與般若學不同的地方在於：

第一，般若學認為不是所有的人都能得法，比如被稱為「一闡提」的人就沒有佛性，而竺道生卻認為任何人都有佛性。

第二，把「佛」這個概念抽象出來，認為「佛」是一種最高的道，而不是某個具體的人。

第三，認為人們可以頓悟得道，也就是某人某天突然間就成佛了，不一定需要持續的修行。

竺道生的觀點很符合中國人的胃口，實際上，後來的禪宗就基本上繼承了他的觀點。

涅槃宗的建立，讓東晉南朝的般若學進入了尾聲。而另一個從東南亞來的僧人真諦則帶來了攝論宗。不管是涅槃還是攝論，都是「真常」一支的學問。

之前的各大門派雖然熱鬧，但理論上大都是舶來品，由印度人發明理論，再由中國人接受、探討。而「真常」一支卻是另一種情形，這一支在印度並不發達，反而在中國落地生根後，發展出許多新的理論，這些理論不屬於印度，只屬於中國。真常論逐漸占據主流，就意味著中國佛教慢慢度過了學習和模仿的階段，開始要發展出真正的漢地佛教了。

31 見《晉書·鳩摩羅什傳》。
32 見《高僧傳·義解四·宋京師龍光寺竺道生》。

第十一章

南朝：政治資源爭奪戰

西元三一七年～五八九年

佛教進入中國後，為了爭奪政治資源，與儒教和道教展開了大量的論戰。在南朝，佛教逐漸取得了政治優勢，成了統治者最寵愛的思想體系。

佛教傳入中國後，首先面對的是作為人間權威的皇帝。在和尚需不需要跪拜皇帝的問題上，僧人與皇帝的大臣們展開了論戰，並最終獲得了不拜皇帝的特權。

佛教與儒教的論戰還包括了「華夷之辨」、「中國例外主義」，以及著名的「神滅神不滅」，最終依靠皇帝的權威壓制住了質疑的聲音。

最寵幸佛教的中國皇帝是南朝梁的梁武帝，皇帝數次將自己捨身入寺院，為佛教換取了大量的特權和財富。佛教特權引起的政府財政失控和政治失調，最終摧毀了南朝的繁華，讓中國再次統一在北朝手中。

四次捨身入寺

梁武帝天監三年（西元五〇四年）[1]，梁武帝蕭衍做出了一個驚人的決定：他下了一道詔書，將佛教定為唯一的「正道」，而將老子代表的道教，周公、孔子代表的儒教都斥為「邪道」。他宣稱，人間的「道」有九十六種之多，但是，只有佛教才是對的，而道教和儒教都屬於其他九十五種歪門邪道。皇帝敦促王公百官們從邪道返回正道[2]。這封詔書的出現，確定了南朝佛教的國教化地位。

梁武帝為人雄才大略又文采非凡，是整個南朝難得的君主[3]。在他的統治下，中國南方不僅經濟出現了巨大的發展，人們的生活條件更完全蓋過了北國，同時也是一個文化藝術的高峰時期。

梁武帝最初是南朝齊的將領，因為武功得到提拔。他曾經擊退過北魏孝文帝的進攻，當其他將領出現了戰略失誤，在戰場上失利時，是他率軍穩住了陣腳，鞏固了國防。他為了剷除昏庸的南齊皇帝蕭寶卷，發動內戰占領了建康（南京），最終奪得了帝位。

在文化上，梁武帝的長子昭明太子蕭統[4]選編了著名的文學作品集《文選》，而蕭衍本人在學問上也造詣頗豐。最初，他曾經編撰有《周易講疏》、《春秋答問》、《孔子正言》等儒學書籍，又主持編撰過一個巨大的史書工程：六百卷的《通史》，同時他在佛學上也造詣深厚，寫過《涅萃》、《大品》、《淨明》、《三慧》等佛學著作。他還是當時著名的詩人、音樂家和書法家，在未當皇帝之前，就以文學和武功同時受人稱讚。

蕭衍的統治從西元五〇二年持續到西元五四九年，在長達將近半個世紀的統治中，他的疆土如同一片歌舞昇平之地，不僅讓南朝的人們保持了優越感，也讓北朝的人們羨慕不已。就連東魏

1　此日期依據《廣弘明集》，此時仍然是梁武帝執政早期。但根據梁武帝崇佛的歷史來看，梁武帝最初仍然推崇儒教，在執政中後期開始倒向佛教，所以，這個事件發生的時間也有可能推後二十年到三十年。

2　《廣弘明集》記載了梁武帝的《捨事李老道法詔》：「道有九十六種，惟佛一道是正道，其餘九十五種名為邪道。朕捨邪外道以事正內，諸佛如來若有公卿能入此誓者，各可發菩提心。老子、周公、孔子等雖是如來弟子而化跡既邪，止是世間之善，不能革凡成聖。其公卿百官侯王宗族，宜反偽就真捨邪入正。」

3　見《梁書．武帝紀》。

4　見《梁書．昭明太子傳》。

的掌權人高歡也曾經說：江東有一個老頭蕭衍，專事衣冠禮樂，北方中原的士大夫也認為那才是正統[5]。

就在這樣的歌舞昇平之中，蕭衍卻突然間轉向，拋棄了中國的儒教傳統，採納了佛教。他對於佛教的寵信是如此澈底，甚至荒廢了政治。

除了上面提到的那封詔書之外，他還曾經數次將自己「賣到」了寺廟裡。這裡所謂「賣」，就是「捨身」。佛教詞彙中，捨身指的是捨去肉體，根據佛教經文記載，釋迦牟尼佛在他的前世之中，有一世叫薩陲王子，王子曾經為了養活遇到的幾隻老虎，將自己的身體貢獻出去給老虎吃了。之後，佛教徒們將捨身用在了更廣泛的意義上，比如，將自己送入寺院為奴也稱為捨身。梁武帝就在這個意義上使用捨身的方法[6]。

大通元年（西元五二七年），梁武帝在皇宮旁邊建設了一座皇家寺廟——同泰寺，又在同泰寺方向的宮牆上開了一個門叫大通門，便於皇帝進出。這個寺廟就是他捨身的主要場所。同年，梁武帝進入寺廟捨身。他剃掉了頭髮，穿上了僧袍，像和尚一樣吃齋念佛。這次捨身持續了三天，隨後他返回皇宮，改元大通，並大赦天下。

兩年後的九月，梁武帝在同泰寺舉行了一次「四部無遮大會」。所謂四部，指的是僧、尼、善男、信女；而無遮大會是佛教專用名詞，指的是沒有阻隔、沒有門檻，誰都可以參加，只要是教義都可以提出來探討。在這次的無遮大會上，梁武帝再一次捨身，他穿上僧袍，住在了僧舍裡，素床瓦器，乘坐小車，取消了宮廷衛士。他親自向四部大眾講解《涅槃經》。由於皇帝老是不回宮裡，群臣著急了，只好與和尚們協商，由群臣湊了一億錢為皇帝贖身。和尚們默許之後，群臣來到了同泰寺東門上表，請皇帝回宮，皇帝又推辭了三次，他聲稱自己不是皇帝，而是佛徒，在回答群臣的書信中也謙卑的寫「頓首」（這是人們給皇帝上書才用的詞），後來才勉為其難的答應了[7]。

這件事一直拖到了十月，為了慶祝皇帝還宮，又舉行了一次無遮大會，邀請了五萬僧人和俗人參加。大會結束後，皇帝脫掉了僧袍，登上了御車回宮。梁武帝回宮後，又是一次改元，改為中大通，並大赦天下。

中大同元年（西元五四六年）三月，梁武帝再次來到同泰寺。他先是講解了《金字三慧經》，隨後又開始捨身。一個月後，皇太子出錢將他贖了出來，出來之前又是法會，出來後大赦天下，改元。

但梁武帝出來的當晚，同泰寺就發生了火災。為了沖掉不吉利，第二年，梁武帝再次進入修繕好的同泰寺，同樣是無遮大會。梁武帝住在五明殿，穿著僧衣、睡素木床、葛帳、土瓦器、私人執役。隨後，皇帝在光嚴殿講授《金字三慧經》。講授完畢，皇帝正式捨身入寺。

5 《資治通鑑．梁紀十三》：「行台郎中杜弼以文武在位多貪汙，言於丞相歡，請治之。歡曰：『弼來，我語爾！天下貪汙，習俗已久。今督將家屬多在關西，宇文黑獺常相招誘，人情去留未定；江東復有一吳兒老翁蕭衍，專事衣冠禮樂，中原士大夫望之以為正朔所在。我若急正綱紀，不相假借，恐督將盡歸黑獺，士子悉奔蕭衍，人物流散，何以為國！爾宜少待，吾不忘之。』」

6 關於梁武帝捨身的次數，有不同的說法，根據《南史》記載，梁武帝曾經四次捨身，而《梁書》記載的則是三次。本書根據《南史》的記載還原當時的現場。

7 見《南史．梁武帝紀》。

一個月後，群臣再次出錢一億將皇帝贖了出來，又是三請三辭的舊規矩。回到皇宮後，皇帝如同新即位一樣舉行了典禮，並宣布改元太清，大赦天下。

這四次捨身到寺廟，花費了大量的錢財不說，整個帝國的官僚機構也幾乎陷入癱瘓狀態，不僅僅是失去了皇帝，群臣還要跟著皇帝轉，湊錢的湊錢，請神的請神，攪得人雞犬不寧，卻毫無辦法。

那麼，梁武帝為什麼會如此虔誠的篤信佛教，不惜花費錢財和消耗帝國的氣運？

佛道、佛儒爭鬥不已

實際上，佛教成為中國的正統宗教並非是從蕭衍開始的，當歷史從西晉進入東晉之後，佛教的地位就處於逐漸上升之中，並最終占據了主流。

西晉皇帝們最初的選擇是重歸儒教，但是隨著社會的動盪和政治的高風險，人們逐漸走向了一條犬儒主義和享樂主義的道路，他們詩酒流連，專注於談玄說理，對於政治和儒教理念並不感興趣。

魏晉時期的玄學，過於專注在幾個簡單的概念，缺乏擴充性，當人們的研究越來越深入時，就發現佛教是玄學的一種替代品，並且更加思辨和博大，這就是佛教擴張的前奏。此時的佛教也有意向玄學靠攏，利用玄學的概念來推廣自己，並把佛教與儒教、道教等同起來，認為是同源的，或者殊途同歸的。

自東晉開始，從皇帝到王公，都逐漸變成了佛教的信徒。比如，東晉的明帝、哀帝、簡文帝、孝武帝、恭帝[8]，都在某種程度上是佛教信徒。特別到了後期，隨著權力逐漸被權臣剝奪，皇帝們紛紛墮入了信仰之中，試圖從這裡尋找解脫。比如晉恭帝就曾經為了鑄造巨大的金佛像，投入了鉅資，並親自到寺廟去迎接[9]。

皇帝的投入最初是一種無奈和解脫，但他們帶起來的風氣又影響了社會，反過來推動人們更加相信佛教。這時，即便掌握局勢的權臣們也發現佛教是個好東西，因為當人們專注於談論佛理時，也就忽視了現實政治的不公平。當人們相信那虛無縹緲的來生和涅槃時，就不再在意此生的痛苦。

隨著南朝宋取代了東晉，皇帝們也從信仰變成了利用佛教，宋武帝和宋文帝、齊高帝等君主都有著雄才大略，雖然沒有完全倒向佛教，仍然利用儒教的理念作為政權基礎，但對於佛教的崇信已經越來越加深。

梁武帝取代南齊之後，最初也在儒教上下功夫，他本人就是當時著名的經學家。但梁武帝同時發現，即便宣揚儒教，也不可能像漢儒那樣只要求比附和死記硬背，必須在談理的基礎上進行改造，僅僅靠權威是沒有用的。而最能談理的宗教就是佛教。

所以，梁武帝實際上致力於尋找一條改造的道路，一方面，儒教禮儀仍然是皇帝必須使用的

8 見《晉書》各自本紀。
9 《晉書．恭帝紀》：「其後復深信浮屠道，鑄貨千萬，造丈六金像，親於瓦官寺迎之，步從十許里。」

規矩，但必須加入佛教的因素，讓人們從理論上認可；另一方面，又要把佛教政治化，佛教本身是出世的，但大乘佛教中帶有入世的藉口，讓統治者以普渡眾生的名義進行統治。

在皇帝寵信佛教的同時，卻意味著另外一批人的失寵，他們是儒教和道教的人士。這兩個產生於中國本土的宗教，本來處於劇烈的鬥爭之中，儒教處於在朝的地位，道教是在野的，最初希望透過民間組織化來對抗中央帝國，隨後又採取了與政權妥協、補充儒教的方式來蠶食儒教的正統地位。

而佛教的興起卻讓他們感受到了巨大的威脅，這個外來的宗教由於受到人們普遍的尊崇，大有取代內生宗教的趨勢。於是，儒、道暫時放棄了爭執，開始研究佛教的問題，尋找擊破它的可能性。

在南北朝，佛、道和佛、儒的鬥爭，是當時學術界的主旋律。後來人們總結當時的鬥爭，將對佛教的質疑集中在六個方面，分別是：第一，經說迂誕，大而無徵；第二，人死神滅，無有三世；第三，莫見真佛，無益國治；第四，古無法教，近出漢世；第五，教在戎方，化非華俗；第六，漢魏法微，晉代始盛[10]。這些質疑貫穿著南北朝的始終，成了宗派鬥爭的焦點所在。

不拜皇帝的和尚

最初對佛教的攻擊來自儒教。

儒教對佛教的攻擊，更是兩種政教理念的碰撞。儒教是一種政教合一的系統，佛教從印度傳入後，卻更接近政教分離的理念。如果在古代中國，說一句「我不愛皇帝，不愛皇帝建立的政權，不愛這個政權統治的國家」，就是一種叛國大罪。

但是，在中世紀的歐洲，如果有人說這樣的話，並不會被當作出格（編注：言談舉止不合乎法度、常規）。比如，西元一二四五年，神聖羅馬帝國的皇帝腓特烈二世（Friedrich II）時期，皇帝由於和教皇英諾森四世（Innocent IV）的衝突，被革除了教籍。

教皇宣稱，任何人都不要服從已經成了異教徒的皇帝，甚至任何人都應該幫助教皇反對皇帝。這時，即便是神聖羅馬帝國的人民，如果他深信天主教，也會出於信仰認為反對皇帝是天經地義的，因為這個皇帝不配當皇帝。

當政教分離後，皇帝就無法對人民行使全權，甚至人民可以宣稱不愛俗世的「君主」、「國家」這些概念。

在印度，政教分離雖然沒有歐洲那麼強烈，但是印度教的婆羅門（教士階層）和剎帝利（國王和武士階層）這兩個種姓也是分離的。而佛教更是強調出世，與政權離得很遠。在這樣的環境中，佛教的僧人與世俗的國王形成了區隔，僧人不需要對國王行禮，而國王即便供養了僧人，也管不了僧人的具體事務。如果國王想插手，必定引起巨大的反抗。

佛教傳入之前的中國，是典型的政教合一。皇帝就是教主，擁有著宗教闡釋權，他之所以接受人們崇拜，除了是權力的象徵，更是老天爺的象徵。

10 見《弘明集．後序》。

當佛教傳入後，僧人們把不服從世俗政權的傳統帶了進來，就形成了第一次衝突。引起衝突的領頭羊，則是充當思想衛道士的儒教。

雙方集中的焦點，放在了一個充滿儀式感的動作上：以前任何人見了皇帝都要下跪行禮，而從印度和西域來的僧人卻拒絕這麼做。

僧人們拒絕拜皇帝，在最初得到了容忍，因為他們大都是外國人，不懂禮法，而皇帝對他們也充滿了好奇心，當作寵物養，赦免了他們的輕慢。可當佛教中國化之後，越來越多的中國本地僧人出現了，他們按照以前的傳統，對皇帝也不行跪拜，這時，儒教徒們就找到了第一個攻擊佛教的口實。

東晉成帝時期，剛剛經歷了蘇峻、祖約之亂的東晉在南方站穩了腳跟，就開始整頓政教問題。當時輔政的車騎將軍庾冰是一個正直的儒教信徒，他一眼就看到了政教不統一的危害，提出「王教不得不一，二之則亂」，認為僧人不敬拜皇帝，就破壞了禮治的統一，損害了皇帝的權威。所以，必須讓僧人和佛教進入中國政教合一的體系之中，如果佛教要存在，必須將皇帝當成宗教體系的中心，而皇帝成為中心的第一步，就從僧人對皇帝行敬拜之禮開始[11]。

庾冰沒有想到的是，當時和他一同輔政的大臣何充卻持有另外的觀點。何充是一個佛教的愛好者，在佛教上投入了無數的金錢，卻對親友吝嗇得一毛不拔[12]。由於他對佛理更加了解，他提出了反駁，認為佛教是一種淡泊的宗教，有著種種的清規戒律，這些戒律實際上是有利於控制民間反抗的。皇帝與其改變它，不如把它養起來，允許它有一定的小脾氣。所以，既然不拜皇帝已經成了佛教的傳統，就不要因為這些細枝末節的小問題，引起一個階層的普遍反抗[13]。最終在何充的反對下，庾冰的提議沒有成為現實。

但這個爭論到底是庾冰對，還是何充對呢？答案也許是，都有道理，但都沒有看清全盤。何充想利用佛教控制人們思想的做法是有道理的，但他沒有看到，政教合一的體系必須是放棄一切獨立思考的體系，一旦有了裂縫，就不可能保持完整。佛教就是這樣的裂縫，一旦允許僧人不拜皇帝，就會引起社會對於皇帝權威的淡化，並最終開始質疑，到這時，這個思想的火花遲早會帶來政教合一的解體。

但是庾冰試圖壓迫僧人跪拜皇帝，從而消滅他們的獨立性，也同樣是做不到的。因為這種壓迫只能激發出僧人們更多的反抗，他們會從理論上繼續質疑對皇帝的崇拜。

一句話，不管同意和不同意，只要佛教出現過，只要政教分離的體系有了萌芽，就必然會繼續發展，不管皇帝怎麼做，都是沒有用的。

宗教、政治相互妥協

第一次「拜不拜皇帝」的爭論之後，又過了幾十年，到了東晉晚期的晉安帝時期，權臣桓玄掌握了政局，並試圖取代東晉自己稱帝。在他主政下，僧人是否應該跪拜皇帝的問題，第二次被

11 《弘明集・卷十二》，共兩篇。
12 《晉書・何充傳》：「性好釋典，崇修佛寺，供給沙門以百數，糜費巨億而不吝也。親友至於貧乏，無所施遺。」
13 見《弘明集・卷十二》。

提了出來。

桓玄與那些佛教的支持者開始了另一場辯論。桓玄的理由除了和庾冰類似外，還基於當時的一些新情況，由於佛教此時和政權的關係已經很密切，許多佛教徒都接受了皇帝和高官的供養，已經失去了出世的精神。桓玄認為，僧人們已經享受了皇帝的恩寵，就應該敬拜皇帝。另外，他還提出了幾點理由，一是夷夏論的前奏，也就是從外國傳來的佛教不如本國的儒教；二是根據儒教傳統，皇帝比老師更重要，佛教尊重老師，就更應該尊敬皇帝。

反駁者的意見與何充類似，仍然強調佛教的理論是尊重皇帝的，是皇帝的好幫手，不要因為細枝末節得罪了佛教徒。

桓玄最後將這些往來的書信交給了佛教界的權威——僧人慧遠，請他作答。慧遠立刻意識到敬拜皇帝的危險性，於是說出了僧人不拜皇帝的新理由，他把佛教徒分成了兩類：一種是在家的居士（在俗的教徒），另一種是出家的僧人。他認為，在家的居士都應該遵守世俗的法則，而出家人則必須用另一套標準來看待，因為他們出家後，已經禁欲剃髮穿僧袍，不再理俗事，而是以修行大道為己任。一旦大道修成，則可以澤流天下，這是至德至孝的事情，不應該用俗世的禮節來要求僧人[14]。

桓玄最終經過掂量，認為如果強迫僧人敬拜，代價太大，不利於他在政治上的作為，最終維持了原狀。

慧遠除了對桓玄的答覆之外，還寫了一組系統的文章叫《沙門不敬王者論》[15]。在這組文章中，他把自己的理論進行了系統化，也成了後世僧人和皇帝關係的基準。在文章中，他在宗教和政治之間做了一定的妥協，也就是宗教不對抗政治，但政治也容忍宗教。這種妥協的結果是中國再也出不來西歐式的政教分離，即便最具獨立性的佛教，也以不給政府找麻煩作為理念，當然前提是政府也別管佛教的事情。

慧遠規定，佛教的新信徒應該首先尊奉親情、禮敬皇帝，這是信仰的起點。如果一個人要出家，也必須首先徵得君親的同意，如果他們有疑問，就不能出家，只能退而追求在家修行。只有在出家之後，才擁有了更大的自由度，不需要拜父母，也不需要拜皇帝。

慧遠的這種妥協到了唐代被利用了起來，形成了一套度牒制度（按：舊時官府發給合法出家人的證明文件），皇帝同意人們當和尚，但是有名額的，而這個名額是可以買賣的，有數量限制。皇帝就透過控制度牒，限制了佛教的發展。

除了需不需要跪拜皇帝之外，儒教和佛教的衝突還發生在許多方面，比如服飾問題、孝敬父母的問題以及報應問題。特別是孝敬問題，更是爭論的另一大焦點。

由於僧人不奉養父母、不結婚生子，這違背了儒教關於孝道的理論，也是人們對佛教詬病最深的所在。佛教則認為，修「道」是更大的「孝」，比起奉養父母和傳宗接代都重要得多。

---

14 《弘明集．卷十二》：「佛經所明，凡有二科：一者處俗弘教，二者出家修道。處俗則奉上之禮，尊親之敬，忠孝之義，表於經文。在三之訓彰於聖典。斯與王制同命有若符契。此一條全是檀越所明，理不容異也。出家則是方外之賓，跡絕於物。其為教也，達患累緣於有身，不存身以息患，知生生由於稟化，不順化以求宗。求宗不由於順化，故不重運通之資，息患不由於存身，故不貴厚生之益。此理之與世乖，道之與俗反者也。」

15 見《弘明集．卷五》。

佛家信奉報應，但在魏晉南北朝時朝，人們很少看到報應，反而看到好人沒有好報，在這個問題上，慧遠也加入了爭論，提出了所謂的三報論，將報應分成了現報、生報、後報，即立刻有報應、此生有報應、來生以及無窮後世才有報應[16]。這樣把報應拉長到虛無縹緲的無限未來，解決了這個問題。

華夷之辨與中國例外主義

南朝宋武帝永初元年（西元四二〇年），東晉權臣劉裕取代了司馬氏，建立了新的劉宋政權。宋武帝一生戎馬倥傯，南征北戰。在稱帝之前，他先後擊敗了權臣桓玄的篡位，滅亡了與東晉敵對的南燕、西蜀和後秦，討平了盧循的內部叛亂，又鎮壓了與之爭權的劉毅和司馬休之。在政治上，他有意提拔有才能的寒門子弟，抑制大土地主，實行戶籍改革，整頓稅賦制度。在他的努力下，南方政權再次出現了欣欣向榮的氣象。

從劉宋開始，也是佛教迅速發展的時期。劉裕出身於軍隊，文化水準不高，這個問題還沒有顯現。到了他的兒子宋文帝時，佛教已經被皇帝認可了。皇帝把佛教提到可以取代儒教的地位上，儒教之所以需要，是因為它可以幫助皇帝禁錮人們的思想不要反抗，宋文帝認為，只要人們都相信了佛教，同樣不會反抗政權，所以它具有替代功能。

皇帝對於佛教的認可激起了另一批人的巨大擔憂。於是，從劉宋時期開始，佛教與儒教的爭吵也上了一個臺階，從「拜不拜皇帝」的「簡單禮儀時期」，進入了理論爭鋒的「複雜明理時期」。這個時期最著名的三次爭論，分別是「白黑論」、「達性論」和「夷夏論」。

所謂「白黑論」是由一位和尚主動提出的。這位和尚叫慧琳[17]，他雖然出家為僧，實際上卻是個外佛內儒、儒道釋兼修的人，他除了著有《白黑論》，還注釋過《莊子》和《孝經》。《白黑論》虛構了一位白學先生代表儒教，一位黑學道士代表佛教，兩人之間發生了辯論。

辯論雙方的題目主要有兩個：一個是佛教所說的「空」，第二個是佛教的「無欲」。白學先生批駁佛教的「空」是無意義的，黑學道士講了一通「空」的真義，比如，所謂空，指的是事物的本性是空的，雖然它可以有「事用」，但是「性理」卻是空的。而白學先生諷刺說：「不管你說一棵樹有多『空』，也無法傷害它茂盛的樹蔭；不管你說一個房子有多『虛』，也損害不了它美輪美奐的外表。」

對於佛教的放棄欲望，白學先生也找到了其理論的漏洞：不管佛教怎麼聲稱要無欲，但是所有的佛教徒卻有著一個最大的欲望：修煉成佛。所以，佛教徒不僅有欲望，而且胃口很大，又怎麼能說是無欲呢？

慧琳的《白黑論》提出的問題，成了當時人們辯論的焦點，吸引了大批的人參與[18]。辯論越扯越遠，已經不再限於「空」和「無欲」這兩個主題，而是延伸到了因果報應、形神、華戎等無

16 見《弘明集．卷五》。
17《宋書．夷蠻傳》：「慧琳者，秦郡秦縣人，姓劉氏。少出家，住冶城寺，有才章，兼外內之學，為廬陵王義真所知，嘗著《均善論》（《白黑論》）。」
18 見《弘明集．卷三》。

數領域。

在因果報應領域內，出現了何承天的《達性論》[19]。在這篇文章中，何承天試圖利用儒教的「三才論」對抗佛教的「三報論」。

所謂三才，指的是天地人三才[20]，也是《易經》中提到的。其背後的意義，則是和佛教的眾生觀相對。佛教認為，眾生都是有靈的，都是大輪迴體系之中的一部分，所以眾生也是平等的。而儒教卻認為，人和天地是聯繫的，而其餘的動物並不能和人並列，是低於人的生物體。

從佛教眾生理論出發，就可以得到因果報應的三報論。三報論由東晉的慧遠和尚提出，認為報應分成三種，分別是現報、生報和後報。運用到眾生之中，則是每一種生物都有著報應輪迴，很可能眼前的一隻雞，就是前世的某位熟人。所以，人不能隨便殺生，而殺生就意味著新的報應要在你的身上顯現。

針對殺生問題，何承天[21]舉了兩種鳥類作例子，一種是鵝，一種是燕子。鵝以春草為生，是植食動物，又性格呆頭呆腦，與人為善，但幾乎世界上所有的鵝都是死於人類的屠刀。而燕子以飛蟲為食，是肉食動物，但人們都很喜歡燕子，還讓它們在屋裡築巢。這兩種鳥類的不同待遇就說明了不殺生不見得有好報，而殺生也不見得有惡報。

對於何承天的反駁其實也容易，何承天仍然把報應放在了當世，認為鵝不殺生，此生就應該受到好報。但實際上，三報論卻可以把報應放到遙遠的來生，甚至數次的來生。所以，這樣的吵架必然不會有什麼結果，評價到底誰在理，要看評價人持有什麼立場。由於現代中國大陸大部分人都是無神論者，就認為何承天的在理，但在佛教徒看來，何承天的批評則是虛妄的。

在劉宋時期影響最大的爭論，是一位道士顧歡所寫的《夷夏論》[22]。顧歡是一名隱逸的道士，卻參與了佛教與儒教的辯論，這已經帶上了後期宗教辯論的色彩：在後期，儒教已經退居次席，而佛教和道教的辯論成了主流。

顧歡的《夷夏論》也主要針對佛教和道教的比較。在他看來，佛教和道教都是好的，只是，每一個宗教都是地域性的，既然佛教產生在外國，就只能適用於外國，它並非不好，卻在本地不適用。道教作為本土宗教，卻是最適合國人的。由於選擇佛教還是道教帶有了很強的政治意味，當時的夷夏論就好像現在的中國例外主義一樣吸引人，到了現在，人們仍在爭論「普世價值是否適合於中國」這種論題。支持「普世價值」的人在劉宋時期也會支持佛教，而反對「普世價值」的人往往會支持道教。

當然，每一派都認為自己掌握絕對真理，使得爭論變成了一種信仰之爭，而無關乎對錯了。

顧歡理論的批評者大都採用「普世價值」的觀點，比如，謝鎮之認為，人類的本性不管是中國人還是外國人都是相同的，只是在服飾、喪葬、音樂等細枝末節的世俗禮節上有所不同。與佛

19 見《弘明集．卷四》。

20 《達性論》：「夫兩儀既位，帝王參之，宇中莫尊焉。天以陰陽分，地以剛柔用，人以仁義立。人非天地不生，天地非人不靈，三才同體相須而成者也。」

21 《廣弘明集．報應問》：「夫鵝之為禽，浮清池，咀春草，眾生蠢動，弗之犯也，而庖人執焉，鮮有得免刀俎者。燕翻翔求食，唯飛蟲是甘，而人皆愛之，雖巢幕而不懼。非直鵝燕也，群生萬有往往如之，是知殺生者無惡報，為福者無善應。」

22 見《南齊書．高逸傳》。

教教義的博大精深相比，道教的教義顯得過於粗糙、簡陋，而且大都是借鑑，甚至借鑑了許多佛教的內容。既然是借鑑，自然是承認了佛教的教義也適用於道教中國[23]。

還有的人認為，佛道本來就是一家[24]，採取了調和的態度。在佛教早期為了便於傳播，曾經借用了許多道家和玄學的詞彙。但此刻的佛教已經羽翼豐滿，不僅不再和道家攪成一團，還反對別人將兩教聯繫起來，所以這種調和態度並不能吸引真正的佛教徒。

夷夏論並沒有很深的哲學道理，但是自古及今，從來不缺乏信奉者，即便到了今天，仍然有無數的人沿著這條道路走下去，希望發現中國特殊的能力，與世界上其他地區隔絕開。

神滅與神不滅之爭

歷史又前進到了南朝的齊梁時期，佛教與儒教、道教的爭論逐漸白熱化。此時，佛教對於社會的控制力更加增強，大部分的王公貴族都成了佛教的信奉者，不相信佛教的人已經形隻影單。在這樣的背景下，卻誕生了現代人最為推崇的「神滅神不滅」的爭論。

在古代人看來，特別是佛教看來，范縝的「神滅論」只是佛教辯論的主題之一，並非最高主題，他和前面提到的「夷夏論」、「拜不拜皇帝」、「白黑論」、「佛道是否同門」、「報應論」等是並列的，並不值得特別提出來。而到了現代，由於採用了無神論哲學體系，突然發現范縝的「神滅論」與無神論差不多，才將他的地位更加突出。

不管是在當時還是現在，相信「有靈魂」還是「沒靈魂」都只是一種信仰，而不是實證科學。科學研究的範圍是人們可以觀察的世界，可以用測量和觀察來進行證實或者證偽的世界。但是，靈魂迄今為止是無法測量和觀察的，所以，它並不屬於科學研究的範圍，只是一種信仰。一個人說世間沒有靈魂，但另一個人可以反駁說：不對，世間有靈魂，只是我們看不到靈魂，也測量不到，因為它是無重量、無形體、感知不到的。當把靈魂定義為無法用現有儀器測量的東西，它就變成無法證偽的信仰了。

人們研究其他科學問題時，不管是相信有靈魂，還是相信沒靈魂，都不妨礙他在科學上的研究成果。范縝堅持沒有靈魂，也不是所謂的現代科學意義上的，只是信仰上的辯論而已，沒有所謂的對錯。

另外，范縝所採取的辯論方式大都是求助於直接感受，這種方式在辯論「神不滅」問題上是有用的，但在研究另一些問題上卻可能成為阻礙，比如，如果放到了十九世紀，他可能並不相信電磁波，也不會相信愛因斯坦的相對論以及量子理論，因為這些理論在獲得證實之前，在建構時要求很高的思辨性。

范縝出生於宋文帝後期，一生經過了宋齊梁三代，而他活躍的時期，恰好是佛教從繁榮變成國教的初期。范縝出身貧寒，樸質直爽，看不慣士族出身的權威階層，這造成了他喜好辯論的性格，卻又讓他的辯論帶有很強的局限性，缺乏思辨能力。他從小學習的是儒教經典，從而有了反

23 《弘明集．卷六》載有《與顧道士書》和《重與顧道士書》兩篇。

24 《弘明集．卷七》載有朱廣之《諮顧道士夷夏論》。

佛的思想，也有著維持儒教社會的保守性，所以，他不是革命的，而是守舊的。

雖然齊梁時期，佛教已經成為主流，但社會並沒有對其他宗教群體封閉，而是具有很大的寬容性，這也使得范縝一方面持有反佛立場，但另一方面還能受到統治者的善待，一直持續位居朝堂之上。

他在南朝宋時期並不得意，到了南齊時期，投靠了竟陵王蕭子良。蕭子良是一位佛教信徒，又禮賢納士，吸引了各方的人才[25]，後來的南朝梁武帝蕭衍、寫《宋書》的沈約，都出自他的門下。

在竟陵王門下，范縝展開了他喜愛辯論、反佛的性格，與竟陵王和其他賓客吵翻了天，但這並沒有妨礙他繼續升官，他擔任過領軍長史和宜都太守。一面爭吵，一面升官，也說明范縝和竟陵王之間的爭吵最多算是學術探討，不影響感情，更與所謂的戰鬥性和反抗性無關。

到了蕭衍篡奪南齊政權的時期，由於范縝和蕭衍曾經都是蕭子良門下，范縝在母喪的情況下，穿著喪服出迎蕭衍，結果獲得了晉安太守的任命，隨後又擔任了尚書左丞。在這時，范縝和信佛的梁武帝蕭衍再次對上，開始了大辯論，皇帝親自做書反駁，但他仍然沒有屈服。這次辯論似乎也並沒有傷害到他的仕途。

到了晚年傷害仕途的反而是和佛教無關的事，他受到尚書令王亮的牽連而被貶往廣州[26]。即便到了廣州，也被追封為中書郎、國子博士，說明皇帝對於他學問的認可。可以說，范縝的一生並不代表他戰鬥的性格不容於當世，反而說明了當時的學術寬容精神，一個有性格的人即便持有與官方不同的觀點，仍然可以受到善待。

信仰碰撞，無關對錯

關於《神滅論》本身，需要追溯到范縝在南齊竟陵王蕭子良手下時的一件小事。當時的范縝已經宣揚不信佛和因果，蕭子良趁機問道：「你不信因果，可是怎麼解釋貧富貴賤？」范縝說：「人生下來，就像是一棵樹上的花。雖然同根生，可是隨風落下之後，有的落到了錦席上，有的落到了茅坑裡，殿下就落在了錦席上，而我則落在了茅坑裡[27]。」

蕭子良竟然找不到反駁的理由，也就認了。隨後，有許多同門的人開始和范縝辯論，最後，蕭子良又找了一些僧人來辯論，仍然誰也不服誰。而這些辯論的成果，就成了范縝的《神滅論》一文。《神滅論》最主要的論點是什麼？用四個字概括，就是「形滅神滅」，即人的身體死了，精神（靈魂）也就沒有了。范縝在談論這個論點時，形成了許多名句，比如，「神即形也，形即神也（即神形相即，不能分離）；是以形存則神存，形謝則神滅也！」「形者神之質（本質），神者形之用（效用）；是則形稱其質，神言其用；形之與神，不得相異也。」他舉了一個很著名

25 見《南齊書．竟陵王傳》。

26 《南史．范縝傳》：「遷尚書左丞，及還，雖親戚無所遺，唯餉前尚書令王亮。縝在齊時，與亮同臺為郎，舊相友愛。至是亮擯棄在家，縝自以首迎武帝，志在權軸，而所懷未滿，亦怏怏，故私相親結，以矯於時。竟坐亮徙廣州。」

27 《南史．范縝傳》：「子良問曰：『君不信因果，何得富貴貧賤？』縝答曰：『人生如樹花同發，隨風而墮，自有拂簾幌墜於茵席之上，自有關籬牆落於糞溷之中。墜茵席者，殿下是也；落糞溷者，下官是也。貴賤雖復殊途，因果竟在何處。』子良不能屈，然深怪之。」

的例子，來論證為什麼形體是精神的本質，而精神是形體的效用：這就像「刀子」和「鋒利」這兩個概念一樣，形體就是「刀子」，而精神就和「鋒利」一樣，只是一種效用，離開了刀子，就談不上所謂的鋒利，離開了形體，也談不上精神[28]。

范縝的神滅論遭到了有神論者無數的批判，而其中又以范縝的內兄蕭琛的文章最為深入，蕭琛對范縝進行了逐條批駁[29]。從辯論的角度上來看，兩者不相高下。用現代人的語言來總結蕭琛的反駁，可以歸納為以下幾點。

第一，你說神形相即，不能分離。可是，就像我沒有證據說神形可以分離一樣，你也沒有證據說神形不可以分離。畢竟靈魂是不可見的。所以，「神形不可分離」只是一種無法驗證的假說，你相信它，只是因為你相信它，卻沒有證據。

第二，你說人的形體和精神，就像刀子和鋒利。可這個比喻是否恰當，仍然是未知的。我同樣可以舉出來一些比喻，來證明形體和精神是可以分離的。比如，人的形體就像乾柴，精神就像烈火，乾柴可以燒完，但烈火卻可以從這根乾柴傳到下一根乾柴。到底你的比喻有道理，還是我的比喻有道理，仍然是見仁見智。

有了這兩點之後，就有了蕭琛和范縝的本質區別，范縝是把人的身體當成是精神的「體」，也就是「精神」只是「形體」的一個屬性；而蕭琛則是把人的身體當作是精神的容器，也就是「精神」居住在「形體」這個容器之中，可以從這個容器轉移到下一個容器。至於誰的說法更正確，仍然只關信仰，不關科學。

這樣的辯論也反映了中國邏輯學的不足。亞里斯多德的邏輯學以三段論為基礎，設大前提和小前提，最後必然能得出確切的結論。比如，人是要死的（大前提），亞里斯多德是人（小前提），必然得出結論：亞里斯多德是要死的。

但中國的邏輯學缺乏這種確定性的範式，結果辯論起來只好使用比附的方法，人的「形」和「神」，就像「刀子」和「鋒利」，或者就像「乾柴」和「烈火」。但是到底誰的比附更恰當，卻成了無理取鬧的事情。所以，中國式的辯論不會產生對錯觀念，只會產生信仰的碰撞，你信什麼，吵到最後還是你信什麼。沒有人能說服范縝，也沒有人會被范縝說服。

不屈服的范縝繼續堅持自己的理念，到了南朝梁時期，他的好辯性格已經影響到了皇帝。這個皇帝曾經是范縝的朋友，現在不得不出面平定這個爭論。

皇帝相信佛教，於是親自作答，寫了一篇《大梁皇帝敕答臣下神滅論》。這篇文章很簡短，實際上是以皇帝的名義阻止繼續再鬧下去，算是為神滅論之爭畫上了句號。

皇帝認為，三教中都有許多經典是說人是有靈魂的。范縝對於佛教的敵視，最初是從捍衛儒教的立場來的，他本人精通「三禮」，為了捍衛禮法，才與佛教爭論。既然如此，皇帝就從《禮記》中尋找了兩個例子，證明《禮記》也是說有靈魂的[30]。范縝既然信任《禮記》，就聽《禮

28《神滅論》：「神之於質，猶利之於刀；形之於用，猶刀之於利；利之名非刀也，刀之名非利也。然而捨利無刀，捨刀無利。未聞刀沒而利存，豈容形亡而神在？」

29 見《弘明集．卷九》。

30《弘明集．卷九》：「《祭義》云：『惟孝子為能饗親。』《禮運》云：『三日齋必見所祭。』若謂饗非所饗，見非所見，違經背親言誠可息。」

記》一句勸，接受「人是有靈魂的」這個觀點吧！

皇帝寫了答覆後，又把自己的答覆發給了臣下。為了向皇帝表示忠心，一共六十多個臣下紛紛上表，表示贊同皇帝的意思。臣下的回答有兩層含義：第一，大部分人都是相信靈魂的；第二，這些人贊同皇帝，只是禮節性的，並不意味著對范縝的迫害。最終，神滅論作為一種理論被記錄了下來，范縝也因為這篇文章而名傳於世。但是，佛教仍然在南朝大行其道。

因佞佛而亡國

不管范縝的神滅論說了什麼，但至少有一點，他抓住了當時的社會本質，那就是：佛教已經占用了過多的社會資源，顯得太龐大了。

現代人在討論西藏的政治結構時，往往被它過於龐大的僧侶團所震驚，在高峰時期，僧侶竟然占西藏勞力人口的三分之一，也就意味著有三分之一的勞力被抽走，無緣生產性活動。然而，西藏由於地勢特殊，依靠天險足以保證土地安全，這樣的代價似乎還可以承受。但對於南朝社會來說，他們的邊界並非封閉的，北方的強敵虎視眈眈，如果僧侶團過於龐大，必然影響整個社會的生產和備戰。

佛教對社會資源並非沒有節約作用，比如，由於漢代的儒教傳統，人們喜歡厚葬。西元二〇一六年挖掘出的海昏侯墓中黃金燦爛，銅錢以噸計量，表明王侯之死需要耗費大量的錢財。但是，到了魏晉之後人們卻開始了薄葬的風氣。這其中原因之一是，漢末大部分皇帝墓葬都被盜掘了，人們認識到越厚葬越是給自己找麻煩，為了獲得死後的安寧，寧肯少點陪葬品。而另一方面則是因為佛教的傳播，佛教不重視人的皮囊而重視人的精神，所以對於死後的身體也不關心，甚至想燒掉。

但是，佛教又的確浪費了大量的社會資源。范縝對此有著清晰的認識，並從儒教的角度批評了佛教。他說：「佛教傷害政治，蛀空了風俗，我之所以反佛，是為它的弊端感到哀傷，想著把社會從對佛教的溺愛中拯救出來。」他批評那些寵信佛教的人，把財產全送給了僧人，直到自己破產為止，卻從來不去體恤他的親戚，更別提那些真正需要幫助的窮苦人。

當然，他這樣的批評，和中國的體制有關。

在如今的東南亞，佛教本身就是一種慈善機制。由有錢人施捨到寺院，再由寺院去幫助那些需要幫助的人。寺院起到了財富轉移的作用，類似於西方的慈善機構。但中國的佛教走的卻是上層路線，寺院本該有這樣的慈善功能，卻很少發揮作用，反而是僧人的鋪張浪費、四處坑蒙拐騙更加顯著。即便到了現在，也很少有人去鑽研真正的佛理。所以，范縝的批評是有道理的[31]。

31 《神滅論》：「問曰：『知此神滅，有何利用邪？』答曰：『浮屠害政，桑門蠹俗。風驚霧起，馳蕩不休。吾哀其弊，思拯其溺。夫竭財以赴僧，破產以趨佛，而不恤親戚，不憐窮匱者何？良由厚我之情深，濟物之意淺。是以圭撮涉於貧友，吝情動於顏色；千鍾委於富僧，歡意暢於容發。豈不以僧有多稌之期，友無遺秉之報，務施闕於周急，歸德必於在己。又惑以茫昧之言，懼以阿鼻之苦，誘以虛誕之辭，欣以兜率之樂。故捨逢掖，襲橫衣，廢俎豆，列瓶缽；家家棄其親愛，人人絕其嗣續。致使兵挫於行間，吏空於官府，粟罄於惰游，貨殫於泥木。所以奸宄弗勝，頌聲尚擁，惟此之故，其流莫已，其病無限。若陶甄稟於自然，森羅均於獨化；忽焉自有，怳爾而無，來也不禦，去也不追，乘夫天理，各安其性。小人甘其壟畝，君子保其恬素；耕而食，食不可窮也；蠶而衣，衣不可盡也；下有餘以奉其上，上無為以待其下，可以全生，可以匡國，可以霸君，用此道也。』」

不過，范縝的批評倒和梁武帝本人無關。《南史》記載的梁武帝幾乎是一個帝王的最高標準，說到他的孝道，六歲母親去世時，他哭得比成人都慘痛，滴水不進達三日之久。父親去世時更是一哭就吐血，前後加起來達到數升。

說到學問，即便他日理萬機，仍然卷不輟手，每天就著燭光讀書。他寫的書除了《通史》六百卷之外，還有《金海》三十卷。儒教方面，有《制旨孝經義》、《周易講疏及六十四卦》、《二系》、《文言》、《序卦等義》、《樂社義》、《毛詩答問》、《春秋答問》、《尚書大義》、《中庸講疏》、《孔子正言》、《孝經講疏》，加起來一共二百餘卷。

在他統治的時期也沒有忽略儒教，重新設立了五經博士。在禮儀方面，他主持編纂《吉凶賓軍嘉五禮》一千餘卷。登基後，作為皇帝寫的贊、序、詔誥、銘、誄、說、箴、頌、箋、奏諸文有一百二十卷。

此外，他會的技藝有：圍棋、陰陽、緯候、卜筮、占決、草隸、尺牘、騎射等等。佛經方面，他寫有涅盤、大品、淨名、三慧諸經義記一共數百卷，還不斷的去同泰寺講學，每次都有數萬聽眾[32]。

梁武帝本人還非常節儉，身穿布衣，不著綾羅綢緞，一個帽子戴三年，一床被子用兩年。晚年每天只吃一頓飯，而且吃素。五十歲之後就不再親近女人，不喝酒，除了大宴群臣或者做法事時之外不聽音樂。

在處理政務上也是極其嚴格，冬天四更就起來，並藉著燭光看奏章，持筆寫字，甚至手都凍裂了。

在他幾乎嚴格的苦行僧方式下，南朝恰好進入了一個繁榮期，在這個時期，社會經濟保持了和平而迅速恢復，人們的文化和修養都處於南朝的黃金時代。在劉宋時期，皇帝的修養仍然單薄，蕭齊時期過於短暫，而且被一些稀奇古怪的皇帝拖了後腿。只有蕭梁時期，皇帝的品味和社會的繁榮都達到了高峰。梁武帝認為，社會之所以如此精彩，是和他尊奉佛教有關。

但是，他忽略一點，梁朝之所以繁榮，是因為內部的穩定與外部的和平。而外部之所以和平，是因為北方的魏國處於一次衰落期。在劉宋和蕭齊時期，北方的北魏正好強大，而梁朝時，北魏經過了六鎮之亂，朝政隨後又被爾朱榮把持，最後高歡、宇文泰的崛起使得北魏分裂成了東魏和西魏[33]。當兩個魏國征戰不止時，沒有人騰得出手來入侵南方，南方才保持了長期的和平。而梁武帝過度注重發展內部文化，卻忽略了對邊境的防守。於是，一旦兩魏喘過氣來對付南方，就是災難的開始。

就在梁武帝最後一次捨身入寺的時候，危機已經到來。他還在寺廟時，突然有消息傳來，東魏一位叫侯景的將領要投降梁朝[34]。梁武帝聽後大喜，派遣司州刺史羊鴉仁率土州刺史桓和、仁州刺史湛海珍等人接應侯景。下令完畢，他繼續在寺廟裡開他的大會。

梁武帝沒有想到，這件看起來不經意的事情，卻決定了梁朝和他本人的命運。在中國歷史上，侯景將會以少有的亂臣形象被記入歷史。他是少數民族羯族人，曾經在北魏權臣爾朱榮手下

32　見《南史．梁武帝紀》。
33　見《魏書》相關章節。
34　見《南史．侯景傳》。

效命，當高歡征討爾朱氏時，他又該換了門庭，效命於高歡。到高歡的兒子高澄即位後，他又叛變率軍向南方投誠。

侯景投降南方之後，由於不得志，再次叛亂。這次他並沒有逃走，而是突然間向梁朝的首都建康進攻。進攻出其不意，梁朝的軍隊在幾十年的安樂中早已喪失作戰能力，根本無力抵抗侯景的部隊。

梁武帝最後一次捨身兩年後，他被圍困在建康，建康城投降了侯景。八十六歲的梁武帝被餓死在宮中。

梁武帝去世後，侯景之亂雖然被鎮壓，但梁朝的盛世再也沒有回來。梁武帝當年建立的南朝四百八十寺，再也沒有恢復到當年的繁華頂峰。

第十二章

北朝：入籠之鳥

西元三一七年～五八九年

與南朝的佛教失控相比，北朝對於佛教雖然也極為推崇，卻從來沒有放棄控制。一旦佛教規模失控，皇帝就發動滅佛運動，將佛教資源重新收入政府手中。

在北朝，佛教和道教在理論上發生了多次論戰。雙方論戰的焦點始終是：佛教是不是產生於道教？佛陀是不是老子的化身或者學生？

老子化佛是由道教編造的故事。但在佛教傳入中國初期，由於人們不了解佛教，僧人們默許了這個故事的存在。一旦佛教羽翼豐滿，佛教開始與道教拉開距離，雙方的辯論隨即展開。與佛教的思辨相比，道教是一個信口開河、缺乏邏輯能力的宗教，在辯論中屢戰屢敗。

在北周武帝的滅佛行動中，發生了中國歷史上對皇帝的最大膽攻擊，僧人慧遠直斥皇帝要下地獄，成為佛教不屈從權威的最典型事例，也是絕響。

第一次滅佛

在南朝的佛教享受著皇帝的恩寵和無限榮華時，在遙遠的北方，佛教卻正經歷一場劫難。這場劫難來得非常突然。在幾年前，北魏皇帝太武帝拓跋燾對和尚們還恩寵有加，畢恭畢敬，但幾年後的太平真君五年（西元四四四年），政治風向標卻突然轉向，佛教瞬間成了皇帝進攻的目標。

這一年春天正月，皇帝突然下了一封詔書，這封詔書如同古代的「清理思想垃圾」運動，主要針對的目標，幾乎包括了一切官方不喜歡的思潮，這其中既有巫術、讖記、陰陽、圖緯、方伎這些中國傳統的灰色地帶，也包括了佛教這樣的宗教團體。皇帝幾乎沒有把它們進行區分，就一網打盡了。

為了剷除這些「思想垃圾」，皇帝規定：不管是老百姓還是王公貴族，一概不准私自奉養和尚、巫師以及金銀匠人，凡是已經有的，必須送到官府，不能私藏。皇帝給了一個月的期限，如果過期不報的，巫師和和尚身死，主人也要滅門[1]。

過後，皇帝又下了第二道諭旨，宣布人們不能私立學校，必須到政府舉辦的學校上學，而那些技工、武卒，則只能繼承父輩的職業[2]。

這兩個法令幾乎斷絕了人們從事自由職業、進行自由學習的空間，而僧人作為首當其衝的對象，受到了嚴厲的對待。

但這次的敕令似乎只是在北魏的都城平城（現山西大同）和東部地區實行。兩年後，位於陝西的盧水胡人蓋吳造反，太武帝率軍進入陝西鎮壓了造反者。進入長安後，皇帝的馬匹放在了一個寺廟中，因為寺裡的僧人種了一些麥子，可以供馬食用。太武帝進去看馬時，他的隨從官員在

1 《魏書．世祖紀》：「戊申，詔曰：『愚民無識，信惑妖邪，私養師巫，挾藏讖記、陰陽、圖緯、方伎之書；又沙門之徒，假西戎虛誕，生致妖孽。非所以壹齊政化，布淳德於天下也。自王公已下至於庶人，有私養沙門、師巫及金銀工巧之人在其家者，皆遣詣官曹，不得容匿。限今年二月十五日，過期不出，師巫、沙門身死，主人門誅。明相宣告，咸使聞知。』」

2 《魏書．世祖紀》：「庚戌，詔曰：『自頃以來，軍國多事，未宣文教，非所以整齊風俗，示軌則於天下也。今制自王公已下至於卿士，其子息皆詣太學。其百工伎巧、騶卒子息，當習其父兄所業，不聽私立學校。違者師身死，主人門誅。』」

寺廟的房間裡發現了一些兵器，出來後告訴了皇帝。皇帝大怒，認為這不是和尚們用的東西，而是和造反的人同謀的證據。於是他下命令誅殺了整個寺廟的和尚。

殺完和尚之後，開始檢點寺廟的物品，又發現了許多釀酒的器具。另外，在躲避戰亂時，許多有錢人不能把東西都帶走，就把一些貴重東西寄存在寺廟，也被發現了。最後，還在寺廟內發現了一些密室，被認為是和尚和貴族婦女淫亂的證據。

這時，皇帝的親信大臣崔浩正巧在旁邊，乘機煽風點火，慫恿皇帝下令將長安的僧人全部殺死，將佛像毀壞，又命令全國依照長安的規矩辦理[3]。

到這時，一次全國性的滅佛運動形成了。

太武帝在長安時，他的太子拓跋晃（恭宗）留在平城。恭宗對佛、道都有好感，聽說父親大開殺戒，連忙上表請求不要這麼做，認為殺戮和尚、摧毀佛像都是罪過，而更重要的是，許多藝術珍品都在滅佛中毀於一旦。通信來回三次後，太武帝仍然不解氣，他發了一通詔書，描寫自己對佛教的認識[4]。詔書的原稿可能是崔浩寫的，顯得文采飛揚。

由於當時普遍認為是東漢的明帝做夢夢見金人在宮殿裡飛行，才派人前往西域迎來中國歷史上第一批僧人，詔書裡直接把明帝稱為「後漢荒君」，認為他本人信惑邪偽，胡亂崇敬妖孽。並強調，所謂佛，是中國自古沒有的東西，只會造成政治的混亂和社會的黑白顛倒。皇帝重申：從今以後，敢有崇拜外來大神或者製造神的形象的，都是滅門之罪。而各地方官員則應該把所有的佛像佛經都毀掉，把所有的和尚都活埋。

在詔令之下，大批的和尚被趕走，大量的土木宮塔都毀於一旦。然而皇帝沒有想到的是，即便他發布了如此嚴厲的命令，可是仍然有人敢於冒險。就連他的太子也並不聽他的話。於是，皇帝命令下達的同時，各地官員已經開始暗中行動，提醒和尚盡早逃走，或者把金銀寶像和佛經都藏起來。

於是大量的僧人從北朝逃到了南朝，促進了南朝的發展。還有的人躲起來，等待著將來政策的轉向。

北魏太武帝滅佛成了中國歷史上第一次法難。此後，這樣的行動還有三次，歷史上將這四次法難稱為「三武一宗」[5]滅佛，這「三武一宗」也就是迫害佛教的四個皇帝。然而，每一次法難之後，都會進入下一個迅速恢復期。

而所謂滅佛，實際上也只是政治和經濟的一部分。皇帝之所以要滅佛，是因為佛教不聽話，而透過滅佛讓和尚們聽話之後，一旦皇帝控制了政權，就立刻又發了通行證。到最後，佛教、道

3 見《魏書．釋老志》。

4 《魏書．釋老志》：「昔後漢荒君，信惑邪偽，妄假睡夢，事胡妖鬼，以亂天常，自古九州之中無此也。夸誕大言，不本人情。叔季之世，暗君亂主，莫不眩焉。由是政教不行，禮義大壞，鬼道熾盛，視王者之法，蔑如也。自此以來，代經亂禍，天罰亟行，生民死盡，五服之內，鞠為丘墟，千里蕭條，不見人跡，皆由於此。朕承天緒，屬當窮運之弊，欲除偽定真，復羲農之治。其一切蕩除胡神，滅其蹤跡，庶無謝於風氏矣。自今以後，敢有事胡神及造形像泥人、銅人者，門誅。雖言胡神，問今胡人，共云無有。皆是前世漢人無賴子弟劉元真、呂伯強之徒，乞胡之誕言，用老莊之虛假，附而益之，皆非真實。至使王法廢而不行，蓋大奸之魁也。有非常之人，然後能行非常之事。非朕孰能去此歷代之偽物！有司宣告征鎮諸軍、刺史，諸有佛圖形像及胡經，盡皆擊破焚燒，沙門無少長悉坑之。」

5 北魏太武帝、北周武帝、唐武宗、後周世宗。

教、儒教都在政權中找到了屬於自己的地位，形成了一派和諧。

如果說佛教在魏晉是一種思想上的開放勢力，到了南朝，則已經和政權相連接，變成了皇帝的玩物，只是在南朝時期，皇帝仍然不知道如何處理佛教、道教和儒教之間的關係，無法讓它們統一生活在政權之下。而在北朝，諸位皇帝雖然經過了數次暴力事件，最終卻馴服了佛教，皇帝成了三教的首領，帶領它們共同享受中央集權帶來的權力和榮華。

下面，就是北朝皇權和佛教在摩擦中最終得到和諧的過程。

為利官僚系統滅佛

北魏是鮮卑族政權，建國的過程是從軍事部落制向行政官僚制轉化。要想完成轉化，最適宜的方法是採納中國的中央集權和政教合一模式，強調君臣父子各安其位。由於定位清晰，北魏從一開始就把漢朝的儒教放在了最重要的位置上，終其一朝，將北方的文化進行重建，學習中原的正統模式。

北魏遵循的是漢朝傳統，使得它的文化成了一個集道統、讖緯、方術於一體的大雜燴。有人認為，北魏的正史《魏書》是二十四史中最迷信的一本，其中記載了大量的關於統治者的神化，以及無數的讖緯故事。在《魏書》中，那些北魏的名臣變得既像道學家，又像占卜的巫師，他們總是朝皇帝做著各種預言，要求皇帝根據這些預言治國。

北魏王朝的實際開創者，是太祖道武皇帝拓跋珪，他學習漢文化定國號為魏，又遷都平城，建立宮殿，建設了宗廟社稷等宗教建築，又設立了一系列的規章制度、官品、爵位、律令、曆法等，以表明自己繼承了漢代的正統。之後，他又設立了五經博士，並錄取了三千太學生。為了彰顯儒教，還命令這些博士和學生從儒教經典中總結大義，寫了四萬多字的《眾文經》，進行文化推廣[6]。

道武帝的兒子明元帝繼續了父親的愛好，他本人對於歷史更感興趣，甚至模仿劉向的書籍，寫了一本三十篇的《新集》[7]。

明元帝的兒子太武帝拓跋燾即位後，繼續了前兩代的政策，建立新的太學機構的同時，還供奉了孔子，以孔子的弟子顏淵配祀，形成了國家宗教模式[8]。

北魏的皇帝們在學習漢文化的儒教時，最初並沒有忽略掉另外兩種宗教，特別是佛教。實際上，自從西晉末年北方亂套之後，北方少數民族政權一直對佛教有認同感。由於西域是最早接觸佛教的地區，這些少數民族又多少和西域有點關係，他們認為佛教是自己的宗教。比如石勒、石虎的後趙政權就曾經在河北地區崇佛，受到漢族大臣的質疑，認為應該用儒來取代佛，而石虎卻認為：佛是外面來的神，而我就是從邊外來的，所以崇佛本來就是我的風俗[9]。

6 見《魏書．太祖紀》。
7 《魏書．太宗紀》：「帝禮愛儒生，好覽史傳。以劉向所撰《新序》、《說苑》於經典正義多有所闕，乃撰《新集》三十篇，采摭經史，該洽古義，兼資文武焉。」
8 見《魏書．世祖紀》。
9 見《廣弘明集．卷六》。

而前秦苻堅對於僧人道安的尊敬，後秦對於龜茲名僧鳩摩羅什的資助，都是北方對於佛教的貢獻。

北魏發端於中國的北方，與西域隔絕，所以最初對於佛教並不了解。但是道武帝仍然很尊重佛教，他平中山，經略燕趙，經過佛寺時都致敬，並禁止軍旅侵犯佛寺。之後道武帝下令建立佛塔、禪堂，北魏開始了佛教的發展。另外，除了尊崇儒教、尊敬佛教之外，道武帝對於黃老之術也有著深刻的認同感，可謂三教同尊。

明元帝時期，繼續尊道崇佛。在這個時期，中國一個特殊的機構建立了起來，這就是「道人統」，所謂道人統，就是管理得道之人機構。這個機構的出現，表明這個新興國家想把僧人和道士納入行政管理的嘗試[10]。道人統也成了如今中國國家宗教事務局的前身。

太武帝即位後，本來也採取了和前兩代一樣的宗教政策，但他本人戎馬倥傯，征服了北中國大量的土地，最後統一了北方。胡夏（陝西）、北涼（甘肅）都是佛教發達的國家，在滅亡這兩個國家的過程中，大量的僧人終於出現在了統一後的北魏帝國之中。僧人的急劇擴張，難以管理，使得太武帝的態度逐漸轉變，而這時，兩個人的出現澈底轉變了太武帝對佛教的好感。他們是信奉儒教的崔浩和道士寇謙之。

在北魏統一的過程中，作為漢人的崔浩是第一大功臣，他幫助太武帝建立了一套類似於漢人的官僚制度，而他本人則是漢儒的信奉者[11]。在明元帝時期，崔浩就為皇帝解說《易》和《洪範五行》，大都利用天人感應來解說政治。崔浩發現，在北魏建立官僚體系過程中，最大的障礙是佛教，因為佛教已經是一種組織化的宗教，而且不屬於官僚系統內的組織。它有著大量的信徒，占據了不少社會資源。只有打掉佛教，才有利於北魏官僚系統更加正規化。

為了與佛教對抗，崔浩引入了道士寇謙之，將他介紹給了太武帝。於是，太武帝從早年的信佛突然轉向了道教，並把年號改為太平真君。寇謙之也利用北魏政權的力量建立了天師道，試圖將道教國教化，變成北魏帝權的支柱。

在寇謙之的影響下，以及崔浩的直接策劃下，太武帝有了滅佛行動。與滅佛同時進行的，是北魏儒教教育體系的構建，建立了太學，禁止了私學，官方也就壟斷了人才的思想。

不過，寇謙之與崔浩不同之處，在於他並不贊同用武力對待佛教，曾經苦苦勸說太武帝，並與崔浩發生了爭執。沒有效果，寇謙之只好對崔浩說：「你很快就要得到報應，滅門不遠了！[12]」

四年後，崔浩果然遭受了滅門之刑。不僅清河崔氏被滅，就連崔浩姻親的范陽盧氏、太原郭氏、河東柳氏，也都被滅族。

崔浩被殺，表面上源於他主持編纂的《國書》這本書。這是一本寫作北魏歷史的著作，對於北魏皇族的歷史，他寫得非常詳細，卻沒有想到要為皇帝避諱，不僅寫了好事，也寫了醜事。寫完後，崔浩命人將《國書》刻在石頭上供人閱讀。他這樣做是對於書的品質有信心，但在反對他

10 《魏書．釋老志》：「初，皇始中，趙郡有沙門法果，誡行精至，開演法籍。太祖聞其名，詔以禮征赴京師。後以為道人統，綰攝僧徒。」

11 見《魏書．崔浩傳》。

12 《魏書．釋老志》：「始謙之與浩同從車駕，苦與浩諍，浩不肯，謂浩曰：『卿今促年受戮，滅門戶矣。』後四年，浩誅，備五刑，時年七十。」

的人看來，卻是故意暴露北魏皇室的醜事，他給了政治對手把柄，讓他們借助《國書》事件將其害死。

名為興佛，實為控制規模

崔浩死後，儒教勢力暫時遭到了挫折，佛教勢力再次抬頭。以他的死亡為界，佛教徒遭受迫害的時光過去了。雖然太武帝又過了幾年才死去，但佛教遭受的迫害已經大大減輕，人們已經可以偷偷供奉了。除了京都之外，其餘的地方恢復得更快速。太武帝死後，文成帝下詔恢復佛教的地位[13]。雖然名曰恢復，但實際上政府的控制卻是加強了，比如，文成帝的詔書中雖然說人們可以自由信奉佛教、自由出家，但又在人數上進行了限制，規定大州五十人、小州四十人，更遠的地方十人。

一個州只有幾十位僧人，這樣的數目顯然是遠遠不夠的，事實上社會僧人的數量早已突破了限制。但這些數字卻說明了政府的管理思路，就是控制佛教規模，不讓它成長為政府的威脅，也限制它獲取的社會資源數量。

文成帝恢復佛教的同時，還重建了「國家宗教局」機關，名字也從道人統改成了沙門統。孝文帝時期，又禁止和尚在民間浮游，且規定和尚必須要領取官方發給的證明，這就是官方度牒的前身[14]。

當然，政府控制佛教，也要同時給予僧人們足夠的好處，以利益換取服從。而最重要的，則是在經濟上做出妥協。

文成帝時期，沙門統的負責人、和尚曇曜認準了皇帝的底線，奏請皇帝批准，如果有人能每年交給僧曹六十斛穀子，就可以算為「僧祇戶」，而輸送的穀子就是「僧祇粟」，僧祇戶獲得好處是不再屬於國家的稅收系統，不再承擔國家的稅賦。由於北魏的稅收並不輕，成為僧祇戶最初是一種減輕負擔的做法。

曇曜還請政府賜予寺院一些人手，這些人或者是國家重罪的囚徒，或者是官奴，讓他們充當「佛圖戶」，也就是幫助寺院打掃衛生或者種地的人。

皇帝沒有想到，這一批准，就創造了獨立於政府之外的寺院經濟。僧祇戶、佛圖戶一開始人數還不多，後來人數飆升，成了政府財政之外的人。

13 《魏書．釋老志》：「高宗踐極，下詔曰：『夫為帝王者，必祗奉明靈，顯彰仁道，其能惠著生民，濟益群品者，雖在古昔，猶序其風烈。是以《春秋》嘉崇明之禮，祭典載功施之族。況釋迦如來功濟大千，惠流塵境，等生死者歎其達觀，覽文義者貴其妙明，助王政之禁律，益仁智之善性，排斥群邪，開演正覺。故前代已來，莫不崇尚，亦我國家常所尊事也。世祖太武皇帝，開廣邊荒，德澤遐及。沙門道士善行純誠，惠始之倫，無遠不至，風義相感，往往如林。夫山海之深，怪物多有，姦淫之徒，得容假託，講寺之中，致有凶黨。是以先朝因其瑕釁，戮其有罪。有司失旨，一切禁斷。景穆皇帝每為慨然，值軍國多事，未遑修復。朕承洪緒，君臨萬邦，思述先志，以隆斯道。今制諸州郡縣，於眾居之所，各聽建佛圖一區，任其財用，不制會限。其好樂道法，欲為沙門，不問長幼，出於良家，性行素篤，無諸嫌穢，鄉里所明者，聽其出家。率大州五十，小州四十人，其郡遙遠臺者十人。各當局分，皆足以化惡就善，播揚道教也。』」

14 《魏書．釋老志》：「延興二年夏四月，詔曰：『比丘不在寺舍，游涉村落，交通奸猾，經歷年歲。令民間五五相保，不得容止。無籍之僧，精加隱括，有者送付州鎮，其在畿郡，送付本曹。若為三寶巡民教化者，在外賫州鎮維那文移，在臺者賫都維那等印牒，然後聽行。違者加罪。』」

當然這對社會來說不是壞事，當皇帝的稅收過度時，會有許多人來給寺院當僧祇戶，或者把地賣給寺院，再來幫寺院種地，寺院收取的租金更低，也就避免了政府的殘害。當政府政策好的時候，人們又會從寺院反流到社會之中。

到這時，政府和佛教就形成了相對穩定的關係，有時候鬥爭激化，但有時候又相互利用。到了北魏後期，佛教已經迅速膨脹，成為一種不可忽視的社會力量。寺廟數量最高時達到了天下三萬，而僧人更是達到了兩百萬（請參見下表5），這還不包括那些圍繞著僧人服務的群體。

與此同時，官方的語言體系仍然是儒教的，官僚系統的晉升也主要是從儒生中選取。儒教和佛教達成了一種默契，一方占據了政治主導權，另一方則獲得了經濟資源。

唯一沒有從這種默契中獲得太多好處的是道教，於是，道教開始反擊了。

表5　北魏寺廟僧尼統計[15]

年代	寺廟數	僧尼數	備注
孝文帝太和元年（西元477年）	平城京內約百所 四方6,478所	京內兩千餘人 四方77,258人	太和10年遣1,327名僧尼還俗
宣武帝延昌中（西元512～515年） 孝明帝神龜元年（西元518年）	天下13,727所 洛陽城內500所	僧侶益重	此時已遷都洛陽
魏末（西元534年）	洛陽1,367所（《洛陽伽藍記》）天下三萬有餘	天下200萬	佛經流通，大集中國，凡有415部，合1,919卷

老子、佛陀誰化誰

北魏孝明帝正光元年（西元五二〇年），在皇帝面前，佛教和道教的代表發生了一次激烈的交鋒。交鋒的內容是：佛陀和老子的關係[16]。

這一年，孝明帝更改了國號，舉行了大赦，召集了佛道的代表來到殿前。道教的代表是清通觀道士姜斌，佛教的代表是融覺寺僧人曇謨最。

雙方到齊後，皇帝開始提問：老子和佛陀是不是同時的人？

道士回答：「老子騎青牛，出函谷，向西而去，化為胡人。而僧人們所說的佛陀，在當時是老子的侍者，所以，他們是同時的人。」

道士的回答實際上來自一樁公案。在當時市面上流傳著一本叫做《老子開天經》的書。這本書的記載顯得很奇特。根據正史記載，老子騎青牛出函谷關西去，在關口碰到了守關的關令尹喜。尹喜請老子留下點文字，於是老子揮筆寫下了《道德經》五千言，然後離開[17]。

《老子開天經》卻對這個事件進行了發揮，在書中，尹喜並沒有離開老子，而是跟著他一起去了西方。當他們到達一個叫做印度的地方，老子讓尹喜搖身一變，變成了佛陀，留在印度普渡

15 本表摘自湯用彤《漢魏兩晉南北朝佛教史》。
16 本段爭論選自《廣弘明集．卷一》。
17 《史記．老子韓非列傳》：「老子修道德，其學以自隱無名為務。居周久之，見周之衰，乃遂去。至關，關令尹喜曰：『子將隱矣，強為我著書。』於是老子乃著書上下篇，言道德之意五千餘言而去，莫知其所終。」

眾生。

現代人很容易就能看出這本書是後人編纂的，但在南北朝時期的道士們看來，這本書說的卻全是史實。他們用這本書來證明：一、道教比佛教更早；二、道教比佛教更高明。

聽了道士的話，和尚立刻反駁說：「你又是怎麼知道呢？」

道士回答：「有一本書叫《老子開天經》，我是根據這本書知道的。」

和尚追問：「那麼，老子又是周代哪個王的哪一年生的？哪個王的哪一年西去的？」

道士回答：「老子生於周定王三年（西元前六〇四年）乙卯年，出生地是楚國陳郡苦縣厲鄉曲仁里，九月十四日夜子時生人。到了周簡王四年（西元前五八二年）丁丑年，成了周朝的守藏吏。周簡王十三年（西元前五七三年）遷為太史。到了周敬王元年（西元前五一九年）庚辰年，那年老子八十五歲，見到周德已衰，決定和散關令尹喜[18]一同向西，化為胡人。這已經足夠詳細了。」

和尚接著反駁說：「佛陀周昭王二十四年四月八日生，周穆王五十二年二月十五日涅槃。在佛陀涅槃後，經過三百四十五年，才到定王三年，也就是老子的生年。老子活到八十五歲，到了敬王元年，才和尹喜西行。這時已經距離佛陀涅槃四百二十五年了[19]。老子比佛陀晚生這麼多年，怎麼還能當上佛陀的師父？」

道士反問說：「如果佛陀真的生在周昭王時期，又有什麼文獻做依據呢？」

和尚說：「《周書異記》、《漢法本內傳》，這兩本書裡都有記載。」

需要說明的是，這兩本書也是後人偽造的，就如同道士們把《老子開天經》當成史實一樣，和尚們把這兩本書也當成史實使用。

在辯論中和尚的氣勢壓住了道士。於是道士試圖把話題引向孔子和佛陀的比較，試圖拉攏儒教陣營一同反駁佛教，但被及時制止了。皇帝的大臣宣布，道士姜斌觀點散漫、沒有宗旨，辯論失利。

辯論末了，皇帝又追問了道士一句：「你說的那本《老子開天經》是從哪裡得來的？又是誰說的？」

道士只好和中書侍郎魏收、尚書郎祖瑩等人，一同去取經書。經書取來後，皇帝分發給一百七十多個大臣，一同閱讀。讀完後，眾人認定，老子只寫過五千字的《老子》（《道德經》），沒有聽說過這本書，認定是偽造的。

皇帝生氣的要把道士判處死刑，被其他的和尚勸說著沒有殺，而是流放到了偏遠的馬邑（現山西省朔州）才作罷。

這次爭論以佛教的勝出而告終。現代人感興趣的不是辯論題目本身，而是辯論的過程。這次辯論代表著當時考據學的較高水準，卻又有無數的缺陷。雙方旁徵博引，詳細計算，值得肯定。但他們引用的經文卻都是偽造的，不僅《老子開天經》不是老子所作，就連和尚引用的《周書異記》、《漢法本內傳》，也不知是何許人寫的偽書。佛教之所以勝出，只是因為此時的皇帝更喜

18 原文如此。大部分文獻記載尹喜是函谷關令。

19 原文如此。這裡沒有糾正原文的計算錯誤，也無法根據僧人的說法還原佛陀的生卒年月。

歡佛教一些，才做出了這樣的選擇。

這次爭論也將數百年佛、道大辯論的主題說得明明白白。在未來幾百年裡，中國還會發生多次大規模論戰，而每一次的主題都圍繞著老子的身分展開。道教認為，佛教是老子西行之後創立的，把佛教當作道教的一個支派，而佛教則堅決否認這一點。

遙想佛教剛進入中國時，為了讓人們便於理解，不斷的往道家的概念上靠，現在羽翼豐滿後則極力否認與道教的聯繫，只能感慨世事變幻。

虛構老子化胡經

關於老子化胡的起源，最早出現在《後漢書》，漢桓帝時期的大臣襄楷的奏章當中，提到「或言老子入夷狄為浮屠」[20]。這個時候出此傳言，可能由於人們對佛教的不理解，也可能是佛教故意附會讓人容易理解。西晉時期，國子監祭酒王浮和僧人辯論時，寫下了一部《老子化胡經》[21]。此時佛教徒已經明確不同意老子化胡的說法，雙方的實力對比發生了變化。

除了這部《老子化胡經》之外，流傳到現在的資料，還有前面辯論中提到的《老子開天經》。另外，北周時期的前司隸、母極縣開國伯甄鸞也曾經寫過一部《笑道論》[22]，專門嘲笑道教理論，其中引用了許多道教的書籍片段，比如《太上道君造立天地》等。

在甘肅省平涼崆峒山的老君樓，至今保存著一組著名的壁畫，稱為《老子八十一化圖》，也是描寫老子的諸般變化。

不過，流傳到現在的《老子開天經》可能不是當年佛道大辯論時用到的版本，其中並沒有關於老子化胡的記載。這本書寫的是道教綜合了所有神話之後，設計的一個宇宙生成過程，既帶著一點玄學色彩，又有佛教特點。

根據書中記載，最初天地之間是一片浩蕩，沒有形狀，沒有天地陰陽日月東西，只有一片無以名狀的廣闊。而此刻的老子是沒有形狀沒有言語的，很難說他是人。這和西方哲學中後來的上帝形象很相似，哲學家們慢慢的拋棄了上帝是人形的看法，把他當作一種無處不在的意志。而這裡的老子也是類似的。

在這片浩蕩之中，產生了所謂的「洪元」，又經過了一萬個「劫數」（這是個佛教用語），才產生了「混元」，又經過了萬劫百成（百成是八十一萬年），到了「太初」。

「太初」時，老子也成形了，從虛空中降落下來，帶來了一部《開天經》，經文四十八萬卷，每卷四十八萬字，每個字方圓一百里。「太初」在經文的作用下，分開了天地，產生了日月、人類。之後到了「太始」。不再具體敘述要經過多少年，從「太始」開始，又經歷了「太素」、「混沌」、「九宮」、「元皇」、「天皇」、「地皇」、「人皇」，之後開始了各位聖人的統治，而老子都在其中起到了最重要的作用。

---

20 見《後漢書．襄楷列傳》。

21《出三藏記集．卷十五．法祖法師傳》：「昔祖平素之日，與（王）浮每爭邪正，浮屢屈。既意不自忍，乃作《老子化胡經》以誣謗佛法。」

22 見《廣弘明集．卷九》。

《老子開天經》寫到夏商周就結束了，沒有繼續寫老子如何去西方變佛。而接下來的任務，交給了《老子化胡經》。

王浮的《老子化胡經》虛構了老子出函谷關之後的行程：第一，他到了于闐國（現新疆和田）的毗摩城，在這裡招來了一堆仙人，又渡化了八十多個國家的國王，教導他們殺生太多，要修道贖罪。由於胡人不洗澡，身體腥臊，於是又命令他們剃頭[23]。第二，他到了摩揭陀，立浮屠教，然後回中原，去扶桑（日本）。第三，派遣尹喜托生於印度，成為佛陀。

而在甘肅崆峒山發現的《老子八十一化圖》雖然出自明代，但也詳細敘述了老子的化胡經歷。在他的八十一次變化中，從第二十七個變化開始，老子就進入了西方世界。第二十七化是進入罽賓（編注：罽音同記），也就是現在的喀什米爾地區（大乘佛教發源地），渡化了那兒的國王和王子，並說了《蓮華經》、《光明經》、《涅槃經》、《四十二章經》等。

第三十四化則明確提出，老子讓尹喜當佛，去渡化喀什米爾人。之後，老子開始降服九十六種邪道，並在各個西域國家遊蕩顯神。第四十一化到了天竺，也就是印度，給各個國王傳授佛教戒律。第四十五化則說老子又托生於天竺的迦毗羅衛國摩耶夫人腹內，成了淨梵王子，繼續渡化眾生。

從第四十七化開始，又回到了中原來點化孔子。由於八十一化圖是明代畫的，後面的諸般變化，一直說到了宋代，才告結束。但從前面這些變化，可以明確的看到道教是如何穿鑿附會，把佛教說成道教的分支。

佛道大鬥嘴

自從有了《老子化胡經》之後，佛道之間的辯論就再也沒有斷過。上節提到的北魏孝明帝時期的辯論可以看作第一次。到了繼承北魏政權的北齊，出現了第二次。

這一次辯論記在了唐朝和尚道宣所寫的《集古今佛道論衡》裡。這本書記載了東漢明帝到唐高宗時期的佛道辯論事件，有的是虛構的，有的是真實的。

在北齊文宣帝天保六年（西元五五五年）[24]，同樣是皇帝召來了佛道的代表進行辯論，道教的代表是著名的道士陸修靜，而佛教的代表是上統法師。在書裡將這次辯論，神化成了法術的大比拚，但實際上，可能仍然是義理的比較，最終佛教勝出，皇帝讓道士削髮為僧。

而更重要的辯論出現在北周時期，北周武帝是位雄才大略的君主，他出身胡人，卻一心用儒術治國，對佛教充滿了警惕心，這也使得佛道之間的實力對比發生了變化。

武帝最初試圖利用儒教，並相信漢儒的讖緯，被道士張賓迷惑後，決定親近道教、遠離佛教，甚至穿上了道士的衣服[25]，而另一個人衛元嵩，則慫恿武帝建立一套以皇帝為中心、集成三

23 《老子化胡經・序說》：「爾時老君告諸國王：汝等心毒，好行殺害，唯食血肉，斷眾生命。我今為汝說夜叉經，令汝斷肉專食麥麨，勿為屠殺，不能斷者，以自死肉。胡人佷戾，不識親疏，唯好貪淫，一無恩義。鬚髮拳鞠，梳洗至難，性既膻腥，體多垢穢，使其修道，煩惱行人。是故普令剔除鬚髮，隨汝本俗而衣氈裘。教汝小道，令漸修學，兼持禁戒，稍習慈悲，每月十五日，常須懺悔。」

24 見《集古今佛道論衡・卷甲》。

25 見《廣弘明集・卷八》。

教的新宗教體系，叫做平延寺[26]。

天和四年（西元五六九年），北周武帝召集了名僧、儒者、道士以及百官兩千多人。這次討論的目的，是給三個宗教排定座次，他心目中的座次是：第一道教、第二儒教、第三佛教。

他這樣排的理由是：根據《老子開天經》等道教經文的敘述，道教是在天地產生之前的混沌狀態時就已經有了；而儒教則產生於周代，而且儒教是治國的宗教；至於佛教，根據《老子化胡經》的敘述，則是老子的小跟班尹喜創立的，所以更晚，進入中國的時間更是在漢代。

這次開會，討論到後來，北周武帝再次改變主意，想直接廢除佛教，但仍然沒有做結論。隨後，他命令大臣甄鸞寫一篇命題作文，討論佛道二教的優劣，他沒有想到，認真的甄鸞竟然洋洋灑灑寫了三卷書呈了上來，這就是有名的《笑道論》。

《笑道論》直接針對皇帝的說法，對道教進行了三十六條批駁。皇帝大驚，他的本意是取消佛教，沒想到大臣卻和他對著幹，於是召集群臣討論，給甄鸞扣上了「傷蠹道法」的帽子。而這時，另一位僧人道安又上了一本《二教論》[27]，繼續批駁道教。武帝最後無奈，只好暫時擱置了這個議題。

《笑道論》基本上可以代表了佛道大辯論的最高水準，作者利用道教文獻，再加上邏輯的力量，指出道教文獻本身就有著太多的邏輯錯誤，前後矛盾之處甚多，可以看成是偽造的。這也看出佛教和道教的區別，道教天馬行空，缺乏邏輯性，其文獻也顯得支離破碎，更多是以文學作品的形式出現；而佛教內部文獻則早已接近於學術論文的水準，雖然邏輯沒有發展出三段論這樣確定的形式，卻已是中國古代邏輯的巔峰。

《笑道論》分成三卷三十六條，批判了道教的三十六個論點。按照作者的說法，是嘲笑道教經典號稱三洞[28]，而當時的道教經典號稱三十六部。這三十六條又可以主要概括為五點[29]：

第一，道教書籍中記載互相矛盾，比如所謂「造立天地」，道教經典中的記載就是矛盾的，在《太上老君造立天地》中聲稱老子的身體變成了日月山川[30]，可是其他書（比如《老子開天經》）又說天地是從混沌中誕生的。

第二，書中的記載明顯違背了歷史常識，比如「老子以上皇元年丁卯下為周師，無極元年癸丑去周度關」這樣的記載，而年號實際上是漢武帝時期才有的，在周代就編造年號，顯然並不符合歷史。

第三，關於老子化胡的說法混亂不堪，一會兒說老子化成了佛陀，一會兒說老子的跟班尹喜

26 《廣弘明集．卷七》：「夫平延寺者，無選道俗罔擇親疏；愛潤黎元等無持毀。以城隍為寺塔，即周主是如來。用郭邑作僧坊，和夫妻為聖眾。勤用蠶以充戶課，供政課以報國恩。推令德作三綱，遵耆老為上座。選仁智充執事，求勇略作法師。行十善以伏未寧，示無貪以斷偷劫。於是衣寒露、養孤生、匹鰥夫、配寡婦、矜老病、免貧窮，賞忠孝之門，代凶逆之黨，進清簡之士，退諂佞之臣使。六合無怨紂之聲。八荒有歌周之詠。飛沈安其巢穴，水陸任其長生。」

27 《笑道論》和《二教論》全文分別見《廣弘明集》卷八和卷九。

28 《道門大論》：「三洞者，洞言通也。通玄達妙，其統有三，故云三洞。第一《洞真》，第二《洞玄》，第三《洞神》。」

29 此處總結參考任繼愈《中國哲學發展史．魏晉南北朝卷》。

30 《笑道論》：「老子遂變形。左目為日，右目為月，頭為昆山，髮為星宿，骨為龍，肉為狩，腸為蛇，腹為海，指為五嶽，毛為草木，心為華蓋，乃至兩腎合為真要父母。」

化成了佛陀。甄鸞總結了各類書中共五種說法，每一種都不同：尹喜化佛是一種；老子化佛又有兩種，一種是在喀什米爾成佛，另一種是說在「維衛」這個地方化佛，也叫釋迦；第四種是說老子的老婆號稱釋迦；最後一種是說老子渡化了印度王子悉達多，號稱釋迦；到底哪個是真的，無從知曉。

第四，道教經典中有許多荒唐汙穢的道術，還在房中術上大做文章，這在當時的佛教徒看來是不可思議的。

第五，道教經典原創性不足，偷竊了很多佛經的內容。比如《妙真偈》和《靈寶經》偷竊《法華經》。

這次辯論沒有勝負結果，但是從理論上，佛教一直保持著對道教的優勢。

除了北周的理論辯論之外，佛道的辯論一直持續到了元代。由於明代是鐵板的儒教治國，清代又明確了喇嘛教的地位，漢地的佛道二教處於在野地位，紛紛到民間吸引普羅大眾去了，也就沒有必要為了爭奪高層資源而辯論了。

隋代時，隋文帝也曾經發現了老子化胡的塑像，覺得很奇怪，召集了一次佛道辯論，辯論的題目仍然是老子化胡問題。隋煬帝時期，佛道繼續辯論，到了唐代高宗、玄宗、德宗時期，也都有辯論。

可以說，老子化胡問題只是中國文人的戲謔之作，等於吵架不過編一些盤外招，卻意外的引領了千年佛道大辯論的主題。歷代統治者出於統治的便利性，利用這個主題挑動雙方的爭論，再給予它們不同的待遇。在一個吃肉的同時，另一個卻總是受到不同程度的抑制。為了避免這樣的結局，佛道兩家不得不小心翼翼的伺候著皇帝，圍繞著皇帝打轉。

當然也有例外，比如，北周武帝在挑動了佛道之間的妒忌心，發動了辯論之後，突然決定哪個也不支持，兩個一塊兒幹掉……。

第二次滅佛

建德二年（西元五七三年），北周武帝再次協調三教問題，召集了佛道和官員們探討三教的排位。此時的武帝已經想明白，統治還是必須用儒教，這次的排位變成了儒教第一、道教第二、佛教第三。

佛道兩家爭吵不已，皇帝也煩了。武帝忍無可忍，終於下令，佛道兩家都禁止掉。經書全部燒毀，佛像砸碎，所有的和尚道士一概還俗，編入戶籍成為納稅人，而所有的祭祀，只要是儒教經典中沒有記載的，一概廢除[31]。

這就是歷史上的第二次滅佛，或者稱為法難。

北周武帝滅佛與當初的北魏太武帝滅佛不同，太武帝對不聽話的僧人進行武力消滅，而北周武帝卻沒有消滅僧人，只是強迫僧人還俗。北周武帝的措施之所以更緩和，得益於北魏孝文帝時期的改革措施。

31 見《周書・武帝紀》。

孝文帝（和他的祖母文成文明太后）改革，我們一般稱之為漢化改革，這樣的提法偏離了重點。他改革的實質，是建立一套社會控制體系。北魏皇室是從游牧部落發展而來的，而北方中國經過多年的戰亂，也早已經社會失序，基層結構都亂了套。所以，孝文帝和文明太后就是要把這個失序的社會重新組織化。他們建立了完整的官員俸祿制度，重新分配了土地，建立了完整的戶籍制度和納稅體系。當這些改革完成後，皇帝就已經對社會的人口和資源都有了詳細了解。北周就繼承了北魏的社會結構。

在北魏太武帝時，皇帝對社會基層控制力弱，即便想讓和尚還俗，但是由於對基層不清楚，和尚們陽奉陰違，白天還俗，晚上就逃走了，繼續跑到皇帝管不到的地方當和尚。至於全國和尚的戶籍，皇帝也查不清楚。所以要滅佛只能採取激進的措施，用武力把反抗者嚇服。

而北周武帝時期，皇帝已經有了和尚的戶籍資訊，哪裡有多少和尚一目了然。皇帝把和尚還俗安排到地方後，地方的鄉長里長可以把他們看住，還給他們分配土地，這樣和尚就跑不掉了。

所以，兩次滅佛的不同，反映了皇權對於社會控制力的加強。

武帝滅佛之初，北方還沒有統一，西部的陝西地區掌握在北周手中，而東部的中原地區則掌握在北齊手中。幾年後的建德六年（西元五七七年），北周武帝攻入北齊首都鄴城，完成了對北方的統一，於是，滅佛的措施也推進到了北齊的疆域之內。

進入鄴城後，皇帝召集了北齊的僧人前往鄴城，向他們宣布廢除佛教。皇帝的詔書包括了幾層意思：第一，原本要三教皆廢，但考慮到儒教是治國之道，所以保留，其餘兩教廢除。第二，真正的佛是沒有形象的，佛像、佛寺和佛塔，費錢無數，卻無助於信仰，予以剷除。第三，和尚不盡孝道，國法不容，還俗回家[32]。

皇帝本來以為，他只需把僧人召集起來，做一個宣布，就足夠了。卻沒有想到，他突然間遭遇了中國歷史上最大膽和尚的攻擊。這也成了佛教精神不屈的一個標誌性事件。

冒犯天威護佛教

在所有被召集的和尚中，有一位叫慧遠的僧人。當別人都默不作聲時，他突然站起來，開始反駁皇帝。針對皇帝詔書裡說的「真正的佛是沒有形象的，所以要剷除佛像」，慧遠認為：真佛雖然沒有形象，可是普羅大眾要靠佛像來維持對佛的崇敬，毀掉之後，大眾會不習慣。

他舉了個例子來說明問題：「如果形象是不需要的，那麼帝國為什麼還要國家七廟，裡面不也塑有三皇五帝，以及皇帝祖先的雕像嗎？」

皇帝鐵了心廢除佛像，竟然說：「國家七廟是上代所立，也不是我想要立的，我也認為這不好，乾脆一塊兒廢除了。」另外，皇帝認為，佛經是外國之法，中國不需要它。

慧遠又打了個巧妙的比方：「在春秋戰國時期，孔子所在的魯國對於秦國、晉國來說，也是

32　《廣弘明集．卷十》：「朕受天命，寧一區宇。世弘三教，其風逾遠，考定至理多愆陶化，今並廢之。然其六經儒教文弘政術，禮義忠孝於世有宜，故須存立。且自真佛無像，遙敬表心，佛經廣嘆，崇建圖塔，壯麗修造，致福極多。此實無情，何能恩惠？愚人向信，傾竭珍財，徒為引費，故須除蕩。故凡是經像皆毀滅之。父母恩重沙門不敬，悖逆之甚國法不容，並退還家用崇孝治。朕意如此，諸大德謂理何如？」

外國，是不是說，孔子的儒家就不應該在秦國和晉國通行呢？至於皇帝要廢除七廟，就是不尊重祖先，不尊重祖先就是昭穆失序，昭穆失序導致五經無用，皇帝一會兒要尊崇儒教，一會兒又要廢除儒教的根本，這是不是也是矛盾的？如果儒道釋三教都不要了，又如何治理國家？」

皇帝反駁說：「魯國和秦國、晉國雖然是不同國家，可是都屬於華夏（王者一化）之地。」

慧遠回說：「魯國和秦晉都屬於華夏之地，那麼中國和印度也還都在四海之內，無不在輪王一化之地呢！」

皇帝無語。

慧遠接著批駁皇帝逼迫僧侶還俗，他舉儒教提到的「立身行道以顯父母」，這也是孝道。意思是說，僧人不見得非要回家伺候父母才叫孝順，在外行道，為父母掙名，也叫孝順。

皇帝認為：父母如此恩重，如果拋棄父母，遠離父母，就算是孝順，也不是至孝。

慧遠立刻又抓住了皇帝的把柄，反駁說：「如果遠離父母就不是至孝，那麼，陛下的左右大臣們為了給陛下當官，都必須遠離父母。為什麼陛下不放你的大臣都回家，而是要讓他們跟著你服役至少五年見不到父母呢？」

皇帝說：「我也是輪番派他們回家伺候。」

慧遠說：「佛教也讓僧人們在冬夏修道，春秋回家伺候父母。」

皇帝又無語了。

慧遠接下來的話將成為中國歷代皇帝能夠聽到的最大膽的話。他聲稱：皇帝依靠武力破除佛教三寶，就是「邪見人」，而邪見人是要下地獄的，在阿鼻地獄裡，沒有貧富貴賤之分，皇帝難道不害怕嗎？

慧遠的詛咒讓皇帝勃然大怒，他直視著慧遠，忿怒說道：「如果百姓能幸福，那麼我寧可下地獄。」

慧遠說：「陛下你以邪法引導人，是在種苦業，凡是聽從你的人，都會跟著下地獄，還有什麼幸福可言！」

令人意想不到的是，慧遠說了這些話，竟然還能平安無事的從宮中出來。皇帝沒有對他下手，只是命令眾僧先回去，把參加辯論者的姓名留下。不過最後他也沒有處理慧遠和尚。

皇帝雖然表現出了大度，卻並沒有停止滅佛。在北齊，佛教原本比北周要興盛，在北周武帝的努力下，四萬座佛寺要麼被毀，要麼成了王公貴族的府邸。而僧人們還俗的就有三百萬之多。至於佛像佛經被毀的，更是不計其數。好在這一次滅佛持續的時間也不長，第二年，北周武帝去世了。繼任者很快轉變了方向，佛教再次興盛起來，並在隋唐達到了最高峰。

不過，此時的佛教已經與當初的不同了。在最初，佛教是作為一種反叛力量被人們接受的；在南朝，佛教又成了皇帝的座上賓客，享受著極大的特權；而到了北朝，隨著「道人統」、「沙門統」等政府機構的出現，僧人們已經被納入了政府的管理之中。他們的數量受政府管控，建設寺廟要批准，經濟也仰仗政策上的「僧祇戶」，所以越來越低調。就如同當年的道教轉變一樣，佛教也越來越不問世事，專心禪修去了。所謂的思想自由，就逐漸的被管控了起來，只有在自身利益受到侵犯時，才偶爾做出反抗。

不屈的和尚慧遠的詛咒，雖然是佛教不屈服的象徵，卻也成了絕響。

第十三章

隋唐：從現代邊緣墜落

西元五八一年～九六〇年

唐朝是中國歷史上思想最開放的朝代，儒、道、釋三個宗教都受到了政府的重視。在科舉考試中，注重文采的進士科地位遠在學習儒教經典的明經科之上，表明唐代統治者對於經文並不看重，而是更加注重人的實際素質。

由於唐朝皇帝把自己的李姓追溯到了老子，使道教受到了優待，甚至在科舉中也有道教科目。道教對於唐代最大的影響在於文學，唐代文人的想像力，大都來自道教的薰陶。

玄奘去印度取經，並試圖將理論更加完善的唯識宗發揚光大。但中國人並不喜歡印度哲學過於繁複的思辨，反而是更加本土化的三大宗——天臺宗、華嚴宗和禪宗，在唐代大行其道。玄奘取經是一個重大歷史事件，但他的最終目的卻沒有達到。

唐代在三教之外，是一個極其重視實際治理能力的朝代。隨著王朝制度的複雜化，人們開始將政治當作一種實務學問（科學）予以重視，這種科學精神傳給了宋代。

到了晚唐，人們反思三教競爭帶來的思想不統一，以韓愈為首的儒家學者重新推動儒教的回歸。這場運動在唐代沒有帶來果實，卻在宋代結出了碩果：中國哲學再次回歸統一，最活躍的時代過去了。

西天取經，創立唯識宗

唐太宗貞觀三年（西元六二九年），一位和尚從長安出發，前往印度取經。這次事件成了中國文化中的不朽事件。

但人們很少知道，這位和尚歷經千辛萬苦取來的經文，對於中國佛教卻並沒有很大用處。從歷史地位上看，大唐玄奘法師的印度之行是一次重要的文化事件；但是如果從效果上看，這次西遊帶回來的成果卻是一次完敗。

《西遊記》認為，玄奘西遊是為了取得真經，而所謂真經就是大乘佛教的教法。按照書裡的說法，唐朝流行的仍然是小乘佛教，觀世音讓玄奘去取經，就是用大乘佛教來替代小乘佛教[1]。

這種說法是錯誤的，唐代在玄奘之前，流行的已經是大乘教法。大乘佛教主要包括了般若、唯識、真常三支[2]，在南北朝時期流行的是般若學，其他兩支也有所發展。到了唐代，真常一支逐漸成了中國的主流學說。

這三支的區別主要是：

般若主要講「空」，世界的一切，包括佛法都是空的，只有理解了「空」，才找到了通向菩提的道路。

唯識則認為在世界為「空」的前提下，佛法卻不能是「空」。佛法既不是「空」，也不是「不空」，而是一種微妙的真實。為了理解佛法，人們需要有獨立的意識，這種意識也是微妙

1　《西遊記．第十二回》：「這菩薩近前來，拍著寶臺厲聲高叫道：『那和尚，你只會談小乘教法，可會談大乘麼？』玄奘聞言，心中大喜，翻身跳下臺來，對菩薩起手道：『老師父，弟子失瞻，多罪。見前的蓋眾僧人，都講的是小乘教法，卻不知大乘教法如何。』菩薩道：『你這小乘教法，度不得亡者超升，只可渾俗和光而已。我有大乘佛法三藏，能超亡者升天，能度難人脱苦，能修無量壽身，能作無來無去。』」

2　更詳細情況見本書第十章。

的存在。所謂唯識，就是對這種佛法意識的解讀。為此，這一支認為，人類一共有八種意識，分別是「眼」、「耳」、「鼻」、「識」、「身」、「意」、「末那」、「阿賴耶」，其中「阿賴耶」識就是和佛法相關的意識。

在印度，主要流行的是般若和唯識兩支。而第三支真常雖然也產生於印度，卻由於中國人的發揮，主要在東亞流行。所謂真常，就是說佛和佛性是真實的存在，不是「空」，這種真實的存在叫真常。

中國人是一個偷懶的民族，之所以繼承真常，是因為這一支對佛教進行了大量的簡化工作。比如，般若和唯識兩支（特別是後者）都認為，修行不是一天兩天的事情，必須分成許多等級，從低到高一層一層慢慢來，最後才是佛性。可是中國的真常系則認為佛性不需要分級，一次性就可以修成佛性，沒有中間等級。更加省事的是，修佛也可以是頓悟的，不需要花許多輩子逐漸領悟，只要人的境界到了，可以立刻成佛。

唯識一支還認為，不是所有的人都能修成佛，因為有的人的「阿賴耶識」本身就是邪的，缺乏佛性，怎麼修煉都不可能成佛，這些人被稱為「一闡提」，而中國的真常系卻認為所有的人都有佛性。

到了隋唐時期，真常系成了中國的主流，又派生出許多分支，比如，在玄奘之前就開始流行的天臺宗就是這樣的分支之一。在這些中國式佛學的解讀下，許多印度佛經被曲解，而許多印度沒有的教義被中國人提了出來。

玄奘秉持的是唯識這一支，更偏重印度原教義，他在學習的過程中發現，即便是唯識，由於中國的佛經翻譯上問題太多，也掩蓋了真實的教義。更何況受到真常系的各種汙染，很難找到一種純淨的理論。他決定到印度去尋找原始經文，將這些汙染去掉。這裡的「真經」，不是小乘佛教和大乘佛教的對立，而是在大乘佛教內部，中國式解讀和印度原教旨之間的矛盾。

為了尋找印度的原始教義，玄奘西行，經過西域進入中亞，過鐵門（於今烏茲別克）進入阿富汗，又到達喀什米爾，最後進入印度佛教的中心那爛陀寺[3]學習，並在遊歷了整個印度之後，帶回了大量的佛經原文，一共五百二十六筴、六百五十七部[4]。

回到中國後，玄奘拒絕了唐太宗請他出仕的要求，潛心譯經，共翻譯佛經七十四部[5]。他翻譯的佛經品質上乘，更接近印度的原義。而對於唯識理論，他做了深入的研究，編譯成了《成唯識論》。在他的宣導下，唯識宗在唐太宗、高宗年間成了主流。

但是玄奘沒有想到的是，他花這麼大功夫做的事情，在中國佛教理論上卻沒有留下很深的影響。當他去世後，唯識宗又流行了一段時間，就迅速冷卻了下去，反而被從中國發端的幾個宗派壓倒了。

這幾個宗派從理論上來說和印度原典相差甚遠，大都屬於一知半解，卻主導了中國的佛教界。他高品質的經文翻譯也沒有起到作用，由於印度佛教的理論性太強，思辨過於複雜，中國人

3 那爛陀寺遺址至今猶存，本書作者訪問印度時，參觀過遺址內的大規模僧舍。每一個建築內都有一個小廣場，小廣場周邊是一圈如同格子間的僧舍。一千多年前，其中有一間必定屬於那位中國來的和尚。

4 見《大慈恩寺三藏法師傳．卷六》。

5 見《大慈恩寺三藏法師傳．卷十》。

理解不了，僧人讀來讀去都放棄了，還是更喜歡在簡單的道理上隨意發揮。

結果，到了武則天時期，玄奘的一切努力就已經化為了泡影。如今的人們更是不了解他孜孜以求的佛經理論，只是把他當作一個不務正業的旅行家，如果玄奘在天有靈，會更加沮喪。

為什麼他的努力換不來成果呢？

實際上，到了隋唐時期，中國佛教已經和印度佛教脫鉤了。如果說魏晉南北朝時期，佛教徒們還是在學習外來文明，到了唐代，就已經開始創造自己的經義了。到這時，任何外來的東西都必須經過中國式創造，才能被接受，然後轉化成為漢式理論，再去影響中華帝國圈的其他文明。玄奘恢復佛教教義純正的企圖根本不可能得逞，也註定了他的悲劇。

他或許不明白，一個宗教，或者一種文化，並沒有所謂的純正一說，當它們飄到哪裡，就開始在哪裡生根發芽，產生出獨特性。而文化的多樣性和獨特性，恰好是人類文明最基本的特徵之一。在中國歷史上，唐代是最為開放、也最為自信的朝代，它的人民既不受制於充滿了天人崇拜的漢代經學，也不同於宋明以後束縛人類思想的理學，而是有充分的空間接受新的事物，發展出自己的觀點。

唐人的天馬行空不僅創造了燦爛的文學，也為社會的發展打開了足夠的缺口。從魏晉開始，玄學和佛教注入的思辨精神，到了唐代起到了催化作用，變得百花齊放，而統一之後的穩定又為文人們提供了生存的便利，不再擔心會戰死或者餓死，他們要麼做官，要麼發展自己的興趣。同時，北魏時期建立的一系列政教分離的制度，又保證了三教可以相對和平的共處、共同發展。

唐初由於社會沒有恢復，百花齊放還不明顯，到了盛唐時期，已經創造了豐富的精神生活，人們可以自由的選擇信奉儒教、道教、佛教，也可以將自己融入自然，對於經商感興趣的人開始發財，而中國人引以為豪的幾大發明：印刷、指南針、火藥也開始紛紛出現。

從思想開放的角度看，唐代之所以創造出這絢爛的一切，和不強調意識形態有著極大的聯繫，這個朝代也最像現代社會模式，或者說，站在了現代社會的邊緣。到了宋代，整個社會生活仍然帶著唐代留下的底子，繼續向前發展。但是，唐代末年出現的意識形態陰影，已經開始籠罩在宋人的頭上，並產生出了下一次神權政治的重建，讓唐代的現代萌芽沒有成為現實，而是墜落回了舊的軌道之中。

人才進用多元化

我們常常感慨現在的學生太累，從小學到高中畢業，需要經過十二年的學習，加上大學四年，就是十六年的時光，然後才能參加公務員考試，進入官僚系統。那麼，在科舉制度剛剛實行不久的唐代，一個學生要完成當時的各門學科，需要花費多少時間呢？

答案出人意料：二十年半[6]。

唐朝的教材，是唐太宗時期制定的《五經正義》，以及其他的儒教經典。那時最高的學問叫「通五經」，五經皆通，就是最高級的文人。

6 見《新唐書．選舉志》。

學生從《孝經》和《論語》學起，每一本書學習一年。這兩門課屬於學前班教材，學通之後，才能繼續學習小學，當時叫做「小經」。

小經的教材包括四部，分別是《尚書》、《公羊傳》、《穀梁傳》、《易經》。前三本書每一本學習一年半，《易經》則要學習兩年，一共是六年半。小學畢業後，升入中學，學習的課程是「中經」。

中經的教材包括《詩經》、《周禮》、《儀禮》這三本書。三本書學習的時間是各兩年，加起來是六年。六年後，中學畢業，升入大學。大學學習的課程叫「大經」。大經的教材只有兩本書，分別是《禮記》和《左氏傳》。這兩本書各學習三年，一共六年。學前班、小學、中學、大學，加起來一共是二十年半時光。五經通徹後，參加中央政府組織的考試，也就是科考。

錄取後授予的就是「明經」出身了。這個出身，就是進入官僚系統的通行證，雖然暫時還是待業，但過上一兩年，或者幾年，皇帝就會授予他職位。當然，人的天資有別，不見得一定要學通所有的經典。於是，唐朝又設立了層次低一些的考試，可以通兩經，也可以通三經，當然前途也比通五經要差。

如果僅僅看到這裡，人們會以為，唐朝的科舉已經開始束縛人的思想，要求人們花二十年時光背十一本書，當人們把這些書背下來，也就失去了創造力，只適合在一個靜止的社會中當一個老官僚了。一個人很有智慧，卻不想背書，難道就被排除在政權之外？

且慢，這些人照樣有前途，唐代的科舉制度留下了足夠的後門，這個後門叫「進士科」。進士科與前面的明經科不同，對儒經的要求放得很低。它只要求參加考試的人寫詩、寫賦，或者寫策文回答實際的政治問題。同時，再從一部大經中選取一些句子，貼上其中的幾句，要求考生填空，只要填對了，就過了。

如果一個人有足夠的文采，又對社會實事有獨特的見解，只要參加這個考試，就可以被授予「進士」出身，其受到的待遇不僅不低於「明經」出身，反而還要高一些。之所以高一些，是因為在使用人才的過程中，皇帝發現，進士出身的人更加幹練，能做事，反而比那些明經出身的學究更有價值。許多人甚至在考了明經科之後，還要再去考進士科，因為進士科更加有利於仕途。

除了明經、進士這兩大學位之外，唐朝還有其他的學位，供那些有專長的人考取。比如秀才科、明法科、書學科、算學科，分別為皇帝提供文學、法律、書法和數學方面的專業人才。後來又設立了史科、開元禮等，提供史學和禮學人才。

到了後期，由於明經、進士考科通過的人太多，人們從錄取到授官之間的間隔越來越長，吏部又組織了一些二次考核，比如地位崇高的「博學宏辭科」，就專門考人的博學和文采，考試內容是詩、賦、論各一篇。

唐順宗時期有一個短暫的改革集團，其中著名人物包括了劉禹錫和柳宗元，這兩人都在貞元九年（西元七九三年）通過了進士科考試，後來又分別通過了博學宏辭科考試，進入了仕途[7]。而當時的另一位大家韓愈則沒有這麼好的命，他考了四次進士才考上，參加博學宏辭科又考了三

7 見《舊唐書．劉禹錫傳》和《舊唐書．柳宗元傳》。

次，卻全部落榜[8]，考試的艱難催生了韓愈對於唐代多元制度的不滿，開始謀求回歸儒教，開啟了宋儒的先河。唐代透過這樣一種多元化的考試機制，提供了多條路徑讓人們接近中央政府，避免了人才的單一化。

被邊緣化的儒教

當科目如此眾多時，儒教的地位就下降了。唐朝之所以仍然把儒教經典當作統治的基礎，從很大程度上說是歷史原因。唐朝繼承了隋朝制度，隋朝繼承了北周的制度，而北周繼承了北魏的制度，北魏建立制度時，認為佛教和道教都無法取代儒教對於社會的管理功能，雖然在皇帝的信仰上已經多元化了，但在社會組織上，仍然採用了儒教的一套。

當北魏制度傳遞到隋代後，又加入了科舉制，也就是用儒教經典來測試人才的制度。這種制度實際上是漢代的翻版，漢代雖然沒有明確的科舉，但仍然利用儒教經典選拔人才。

到了唐代，皇帝意識到，儒教可以維繫政治結構，但僅僅在儒教內部，很難產生足夠的治國人才，於是，選拔的標準多樣化了。這時，儒教反而被邊緣化了。需要背二十年書的明經科在唐代並不受歡迎，人們越來越發現，透過明經科進入仕途並不受重視，反而是透過進士科進入仕途能當大官，這個閘門一開，儒教經典更少人問津。

唐高宗時期開始，進士科基本上不再讀古文的儒經，而是閱讀當代人的時論，並比拚詩詞歌賦，用這些現代的知識取代了古代的死書。在這種風氣的帶動下，人們對於現世的關注超過了古代，也造就了唐詩的發達。

中國的詩歌在《詩經》中就有發展，到了屈原時期告一段落。從漢代開始，人們寫詩就在古代風格中打轉，多少人仿過《離騷》，又有多少人仿過《詩經》，卻很少有人敢於用自己的語言來寫詩。漢代的漢賦更是空洞無味，充滿了各種古典的詞語，但大部分內容都是歌功頌德，即便有一點不是歌功頌德的，也隱藏在華麗的辭藻中讓人看不出來。到了魏晉時期，由於玄學的發展，人們開始學會說自己的話，但從體例上，當時的詩歌仍然過於簡單。只有到了唐代，由於皇帝的科考都重視現代，不重視古代，鼓勵了人們抒發自己的感情，產生了眾多朗朗上口的名篇。

但唐朝的皇帝還不以當代文字入考題為滿足，他們還要將一些非儒教的學問加入進去。唐高宗、玄宗時期，都曾經把《老子》加入到考試當中，而唐玄宗時期還特地設立了一個科目——「道舉」科，考試的書目是《老子》、《莊子》、《文子》、《列子》。這是道教在整個中國歷史中享受的最高待遇。比如，唐肅宗、代宗時期的宰相元載就是道舉出身的。他擅長道家學問，曾經參加過其他科目的考試但總考不上，這時，恰好唐玄宗設立了道舉，他一考就考上了。[9]

8 《韓昌黎集．答崔立之書》：「及來京師，見有舉進士者，人多貴之，僕誠樂之，就求其術，或出禮部所試賦、詩、策等以相示，僕以為可無學而能，因詣州縣求舉。有司者好惡出於其心，四舉而後有成，亦未即得仕。聞吏部有以博學宏辭選者，人尤謂之才，且得美仕，就求其術，或出所試文章，亦禮部之類，私怪其故，然猶樂其名，因又詣州府求舉，凡二試於吏部，一既得之，而又黜於中書，雖不得仕，人或謂之能焉。退自取所試讀之，乃類於俳優者之辭，顏忸怩而心不寧者數月。既已為之，則欲有所成就，《書》所謂恥過作非者也。因復求舉，亦無幸焉，乃復自疑，以為所試與得之者，不同其程度；及得觀之，餘亦無甚愧焉。」

9 《舊唐書．元載傳》：「載自幼嗜學，好屬文，性敏惠，博覽子史，尤學道書。家貧，徒步隨鄉賦，累上不升第。天寶初，玄宗崇奉道教，下詔求明莊、老、文、列四子之學者。載策入高科，授邠州新平尉。」

表6　唐代的學校制度[10]

隸屬	名稱	人數	入學資格
中央學校共六種，隸屬於國子監	國子學	300	文武三品以上子、孫；從二品以上曾孫；勳官二品、縣公、京官四品帶三品勳封之子
	太學	500	五品以上子、孫；職事官五品期親若三品曾孫；勳官三品以上有封之子
	四門學	1,300	勳官三品以上無封、四品有封及文武七品以上之子，共500人
			庶人之俊異者，共800人
	律學	50	八品以下子及庶人之通其學者
	書學	30	
	算學	30	
特殊機構附校共兩種	弘文館，隸屬於門下省	30	皇族中緦麻以上親；皇太后、皇后大功以上親；宰相及散官一品、功臣身食實封者、京官職事從三品、中書黃門侍郎之子
	崇文館，隸屬於東宮	20	
地方學校，隸屬州縣	京都	80	由州縣長官決定，長史主持
	大都督、中都督府、上州	60	
	下都督府、中州、京縣	50	
	下州、上縣	40	
	中縣、中下縣	35	
	下縣	20	

在這種多元文化的衝擊下，儒教無法做出足夠的調整來適應，在唐朝的存續期內，儒教雖然表面上看是統治宗教，實際上卻已經被邊緣化了。

唐代的儒教就這樣處於蟄伏狀態，直到中晚唐時期才悄然恢復。而佛教和道教卻處於強勢地位，共同構成一幕多元文化的大合唱。（請參見表6、表7、表8）

本土化佛教的興盛

在玄奘孜孜以求尋找佛經真義時，中國的佛教徒們卻已經拋棄了印度過於繁瑣的教義，發展出更加簡潔的理論，也更便於普通信徒理解。

10 取材自《新唐書・選舉志》。
11 取材自《新唐書・選舉志》。

表7 唐代學校學習儒教經典的要求[11]

科目	內容	學習時間
通二經	大經、小經各一，或者中經二	《孝經》、《論語》各學習一年，《尚書》、《公羊傳》、《穀梁傳》各學習一年半，《易》、《詩》、《周禮》、《儀禮》各學習兩年，《禮記》、《左氏傳》各三年。共二十年半
通三經	大經、中經、小經各一	
通五經	大經皆通，餘經各一，《孝經》、《論語》皆兼通	
書法	日紙一幅，間習時務策，讀《國語》、《說文》、《字林》、《三蒼》、《爾雅》	石經三體學習三年，《說文》兩年，《字林》一年。共六年
算學	《孫子》、《五曹》、《九章》、《海島》、《張丘建》、《夏侯陽》、《周髀》、《五經算》、《綴術》、《緝古》、《記遺》、《三等數》	《孫子》、《五曹》共一年，《九章》、《海島》共三年，《張丘建》、《夏侯陽》各一年，《周髀》、《五經算》共一年，《綴術》四年，《緝古》三年，《記遺》、《三等數》兼習。共十四年

表8　唐代科舉考試內容[12]

科目	內容	考取標準
進士	時務策五道，以一部「大經」為題的帖文若干	經、策全通為甲第；策通四、帖過四以上為乙第。兩者都算及第
秀才	方略策五道	根據文理打分九等，上上、上中、上下、中上這四等為及第
明經	先帖文，然後口試，經問大義十條，答時務策三道	根據文理打分九等，上上、上中、上下、中上這四等為及第
開元禮	大義百條、策三道	義通七十、策通二者，及第。通大義百條、策三道者，超資與官。散、試官員參加考試能夠及第的，錄為正式官員
（春秋）三傳	《左氏傳》問大義五十條，《公羊傳》、《穀梁傳》三十條，策皆三道	義通七以上、策通二以上為及第。及第後，沒有出身的視同五經及第，有出身和有資歷的官員，視同學究一經
史科	《史記》、《漢書》、《後漢書》、《三國志》，每史問大義百條、策三道	義通七、策通二以上為及第。能通一史的，沒有出身的視同五經、三傳，有出身和有資歷的官員，視為學究一經；三史皆通，給予獎勵
明法	試律七條、令三條	全通為甲第，通八為乙第
書學	先口試通過，再筆試《說文》、《字林》二十條	通十八條為及第
算學	錄大義本條為問答，明數造術，詳明術理，通過第一關。再考《九章》三條，及《海島》、《孫子》、《五曹》、《張丘建》、《夏侯陽》、《周髀》、《五經算》各一條，十通六，《記遺》、《三等數》帖讀十得九，為及第	
	考《綴術》、《緝古》，錄大義問答，明數造術，詳明術理，無注者合數造術，不失義理，通過第一關。《綴術》七條、《緝古》三條，十通六，《記遺》、《三等數》帖讀十得九，為及第	
童子	十歲以下，以五經和《孝經》、《論語》為題，背誦其中文章十篇	通一經和《孝經》、《論語》的，予官；七書皆通，予出身
弘文、崇文館生	試一大經一小經，或二中經，或《史記》、《前後漢書》、《三國志》各一，或時務策五道	經史皆試策十道，經通六，史及時務策通三，皆帖《孝經》、《論語》共十條通六，為及第

這套教義的根本點和我們現在的漢地佛教已經很相似：

第一，世間萬物都是苦，要想擺脫這種苦難，必須理解世間萬物都是「空」的，理解了「空」，就可以悟道成佛。作為對比，印度佛教普遍認同萬物皆空，但是到底佛法是不是空的，卻有很大爭議。漢地佛教根本就沒有思辨到要考慮「佛法是不是空」這樣的問題，一句「萬物皆空」就將一切爭論都掩蓋了。

第二，人們修行不再是為了修解脫道，世界上只有一種大法，修的是「佛」，即菩提道。所有的人都有佛性，修道就是打開佛性的過程。印度佛教則認為有的人修不成佛，漢地佛教則給了所有人希望。

第三，打開佛性可以是一種頓悟，只要悟了，就直通佛性。印度佛教是分等級的，需要用很多輩子去逐漸升級，最後達到佛性。

漢地佛教基本上都是在這三點共識之上發揮，這三條共識很符合中國人的觀念。玄奘想恢復印度佛教繁瑣複雜的教義，最終卻敗給了這三點共識。

唐代以來，佛教在三點共識之上又產生了三大宗派，這三大宗派分別是：天臺宗、華嚴宗和禪宗。它們的區別，主要在於對世界的解釋不同。現在人們將世界劃分成宇宙、星系、太陽、地球、生物圈、人，然後進入人的思想，對人類認識世界的過程進行剖析。但佛教對世界的解釋卻是另一種模樣，並且每一個宗派都有所區別。

12 取材自《新唐書．選舉志》。

天臺宗出現最早，還帶著南北朝時期般若學的痕跡。它發源於南朝陳、隋時期的僧人智顗，尊崇的佛經是《大涅槃經》和《法華經》。天臺宗對世界的認識，隱藏在智顗最流行的理論之中，這個理論叫「一念三千，百界千如」。

要解釋這個詞，必須從包含一切法的十個「如是」來說，所謂十個如是，指的是人們心中對於世界認識的各個方面。由於佛教不承認客觀世界，所以對世界的認識，也是從主觀出發的：如是性（本性），如是相（表象），如是體（實體），如是力（功能），如是作（活動），如是因（主要條件），如是緣（輔助條件），如是果（直接後果），如是報（間接後果），如是本末究竟等（以上全體過程）。

另外，它將帶有自我主體意識的生物分成了十個界，分別是：四聖（佛、菩薩、緣覺、聲聞）和六凡（天、人、阿修羅、畜生、餓鬼、地獄）。

這十個界每一界又有通向其他界的道路，所以十界就成了百界，而每一界都有十如（十如是），這就構成了「百界千如」。百界千如可以理解為整個世界的多層次和多樣。

而「一念三千」的「三千」，就是在千如的基礎之上，再加上三世間（眾生世間、國土世間、五陰世間）構成。一念則是指人的一念之間，即一念之間就可以穿透三千如的厚度，人的一念可以到達任何地方，也可以參透任何機緣。

從這個概念講，人要理解佛法，是非常迅速，也非常全面的。而天臺宗就以這些概念為基礎向外擴展，將這種對世界的認識傳承下去，形成了龐大的教門，構成了中國本土化的第一個佛教派別。

在武則天之前，天臺宗和玄奘建立的法相唯識宗是主流。但在武則天時期，情況出現了變化。天臺宗和法相唯識宗的信奉者大都出自士族大家，這些人和李氏一起反對武后，於是，武后開始培養自己的勢力，扶持了兩個小門派取代了天臺宗和法相唯識宗的地位。這兩個新的門派是華嚴宗和禪宗。

華嚴宗與天臺宗一樣，也屬於「真常」一系，都主張佛性和頓悟。它們的教義有很多相似之處，但在來源上卻有所不同。天臺宗是從般若一支發展而來，加入了真常的教義。而華嚴宗則是從唯識一系的地論宗發展而來的。

地論宗（屬於唯識系）認為，人類要想取得佛性，需要打開第八識阿賴耶識，來找到佛性。而華嚴宗則把這個觀念發展成「法界」的觀念，認為佛性就存在於法界，而法界又分成了四個，分別是「事法界」、「理法界」、「理事無礙法界」、「事事無礙法界」，分別對應於現象、規律、現象與規律的關係，現象與現象的作用。從這再發揮開去，繼續探討。

華嚴宗還把世界上的佛教分成了所謂五教十宗。其中五教，指的是佛教發展的五個階段，分別是小乘教、大乘始教（主要包括大乘中觀和唯識）、大乘終教（主要包括真常，也就是主張一切眾生都可成佛的一系）、頓教（主張人們不需要分階修行，而可以立地成佛的一系）、圓教（專指華嚴宗，認為它是圓融包容所有內容的一系）[13]。

13 十宗指的是：我法俱有宗、法有我無宗、法無去來宗、現通假實宗、俗妄真實宗、諸法但明宗、一切法皆空宗、真德不空宗、相想俱絕宗、圓明具德宗。

在漢地佛教三宗之中，歷史上最成功的非禪宗莫屬。對於印度原始佛教來說，禪宗是最不可理解的一宗。禪宗和佛教其他支派的關係，就好像是《論語》和五經的關係。最初，儒教是靠五經立論，也就是《詩》、《書》、《禮》、《易》、《春秋》來闡明儒教的內容，孔子的最大功勞就是整理了五經，形成了儒家的教義。而《論語》則只是他的一個語錄，在漢代的儒教徒看來，《論語》並不算經典，只是一種日常的小品文而已。但到了宋代，《論語》的地位逐漸超過了五經，人們寧可看小品文，也不再看五經了。

佛教的經典更是汗牛充棟，人們無論怎麼研究也研究不完，可是禪宗竟然幾乎把所有的經典都拋棄掉了，把六祖慧能的《壇經》奉為經典。實際上，《壇經》就像《論語》一樣，只不過是一本語錄摘抄而已，沒有統一的觀點，只是一種語言的集合體。

至於《壇經》的教義，也是最簡單的。它比起其他宗派，更看重「禪定」的作用，也就是打坐進入無我的狀態，認為透過禪定，就可以達到佛性。在佛教中，講究定、慧雙修，也就是禪定和經義同時修煉。禪宗卻認為，禪定和經義其實是一回事，它們是等同的，透過一種修煉，就可以達到佛性，所謂定慧無二。

到了唐代後期，禪宗發展迅速，之後穿越了歷次改朝換代的災難，一直長盛不衰，其中最主要的原因就在於它的簡單性。別的宗需要大量的預備知識才能聽懂，可是禪宗的道理一說誰都能明白。由於漢儒制定了一套不需要思維的宗教體系，中國成了一個不擅長邏輯思維的民族，所以，禪宗為了適應這個民族，將思辨的地方盡量去除，將禪宗又退回到如同玄學一樣，只依靠少數概念就能運轉的體系之中。事實證明，這種做法是非常有效的。

向老子認親的王朝

在對待道教和佛教的關係時，唐代還有一點特殊性。唐代的皇帝一直認為他們是老子的後代，他們在佛道兩者之間是有偏向的。在隋代，佛教的地位比道教更高，隋文帝即位不久，就下令人們可以自由出家，並推動佛經的傳播，使得民間佛經的數量大幅增加[14]。雖然皇帝並沒有冷落道教，但對佛教的關注還是更多一些。

到了唐代，由於和道教有了親戚關係，皇帝們開始將天平偏向了道教。在唐高祖時期，最先定立的次序竟然是道教最先，其次是儒教，最後才是佛教[15]。

唐太宗時期，儒教雖然用處不大，不受民間的重視，但仍然是中央帝國的理論基礎，排在最優先的位置上。而在道教和佛教的爭論上，皇帝仍然偏向了道教，下令在皇家儀式上，男女道士走在僧尼前面，在列名時道士也要在僧人之前[16]。

唐太宗的詔書引起了僧人的大反彈，直到唐太宗以杖責、流放作武器，才擊退了僧人的進

14 《隋書・經籍志》：「開皇元年，高祖普詔天下：任聽出家，仍令計口出錢，營造經像。而京師及并州、相州、洛州等諸大都邑之處，並官寫一切經，置於寺內；而又別寫，藏於祕閣。天下之人，從風而靡，競相景慕，民間佛經，多於六經數十百倍。」

15 《集古今佛道論衡・卷丙》：「天子下詔曰：老教、孔教，此土元基，釋教後興，宜崇客禮，今可老先、次孔，末後釋宗。」

16 《廣弘明集・卷二十五》：「自今已後，齋供行立，至於稱謂，道士女冠，可在僧尼之前，庶敦本之俗，暢於九有，尊祖之風，貽諸萬葉。」

攻。但整體而言，皇帝雖然崇道，卻並沒有壓制佛教，還鼓勵它的發展。玄奘歸來後，唐太宗幫他建寺翻譯佛經，就是很好的證明。

到了唐高宗時期，為了平息僧道矛盾，高宗規定兩者不分先後，集會時一個在東，一個在西，不偏不倚，算是對太宗政策的糾正。

然而，到了武則天時期，僧道的地位發生了重大變化。武則天對於唐王室的防範心理，導致她更加偏向於佛教，在她的統治時期，佛教的地位高於道教。

武則天晚年最受困擾的問題是繼承人問題，如果讓她的兒子繼承王位，由於這些兒子姓李，必然改回到李唐王朝世系當中，不再尊奉她的娘家武氏。可如果讓她姓武的侄子繼承，畢竟又不是親骨肉。這個矛盾困擾女皇始終，不管哪個宗教都沒有提供給她現實的解決方案。最終，政權重新回到了唐王室的手中，道教的地位再次提升。

雖然道教一直受到皇帝的推崇，但是道教在理論上的缺陷，使得它的信奉者永遠比不過佛教。在唐代，道教的神仙體系更加完善，其主神經歷了一個從「元始天尊」向「太上老君」轉化的過程。

在唐代建國之前，道士們認為世界上的最高主神是元始天尊，所謂元始天尊，指的是世界剛剛從「無」變成「有」的時候就存在的一個神。這個神出現了之後，才有了混沌，從混沌中又產生了陰陽、天地等事物[17]。太上老君（也就是老子）只不過是元始天尊的弟子之一。

當時道教主要的經文是《三洞經》，這些經文缺乏哲學的味道，卻充滿了神仙、煉丹等內容。作為道家最基本書籍的《老子》只有五千言，不如《三洞經》的體系龐大，故受到重視的程度下降了。

唐代建立後，由於李氏皇帝們認為老子是他們的祖先，情況發生了變化。皇帝們推崇老子和《老子》，道士們要向皇帝靠攏，於是《三洞經》就逐漸被替換成了《老子》，太上老君的地位也超過了元始天尊。

唐玄宗時期，把《老子》列入學官，成了官員們的必讀書目。天寶二年（西元七四三年），還追封老子為皇帝，將道教的地位提升到與儒教相同了[18]。

不過，唐代官方提倡的道教和傳統的道教並不完全一致。官方道教強調信仰，不強調儀式，官方規定官員必須讀《老子》，卻並不要求官員們住道觀、開道場，或者吃長生不老藥。官員們對於老子的理解，被要求往政治上靠，以求對統治有利，成為統治理論的一部分。

在私下裡，道教仍然保持著修煉長生不老的本性，但此時的修煉和魏晉時期的也有了區別。魏晉時期更注重外丹，也就是用金、水銀等物質煉出來的仙丹，唐代受佛教的影響，道士們更強

17 《道教義樞・序》：「夫道者，至虛至寂，甚真甚妙，而虛無不通，寂無不應，於是有元始天尊，應氣成象，自寂而動，從真起應，出乎混沌之際，窈冥之中，含養元和，化貸陰陽也。……元始天尊，生於太無之先，稟自然之氣，沖虛凝遠，莫知其極。天地淪壞，劫數終盡，而天尊之體，常存不滅，每至天地初開，或在玉京之上，或在五方淨土，授以祕道，謂之開劫度人。……其所度人，皆諸天仙上品，有太上老君、太上丈人、天真皇人、五方天帝及諸仙官。」

18 《舊唐書・玄宗紀》：「（天寶）二年春正月丙辰，追尊玄元皇帝為大聖祖玄元皇帝，兩京崇玄學改為崇玄館，博士為學士。三月壬子，親祀玄元廟以冊尊號。制追尊聖祖玄元皇帝父周上御史大夫敬曰先天太上皇，母益壽氏號先天太后，仍於譙郡本鄉置廟。尊咎繇為德明皇帝。改西京玄元廟為太清宮，東京為太微宮，天下諸郡為紫極宮。」

調內丹和服氣，也就是透過吐納、調經脈等方法，就可以達到延年益壽，甚至長生不老的目的。

道教不是一個思維縝密的宗教，道士們喜歡說大話，前言不搭後語，但是道教對於仙山和仙境的想像力，卻可以促進文學的發展。中國最偉大的詩人李白就是一位道教信徒，道教對於仙境的描述化成了他詩的一部分，其影響力一直保留到現代。

唐朝思想的現代萌芽

儒教、佛教、道教共同繁榮，是唐代哲學的最大特徵。人們常常以為，唐代的哲學不如中國其他時代發達，但實際上，唐代的哲學是活的和綜合性的，也是最開放的。

人們不會被限制在任何一種宗教或者哲學體系之中，而是擁有著選擇權，並在不同程度上被三教同時影響。佛教給了唐代思辨的武器，道教給了人們想像力，而儒教則保持了一定的社會穩定性。

由於每一種宗教都不是獨專的，這保證了社會創造力的豐富。實際上，唐代和宋代是兩個最接近現代的朝代，在這兩個朝代裡，人們過著世俗的生活，受到的束縛最少，也很少談論那些所謂的天人合一與讖緯，更少受到各種禮法的約束。

文化發達，唐詩、宋詞和散文都達到了高峰。經濟也進入了最活躍的時期，創造力十足。同時，官員們也是現代派的，他們很少談論禮教，在討論問題時總是從現實出發，尋找一針見血的解決方法。宋代之所以現代，主要是唐代風氣的餘韻，而唐代之所以現代，是因為社會開放造成的多方面發展。

在唐初，由於剛剛經過戰亂，人們的文化底蘊不夠，還沒有顯出優勢。隨後，經濟出現了恢復和高速發展，並帶動了政治理論和文學的發展。

到了盛唐時期，經濟已經達到高峰，出現了各種發明，文化則在安史之亂前後，達到了頂峰。雖然安史之亂造成的凋敝使得唐代沒有走入現代，但是戰亂之後，人們仍然在金融、經濟理論領域繼續探索。

經過了唐末和五代的變亂之後，宋代繼承了唐代的學術繁榮，在政治理論、經濟理論上繼續突破，並在科學技術上也取得了長足的發展。除了現代擁有更多的科技產品之外，宋朝人們的生活與現代人幾乎沒有區別。

唐宋時期的現代性可以從幾個方面來說明：

第一，中國的四大發明中，有三大發明都是在唐代出現或者進入實用階段的。除了造紙術發明於東漢之外，火藥、印刷（雕版印刷）、指南針都是在唐代進入大規模使用，到了宋代更加完善。特別是雕版印刷，更是由於佛經的需求，成了人們日常所需，而火藥則又和道教的煉丹有著直接關係。

第二，在政治上，唐宋時期的官僚和現代官僚已經非常接近。我們談論現代政治時，經常使用的詞是「技術官僚」，也就是說，這些官員是政治治理上的技術派，要用理論和模型說話。唐宋時期的官員更接近技術官僚。

我們可以設想一個場景，漢代、唐宋、明清三個時期的官員向皇帝闡述一個政策，會找什麼理由來闡明政策的好處？

漢代官員會說：這個政策是符合上天的旨意的，在某一本讖緯書籍當中，曾經預言過這樣的政策。明清的官員會翻出四書五經，證明這個政策是孔子或者周公推崇的，或者符合儒教經典的。而唐宋時期的官員則會告訴皇帝，這個政策會產生什麼樣的效果，養活多少人民，或者帶來多少財政收入，他們對於老天爺怎麼看，或者孔子怎麼說並不感興趣，感興趣的只是政策本身。

這種思考問題的方式，是中國古代社會最現代的，只可惜宋代之後的轉向，使得現代性不僅沒有保持，反而產生出了另一次保守主義運動，回歸了儒教。

第三，唐宋時期已經進化出了較為發達的商業社會，現代的許多商業現象在當時已經出現。最典型的商業現象就是唐代的匯票和宋代的紙幣，這些技術最初都產生於民間，而民間之所以產生如此先進的技術，是因為金融需要。海關關稅也產生於唐宋時期，對於貿易的重視、商人的友善，使得唐宋時期的商業理論在全世界都是領先的。

而這一切都來自於唐宋時期政教分離和宗教競爭的原則，如果這些原則能夠繼續下去，那麼中國有希望走入現代，而不是回歸到千年往復的循環中無法自拔。

重建儒家精神

唐代最大的問題在於財政結構的失敗。隋代曾經建立了高效徵稅機器，但這臺機器過於高效，將民間經濟迅速抽乾，導致了隋朝的滅亡。唐代建立之後，繼承了隋代的政治和經濟政策，但是稅收機器卻一直無法重建，不管唐太宗想了多少辦法，唐朝一直無法徵收足夠的稅收來養活官僚機構和軍隊。

到了唐玄宗時期，隨著北方戰線的開戰，由於財政無法養活軍隊，唐玄宗只好採取了一個極端的做法：設立節度使，將地方的行政權、稅權、軍事權都交給節度使，讓他們自己徵稅徵兵，養活軍隊[19]。這種做法就把帝國軍隊變成了節度使的私人軍隊，從而導致了安史之亂的發生。

安史之亂中，唐代的社會經濟遭到了極大的破壞，而隨後的藩鎮割據更是讓人扼腕。藩鎮們割據一方，不再聽從皇帝的號令，也對文人的心理造成了巨大的震動，他們為皇帝的軟弱無力感到恥辱。

許多人反思為什麼會出現這樣的災難，得出的結論卻是：唐代的自由精神破壞了整個帝國的社會結構，使得皇帝喪失了權威。他們認為如果要恢復權威，關鍵是要恢復儒教的中心地位。到這時，唐朝最自由的階段過去了，儒教正在悄然重建。

重建儒家精神的代表人物是唐宋八大家之首的韓愈。

韓愈雖然出自官宦之家，但從小是孤兒，家境並不富裕。這種條件之下，他無力接觸當時的名人達士，只能悶頭讀儒家經典。到了長安之後，受當時風氣影響，沒有參加明經科考試，而是參加進士科考試，結果第四次才中。

接下來為了獲得官職，又參加吏部組織的博學宏辭科的考試，更是三次都不中，也是第四次

19 參見本書作者的另一本書《龍椅背後的財政祕辛》。

參加吏部考試，才入了圍。

這一段經歷對韓愈的尊嚴造成了極大的冒犯，由於進士科和博學宏辭科考的都是詩詞歌賦，而不是儒家經典，讓他感嘆這樣的考試毫無用處。他看到了考試的缺點，當時人們寫文章時為了表現文采，喜歡使用排比句，堆砌辭藻，韓愈認為這樣的文章沒有價值[20]。

當然，他的看法是有所誇大的。這就像現代人看待高考（編注：相當於臺灣的大學學測）和公務員考試一樣，雖然考試的科目有許多是沒有用的，但整體上而言，考試還是能把較為優秀的學生選拔出來，公務員的整體素質也要比社會平均水準高一些。考試是一種相對公平的方式，卻不能保證對每一個人絕對公平。

韓愈跳龍門成功之後，開始謀求改變社會風氣。他提出了一種文學上的運動，叫「古文運動」。這個運動在唐代的代表人物是他和柳宗元，一直持續到宋代，代表人物是歐陽修、三蘇、王安石、曾鞏，這就是唐宋八大家的來歷。

所謂古文運動，是希望人們學習夏商周三代和漢代的方法進行寫作。這個提倡看起來很荒謬，比如，漢代的漢賦是使用排比句最嚴重的，辭章華麗卻空洞無物，是韓愈討厭的風氣的鼻祖。而韓愈提倡的文字是簡潔有力的，主要是為了表達思想，而不是為了堆砌形容詞。這樣的提倡實際上和近代的白話文運動如出一轍，自然也不是復古式的。

不過，古文運動又可以和文藝復興作比較，歐洲的文藝復興也是在號稱復興古代文化，而其實是創造了一種新型文化。

古文運動本身是一場極具影響力的運動，在唐宋八大家的提倡之下，人們的文章風氣大變，變得更加有邏輯性和可讀性，也造就了中國文化從韻文時代到散文時代的過渡。

在唐代，僅僅從古文運動的成就來講，另一位與韓愈同時期的人物柳宗元，成就可能更高。韓愈的文章總是試圖說理，而說的道理以現在的眼光來看都有些迂腐；柳宗元卻擅長於寫小品文，比如《黔之驢》、《臨江之麋》、《永某氏之鼠》等，簡單短小卻字字精闢，代表了中國文字的最大魅力。

韓愈提倡古文運動，還有另一層更重要的意圖。他不是為了文學而文學，而是以復古為招牌，希望將佛道等勢力排擠出去，重新樹立起儒教的權威，建立以儒教為正統的社會。他之所以提倡三代和漢代的文字，就是希望返回到三代和漢代的儒家傳統之中。

所以，當人們接受了他的古文運動之後，也就逐漸接受了回歸儒教的理念，社會風氣也在逐漸從開放變得封閉。

韓愈對於佛道的痛恨反映在他自己的文字之中，他曾經說：釋迦牟尼和老子的禍害，比起楊朱和墨子當年要大得多，並自詡雖然不如孟子賢良，卻試圖以螳臂擋車的勇氣，來阻止佛道對於社會的破壞。[21]

20 《韓昌黎集．答崔立之書》：「夫所謂博學者，豈今之所謂者乎？夫所謂宏辭者，豈今之所謂者乎？誠使古之豪傑之士，若屈原、孟軻、司馬遷、相如、揚雄之徒，進於是選，必知其懷慚，乃不自進而已耳。」

21 《韓昌黎集．與孟尚書書》：「釋老之害過於楊墨，韓愈之賢不及孟子。孟子不能救之於未亡之前，而韓愈乃欲全之於已壞之後。嗚呼，其亦不量其力，且見其身之危，莫之救以死也！雖然，使其道由愈以粗傳，雖滅死萬萬無恨！」

挺「道統」抑「法統」

不過，韓愈想恢復的儒家傳統並不是漢儒式的。漢儒喜歡讖緯和天人合一，這套理論已經陳舊到不會有人相信了。唐朝人看漢代的讖緯觀念，就像我們現在討論明清時期的封建迷信一樣，不可能接受。韓愈必須從儒家經典中選取新的文字，發展出一套新理論，才能完成所謂的回歸儒教。這套新理論雖然是反佛道的，卻又從佛教、道教內部借用了許多東西，只有這樣當時的人們才能理解。

他首先提出的是一套「道統」論。由於佛教總是提法統，也就是佛經的流傳世系，韓愈為了對抗法統，提出了自己的「道統」。按照當時的說法，佛教的佛陀比孔子生活時代更早，為了對抗佛陀，韓愈把儒教的道統追溯到了堯舜時期，認為堯將儒教知識傳給了舜，之後的傳承世系是夏禹、商湯、周文王、周武王、周公、孔子、孟子。而孟子之後，道統中斷了[22]。

這個說法到了宋儒時期更加發揚光大，人們都樂於在這個譜系上加上對自己有利的人名，來顯示自己的學問才是真正的道統。

需要注意的是，從韓愈開始，儒家的道統就把孟子加入進來。孟子在漢代並沒有受到儒教學者的重視，他們認為他只是諸子之一。而孟子和孔子的學問也是有區別的，孔子最核心的主張是「禮」，靠禮儀調解社會關係，規範人們的行為，把他們固定住。而孟子的核心主張是「仁」，國君只有仁慈的對待百姓，才能獲得回報，建立起富強的國家。孔子的「禮」是對所有人的束縛，而孟子的「仁」則更多是對統治者的要求。

孟子地位的提升是逐漸的過程，到唐代早期，官方的儒教課本裡還沒有孟子的地位，到了韓愈時期，才正式提出要把孟子算作儒教的道統。

除了孟子之外，韓愈對於從《禮記》中提取的兩篇文章很有好感，這兩篇文章是《大學》和《中庸》。這兩篇文章之所以重要，是因為《大學》之中提出了一整套的修煉理念。修煉本來是佛教的做法，講究人們透過修煉，如何接近佛性的過程。而韓愈把它借用過來，認為儒教也是一個逐漸修煉的過程，他正好從《大學》之中發現了這個過程：正心、誠意、修身、齊家、治國、平天下。

而《中庸》則提出了儒教的最高目標，就是達到不偏不倚的中庸，這一點其實也是和佛教相通的。

針對孟子的性善說，韓愈則提出了「性三品」的概念，認為人性是有的善，有的惡，有的人可以引導為善，也可以引導為惡，這就把人分成了上中下三品。比如，聖人天生是善的，而大多數人則需要靠教育引導到善的方向上。

這樣，漢儒提倡的天人合一和讖緯，就被韓愈替換成了另一套理論，這套理論認為人類的目標不在來生，也不在輪迴之外，而是在現世當中，一個人之所以活著，是為了達到中庸的境界，而中庸境界的修煉過程，就是要正心、誠意、修身、齊家、治國、平天下。

22《韓昌黎集．原道》：「堯以是傳之舜，舜以是傳之禹，禹以是傳之湯，湯以是傳之文武周公，文武周公傳之孔子，孔子傳之孟軻。軻之死，不得其傳焉。」

皇帝缺錢找佛祖

韓愈除了是個理論家之外，也是個實踐家。唐憲宗時期，由於皇帝寵信佛教，韓愈大為不滿。元和十四年（西元八一九年），唐憲宗派人去鳳翔迎佛骨，掀起了又一次崇佛的高峰。道統先生韓愈立刻寫了一份《諫迎佛骨表》，極力陳述迎佛骨的荒唐，並提出把佛骨燒掉[23]。這件事惹惱了唐憲宗，皇帝要殺掉他，被人阻止後，把他貶到了潮州。

到這時，佛教的力量仍然足夠強大。但事實上，佛教的危機已經不遠了。

在韓愈死後二十一年，唐武宗會昌五年（西元八四五年），一場轟轟烈烈的滅佛運動在全國展開[24]。

唐武宗是一位虔誠的道教徒，從他登基那一天起，就崇信一位叫趙歸真的道士，向趙歸真學習法術。此外，衡山道士劉玄靖、羅浮道士鄧元起等人，也在武宗的朝廷內當官，傳授長生不老之術。在道士們的影響下，他對佛教的打壓層出不窮。在會昌五年（西元八四五年）之前，所有的行動都是偶發性的，直到這一年，武宗決定發動一次全面的運動。

四月，武宗請管理僧道的祠部先進行了一次調查，查出全國已經有寺廟四千六百座，僧舍（蘭若）四萬處，和尚尼姑共二十六萬零五百人，全國人口占比零點五以上[25]。

到了七月，皇帝正式下達了滅佛的法令。中書門下上奏，請求在每一個大州留一座寺廟，有的寺廟裡有先皇先賢的塑像，都可以移入這座保留的寺廟內。至於小州，則不需保留佛寺。在東西兩都，每都保留十座寺廟，每座寺廟十個和尚。

皇帝回答：大州如果有建造精美的寺廟，可以考慮保留一座，如果沒有，也不用保留。兩都可以考慮各保留四所，每所三十名僧人。其中上都長安的左半部保留慈恩寺和薦福寺，右半部保留西明寺和莊嚴寺。

除了皇帝允許保留的幾十所寺廟之外，其餘的寺廟都予以毀棄，僧尼全部還俗。

除了佛教之外，全國當時還有從中亞傳來的基督教（景教）和波斯的祆教。這兩個教派約有三千名僧人。武宗決定連這兩個教派也不保留，三千僧人一起轉業。

然而，三個月後，新的麻煩又來了。佛教除了是一種信仰，還是一種慈善機構。在唐代，佛寺也負責贍養一些老弱病殘人士，當佛寺關了門之後，這些人沒有著落，大部分貧病交加接近死亡，成了人們批評皇帝的把柄。

唐武宗只得再次下令，命令京城和各州的政府撥出一定的土地，利用土地的地租來贍養這些人士，將原本屬於佛教的慈善變成公辦。

唐武宗的滅佛將他列入了「三武一宗」的短名單。但是，與前兩個武帝相比，唐武宗的理由

23《舊唐書．韓愈傳》：「佛本夷狄之人，與中國言語不通，衣服殊製。口不言先王之法言，身不服先王之法服，不知君臣之義、父子之情。假如其身尚在，奉其國命，來朝京師，陛下容而接之，不過宣政一見，禮賓一設，賜衣一襲，衛而出之於境，不令惑於眾也。況其身死已久，枯朽之骨，凶穢之餘，豈宜以入宮禁！」

24見《舊唐書．武宗紀》。

25武宗會昌五年（西元八四五年）戶數為四百九十五萬戶，缺乏口數，但以唐代人口整體趨勢判斷，應該是在五千萬左右。

卻又有不同，與其說他是從政治考慮問題，不如說有更多經濟和財政的成分在內[26]。

唐武宗滅佛看中的，不過是三樣東西：

一、**佛寺的人力資源**。每個寺廟裡充斥著年輕力壯的和尚，但他們不僅不勞動，還不納稅和服勞役，政府早就想打他們的主意。

二、**佛寺的土地**。根據傳統，佛寺的土地都是免稅的。當政府的徵稅過於嚴苛，人們甚至把土地先送給寺廟，再變成寺廟土地的租戶，得到的收入反而比擁有土地更划算。但政府卻因此少了許多收入。

三、**佛寺的銅像**。在唐代後期，缺乏銅幣一直是經濟的巨大困擾。由於政府壟斷經營鑄錢業，壟斷的弊端一一出現，既缺乏銅也缺乏錢。而佛寺裡有大量的銅像可以用來鑄錢。

在唐武宗之前，政府已經考慮過對寺廟採取限制的做法，比如，和尚也要服兵役，寺院土地也要納稅，而寺院必須用土、石、木頭來做塑像，只准在鈕扣、飾物上用一點銅來裝飾。但這些方法受到了太多的抵制，無法推行。

唐武宗的滅佛徹底解決了問題，可謂碩果累累。根據他的總結報告，中央政府獲得的收入不菲：直接還俗二十六萬名僧尼，把他們都變成了兩稅戶，同時，佛寺僱用的十五萬名奴婢也被政府抓了出來，變成了兩稅戶。另外，政府新增土地數千萬頃，都是最優質的土地。

至於佛像，沒有辦法給出具體的估計，但是，當皇帝下令把佛像鑄成銅幣，政府的鑄幣機關竟然發現效率太低，根本沒有辦法把這麼多銅像融化。當大量的銅幣湧入市場之後，全國的物價立即出現混亂。武宗死後，到了宣宗時期，竟然還需要把一部分錢幣重新鑄成銅像，減少貨幣投放量[27]。

宣宗恢復佛教後，並沒有將相關的土地資源重新劃給佛寺，他獲得了武宗帶來的好處，卻避免了滅佛的惡名，可謂一舉兩得。

這一次滅佛的時間不長，唐武宗第二年就遭到了「報應」：他崇信的道士們請他不停的吃丹藥，這些丹藥的毒性太大，皇帝中毒死了。新登基的唐宣宗隨即廢除了武宗的滅佛措施。那時，由於老皇帝死去，許多僧人又偷偷的回到了已經成為廢墟的寺廟之中，宣宗下令，對於僧人回流的現象，政府不得制止。

即便佛教又有了恢復，卻再也沒有了當年的輝煌。曾經紅極一時的華嚴宗衰落了，剩下的只有禪宗熬過了衰落期，到了宋代繼續輝煌。

在宋代之前，五代時期的後周世宗柴榮發動了最後一次滅佛行動。後周顯德二年（西元九五五年），周世宗發動了行動，這次滅佛行動毀掉了九〇%的寺廟，但仍然留下了二千六百九十四所

26 我們可以把唐武宗的詔令當作自白書來看，在詔令中，他詳細談到了對佛教危害的認識：「洎於九州山原，兩京城闕，僧徒日廣，佛寺日崇。勞人力於土木之功，奪人利於金寶之飾，遺君親於師資之際，違配偶於戒律之間。壞法害人，無逾此道。且一夫不田，有受其飢者；一婦不蠶，有受其寒者。今天下僧尼，不可勝數，皆待農而食，待蠶而衣。寺宇招提，莫知紀極，皆雲構藻飾，僭擬宮居。晉、宋、齊、梁，物力凋瘵，風俗澆詐，莫不由是而致也。」見《舊唐書．武宗紀》。

27 《新唐書．食貨志四》：「及武宗廢浮屠法，永平監官李郁彥請以銅像、鐘、磬、鑪、鐸皆歸巡院，州縣銅益多矣。鹽鐵使以工有常力，不足以加鑄，許諸道觀察使皆得置錢坊。淮南節度使李紳請天下以州名鑄錢，京師為京錢，大小徑寸，如開元通寶，交易禁用舊錢。會宣宗即位，盡黜會昌之政，新錢以字可辨，復鑄為像。」

寺廟、六萬一千二百名僧人[28]，可見僧人數目的龐大。

周世宗的滅佛行動並沒有表現出殘暴，而顯得很有秩序，也沒有一刀切，每個縣都至少可以保留一所寺院。也並非不讓人們出家，但是提高了要求，要出家除了得到父母的同意之外，還必須能夠背誦足夠的經文。

這樣要求的目的仍然是經濟上的，這時恰好是接近統一、百廢待興之時，國家需要大量的勞動力，也需要寺院釋放出來的土地。滅佛，是拿到這些資源的最簡單辦法。

兩次滅佛之後，佛教在中國歷史上的思想引領作用澈底終結。雖然佛教仍然是一個社會因素，但是，和尚們已經被政府控制了起來。到了宋代，政府賣和尚的度牒籌錢，度過財政難關已經成了明目張膽的方法。

僧人們也學會了「悶聲大發財」，他們變得越來越庸俗，享受著皇帝恩賜的財產，至於思想，早已經不再是重點。

佛道的衰落，導致中國再次回到了儒教主導的軌道上。於是，中央帝國對思想的控制再次成為可能。

28《舊五代史・周書・世宗紀》：「是歲，諸道供到帳籍，所存寺院凡二千六百九十四所，廢寺院凡三萬三百三十六，僧尼係籍者六萬一千二百人。」

第四部

道德神學：儒家神權和王權的合法性依據

西元九六〇年～一五〇六年，宋到明

第十四章

復古主義和實用主義

西元九六〇年～一一二七年

王安石時代對科舉的改造，為明清時代的僵化打下了第一塊基石。唐代的自由式科舉，被更加嚴格和充滿了限制的課本式科舉取代了。

北宋時期，在政治哲學上最大的兩派是復古主義和實用主義。實用主義者崇尚對社會治理有用的實學，強調經濟的作用，卻由於過於相信政府的力量，採取了計畫經濟的方式而宣告失敗。復古主義雖然反對實用主義的計畫經濟，卻對經濟一竅不通，總是想回歸古代的道德統治和禮法制度。

在兩派的夾縫裡，溫和的折中派包括范仲淹、蘇軾等人。前者更加溫和的改革以失敗告終；後者受到了雙方的排擠，無法施展政治抱負。

實用主義終結後，宋代逐漸陷入了道學的陷阱。道學對唐代的反思，也認定唐代的問題在於自由太多了，應該更加控制人們的思想。

宋代也是出版業大發展的時代，皇帝從對出版活動不知所措，到逐漸學會控制，將出版列入了政府的監管之下，為其所用，中國失去了發展現代哲學和科學的可能性。

變法不成，反為腐敗推波助瀾

宋神宗熙寧四年（西元一〇七一年），參知政事同中書門下平章事王安石決定對科舉制度和教育制度進行一次重大改組。

這次改組發生在熙寧變法之後的第三個年頭。兩年前，王安石在宋神宗的支持下開始變法，當年推出了均輸法、青苗法、農田水利法和常平倉，第二年又推出了保甲法[1]。然而，新法的實施卻遇到了重大的干擾，當時的大臣們有一半多都在激烈的反對。在王安石黨羽和反對派的爭論中，雙方互相攻擊，反對派把支持派貶為「新黨」，而支持派則把反對派稱為「舊黨」。大量的政治資源都浪費在爭吵上，讓王安石感覺到，除了變法本身，思想的控制才是更重要的，如果沒有一批齊心協力的大臣，改革措施很難推進。而要選拔和自己想法一致的人才，必須從選拔機制上做文章。

在王安石之前的北宋時期，科舉制度是直接繼承自唐朝，主要考試科目分為進士科和經學科兩類。進士科主要考詩賦，測試人們的語文能力；而經學科則主要考人們對五經的背誦能力。但在王安石看來，隨著制度惰性的加強，這兩種考試都變了味，無法找到合格的人才。進士科選出來的人，只會用一些浮豔的詞句來獲得世俗的歡心；而經學科則只會背誦經文，卻並不理解其中的義理[2]。要想選拔真正的人才，必須做兩方面的改革：第一是政府的科舉制度，第二是學校的教育制度。

雖然王安石被稱作「新黨」黨魁，也就是所謂的改革派，但在改革科舉制度時，他和清末的

---

1 見《宋史．王安石傳》。

2 《臨川先生文集．卷六九．取材》：「所謂文吏者，不徒苟尚文辭而已，必也通古今，習禮法，天文人事，政教更張，然後施之職事，則以詳平政體，有大議論，使以古今參之是也。所謂諸生者，不獨取訓習句讀而已，必也習典禮，明制度，臣主威儀，時政沿襲，然後施之職事，則以緣飾治道，有大議論，則以經術斷之是也。以今準古，今之進士，古之文吏也；今之經學，古之儒生也。然其策進士，則但以章句聲病，苟尚文辭，類皆小能者為之；策經學者，徒以記問為能，不責大義，類皆蒙鄙者能之。」

康有為採取了同樣的路數：回到儒教去找依據，恢復古代的人才選拔標準，也就是儒家標準。

首先是科舉制度改革，王安石廢除了其他的科目（包括明經），再對進士科進行了改造，廢除了對於詩詞歌賦的考試，而改為對五經、《論語》、《孟子》的考試。每一次考試，都要先通五經之中的一部，然後再考《論語》、《孟子》，再測試經學的大義十道題，最後寫一篇時論和三道時務策，以及五道禮部題目[3]。這項改革首先在京東（開封以東的河南、江蘇、山東、安徽一帶）、陝西、河東（黃河以東的山西地區）、河北、京西（開封以西的河南、湖北地區）等五路實施，包括了宋代最核心的領土。

需要注意的是，雖然王安石名曰「復古」，卻並沒有真的返回到漢代的經學傳統。漢代經學側重於背誦經文，對於大意則不大講究，培養出來的都是書呆子，而王安石想培養的，卻是只掌握經義精神，不要求背誦課文的人。這是對漢代經學的顛覆，而不是復古。實際上，宋代已經無法回到漢代精神，所有叫嚷著恢復漢儒的人，都強調不要背誦章句，而是理解儒家的精神。

但是，所謂的儒家精神是什麼，每一個黨派都有不同的理解。王安石為了壟斷對於經義的闡述權，又做出了第二項改革：學校的改革。教書育人是政府交給教師們的光榮職責，絕不允許傳授挖政府牆腳的內容。

他一方面大力清除太學裡的反對派，把老師都換成自己人；另一方面，則開始編撰新的教材，這些教材的內容可以和改革相配合，起到洗腦的作用。

他選擇的三本書是《詩經》、《尚書》和《周禮》，對這三本書做了新的注釋。其中《周禮》是周代政治制度的彙編，王安石用來比附他的改革措施，而《詩經》和《尚書》也同樣被用來為改革造勢，強調變法精神。

透過對科舉制度和教育制度的改革，王安石就控制了人才流動權。事實證明，這是一次極其成功的改革措施，後來他雖然下臺了，但由官僚系統提升上來的，已經變成了新法的支持者，他們不遺餘力的打擊舊黨，使得北宋後期的政治被新黨所主導。

保守主義興起

但這次的改革也帶著極大的危險性，先不說它引起了劇烈的黨爭，從思想改造上，它的影響力早已經穿越了朝代的限制。科舉改革凸顯了對儒教的推崇，唐代所建立的自由主義選拔方式告一段落，以後的人們再也不可能因為文采而當官，只能依靠研究儒教經典，才能被政權接納。持有異端思想的人們，都被排斥在官僚系統之外。

更為嚴重的是，王安石推崇的是不死記硬背，以活學活用為主，但是他又設定了自己編的基本教科書，從這些教科書中出題，經過一段時間，學生們勢必只會這幾本教科書的內容。到了後來，王安石編纂的教科書被廢除，反對他、貶低他的人們另外制定了一批教科書使用，這就是朱

3《續資治通鑑長編．卷二百二十．神宗熙寧四年》：「明經及諸科欲行廢罷，取元解明經人數增解進士，及更俟一次科場，不許諸科新人應舉，漸令改習進士。仍於京東、陝西、河東、河北、京西五路先置學官，使之教導。其禮部所增進士奏名，止取五路進士充數，所貴合格者多，可以誘諸科向習進士。今定貢舉新制，進士罷詩賦、帖經、墨義，各占治詩、書、易、周禮、禮記一經，兼以論語、孟子。每試四場，初本經，次兼經並大義十道，務通義理，不須盡用注疏。次論一首，次時務策三道，禮部五道。」

熹等人推崇和注疏的四書五經。中國歷史進入了八股文時期。

明清時期的僵化，實際上是從王安石開始的。王安石為了贏得改革，為新一輪的守舊打下了基礎。

在北宋時期，整個社會在兩種思潮之間跌宕：實用主義和復古主義。

所謂復古主義，是以歐陽修、司馬光、程頤、程顥等人為代表的「道學」。他們既反對激進的社會改革，也反對儒道釋合流的自由主義，他們的目標是恢復古代的大同世界和君臣大義，重新做到政教合一。

所謂實用主義，並不等同於現代意義上的實用主義，而是指以王安石為代表的改革派。他們雖然表面上也尊崇復古，但骨子裡卻是想用更加現代的手段進行改革。比如，王安石的改革措施基本上都是財政式的，經過了嚴格的計算，以恢復國家財政和軍隊強盛為直接目的。改革措施中也看不到任何形而上的東西，而是非常有針對性：軍隊不行，就用保甲法改革加強軍隊建設；財政不行，就建立一系列政府插手經濟的制度來獲得財政收入。

如果和現代社會做一個對比，可以認為：復古主義更接近於法西斯主義，他們試圖回到過去的光榮，用古典書籍對人們重新洗腦。而實用主義更接近社會主義，他們摒棄了任何形而上，只相信經濟救國，而恢復經濟的手段，就是政府起到主導作用，引導人們共同致富的同時多交稅。

可惜的是，不管是復古主義還是實用主義，都是集權式的，過於相信政權的力量，也都不惜以鬥爭的手段來對付反對派。

北宋後期，當改革勢在必行時，最先得勢的是實用主義。王安石上臺後，推行了一系列的改革措施，並強力打壓復古主義一派。但是，王安石的社會主義式改革卻以失敗而告終，留給復古主義足夠的把柄。到了南宋時期，復古主義已經占據了社會思潮的主流，於是社會風氣越來越保守，最終導致了整個社會的全面內斂化。

到了明清，這種保守主義的潮流反映在政治上，則變得越來越僵化，官僚階層喪失了唐宋時期的活力，成為皇帝的附庸，也導致了中國再也走不出大一統集權模式。

北宋作為中國最後一個開放的朝代，既享受了開放的輝煌，又孕育了封閉的種子。

溫和的改革

宋仁宗慶曆四年（西元一〇四四年），北宋和西夏、遼國的邊關有了新警報，參知政事（副宰相）范仲淹和樞密副使富弼一同申請回到邊關去加強軍事[4]。皇帝立刻任命范仲淹擔任河東、陝西宣撫使，並賜他黃金百兩，負責西北邊境；富弼擔任河北宣撫使，負責北方邊境。

誰也沒有想到，這次兩位大臣從中央到地方任職，竟然成了北宋社會思潮的轉捩點，也是北宋溫和改革失敗的標誌。

在前一年，以范仲淹為首的大臣進行了一次意義深遠的改革運動，但在一年之後，改革就告失敗，兩人也離開了中央。這次改革本來是聯合改革派（實用主義）與保守派（復古主義）的最

4 見《宋史．范仲淹傳》、《宋史．富弼傳》。

後契機，它的失敗也標誌著兩派的分道揚鑣，再也不可調和了。

在北宋的大臣中，范仲淹是一個異類。

北宋是一個外患嚴重的王朝，皇帝對於文臣又採取了極其寬大的政策，不會隨便加以迫害，所以，大臣們大都表現出很強的氣節。他們以天下為己任，不屈服於政治壓力，願意為理想獻身，這在其他的朝代都很少見。

但是，北宋的文臣又有一個非常致命的缺陷：結黨。在處理內政問題時，勢必要大臣們提出針對性的方案，由於人們接受教育的不同，方案自然也不同。

在政治問題上，最大的兩派分別是改革派（實用主義）和保守派（保守主義）。這兩派的源頭都可以追溯到唐代。

改革派來自於唐代的實務派。唐代由於不重視儒教經學，當皇帝遇到了政治上的實際問題，往往不會考慮「以德服人」等陳詞濫調，而是採取直接的措施來處理。如何處理軍隊的給養和訓練？如何處理銅錢不足和銅錢造假？如何處理稅收的不足？如何賑災？這些問題都不是儒教經學可以解決的問題，需要較強的行政技術手段來對待。在處理實際問題時，幾乎每一個唐代的大臣都是實務派，也將這種傳統傳給了宋代的君臣。

而保守派則來自於唐代安史之亂後產生的古文運動。實務派並沒有將政權問題解決好，比如，唐玄宗試圖解決軍隊的後勤問題，引入了節度使制度，這是一種比較務實的做法，卻並沒有把後果完全計算到，反而引起了安史之亂。這時，一群學者在反思問題時，認為這是因為政府和社會丟掉了信仰，才引起了巨大的變亂。他們發起的古文運動表面上只是一場文化革命，但實際上也是一種政治保守運動，希望透過返回漢代和三代的儒教傳統，來恢復中國的強盛。這一支的代表人物是韓愈和柳宗元，而到了宋代，則被歐陽修等人繼承了下來。

於是，宋代就成了改革派和保守派兩派爭議的戰場。

在戰場上，改革派在實務上取得了優勢，而保守派卻在文化上取得了優勢。宋代最著名的史學著作《資治通鑑》，以及描寫唐代和五代的《新唐書》、《新五代史》[5]，都是在保守主義傳統下形成的。改革派擅長於實際的政治操作，而保守派卻取得了道義上的優勢。

在兩派鬥爭之時，有一個人卻超乎於黨派之上，他就是范仲淹。

改革觸動利益，聖人變眾矢之的

范仲淹從小是孤兒，上學的經歷特別曲折。他的學識以儒教傳統為底，學的是六經，特別是對易學很擅長。這讓他成了保守派可以接納的對象。

范仲淹更讓人們佩服的是，他有著完美的道德標準，進入官場後，不肯隨波逐流、趨炎附勢，在面對皇帝時也屢次秉筆直言，得罪了皇帝和權貴而數次被貶官，又數次崛起。

他之所以能數次崛起，和他的能力分不開。從能力上，他是一個不折不扣的改革派，得到了

5　《資治通鑑》由保守派領軍人物司馬光領銜，《新唐書》由保守派大將歐陽修領銜，《新五代史》則是歐陽修的私撰史書。

所有務實派的認同。他曾經在對西夏的戰場上立過戰功，也曾經在擔任地方官時，賑濟百姓、興修水利，都取得過良好的效果，受人愛戴。

范仲淹是一個能夠團結兩派的人，如果要控制北宋時期的黨爭，必須有這樣一個團結派的人出頭，才能形成聯合的局面。

慶曆三年（西元一〇四三年），宋朝剛剛經歷過西夏危機。從宋仁宗寶元元年（西元一〇三八年）開始，西夏人的領袖李元昊稱帝，與宋朝發生了嚴重的軍事衝突[6]。在衝突中，李元昊幾乎一年一次大捷，三川口、好水川、定川寨，共屠戮了幾萬人。最後，正是在前線擔任守備的范仲淹、韓琦、文彥博等人建立起了一條較為牢固的防線，才將西夏人的擴張控制住。直到慶曆四年（西元一〇四四年），兩方才達成協議，由宋朝每年送給西夏歲賜銀七・二萬兩、絹十五・三萬匹、茶三萬斤。

就在宋朝與西夏發生戰爭的同時，原本與宋朝維持和平的遼國也趁火打劫，要求增加歲幣。而宋仁宗再次屈服，派富弼與遼國簽訂了新的合約，將送給遼國的歲貢每年增加銀十萬兩、絹十萬匹[7]。

與西夏和遼的擴張相比，更讓人頭疼的是北宋政府自己的問題。政府內部已經是冗官充斥，軍隊規模龐大但是實力羸弱，財政吃緊。戰爭的爆發更是直接讓朝廷不得不大幅度提高稅收，影響了民間經濟。

西夏和遼的逼迫、內部的重重問題，終於讓皇帝要發憤圖強進行改革。改革派和保守派都能接受的范仲淹成了改革的設計師。這次改革，就成了關乎宋朝命運的大事。

范仲淹的改革基本上是務實的。在中國歷史上，歷次的改革分成兩類：第一類是以增加政府財政、提倡政府加強經濟管控為目的的改革；而第二類則屬於放鬆政府控制、振興民間為目的的改革。

第一類改革往往是左派採取的方法，而右派卻堅決抵制。第二類改革往往能得到右派的贊同，但是，實施起來會同時觸動兩派的利益，所受到的阻力會更大。

范仲淹的改革屬於後者，他提出的改革建議主要包括了十條內容：明黜陟、抑僥倖、精貢舉、擇官長、均公田、厚農桑、修武備、推恩信、重命令、減徭役[8]。

而這十條內容針對的是當時的四種現象：一是養兵貴，二是冗官，三是行政效率低下，四是百姓稅重[9]。

改革的整體思路是：在現有制度框架之下，進行一次理順式的調整，將原來制度中已經亂套的地方重新調整好。這是一次現實主義和保守主義的改革，與後來王安石的激進式改革形成了對比。它的核心不是加強政府權力和干預民間經濟運行，而是針對政府本身的改革，從自我的身上割肉，減少對社會的干預。

6 見《宋史·夏國傳》。
7 見《宋史·仁宗紀》、《宋史·富弼傳》、《宋史·食貨志下一（會計）》。
8 見《范文正奏議·答手詔條陳十事》。
9 具體內容參見本書作者的《龍椅背後的財政祕辛》第九章。

如果此次改革成功，就不需要後來的王安石改革，也就不會有改革派和保守派的分裂。而作為雙方都可以接受的人，范仲淹的改革應該會得到雙方的支持。從這個角度看，是有成功的可能性的。

但慶曆新政到底命運又如何呢？

在改革之初，人們對於改革的熱情是很高的。然而，當政策下達之後，真正需要的是依據政策去執行，這時，人們就不幹了。

由於新政需要淘汰不合格的官員，取消官員子弟的當官權利，嚴格考績制度。這件事情一提出來，人們開始紛紛推託逃避，不支持他[10]。

范仲淹為了對付這種推託，決定理順官僚制度，解決政出多門的問題。他要求作為輔政大臣，監管兵事和財政，而將其他的權力也交給中書和樞密院這兩府，與輔政大臣形成權力上的協調，共同推進改革。

這次，由於牽扯到了真正的利益分配，皇帝也不敢支持他，只交給了他刑法權。范仲淹仍然不想放棄，他派出了按察使四處出巡，督促官員執行改革，同時打擊那些不為民辦事的官員。他的改革終於觸發了整個官僚階層的反抗。慶曆新政失敗了。

范仲淹是最後一個改革派和保守派都能夠接受的人物，當他的改革失敗後，就意味著再也沒有人能夠聯合兩派來推動一個事情了。任何一個想做事的人，必須要麼投靠這一派，要麼投靠那一派，否則就會同時受到兩派的牽制。剩下的，只有赤裸裸的意識形態鬥爭了。

初時保守、實用並存

在北宋意識形態分裂史上，有兩個人物沒有被後來的理學家尊崇為道統，但對理學產生的影響卻比其他人都大得多。南宋的朱熹等人喜歡給北宋的程頤、程顥兄弟臉上貼金，可即便沒有二程，理學家仍然可能發掘出其他人來填補二程的地位。但是如果沒有王安石、司馬光的爭鬥，就不會有理學產生的環境。

王和司馬兩人的爭鬥看上去是因為改革問題，但背後卻有著深刻的思想根源。從北宋創建以來，隨著文官的地位提高和穩固，文官之中就產生了一種復古主義的傳統。唐朝末年和五代時期的混亂讓北宋初年的文人開始反思：為什麼會產生戰亂？他們得到結論是：唐代的自由太多了。

所謂的自由太多，一是在意識形態上三教並立，人們的思想是分散的，缺乏合力。二是因為臣下對皇帝的不尊重，北宋太宗就曾經嘲笑過唐德宗。唐德宗時期由於藩鎮割據，藩鎮根本不聽皇帝的話，皇帝也沒有能力去教訓藩鎮，因為他沒有錢，甚至只能朝著藩鎮求爺爺告奶奶，請他們出錢[11]。

10　《宋史．范仲淹傳》：「而仲淹以天下為己任，裁削幸濫，考核官吏，日夜謀慮興致太平。然更張無漸，規摹闊大，論者以為不可行。及按察使出，多所舉劾，人心不悅。自任子之恩薄，磨勘之法密，僥倖者不便，於是謗毀稍行，而朋黨之論浸聞上矣。」

11　《續資治通鑑長編．卷三十七》：「前代帝王昏弱，天下十分財賦，未有一分入於王室。唐德宗在梁、洋，公私窘乏，韓滉專制鎮海，積聚財貨，德宗遣其子皋往求，得百萬斛斗，以救艱危，即當時朝廷時勢可見矣。朕今收拾天下遺利，以贍軍國，以濟窮困，若豪民猾戶，望毫髮之惠，不可得也。」

文人們總結這兩點經驗，認為要統一人們的思想，又要人們聽從皇帝的話，只有一個辦法，就是重歸儒教，提倡君君臣臣父父子子各居其位，不要亂了綱常規矩。

北宋初年和中葉，人們撰寫歷史時都特別注意遵循儒教的這套規律，弘揚那些聽話的人，批評那些不聽話的人。從歐陽修撰寫《新唐書》、《新五代史》開始，就把這套原則貫徹到了字裡行間。司馬光撰寫《資治通鑑》時，更是將這種精神發揮到了極致。在這種精神之中產生了北宋的保守主義。

北宋保守主義和現代保守主義是有區別的。現代保守主義包羅萬象，從政治到經濟無所不包，基本上以主張小政府為主，也就是政府少管事情。而北宋保守主義只是提倡人們要遵從於儒教禮法，而在治理上並不推崇小政府。

保守主義最初也只是一個理念，比如，歐陽修本人雖然提倡儒教禮法，但是在談到具體的政策時卻是實用主義者。北宋前期的大臣都有這樣的特點，他們對於政治結構、經濟、軍事都有涉獵，基本上是通才。

比如歐陽修是一代文宗，但是他一生中擔任的官職卻非常豐富，曾經擔任過首都最高行政長官，權知開封府事，也擔任過掌管軍隊的樞密副使，還擔任過最高行政官員參知政事。史書稱他為軍政、民政、財政的通才[12]。

保守主義在這時是沒有完全和實用主義分離的。即便到了范仲淹改革失敗後，保守主義和實用主義看上去已經無法共存，但在表現上仍然是聯合的。

而剝掉了保守主義和實用主義之間溫情面紗的，就是王安石和司馬光的爭執。

王安石向左，司馬光向右

與歐陽修等人不同，司馬光基本上是一個清流官員，他編纂了大部頭的《資治通鑑》，卻對於實務性工作並不夠了解。他在修史的過程中，對於任何企圖改變先人做法的事情都充滿了警惕，任何對於儒教禮法的不尊重，都會引起他極大的憤怒。王安石則正好相反，雄心勃勃的他一心做實務性改革，對於意識形態並不在意，他之所以要改革科舉制度，掌控意識形態，與其說是理想，不如說是推進改革的手段。這兩個人一個採取完全實用主義的態度，另一個採取完全保守主義的作風，就產生了劇烈的衝突。

宋神宗熙寧二年（西元一〇六九年），宋神宗支持王安石開始了有名的熙寧變法。皇帝想要變法，並非匆忙推出的，他曾經廣泛徵求了各位大臣的意見，請他們討論，看看誰能夠解決當時最大的問題——財政問題。在大臣們的回饋中，主要的意見分成了兩類，各以司馬光和王安石為代表。

司馬光雖然認為問題很大，卻提不出具體的措施，希望從長計議[13]。王安石則認為問題是可

12　《宋史．歐陽修傳》：「修在兵府，與曾公亮考天下兵數及三路屯戍多少、地理遠近，更為圖籍。凡邊防久缺屯戍者，必加搜補。其在政府，與韓琦同心輔政。凡兵民、官吏、財利之要，中書所當知者，集為總目，遇事不復求之有司。」

13　《宋史．食貨志下一》：「國用不足，在用度大奢，賞賜不節，宗室繁多，官職冗濫，軍旅不精。必須陛下與兩府大臣及三司官吏，深思救弊之術，磨以歲月，庶幾有效，非愚臣一朝一夕所能裁減。」

以解決的，並且提出了具體的改革措施，希望透過這些措施，在增加政府收入的同時，振興民間經濟[14]。

如果僅僅從兩人對於改革的態度來看，顯然王安石的態度更值得推崇。司馬光的做法，只不過是在等死。既然宋代的財政問題已經非常嚴重，就必須盡快進行改革，拖延不是辦法。王安石對待改革的態度，和當初的范仲淹也是一致的，范仲淹也認為改革必須盡快進行，才能帶來最小的副作用。

如果王安石改革成功，那麼就不會有後來保守主義的得勢，也就不會有社會思潮的劇烈封閉化。但是，王安石的改革卻出現了一個重大缺陷。在歷史上，不僅僅是他，許多改革者都會有這個缺陷，這就是：他們過於強調政府的作用，試圖以大政府來指導社會，結果不僅指導不成，反而引起了更多的問題。

關於變法的內容並非本書的範圍[15]。簡單說，王安石想建立一套類似於社會主義的框架，以政府插手金融、貿易、運輸的形式，來促進經濟發展，結果，官員對經濟插手之後，不僅沒有提高效率，反而攪亂了社會經濟。

他的變法在某些局部上也有好處，比如農田水利法和方田均稅法，可以解決一定的繳稅公平問題和經濟外部性問題。但作為一個整體，是副作用遠大於好處。到了他下臺後，新法大部分都被廢除了。

不過，王安石變法最大的遺產反而不是變法本身，而是變法帶來的黨爭。為了推行變法，王安石改變了人才錄取標準，並直接打擊那些反對他的人。但新上臺的這些人往往都是投機分子，他們之所以支持改革，是因為想上臺而已。

改革失敗後，司馬光等人上臺，王安石下臺。由於此時已經沒有了容忍的風氣，於是又開始了另一輪鬥爭，改革派下臺，保守主義者上臺。事實證明，保守主義者並不比改革派好，甚至更糟糕，他們在打擊政敵上同樣不遺餘力，同時還缺乏改變現狀的精神。北宋的政治更加混亂，直到另一次反轉。

宋徽宗崇寧元年（西元一一〇二年），皇帝再次找到了改革派，把保守主義者打入禁區。雙方的鬥爭最後耗盡了北宋王朝的元氣，不僅無力解決經濟問題，連在精神上也趨於分裂，無法抵抗更加兇猛的女真人了。

受排擠的蘇軾

在實用主義和復古主義的鬥爭中，另外有一類人，他們不肯依附於其中的任何一派，試圖保持獨立性和判斷力，結果遭到了雙方的打擊。這一派人的代表叫蘇軾。

14 《宋史．王安石傳》：「於是上萬言書，以為：今天下之財力日以困窮，風俗日以衰壞，患在不知法度，不法先王之政故也。法先王之政者，法其意而已。法其意，則吾所改易更革，不至乎傾駭天下之耳目，囂天下之口，而固已合先王之政矣。因天下之力，以生天下之財，取天下之財，以供天下之費。自古治世，未嘗以財不足為公患也，患在治財無其道爾。」

15 具體內容參見本書作者所寫的《龍椅背後的財政祕辛》。

蘇軾的年紀比司馬光和王安石小十幾歲[16]，卻繼承了更上一代的范仲淹的傳統。他一方面不避諱改革，而另一方面又不贊成急功近利的聚斂式改革。在改革的思路上，他也繼承了范仲淹的想法，並不把為政府徵稅當作第一位，而是主張政府應該節用，把錢花在刀口上。對於王安石改革中以斂財為目的的內容，他是持反對態度，但對於有助於理順經濟關係部分，他又是支持的。

這種就事論事的態度本來應該是一個人所持的最正確立場，卻在當時遭到了兩派的反對。人們對於蘇軾的文采大都非常讚賞，但他在仕途上卻屢遭排擠，在中央閒差和地方小官之間打轉。

蘇軾在哲學上的另一個特點，是他繼承了唐代文人的傳統，對儒教並沒有特殊的偏好，反而對於佛教和道教充滿了嚮往，希望能夠將儒道釋綜合起來，形成一種寬容的學術氛圍。由於力主寬容，他對於道、儒的意見也更加接近於兩者的哲學本意。

這一點，從他的學習過程就可以看出來。他最初學習儒教的經典和史書，對賈誼、陸贄等人非常佩服。到後來讀到了《莊子》，感慨的說：我以前心裡面有見解，但是說不出來，現在讀到這本書，就見到了我的心裡話[17]。

對於道，他並不認同道教所編造的各種神仙體系，而是回歸到了道家的原點：無為而治，也就是漢代提倡的黃老之術。

他對於道家的看法，集中反映在碑文《上清儲祥宮碑》裡。上清宮建於宋太宗時期，在宋仁宗慶曆三年（西元一〇四三年）失火，元豐三年（西元一〇八〇年）開始重建。最初使用的是皇帝撥款，後來太皇太后曹氏認為不應該動用國家的錢，「民不可勞也。兵不可役也，太司徒錢不可發也，而先帝之意，不可以不成」，變賣自己的財產，才建立起來。

蘇軾對太皇太后的做法大加讚賞，認為這是既尊重信仰又不連累社會的好辦法，並闡述了對於道教的看法。他認為黃老之術才是道家的本源，而所謂的方士之術只不過是道家的末流而已。他希望皇帝能夠接納漢代文景時期的經驗，採取黃老之術，清心省事，薄斂緩獄，重新回到不用兵而天下大治的境界[18]。

對於佛教，他也沒有按照印度佛教的本意去理解，而是認為佛教是一種與儒教相通的信仰，只不過儒教管世間，而佛教管出世，至於出世還是入世，兩者的法門都是一樣的[19]。

在打通了儒道釋之後，蘇軾對於政治的看法也相當清楚，就是：收縮官僚權力，簡化政治流程，交給民間自己處理事務的權利。這種做法不管是王安石的新黨，還是司馬光的舊黨，以及當時已經悄然興起的道學家們都無法接受，所以，他註定只是個邊緣人物。

16 司馬光是西元一〇一九年生，王安石是西元一〇二一年生，蘇軾是西元一〇三七年生。

17 見《宋史．蘇軾傳》。

18 《上清儲祥宮碑》：「臣謹按道家者流，本出於黃帝、老子。其道以清淨無為為宗，以虛明應物為用，以慈儉不爭為行，合於《周易》『何思何慮』、《論語》『仁者靜壽』之說，如是而已。自秦、漢以來，始用方士言，乃有飛仙變化之術，《黃庭》、《大洞》之法，太上、天真、木公、金母之號，延康、赤明、龍漢、開皇之紀，天皇太一、紫微、北極之祀，下至於丹藥奇技，符籙小數，皆歸於道家，學者不能必其有無。然臣嘗竊論之。黃帝、老子之道，本也。方士之言，末也。修其本而末自應。故仁義不施，則韶濩之樂，不能以降天神。忠信不立。則射鄉之禮，不能以致刑措。漢興，蓋公治黃、老，而曹參師其言，以謂治道貴清靜，而民自定。以此為政，天下歌之曰：『蕭何為法，顜若畫一。曹參代之，守而勿失。載其清靜，民以寧壹。』其後文景之治，大率依本黃、老，清心省事，薄斂緩獄，不言兵而天下富。」

19 《南華長老題名記》：「宰官行世間法，沙門行出世間法，世間即出世間，等無有二。」

蘇軾的一生，就反映了他的邊緣化。最初，他以文采受到了歐陽修等人的讚賞，似乎前途遠大。但他還沒有熬到當高官的時候，就碰上了王安石改革。

由於反對新法的急功近利傾向，得罪了王安石，他只好出京到地方任職，歷任杭州通判、密州（現山東諸城）知州、徐州知州、湖州知州。在地方任職時，他身體力行幫助百姓解決實際問題，抵消新法帶來的危害，彷彿是專門在證明王安石變法的壞處，結果得罪了新黨。新黨借助他給皇帝上表裡面的牢騷話，再加上幾首詩，以文字獄給他定罪，這就是著名的烏臺詩案。北宋沒有殺大臣的傳統，但這一次，新黨差點將他置於死地，可見新黨對於蘇軾的敵視。

到了宋神宗死後，宋哲宗即位，王安石的變法以失敗告終，上臺的是司馬光的舊黨。最初，司馬光以為蘇軾是自己人，將他召回中央擔任官職。但此時蘇軾又主張王安石變法中也有一些積極因素，不應該都廢除，應該就事論事，將好的保留。這種意見又給他帶來了一大堆敵人。他發現：幾乎所有的人都不是為了做事而做事，他們都是有信仰的人，用信仰代替了實際的做事，看問題也不是看是否對社會有利，而是看它是否符合信仰。

蘇軾最終發現無法和他們共事，只好再次要求外調。這一次，他到杭州擔任知州。在杭州，他彷彿是為了專門證明王安石變法還是有好的地方，開始興修水利（王安石變法有「農田水利法」），疏浚西湖，將西湖的淤泥堆積起來成了蘇堤。

之後，他在地方職務上來回漂泊，擔任過潁州（現安徽阜陽）、揚州、定州的知州。這時宋哲宗親政，再次起用新黨，蘇軾又成了新黨的眼中釘，被貶到了惠陽（現廣東惠州），之後又被貶到了海南島。宋徽宗大赦時，蘇軾得以北歸，卻在北歸的途中死去。

這個宋代最有文采、也有能力的人，幾乎在一輩子漂泊中死去。他本人對生活採取了一種豁達的態度，不管是順境還是逆境，既不表現出得意，也不表現出失意，只是當作一種生活狀態接受下來。

雖然他不管在什麼環境中都會盡最大努力做出最大的成就，但他的遭遇仍然說明了宋代的問題：在一個過分強調主義的環境中，任何試圖撇開主義做實事的人都不會被容忍。蘇軾之後，能夠生存的，也只有過於現實的實用主義者，以及不著邊際的復古主義者這兩種人了。

實用主義的終結和餘韻

蘇軾的遭遇，說明了夾雜在復古主義和實用主義之間的中間派不可能有出路，北宋晚期的政治只能在這兩大派別之間顛簸。

在北宋後期，由於皇帝越來越缺錢，實用主義始終比復古主義領先一步，也更受寵。但也正因為實用主義更加受寵，隨著北宋的滅亡，它也就成了代罪羔羊，受到了人們的鄙視，無形之間讓復古主義者得了利，這也是為什麼南宋成了道學先生樂園的原因。

可以說，實用主義的失敗促成了復古主義的興盛，而復古主義的興盛，又鎖死了中國擺脫封閉的最後機會。

在王安石之後，兩派的鬥爭繼續。支持變法的宋神宗死後，九歲的宋哲宗當上了皇帝，實際掌權的是宣仁太后（英宗的皇后）。在太后的主持下，司馬光、范純仁等反對變法的「舊黨」重新上臺，廢除了新法。

元祐八年（西元一〇九三年），宣仁太后去世。哲宗親政後，召回了新黨的章惇等人，恢復了新政，打擊舊黨。

七年後，宋哲宗去世，宋徽宗繼位，此時掌握政局的是向太后（神宗的皇后），向太后再次召回了一批被章惇等新黨徒貶斥的舊黨成員。

向太后執政只有幾個月就死去了（建中靖國元年正月，西元一一〇一年），宋徽宗得到了親政的機會。他立即著手制定政策，大肆打擊舊黨。就連新黨的章惇、曾布也因為曾經反對宋徽宗繼位而受到了打壓。

一年後，羽翼豐滿的宋徽宗推出了黨籍碑，在黨籍碑上刻了一百二十人的名字，宣布對這些人永不任用。兩年後又增加到了三百零九人，這些人中除了真的舊黨，也包括蘇軾這樣的自由主義者，還包括反對皇帝繼位的章惇等人。碑文由司空尚書左僕射兼門下侍郎蔡京書寫，發往全國進行摹刻，形成警示作用。

而蔡京，則是實用主義者在北宋的最後代表，就是他徹底毀滅了實用主義者的名聲，使得這個派別退出了歷史舞臺。

人們往往把蔡京當作奸臣的代表，但實際上，蔡京是一個解決實際問題的官員。在他上任後，北宋最大的問題，仍然是財政收入不足以養活政治體系。而且這個問題更加迫切，已經不再是司馬光式的復古主義者能夠解決的了，必須依靠實務派來找錢。蔡京作為宰相，自然要把執政的重頭戲放在這上面，因此也成了背鍋的人。

以現代人的眼光看，不管是王安石的改革還是蔡京的改革都很現代。直到二十世紀，中國大陸建立了社會主義架構，才有了充分的信用工具來擴張政府財政。但是在宋代，王、蔡兩人的改革已經將這些手段都用出來了。

王安石主要利用政府直接插手經濟，而蔡京則主要利用金融工具。他使用的金融工具主要是紙幣和鹽鈔，鹽鈔實際上相當於一種以鹽為抵押品的紙幣。這些信用工具出現在宋代，絕對是革命性的。

但是，只有到了現代，人們才會明白，當政府手中掌握了操控經濟的手段，它就必然使用這些手段來為自己牟利。在西方，人們在把這些手段交給政府時，也會透過立法制訂一系列的限制，防止政府濫用。但在宋代，防止政府濫用的立法不會也不可能出現，所以政府在缺錢時必然將其用過了頭。

當蔡京發現鹽鈔的發行可以為政府籌集款項，或者印鈔票可以解決政府財政問題時，必然會發行過量的鹽鈔和紙幣，最終導致嚴重的通貨膨脹，擾亂了社會經濟。

北宋末年的社會紊亂影響了軍隊的戰鬥力，北宋無力對抗金兵的入侵，滅亡了。北宋的滅亡給了復古派足夠的口實，彷彿這一切都是新黨造成的。但即使沒有新黨，財政不足、官僚系統擴張等問題依然存在，需要人去解決。新黨雖然失敗，但他們還是敢於面對問題，去提出解決思路的。更糟糕的舊黨卻連問題的存在都不承認，或者認為，依靠回歸古代的儒教傳統，就能一勞永逸的解決所有的問題。

蔡京已經徹底敗壞了實用主義的名聲，到了南宋時期，實用主義的一支已經萎縮到了微不足道，讓位給了高談闊論的復古主義者。

但在浙江南部地區的永嘉（屬於溫州）和永康（屬於金華），卻產生了實用主義的一個小小分支——事功主義。這個分支的代表人物是陳亮和葉適。

此時的實用主義與北宋的實用主義不同，北宋的實用主義是與內部治理（特別是經濟事務）相結合的，不管是范仲淹還是王安石、蔡京，都是以改革和解決政府治理、財政問題為導向。而到了南宋，實用主義卻是和軍事相結合的，所有的實用主義幾乎都是主戰派，他們的出發點就是為了收復中原，必須做出改變，改善政治治理，加強軍事。

陳亮在上奏皇帝的書信中，把那些復古主義的道學家罵得一塌糊塗，說他們都是些不知痛癢的人，皇帝都被抓走兩個了，還在那兒低頭拱手談性命之學[20]。他主張義利雙行，王霸並用，聲稱自己墨翟、楊朱、子貢、子思都採納，不在乎是儒是墨[21]。

陳亮一生以教學為主，參與政治的機會不多。而葉適則是一個政治的參與者。在南宋韓侂冑（編注：侂冑音同托宙）北伐中，葉適是個積極的推動者，提出了不少有價值的見解，最終北伐失敗，韓侂冑被皇帝殺掉，葉適也成為代罪羔羊下野[22]。

作為實用主義者，葉適認為儒教經典也不必盡信，對於道學提出的道統，他也認為荒謬，而是希望綜合一切有用的學問，不要故步自封在小圈子裡。

但是，不管是陳亮還是葉適，都已經無法撼動南宋道學的地位，雖然中間有曲折，但是道學經過了北宋的奠基，到了南宋時期已經枝繁葉茂，綁架了中國未來數百年的思想潮流。

從出版業看政府控制

北宋時期，還是另一個傳統的開始：對出版業的控制。我們不妨看一看這個近千年前的出版控制如何產生，又帶來了什麼樣的後果。

宋仁宗至和二年（西元一〇五五年），歐陽修給皇帝寫了一封奏章。奏章中談到了對於出版控制的問題。他說，最近首都開封（汴京）出現了一本書，名叫《宋文》。這本書開頭第一篇文章是新任宰相（中書門下平章事、集賢殿大學士）富弼寫的，名叫〈讓官表〉。因為這篇文章，歐陽修認為這本書應該禁止，他建議政府到印刷廠將書的雕版燒掉，並嚴格執法。以後，如果再有私自不經政府核准就印書賣書的，都要狠狠的打擊，嚴厲的懲罰，鼓勵告發，給予獎勵[23]。

20《龍川集．卷一．上孝宗皇帝第一書》：「今世之儒士自以為得正心誠意之學者，皆風痺不知痛癢之人也，舉一世安於君父之仇，而方低頭拱手以談性命，不知何者謂之性命乎！」

21《龍川集．卷二十．又甲辰答書》：「口誦墨翟之言，身從楊朱之道，外有子貢之形，內居原憲之實。」

22 見《宋史．葉適傳》。

23《歐陽文忠公集．卷一百八．論雕印文字箚子》：「臣伏見朝廷累有指揮禁止雕印文字，非不嚴切，而近日雕版尤多，蓋為不曾條約書鋪販賣之人。臣竊見京城近有雕印文集二十卷，名為《宋文》者，多是當今議論時政之言。其篇首是富弼往年〈讓官表〉，其間陳北虜事宜甚多，詳其語言，不可流布。而雕印之文不知事體，有誤學徒。臣恐流布漸廣，傳入虜中，大於朝廷不便。乃更有其餘文字，非後學所須，或不足為人師法者，並在編集，有誤學徒。臣今欲乞明降指揮下開封府，訪求板本焚毀，及止絕書鋪，今後如有不經官司詳定，妄行雕印文集，並不得貨賣。許書鋪及諸色人陳告，支與賞錢貳百貫文，以犯事人家財充。其雕版及貨賣之人並行嚴斷，所貴可以止絕者。今取進止。」

歐陽修本人就是一位有名的文學家，居宋六家之首。他本人的大名就得益於宋代的印刷革命，使得文章廣泛傳播。那麼，為什麼富弼的文章會引起他的重視，不惜焚書呢？這就要從當時的歷史談起。

在歐陽修寫這封信的十七年前，宋仁宗寶元元年（西元一〇三八年），西夏和宋發生了嚴重的軍事衝突。西夏多次打敗宋軍，到最後，北宋不得不與西夏議和，支付歲幣。同時遼國也要求北宋增加歲幣，否則就進行戰爭。

由於有了糾紛，宋朝需要派一個使者，去遼國談判，改定條約。

對於宋朝的官員來說，出使遼國是非常有風險的，沒有人能預期遼國的胃口有多大，就算能活著回來，也會因為簽訂喪權辱國的和約落得一身罵名。此時是宰相呂夷簡掌權，他與富弼不和，就趁這個機會推薦富弼去送死。

誰知，富弼不僅沒有死，反而不辱使命，以較小的代價與遼國簽訂了和約，每年增加歲貢銀十萬兩、絹十萬匹。

富弼回到開封後，皇帝因為他出使的功勞，要給他加官，授予樞密直學士、翰林學士，富弼連忙推辭。後來又要授予他樞密副使，富弼只好上表說：「契丹已經結盟，大家就認為沒有事了，但未來萬一契丹毀約，我就算死了也是罪過。陛下就不要再把這當喜事給我升官了（這是侮辱不是光榮），而是應該臥薪嚐膽，把國家搞好[24]。」

正因為有這麼多恥辱的事情做鋪墊，所以，富弼的〈讓官表〉就如宋朝的一道傷疤，提起這篇文字時，就不得不提政府的軍事無能和外交軟弱。

而恰好，宋仁宗至和二年（西元一〇五五年），富弼剛被皇帝授予宰相的職位，坊間的人們消息靈通，立即將富弼當作活廣告，把他的文章放在了出版物的第一篇。

這時，政府發現原來出版革命真是件令人煩惱的瑣事。

文化爆炸性傳播

在宋代之前，統治者對於書籍的苦惱沒有這麼多。秦始皇嫌書太多，只需一燒了之，就防止了資訊的傳播。那時人們還使用竹簡和手工抄書，成本昂貴，效率低下，所以，書籍的傳播功能是非常弱的。

到了唐代，雖然已經有了雕版印刷，但出版物在民間的傳播力度仍然不夠。由於採用雕版技術，也就是在整塊木板上將文字和圖畫一次性雕刻上去，雕工的成本很高，如果印量不夠的話，就無法回本。唐代的印刷局限在文人圈子裡，或者佛經等可以大量銷售的領域。

唐代的手工業作坊以官辦為主，也限制了經濟的繁榮程度。直到唐末，雕版印刷才產生了更大的影響，只是這時皇朝就到了結束的時候。

宋代由於私人手工業的發展，經濟呈現出極度的繁榮，隨著造紙、雕版技術更加規模化，人類歷史上少有的傳媒革命開始爆發。

24 見《宋史．富弼傳》。

這次革命在政府和私人兩個層面上都有體現。

政府利用雕版大量印製經學、史籍，形成了官方的話語權。另外，自從有了雕版之後，方便了鈔票的產生。宋代的鈔票叫做交子，由於交子的印刷量大，要求高，政府採用了銅版雕刻技術，用當時最先進的工藝來生產，避免人們的偽造。

除了政府層面之外，大量的私人書商更成了革命的主角，他們除了印製唐代的佛經之外，還印醫書、曆書、占卜書等，這些書逐漸的成為人們日常生活中的必備品。

而更重要的是，隨著受教育層面的擴大，文學書籍也在民間變得有利可圖，使得文化的傳播呈現爆炸的局面。原本勞動人民只能靠口耳相傳來解決文化需求，現在即便普通人也可以拿著書籍來獲得知識。比如，主張禁書的歐陽修就受益於這場革命，在他小時候，曾經從別人家的廢書筐中找到了唐代韓愈的遺稿《昌黎先生文集》，腦筋隨之開竅，繼承韓愈的傳統發揚古文，終成大家[25]。

在宋代，已經在全國產生了許多有名的文化中心。除了首都開封和行在（臨時首都）臨安（杭州）之外，兩浙路、福建路、成都府也都是有名的印刷中心。

在首都，政府的勢力太大，所以還以官方出版為中心。而在兩浙，私人資本發達，則已經成了私人的天下，甚至政府都不得不把一部分書放到私人工廠裡去出版。

而成都、福建由於地處遙遠，更是擺脫了政府的控制。按照當時的標準，這裡的書籍品質並不高，與宮廷本相比顯得有些粗製濫造。但它們價格便宜，很適合民間普及，於是，在民間需求的刺激下，很快遍布全國。

除了普通書之外，私人書籍還善於發現任何的機會，比如，文人科考時做的小抄也是從這時開始發展，這種書必須足夠小，字體如同蒼蠅腿。但只要有需求，沒有人辦不到。

在出版革命的刺激之下，人們的文化水準迅速提高。然而就在這時，政府的擔心卻越來越重，即便是歐陽修這樣的開明人士，也開始擔心書籍的力量了。

以國家安全名義禁書

政府之所以擔心書籍的力量，是因為它能夠將足夠的知識迅速的進行傳播。仍然回到開頭的例子，從富弼的出使算起不過只有十三年，他的文章就已經進入了全國性的普及讀物。而由文章延伸出的對於國家、社會問題討論，則恐怕更加廣泛。

宋代也是一個人人關心社會問題的朝代，即便普通人都能方便的了解到政治、軍事的變化。但普通人的了解讓政府很沒有面子，特別是隨著朝代的加長，政府有越來越多需要遮遮掩掩的事情的時候。

為了保全面子，政府決定禁書。不過，禁書總是需要理由的，這個理由就是國家安全。由於宋代與西夏、遼國開戰，防止國家機密洩露就成了最好的藉口，皇帝的無能和軟弱、官場的內鬥和爭吵，都被想當然的劃進了國家機密。

25 見《宋史．歐陽修傳》。

在國家安全的藉口下，最早的禁令還被限制在外國人身上。宋真宗時期，就規定邊民不准將除了儒家經文之外的書籍帶給外國人。到了宋仁宗時期，更是下令不准將大臣們的文集帶到北方，以免洩露了國家祕密。

歐陽修的提議，也是藉口國家安全問題，認為如果遼國人看到了這些討論，會對國家不利。但這只是一個藉口，既然這些事情連國內一般大眾都知道，僅僅靠禁書，又如何防得住遼人？最重要的原因，還是這些文集討論了太多朝野事務，使得有的人面子沒地方擱。

更加神奇的人是蘇東坡的弟弟蘇轍。元祐四年（西元一〇八九年），翰林學士、權吏部尚書蘇轍奉命出使遼國，由於宋代的文化水準比遼國高了很多，蘇轍在遼國找到了久違的優越感，遼國負責接待的官員也無不對三蘇充滿了敬佩。

他剛到燕京，就有人告訴他：你老哥蘇軾的《眉山集》已經到貨很久了，你啥時也出本書讓俺瞅瞅？

到了中京，官員們請他吃飯的時候，又有人和他談論起他老爹蘇洵的文字，對於老人家的經歷和觀點也很了解。

到了遼國皇帝的帳前，又有人問他：「據說你成天吃茯苓，俺也挺喜歡那玩意兒的，啥時給俺開個方子唄？」原來蘇轍寫過《服茯苓賦》，那人顯然看過這篇文章，才向他乞求茯苓藥方。

蘇轍在一片奉承中回國，對這些很是受用。在給宋哲宗的箚子（編注：箚音同札，指官府中的往來文書）裡，還不忘將這些事情一一列舉，充滿了炫耀之情。但是，他突然筆鋒一轉，提議說：「為了國家安全，請陛下禁止我國的書籍流入北國。」

如何禁止？蘇轍提議，最好的禁止方法，就是對本國的出版物進行審查。民間在出版之前，必須先申報給所屬的地方政府，再由地方政府設置兩個官員負責審查[26]。

審查制的出現，已經使得政府在理論上擁有了封殺書籍的能力。

歐陽修、蘇轍等官員本是文化階層的代表，他們卻給皇帝出主意封殺出版物，自以為得計，卻沒有想到接下來會發生什麼……。

歐陽修、蘇轍等人替禁書做了大量的鋪墊，給皇帝找句很好的藉口，手把手告訴皇帝如何操作。一切掌握熟練之後，皇帝開始掄起了禁書的板斧，砍向教會他禁書的人。

宋徽宗崇寧元年（西元一一〇二年），皇帝下令，把一些人打入了「元祐奸人黨」，共一百二十人（後來增加到三百零九人）。把他們名字公之於眾，是為了表明皇帝的決心，凡是活著的，永不任用；凡是死了的，追奪封號，殃及子孫[27]。歐陽修死得早，碑文上沒有他的名字。但是出餿主意的蘇轍就沒有這麼幸運了，他和哥哥蘇軾的名字都不幸被列在了碑文裡。

立碑兩個月之後，皇帝開始禁止元祐黨人的學術著作。第二年又特別下令，一定要銷毀三蘇、秦觀、黃庭堅等人的文集。皇帝仍然感到不過癮，又在當年命令全國各地都要刻《元祐奸黨碑》，並時時刻刻注意不要讓他們的學說得以傳播，否則嚴懲不貸。

此刻，蘇轍還沒有死去。他提議禁書的時候，大概以為自己是安全的，卻沒有想到炮火會砸

26 見《欒城集・卷四二・北使還論北邊事劄子五道》。

27 見《宋史・徽宗紀》。

到自己的腦門上。

從這時開始，禁書也就成了皇帝的武器，用來對付那些不聽話的人。不過，宋代行政效率不高，相對寬容，還只是事情的開始而已。

到了明清兩代，隨著集權主義達到鼎盛，終於開始對異端大肆屠戮，製造了一起又一起冤案和文字獄。到了這時，中國曾經出現過的那次出版革命徹底告終。

出版革命中西方命運大不同

不僅是鎮壓，明清時代的思想控制術也達到了頂峰。皇帝在禁書的同時，發現出版業也在跟著自己的旗杆轉，由於印刷違禁書籍是要掉腦袋的，出版商開始主動幫皇帝過濾他不喜歡的內容。皇帝喜歡的書則立刻大量印刷，鋪天蓋地。於是，市場的選擇漸漸被統治者的口味取代了。當皇帝把四書五經和朱熹定成入仕的標準之後，大量的應考書籍、輔導書籍也應運而生，形成了對人們思想的束縛。

到了明清時代，出版業的發展不僅沒有成為人類擺脫思想束縛的契機，反而被統治者利用起來，將更多的人納入受奴役的軌道，進行龐大的集體規格化，製造了大批的書呆子和蠢蛋。

在中國人禁書之時，卻沒有想到會有人彎道超車。大約在明朝建立八十年後，西方的出版家古騰堡也終於發明了活字印刷術。他的發明時間比中國人晚，但起到的作用卻大得多。

不出所料，古騰堡的發明也在西方引起了一場出版革命，人們可以以較為低廉的價格獲得圖書，開始了知識傳播加速的時代。

與中國相同的是，出版革命在西方的統治者中也帶來了恐慌，他們紛紛對市場進行干涉，試圖禁止不喜歡的內容。

但與中國不同的是，西方的統治者們卻無力扼殺這場革命。

與中國的大一統不同，西方存在著許多個統治者，沒有一個人能夠掌控全域，作家和文人總能找到一個他們管不到的角落來印刷書籍。伏爾泰在法國不受歡迎，有神聖羅馬帝國和北歐諸國歡迎他。馬丁．路德的批評被教皇咒罵，卻受到了後來成為新教徒的人所歡迎。當法王亨利排斥胡格諾教徒，荷蘭人大喜過望，虛席以待。

更有趣的是，一本書在一個地方被禁止，往往意味著在其他地方有更好的銷量，出版商們反而利用了這樣的機會賺了大錢，更樂於幫助那些異端思想傳播。

隨著這些反叛的知識階層崛起，出版和言論自由作為一種原則，先是被少數人宣揚，後來被越來越多的人接受，到最後，統治者不得不做出妥協，承認這個原則。當人心已經慢慢被轉變，普遍接受新的原則時，出版革命被固定了下來，成了天經地義的事情。

更可貴的是，當知識引起的好奇心在人世傳播，會激勵起人們更大的好奇心，向外探索的衝動就在這種好奇心中萌發。不管是文藝復興，還是大航海，都與人們的好奇心被激發有著直接關係。

在歷史上，中西方差距最大的年代不是漢唐這些人們耳熟能詳的時代，而是宋代。在漢朝時期，西方的古羅馬帝國也達全盛。唐朝時期西方雖然已經進入黑暗時代，但唐朝由於土地和戶籍問題的拖累，工商業的發展一直沒有擺脫完全的羈絆。

到了宋代，工商業的發展才達到巔峰，而西方仍然在中世紀裡苦苦掙扎。只是，宋代已經成了一個繁榮社會的尾聲。隨後，西方的知識儲備越來越豐富，而東方卻始終在九本書的陰影裡打轉。

第十五章
存天理，滅人欲

西元九六〇年～一二〇〇年

在東漢滅亡九百年後，中國再次發展出一套系統化的、試圖囊括一切的學問。這套學問被稱為道學，控制了中國接下來一千年的哲學走向。

道學對人們思想的束縛，在於首先樹立了一個所謂的「宇宙真理」，並透過政權的力量強迫人們都服從於這個宇宙真理，從而控制了人們的頭腦。

人們為了服從宇宙真理，必須捨棄小我，將有限的生命融入更大的真理之中，從而捨棄掉了個性，變成了千篇一律的螺絲釘。不幸的是，這個宇宙真理是禁欲式的，充滿了社會等級觀念和男尊女卑的思想，這些思想決定了螺絲釘們的面貌。

從譜系上，道學從北宋的「宋初三先生」，到後來的張載、周敦頤，再到程氏兄弟，最後由南宋的朱熹集大成，完成了體系的建構。

宋代的黨爭也隨著道學的發展而出現，經過了兩次黨爭之後，道學最終成了勝利者，在南宋末年成了社會的統治性思想。

將人類交給宇宙真理

南宋時期，在「復古主義」和「實用主義」爭論中脫穎而出的理學終於逐漸成為主流。

為了理解理學都說了什麼，和漢代的經學有什麼不同，首先必須與西方哲學做一個比較。

在所有的哲學（宗教）體系中，一般都包括三個方面：第一，**人居住的這個世界是什麼樣的？**第二，**人在這個世界中的地位是什麼樣的？**第三，**人應該做什麼才能與整個世界合拍？**

兩漢經學類似於西方的天主教思想，都是一種宗教信仰。兩漢經學對這三個問題的回答是：第一，世界是由「天」創造的，而「天」就是世界的根本。第二，人和世界的關係，是一種「天人感應」的關係。老天爺會透過災異、祥瑞、符命、讖緯等方式，把自己的意志施加於人類，又派出了皇帝作為他在人世的代理，來統治人類，並形成了一整套儒教體系，來約束人類。第三，人應該聽從老天爺的指示，學習讖緯、符命等知識，看懂老天爺的命令，再按照命令來做事情。同時，人類必須服從皇帝這個代理人，遵循禮法，達到人類社會與老天爺的同步。

而天主教思想則對這三個問題做出了這樣的回答：第一，世界是由天主創造的。第二，人類也是由天主創造的，天主透過教會來領導人類。第三，人類要服從天主的意志，也就是服從教會的領導，遵循教會制定的規章制度和戒律。

但是，天主教思想到了近代就受到了衝擊，人們紛紛表示不再相信它了，從這些懷疑者中產生了許多派別，而最著名的是馬克斯主義。

馬克斯主義對於這三個問題的回答是完全不同的：第一，這個世界絕不是上帝創造的，它是機械式存在的，不需要創造。但是，這個世界有一個「宇宙真理」，這個宇宙真理就代替了上帝的地位，統治著整個宇宙。第二，人類作為世界的一部分，也受到這個宇宙真理的統治。下面，就到了最關鍵的部分：這個宇宙真理是什麼？馬克斯認為，這個宇宙真理反映到人類社會，就是由階級鬥爭推動的五步進化論，從原始社會到奴隸社會，再到封建社會、資本主義社會，最後進入共產主義。人類到最後都會從奴隸進化成共產主義戰士，畢竟他不可能違背宇宙真理。第三，既然五步進化論是宇宙真理，那麼人類應該怎麼做？人類所能做的，就是把自己植入這個階級鬥爭的宇宙真理之中，放棄掉自我，為了共產主義而奮鬥，以便更快的實現這個宇宙真理。透過這樣的設置，人就不再是人，而是變成實現宇宙真理的一個小小工具了。即所謂「存真理，滅人格」。

作為對比，宋代發展出來的理學就是某種程度上的「馬克斯主義」，它取代了作為天主教的兩漢經學教義，代表著對於宗教的反叛，但卻把人類交給了宇宙真理。

宋代理學在回答這三個問題時，給出的答案是這樣的：第一，這個世界是由「天理」這種抽象的宇宙真理所創造的，天理就是世界的根本。第二，人類社會也是「天理」的創造，所以人類也受天理的約束。第三，人類要想實現自我價值，就必須放棄過於強烈的自我意識，應該首先學習這個天理，其次再遵循這個天理做事情。這就是所謂的「存天理，滅人欲」。

當然，這裡還有一個沒有回答的問題：馬克斯認為階級鬥爭的五步進化論是「宇宙真理」，而上面談理學時，光說理學也承認有一個「天理」，但這個天理到底是什麼？

這就是理學內部爭論的焦點，不同的人心裡，天理不是完全相同的，它們有很多相似性，也有不同的。

理學發展的過程，就是對這個天理進行認證的過程，從周敦頤到朱熹，他們的天理觀逐漸演化，也逐漸條理化，最終形成了一套束縛人思想的理論。

那麼，理學到底是好是壞？

簡單的答案是：理學既不好也不壞，而對社會真正產生影響的，是那些把理論應用到社會的人。比如，馬克斯主義理論如果沒有實現它，就只不過是一種紙上的學說而已，而列寧把它實現了，建立起了實實在在的組織。

本章就來看一下，理學發展中的一位衛道學家，是如何探索這個所謂天理的。

衛道士的到來

宋仁宗慶曆三年（西元一〇四三年），是北宋帝國最有希望的年代。在這之前，當宰相的是呂夷簡，他把持朝政，排除異己，權傾朝野，北宋官場呈現出一片暮氣沉沉的景象。

在歐陽修、范仲淹等人的努力下，到了慶曆三年，局勢得到了根本性的逆轉，呂夷簡下臺，執政的是一批有理想的改革派。北宋經過了幾十年的統一後，經濟大發展造就了學術環境的穩定，這時的朝臣大都滿腹經綸又有實務經驗，同時又表現得剛正不阿，充滿了理想主義精神。

此時執政的是章得象、晏殊、賈昌朝、韓琦、范仲淹、富弼等人，北宋還有一個龐大的諫官群體，負責監督官員和皇帝的政策，擔任諫官的是歐陽修、蔡襄、王素、余靖等人，呂夷簡之後，軍事樞密使一職最初給了與改革派不屬於一系的夏竦，後來在諫官的要求下，又罷去了夏竦，讓杜衍當上了樞密使。

這時，所有重要的職務基本上都掌握在了改革派的手中[1]，范仲淹也是在這樣的背景下啟動了慶曆改革。

1 見《宋史・歐陽修傳》。

對於改革派來說，此時最忌諱的是，反對派把他們「朋黨化」。在他們掌握政局之前，呂夷簡之徒打擊他們的最有力武器，就是說他們「結黨營私」，拉幫結派。如果被扣上了「黨」的帽子，任何改革措施都可以被認為是謀私的。在被打壓的時候，歐陽修曾特地寫了《朋黨論》，辯稱君子選擇朋友是以「道義相同」為標準，而小人選擇朋友是以「利益相同」為標準，皇帝應該區分這之間的不同，不能因為君子們成為朋友就感到緊張[2]。

但即便如此，在改革派當權推進改革之時，他們仍然很避諱被當作黨徒，而反對派們也是不斷的用「黨徒」這個名字來影響皇帝的判斷，如果反對派們成功，改革就必將失敗。

就在這關鍵時刻，一位自視為改革派朋友的人卻放了一炮，讓人跌破眼鏡，這人就是石介。石介，字守道，是當時著名的學者。他年輕時曾經在北宋的南京（當時的應天府，現在的商丘）師從於范仲淹，因此自稱是范仲淹的弟子。到了慶曆年間，在杜衍的推薦下，他當上了國子監直講。事實證明，石介是個頗具煽動能力的老師，他在這個職位上，把國子監變成了一個清流橫行之地，學生們從四面八方趕來聽他的課，太學的興盛從他開始。石介也由此結交了歐陽修等人，成了改革派的座上賓。

當夏竦被解職，杜衍成了樞密使之後，石介發現，他的老師范仲淹、推薦人杜衍、朋友歐陽修等人都成了當政者，於是心情大快，認為這個世界是最好的世界，皇帝是最好的皇帝，大臣是最好的大臣，一時興起，寫了一首拗口的〈慶曆聖德頌〉。這首詩使用了大量的古詞古句，彰顯了他的學究精神，而詩的內容則充滿了黨派精神。其中他讚揚了皇帝的聖明，又讚揚了范仲淹為首的大臣們的改革，同時貶斥了他認為的那些奸臣（比如夏竦）。對當時人物如同數豆子一樣點名道姓進行渲染，讓人一看，就產生了強烈的朋黨印象。

這首詩一傳開，就讓改革派的大臣們感到不適，如同出了一個豬隊友，不僅給自己找麻煩，還給改革帶來了新的阻力。

石介的朋友孫復聽說了此事，立刻認為，石介的禍端從這首詩開始了。

而最難過的反而是改革派的主將范仲淹，為了改革殫精竭慮的他突然聽說了這首詩，感嘆說：「這個鬼怪怎麼這麼能壞事啊！[3]」

慶曆新政持續不到一年，就因為重重阻力而告罷，改革派的大臣們也紛紛外調，石介極力反對的夏竦卻掌了權。

此時，石介再次「倒打一耙」，幫了夏竦的大忙。他祕密寫信給改革派的富弼，自以為是的請富弼「行伊周之事」，也就是按照伊尹和周公的榜樣行事（伊尹和周公分別是夏代和周代的名臣，都曾經以攝政的身分輔佐過皇帝）。石介這樣提議，是把自己當成改革派的心腹幕僚，但夏竦掌權後，卻以此為藉口，說石介請富弼「行伊霍之事」。所謂伊霍之事，指的是按照伊尹和霍

2 《朋黨論》：「臣聞朋黨之說，自古有之，惟幸人君辨其君子、小人而已。大凡君子與君子，以同道為朋；小人與小人，以同利為朋，此自然之理也。然臣謂小人無朋，惟君子則有之。其故何哉？小人所好者，祿利也；所貪者，財貨也。當其同利之時，暫相黨引以為朋者，偽也。及其見利而爭先，或利盡而交疏，則反相賊害，雖其兄弟親戚，不能相保。故臣謂小人無朋，其暫為朋者，偽也。君子則不然。所守者道義，所行者忠信，所惜者名節。以之修身，則同道而相益；以之事國，則同心而共濟。終始如一，此君子之朋也。故為人君者，但當退小人之偽朋，用君子之真朋，則天下治矣。」

3 《宋史紀事本末．慶曆黨議》：「范仲淹亦謂韓琦曰：為此鬼怪輩壞事也！」

光的榜樣行事（伊尹和漢代的霍光都擔任過攝政，並廢除過昏庸的皇帝），所以，這就可以解釋為石介請富弼另立皇帝。

雖然宋仁宗沒有相信這件事，但范仲淹和富弼等人已經感覺到大事不好，繼續待下去有性命之憂，在一片結黨的疑慮中，離開了京城，外調了。

他們的外調，徹底結束了改革[4]。

石介作為道學家最早的楷模被記入了歷史，他的榜樣鼓舞了二程、朱熹等後來的道學家。他和胡瑗、孫復一起被稱為「宋初三先生」，也可以看出，到了慶曆時期，道學已經形成了一定的氣候。關於胡瑗、孫復兩人的成就不多談，而分析一下最為強硬的石介，就可以看到未來道學的面目。

石介除了「幫助」改革派之外，在理論上最主要包括兩點：第一，反對佛教、道教；第二，建立道統。這兩點都是從別人處得來的，談不上創見，卻由於他的宣導和細化，加上煽動式的教學，成了流行思想的一部分。

反對佛教、道教，源自於唐朝的韓愈，石介要求禁止寺廟和佛道崇拜，認為它們是喪亂政治的源泉[5]。當廢除了佛道之後，再用比佛道更加虔誠的心態去崇拜儒教和孔子，於是就有了道統一說。

「道統」說法同樣來自於韓愈。韓愈認為，關於「道」的知識譜系，是由堯傳給了舜，之後是夏禹、商湯、周文王、周武王、周公、孔子、孟子，所以這些人都是理解宇宙真理的先知。孟子之後，道統中斷，導致了中國禮法的淪喪和邪門歪道的興起。

石介將這個道統更加複雜化，如同道教羅列神仙體系一樣，把道統中包括了伏羲、神農、黃帝、少昊、顓頊、堯、舜、禹、商湯、周文、周武、周公、孔子這些聖人[6]，甚至還包括孟子、揚雄、王通（隋代）、韓愈這些賢人[7]。

這樣，反對佛道，並以佛道為榜樣建立起儒教自己的崇拜體系，就構成了衛道士形成的兩個條件。當這兩個條件具備後，道學的組織根基就已經扎下了。

石介之後，北宋的衛道集團發展加速，正式進入了道學時期。

自稱傳承孟子的北宋道學

既然道統的傳承已經定下，那麼道學的主要內容又是什麼？

道學的主要內容是：它和漢儒的理想一樣，是宋代一套包羅萬象的體系，從對於天地和自然的解釋，到對人類社會的解釋。

漢儒將這個體系的核心放在了「天人感應」上，而宋儒將這個體系的核心定在了「天理」

4 見《宋史紀事本末．慶曆黨議》。
5 《徂徠集．去二畫本紀》：「有老子生焉，然後仁義廢而禮樂壞，有佛氏出焉，然後三綱棄而五常亂。嗚呼，老與佛，賊聖人之道者也，悖中國之治者也。」
6 見《徂徠集．尊韓》。
7 見《徂徠集．與士建中秀才書》。

上。也就是整個世界都是在一套由「理」概括的規矩中運行，從天地自然到人類社會都必須遵守這套規矩。

什麼是「理」？最早的「理」就由周敦頤概括。後來的朱熹總結北宋理學時，提到了五位「先知」，認為道統在孟子之後就中斷了，但是到了宋代，道統重新恢復，而繼承了孟子的道統的第一人，就是周敦頤。

這種道統的敘述讓人想到了猶太教、基督教和伊斯蘭教的傳承，在猶太教信仰中有無數的先知，而早期基督教認為，耶穌就是繼承了這個先知「道統」的最後一個先知，但隨著基督教的正規化，耶穌被提到了「上帝之子」的地位，也就脫離了普通的先知。

伊斯蘭教也繼承了這個先知體系，認為亞伯拉罕、大衛、耶穌等都是先知，而穆罕默德則是最後一位先知。到了什葉派，雖然沒有了先知的名目，卻又發明出一個「伊瑪目」，認為伊瑪目繼承了先知的精神和知識，繼續指導人類。

儒教的道統體系也是如此，最初韓愈認為先知從歷代早期君王傳到孔子，而孔子是一個特殊的先知，有著耶穌的地位。韓愈將道統延續到孟子。而宋代的新宗教則把先知的譜系又續上了，延續到了周敦頤。

周敦頤概括的「理」的內容，在一篇叫做〈太極圖說〉的小短文中，這篇文章只有兩百多字，卻是宋代人對於自然、社會的最高認識成就。雖然以現代科學的眼光來看，這樣的認識近乎荒謬，但在宋代卻是最先進的[8]。

周敦頤認為，世界最高的主宰是「太極」，太極由「無極」而生。太極處於運動之中，就生出了「陽」，運動到達極致，就進入了動的反面，也就是靜止，此時又生出了「陰」。當靜止到達極致之後，又會進入運動狀態，一動一靜，互相轉化。

陰陽區分，就是「兩儀」。而從兩儀又生出了水火木金土這「五氣」，五氣按照規律運行，就生成了春夏秋冬「四時」。如果把五行合一，就回到了陰陽這兩儀，如果把陰陽合一，就回到了太極，而太極就是無極，即無窮狀態。

到這時，周敦頤說的是「天理」中的宇宙論，也就是從無極中如何生出陰陽五行和四季。接下來，就是從「天理」中如何生出萬物。

萬物是從陰陽和五行之中生出的，它們的精華從無極之中凝結，形成了「乾」、「坤」，也就是陽道和陰道，乾是男，坤是女，乾氣和坤氣交感，就生成了萬物。萬物生成後，就可以依照「乾坤交感」的方法繁衍下去。

在這萬物當中，人是最有靈性的，包括了形體和精神兩種狀態。而五行的互相交感，又導致了人能夠區分善惡，從而產生出複雜的人類社會。五行還生出仁義禮智信，而聖人又以「仁義」

8 〈太極圖說〉全文：「無極而太極。太極動而生陽，動極而靜，靜而生陰，靜極復動。一動一靜，互為其根。分陰分陽，兩儀立焉。陽變陰合，而生水火木金土，五氣順布，四時行焉。五行一陰陽也，陰陽一太極也，太極本無極也。五行之生也，各一其性。無極之真，二五之精，妙合而凝。乾道成男，坤道成女。二氣交感，化生萬物，萬物生生而變化無窮焉。惟人也得其秀而最靈。形既生矣，神發知矣。五性感動而善惡分，萬事出矣。聖人定之以中正仁義，而主靜立人極焉。故聖人『與天地合其德，日月合其明，四時合其序，鬼神合其吉凶』，君子修之吉，小人悖之凶。故曰：『立天之道，曰陰與陽。立地之道，曰柔與剛。立人之道，曰仁與義。』又曰：『原始反終，故知死生之說。』大哉易也，斯其至矣！」

為最高標準，這個標準對應於「靜」，而靜，則是人類社會的終極目標。

整體而言，周敦頤的體系，是一個從無極到太極到宇宙，再到萬物，最後到人類社會的一個轉化、影響的過程。在人類還沒有學會科學觀察和驗證之前，這套假說不比其他理論更正確，也不比其他理論更錯誤，談不上唯物或者唯心。

周敦頤的體系已經包羅萬象，但在傳給朱熹之前，還又得到了另兩位「道統」的補充。這兩人就是邵雍和張載。在未來，人們談到道統時，會認為道統從孟子傳給了北宋的周敦頤、邵雍和張載，再傳給了二程，最後傳給了南宋的朱熹。而朱熹再次被授予了「最後的先知」的地位。

邵雍、張載的道統補充

周敦頤的理論代表了道學的正統系，而在理論構建上，邵雍則代表了更加神祕主義的一系。

在古希臘歷史上，有一個以畢達哥拉斯為代表的派別，對於數字到了近乎痴迷的地步，認為世界的一切都可以透過數字來建構。而在中國的陰陽家譜系中也有這樣的傳統，他們認為萬物之間的一切聯繫都是數字化的。這派陰陽家以鄒衍為代表，後來被董仲舒吸納進了天人感應理論之中，又被道教所繼承，到了北宋又傳給了邵雍。

邵雍的理論試圖用數字來解釋萬物，進行推演，是周敦頤無極↓太極↓兩儀↓五行的複雜化。從太極生出兩儀，這裡的兩儀是「動」和「靜」，從動和靜，又生出了四象（柔、剛、陰、陽），從柔剛陰陽又生出了八卦，即太柔、太剛、少柔、少剛、少陰、少陽、太陰、太陽。

這「一二四八」的數字又對應於真實世界中存在的不同事物，比如，四象對應於「日月星辰」和「水火土石」，而八卦則對應於「雨風露雷、夜晝、寒暑、走獸飛禽、草木、體形情性、聲色味氣、口鼻耳目」這八種自然屬性[9]。

透過這樣的附會，就可以透過八卦進行推演，邵雍認為宇宙真理的極致，就是用這些概念可以推演世間的萬事萬物，獲得完美的知識。

除了邵雍這樣對數字痴迷的人之外，張載對於道學的最大貢獻，則是他對人類社會倫理的系統化。後來的道學家之所以特別推崇他，大都是因為一篇小小的文章。

張載曾經在他書室的東窗上寫了一篇小文叫〈砭愚〉，在西窗上寫了一篇〈訂頑〉，後來這兩篇改名為〈東銘〉和〈西銘〉。而〈西銘〉一篇由於說明了人類社會的倫理，而受到了道學家的推崇，可以和周敦頤的宇宙論互為補充，產生一個既包括宇宙也包括人間的完整理論。

張載認為：乾、天、父是同一個概念，坤、地、母是另一個概念，人類就是天地父母所生，居於中間。天地之中是人類的「體」，而天地之帥是人類的性情。所以，人民是我的同胞，而萬物則是我的同伴。

這樣，張載就把人間和天地（自然界）打通了，認為世間萬物都是一家子。所謂皇帝（大君），就是天地的宗子，而大臣就是宗子的家臣。在這一家子當中，人們應該尊老愛幼，崇聖敬

9 出自邵雍著作《皇極經世》，所謂皇，指的是「至大」；所謂極，指的是「至中」；所謂經，指的是「至正」；所謂世，指的是「至變」。

賢，照顧那些需要照顧的[10]。

在周敦頤、張載和邵雍三家之中，朱熹雖然都認為他們進入了道統譜系，但對待他們三人的學問又是有區別的。

其中周敦頤被認為是繼承了孔孟嫡傳的人，而張載則由於生活在陝西地區，與北宋主要學術區域中原有距離，被朱熹認為與「宇宙真理」較為疏遠一些。至於邵雍一系，由於他過於痴迷於術數，又更加疏遠一些。

在這三家之外，北宋還有司馬光和蘇軾兩家。

司馬光主要從歷史的角度解讀現實，而蘇軾則試圖融合儒道釋三家。道學家們和司馬光很親近，因為他們共同反對王安石變法，卻對司馬光的學問帶著輕視，雖然從對人類社會的貢獻來看，司馬光的《資治通鑑》要比他們的道學著作更加著名也更加有價值。而對蘇軾，道學家們大都認為這是一個異類而加以摒棄。

在北宋時期，還有兩個道學家最為推崇的人，他們是程顥和程頤兄弟。

互相吹捧的「道統兄弟」

宋哲宗元祐三年（西元一〇八八年），隨著王安石新政被廢除，司馬光等反對新政的人得到了重用。在這一批大臣之中，還有一位道學家混跡其中，他就是程頤。

程頤此時已經年過五十，被授予了崇政殿說書的職位。在此之前，人們屢屢推薦他，卻都沒有被重用，直到這一次，在司馬光、呂公著等人的極力推薦下，並說他愛好古代、安貧守節，是聖世的逸民等等，最終皇帝終於給了他服務朝廷的機會。

司馬光之所以如此推崇他，是因為司馬光在被王安石排擠後退居洛陽時，和當地的文人接觸甚密。而程頤和他的哥哥程顥當時就在洛陽教書。當司馬光執政後，程顥已經去世了，弟弟程頤也就受到了司馬光等人的青睞。

程顥死前已經是中原的文人領袖之一，由於他門徒眾多，且不少人當官，影響力頗大。但是，在程顥死前，人們雖然認為他影響力很大，卻並不把他當作唯一的道學家。在他死後，他的名聲反而越來越大，因為有人把他列入了「道統」譜系，號稱：周公死後，聖人之道就不再通行，而孟子死後，聖人之道連傳人都沒有了，人們糊里糊塗過了一千多年，才突然出了個程聖人，這個程聖人繼承了孟子，開創了當代聖世。

這些話之所以有影響力，是因為一旦一個人說過之後，就有越來越多的人重複，直到最後把它當作了真理。

10 〈西銘〉全文：「乾稱父，坤稱母；予茲藐焉，乃混然中處。故天地之塞，吾其體；天地之帥，吾其性。民，吾同胞；物，吾與也。大君者，吾父母宗子；其大臣，宗子之家相也。尊高年，所以長其長；慈孤弱，所以幼其幼；聖，其合德；賢，其秀也。凡天下疲癃、殘疾、惸獨、鰥寡，皆吾兄弟之顛連而無告者也。於時保之，子之翼也；樂且不憂，純乎孝者也。違曰悖德，害仁曰賊，濟惡者不才，其踐形，惟肖者也。知化則善述其事，窮神則善繼其志。不愧屋漏為無忝，存心養性為匪懈。惡旨酒，崇伯子之顧養；育英才，潁封人之錫類。不弛勞而底豫，舜其功也；無所逃而待烹，申生其恭也。體其受而歸全者，參乎！勇於從而順令者，伯奇也。富貴福澤，將厚吾之生也；貧賤憂戚，庸玉汝於成也。存，吾順事，沒，吾寧也。」

而第一個說這話的人，就是程頤[11]。結果，程頤不僅把哥哥捧上了天，而他本人也繼承了哥哥的道統，成了人們崇拜的對象。

程頤成為大臣後，果然起到了發揚道學的作用。他穿著莊重，帶著面癱的表情，總是不斷的施加影響力。有一天，皇帝在宮中盥洗，發現有隻螞蟻，怕把螞蟻弄傷了，故意避開。這件事被程頤知道了，他連忙問皇帝有沒有這件事？皇帝回答有，因為怕傷了螞蟻。程頤連忙說：「這就對啦，你不傷螞蟻這件事，就是所謂的『道』，如果把這個『道』推到整個世界，你就是最佳帝王了！」

還有一次，皇帝憑欄觀望時，隨手想折一枝柳枝，程頤卻勸阻說：「現在是春天，是萬物生長和諧共處的時候，你折了這個樹枝，就是傷了天地的和氣。」

程頤的勸諫總是充滿了這類「心靈雞湯」，卻對治理國家的實務經驗一竅不通，結果受到了某些人的嘲笑。嘲笑最厲害的，就是剛剛被調回京城的翰林學士蘇軾。

和程頤的道學相比，蘇軾更看重治國的實際能力，對於板著臉說話不感興趣，程頤的面癱自然也成了他嘲笑的對象，那些所謂的心靈雞湯自然也不能倖免。

一天，程頤的推薦人司馬光死了，那一天恰好也有一場慶典活動，百官不得不先參加慶典，然後再相約一起去弔唁司馬光。就在大家都準備出發時，突然間程頤板著臉跳了出來，說不能這樣做。眾人問為什麼？程頤找出古書來一板一眼的說：「這是孔夫子的規矩，他如果當天哭過（有悲傷的事情），就不再唱歌（參加喜事）了。」

聽完程頤的話，人們紛紛開始調侃他，有的人說：「孔夫子當天哭過就不唱歌，可是我們是先唱歌再去哭，和孔夫子的情況正反過來，怕什麼？」最能說的還是蘇軾，他說：「這種破禮儀一定是當初叔孫通那個死鬼定的！[12]孔子是通人情的，怎麼會定這種亂七八糟的規矩！」

之後，程頤的黨徒開始排擠蘇軾，但最終卻導致了程頤的離職。

蘇軾和程頤的爭議，可以看成是道學派和實務派之間的爭議，蘇軾主張世俗化，對於實際問題實際處理，不要動不動就上升到道德或者理論高度。而程頤則認為，不管什麼事情，大到治理國家，小到吃飯拉屎，必須首先高屋建瓴看到事情的實質，再進行選擇。但他對於理論高度的把握，由於過高，往往忽略了處理實際問題的能力。

言必伊川的時代

為了強調自己理論的重要性，程氏兄弟認為，天下的學者可以分為三類，分別是：「文士」、「講師」和「知道者」。文士，指的是能文的人，也就是精通除了道學之外文化的人，自

11 《宋史·程顥傳》：「其弟頤序之曰：『周公沒，聖人之道不行；孟軻死，聖人之學不傳。道不行，百世無善治；學不傳，千載無真儒。無善治，士猶得以明夫善治之道，以淑諸人，以傳諸後；無真儒，則貿貿焉莫知所之，人欲肆而天理滅矣。先生生於千四百年之後，得不傳之學於遺經，以興起斯文為己任，辨異端，辟邪說，使聖人之道煥然復明於世，蓋自孟子之後，一人而已。然學者於道不知所向，則孰知斯人之為功；不知所至，則孰知斯名之稱情也哉。』」

12 《宋史紀事本末·洛蜀黨議》：「頤在經筵，多用古禮，蘇軾謂其不近人情，深嫉之，每加玩侮。方司馬光之卒也，百官方有慶禮，事畢欲往弔，頤不可，曰：子於是日哭則不歌。或曰：不言歌則不哭。軾曰：此枉死市叔孫通制此禮也！二人遂成嫌隙。」

然與程頤爭執的蘇軾會被劃成這一類，這一類是學者的最低級類。講師，指的是閱讀儒經、進行訓詁的人，這一類人已經懂得儒經，卻並不了解儒經背後的深意，按照劃分，宋代以前的儒家學者，以及宋代不屬於二程流派的儒家學者（比如王安石、司馬光等人）都會被劃歸這一類。最後一類是所謂「懂得道的人」，這一類人自然也就是程氏門徒。

由於有了「道」，程氏門徒就進入了另一個境界，在這個境界之中，人們首先想的不是實際問題，而是根據世間的事物，首先尋求它們背後的「道」、「天理」，在找到天理之前，人們是沒有資格談論政治的。

在程氏的劃分中，政治是外，天理是內，求學必須求之於內，而不能求之於外。所以，考察政治得失，在於考察人的道德，人的道德又在於是否符合天理。透過這樣的約束，理學就帶上了深深的形而上的味道，放棄了對實際世界的了解。

只有知道了這個框架，才明白宋代的理學為什麼深深的走入了封閉的圈子，它的門徒忙於追究所謂天理，卻忽視了人間的實務。

北宋的後期一直處於外部環境的逐漸惡化之中，為了應付這樣的惡化，北宋王朝想出了種種辦法來增加財政，直到引起了社會崩潰。而另一方面，更多的士大夫卻一直處於觀望、唱高調和幸災樂禍之中，因為他們受到了蔡京等人的排擠，也樂於看著皇帝越來越捉襟見肘的應付著局勢，直到垮臺。

隨著北宋的倒臺，以蔡京為代表的實務派變得臭名昭著，二程的門人再次得勢，此時他們作為反對和議派出現。宋高宗時期，曾經以趙鼎為相，起用了大批的程氏徒子徒孫[13]。趙鼎是南宋賢相中堅決反對和議的人，程氏門徒此時也因為華夏和蠻夷的大義而反對和議。

趙鼎被秦檜排擠後，秦檜將程氏門人打入冷宮，直到孝宗時期才再次起用。不過，在北宋末期和南宋初期，程頤的門徒已經聲勢浩大，足以左右政治格局。清談之士口口聲聲言必伊川，已經成了時尚，這也是理學將統治天下的前兆[14]。

最後的先知

宋寧宗慶元元年（西元一一九五年），宋代的理學經歷了最後一次「山雨欲來風滿樓」的威脅。這一年是宋寧宗上臺的第一年，一位叫做韓侂胄的主戰派權臣取代了主和的趙汝愚，開始他的執政。

韓侂胄為了樹立自己的勢力，大肆排擠大臣，而首當其衝的，竟然是個名叫朱熹的小官。韓侂胄沒有料到的是，他的這次排擠，反而成了理學主宰政壇的前奏。

早在宋寧宗之前的兩位皇帝孝宗和光宗時期，對於理學的排斥時有發生，之所以排斥，主要

13 《建炎以來朝野雜記．甲集．趙元鎮用伊川門人》：「趙元鎮初相，喜用程伊川門下士，當時輕薄者遂有伊川三魂之目，謂元鎮為尊魂；王侍郎居正為強魂，以其多忿也；謂楊龜山為還魂，以其身死而道猶行也。」

14 《宋史紀事本末．道學崇詘》：「（宋高宗紹興六年十二月，左司諫陳）公輔上疏言：今世取程頤之說，謂之伊川之學，相率從之，倡為大言，謂：堯、舜、文、武之道傳之仲尼，仲尼傳之孟軻，孟軻傳之頤，頤死遂無傳焉。狂言怪語，淫說鄙論，曰此伊川之文也。幅巾大袖，高視闊步，曰此伊川之行也。師伊川之文，行伊川之行，則為賢士大夫，捨此者非也。誠恐士習從此大壞，乞禁止之。」

原因是理學過於迂腐，缺乏對於實際政治的治理能力，而宋代朝廷需要的是有實務經驗的技術派官員。

比如，宋孝宗淳熙五年（西元一一七八年），侍御史謝廓然就曾經提議，禁止周敦頤和王安石的學說，認為性理學說是浮說游詞，飾怪驚愚[15]。

五年後，監察御史陳賈又請皇帝禁止道學，這次禁止主要針對當時道學的領軍人物朱熹。朱熹在當浙東提刑時，曾經上書彈劾了台州知州唐仲友，而唐仲友是當朝宰相王淮的同鄉和姻親，王淮於是讓吏部尚書鄭丙和監察御史陳賈一同上書禁止道學。

雖然這件事帶有報私仇的成分，但是陳賈奏章裡提到道學的缺點卻是實實在在的。他認為，天下之人所學的聖人的道理都應該是相同的，如果有人總是標新立異說自己的道學不同於別人，時時刻刻總是創造所謂的道統抬高自己，則必定是假借聖人的名號來行偽學之實[16]。

又過了五年，朱熹被招為兵部侍郎，卻再次遭到上級兵部侍郎林栗的排斥，林栗認為，朱熹的學問來自張載和程頤，卻四處招攬門生，徒有虛名。此次林栗的打擊讓與朱熹政見相左的葉適也看不下去了，但仍然未能挽救朱熹的仕途。

然而，朱熹的轉捩點似乎在宋寧宗時期到來。西元一一九五年，宋寧宗即位後，招攬朱熹擔任煥章閣待制兼侍講。他之所以得官，是因為宋寧宗在當嘉王的時候，就常聽他的老師黃裳誇獎朱熹，並用道學的理論武裝嘉王。寧宗即位後，朱熹似乎也會跟著飛黃騰達。

但就在這時，朱熹一生中最大的障礙出現了。在擔任侍講時，朱熹勸說宋寧宗要學會尊重大臣，不要獨斷專行，否則，皇帝看似獨斷，卻可能讓一兩個大臣竊取了權力，造成所謂的「主威下移」。朱熹之所以說這些話，都是針對剛剛獲得了權力的外戚韓侂胄。韓侂胄聽說之後，迅速做出反應，認定朱熹是敵人，開始了排擠道學的運動。

韓侂胄首先請戲子穿上大袍子，戴上大帽子，裝作道學模樣，等皇帝看到了，又乘機進言朱熹這樣的道學毫無用處。果然皇帝聽信了韓侂胄的話，將朱熹貶斥了。之後，韓侂胄又讓他的黨羽劉德秀以考績為名，將尊崇道學的大臣一一拿下。

第二年，端明殿學士葉翥（編注：音同住）負責科考事宜，他和劉德秀一起規定，凡是在科考中使用道學理論的，一概不能錄取。年底又罷了朱熹的官。

第三年，韓侂胄開始仿效北宋徽宗年間的崇寧黨禁，規定了五十九人的名單，對於這些人不得任用。這五十九人中，包括了宰相級別的四人，以趙汝愚為首，待制級別的十三人，以朱熹為首。這就是歷史上有名的「慶元黨禁」。

從規模和烈度上來說，慶元黨禁的殺傷力遠小於當年的崇寧黨禁。崇寧黨禁是新黨與舊黨你死我活的鬥爭，不僅禁止本人當官，還禁止了子孫後代的仕途，對黨人的著作也悉數銷毀，黨禁一直持續到宋徽宗末年。

---

15 《宋史．孝宗紀》：「五年春正月辛丑，侍御史謝廓然乞戒有司毋以程頤、王安石之說取士，從之。」

16 《宋史紀事本末．道學崇詘》：「臣竊謂天下之士所學於聖人之道未嘗不同，既同矣，而謂已之學獨異於人，是必假其名以濟其偽者也。邪正之辨，誠與偽而已矣。表裡相副，是之謂誠。言行相違，是之謂偽。臣伏見近世士大夫有所謂道學者，其說以謹獨為能，以踐履為高，以正心誠意、克己復禮為事。若此之類，皆學者所共學也，而其徒乃謂己獨能之。夷考其所為，則又大不然，不幾於假其名以濟其偽者耶。」

而慶元黨禁持續時間很短，力度也小，由於韓侂胄只是為了消滅反對派，一旦達到了目的，就隨即放鬆了黨禁，更無力禁止道學學問的傳播。

事實上，慶元黨禁除了黨派鬥爭之外，也有它的合理性一面。道學發展過盛，導致南宋已經出現了空談道德的傾向，實務派們本身就有一種清理誇誇其談的要求，只是借助此事一起發洩了出來。

另外，這一次事件本身也是一次主戰派和主和派的爭鬥，雖然朱熹持有主戰的立場，但是他的朋友趙汝愚等人卻是主和派，而主戰派打擊朱熹，實際上是為了打擊背後的趙汝愚，消滅主和勢力。

但韓侂胄沒有想到的是，他實施的黨禁不僅沒有起到打擊道學的目的，反而助長了它的傳播。當人們聽說黨禁之後，立刻想到的是上次黨禁（崇寧黨禁）中，被禁止的人後來都成了英雄，而禁人者反而成了奸臣，再回過頭看待這一次黨禁，也同樣認定是好人受到了打壓。

至於暫時得勢的主戰派則輸得更慘。韓侂胄打擊完道學，為了討好主戰派，決定和金人發動戰爭。但作為投機分子，韓侂胄對於北伐的準備工作做得卻一塌糊塗，導致了戰場上的慘敗。到最後，就連韓侂胄本人，由於金國要他的腦袋，皇帝也不得不含恨下令殺了他滿足金人的要求。

而在這場危機過後，道學家們發現，他們已經處在了勝利的邊緣，當初被迫害的朱熹，不管他有什麼缺點，都已經不存在了，人們記得的只是他是一代宗師，是繼承了孔孟和二程道統的大聖人，一個神話被確立了起來。於是，在南宋還沒有終了時，以朱熹為標誌的道學系統已經成了主流。

按照輩分，朱熹是二程的三傳弟子，二程最得意的弟子中，有一個人叫楊時，楊時的弟子中有一人叫羅從彥，羅從彥的弟子有一人叫李侗，朱熹就是李侗的弟子。

朱熹的批評者說，他的理論幾乎沒有什麼原創性，只是將周敦頤、張載、二程的理論進行了綜合，重新包裝一遍，再用這些理論對四書五經進行了注釋，使得四書五經看上去更適合理學。這種說法基本上是事實，但朱熹的功勞在於，他將綜合後的理學定型了、傳播了、發揚光大了，讓理學占領了社會大多數人的腦袋。

格物所以致知

這裡不妨將整個理學體系再敘述一遍。

在宇宙論上，朱熹基本上繼承了周敦頤的〈太極圖說〉，他認為萬事萬物之中蘊含著一個總的道理，這個道理就是世界的本質。我們可以這樣理解：一把扇子蘊含著扇子的道理，一把椅子包含了椅子的道理，如果再把扇子和椅子這兩個道理進行抽象，又可以得到一個更高級的道理，把世界上所有的道理一直這樣抽象下去，最終會得到一個最高的道理，這就是理學家要找的「天理」。天理反映在人身上，就是所謂的「性」（人性）。

天理的另一個名字叫太極，太極從無極而生，又生出陰陽兩儀。從兩儀又生出五行。其中太極是所謂的「理」，而兩儀是所謂的「氣」，五行則是所謂的「質」，我們可以把「理」理解為規律，而「氣」可以理解為抽象的物體，而「質」就是實際的物體。

「氣」這個概念是朱熹從張載處得來的，是聯繫天理與實際宇宙的連接點。世界萬物都是氣運動的結果，天地也在圍繞著宇宙中心轉動，在轉動的過程中，濁氣下降成了地，而更加輕盈的氣則變成了九重天，這些重天越往上越輕，直到變得沒有重量，沒有形質。而日月星辰則是氣的精華，最純正的氣。

天理之所以和人間連起來，是因為五行和人類社會的五常（仁義禮智信）對應，而仁義禮智信之中，又以「仁」為首，而《孟子》主要說仁，所以，朱熹將天理與孟子的仁又聯繫了起來。

另外，之所以天理在人世間各種事物中都有表現，是因為「理一分殊」，也就是理是一個，表現形式卻是多樣的。

人類如何學習理，如何識別多樣卻又統一的理呢？下面就進入到方法論。這個方法叫做「格物致知」。格物致知是從二程繼承來的理論。所謂格物，指的是對事物進行觀察，窮盡它的理；所謂致知，就是獲得真理的過程。**格物致知則是透過窮極物理達到真理，再用真理來指導行動的過程**。

程頤當年教導皇帝時，總是希望皇帝從一個小事出發來發現宇宙真理，再利用宇宙真理來統治國家，就是用這種理論。

經過格物之後，程頤和朱熹都得到了最後的「知」，這個知（天理）對應於人類就是：三綱五常和儒教傳統。人們為了實踐這個天理，必須消滅人的氣質之性，而發揚天命之性。

在進行格物致知時，朱熹終於有了一個獨創性的觀念：為什麼格物一定能夠致知？這是因為，人的心分成了「道心」（也叫天命之性）和「人心」（也叫氣質之性）兩部分。所謂道心，就是能夠覺察到「道」的心，而人心則是做一般性思考的心，也就是普通的心。

他對孟子的人性善理論進行了改造。孟子認為，人性是善的，而朱熹認為，人性分為天命之性和氣質之性，其中道心（天命之性）體悟了天理，所以肯定是善的，但是每個人蘊含的道心有多有少，表現不同，這具體的表現就是人心。道心雖然是善，但人心卻有可能善也有可能惡。

人類追尋天理的過程，就是要找到所謂的道心、天命之性，而消滅人心、氣質之性，這就是存天理、滅人欲的理論基礎。

到最後，對於天理的追求不僅沒有帶來思想的解放，卻帶來了人性的束縛，這或許是人類最大的不幸。

朱熹對於理學的貢獻，除了他將這些理論綜合起來，還在於將它們放入了儒教的經典著作之中。北宋時期的諸位道學家在發揮自己學說時，往往天馬行空，沒有緊扣儒教經典。到了朱熹，才開始逐字逐句將新的理論與儒教經典對照起來。朱熹在他的一生中幾乎將儒教經典注了遍，他對四書的推崇使得它們超越了五經。

在宋代之前，人們提起儒教著作來，首先想到的是孔子參與編撰的五經，宋代以後，四書的重要性比五經更高，特別是《大學》之中對於格物致知的解釋，以及《中庸》的生活態度，都成了理學必不可少的組成部分。

第十六章

從斯多葛到大一統

西元一二〇〇年～一五〇六年

宋代的政府控制力不強，如果宋朝不滅亡，那麼道學還無法取得控制一切的權威。但宋代滅亡之後，上臺的元朝在哲學和文化上是一個極端落後的政權，它對於南宋哲學和科舉的畫瓢，最終確立了道學在哲學上至高無上的地位。

在遼金元時代，科舉仍然顯得幼稚、時斷時續。明代完整的考試體系以及僵化的課本，終於將隋代建立的科舉制度，從唐代靈活的運用，變成了明清的八股文。

文廟制度也是一場政治鬥爭

從受迫害到被尊崇，形勢反轉得如此之快，不管是道學家們，還是他們的對手，都沒有料到。南宋嘉定四年（西元一二一一年），道學被禁才十五年之後，人們已經開始熱情的呼籲恢復道學的地位，甚至要將它樹立成政權的統治思想。

事實上，恢復道學的思潮從韓侂胄活著的時候已經開始，韓侂胄禁止道學幾年後，就意識到他樹立了太多的敵人，有意識的放鬆管制。

但道學真正的解放，卻源於韓侂胄死亡的四年前。由於北伐失敗，金軍要皇帝用韓侂胄的人頭換和平，韓侂胄被殺死後，人頭送往了北方。之後，南宋以歲幣增加五〇%（銀三十萬兩、絹三十萬匹），並一次性補助對方三百萬貫的代價換取了和平。

韓侂胄死後，皇帝放棄了任何政權優化，南宋進入了一個僵化等死的階段。皇帝意識到與其聽從改革派的進取之心，不如採納道學家的方法，將人們的注意力從現實政治中引開，去討論那些天理問題。這種姑息療法使得道學再次得勢。

這一年，著作郎李道傳上書請求尊崇道學，他的提議包括：重用道學人才、提倡道學著作、尊崇死去的道學家（二程、邵雍、張載、朱熹）。但這一次，人們仍然無法從變化中回過味來，沒有採納[1]。

五年後，潼川府路提點刑獄魏了翁再次提議尊崇二程和周敦頤。這一次皇帝開始認真考慮問題，又過了四年，他下令給二程、周敦頤、張載加諡號，算是對道學的一次承認[2]。

由於宋寧宗參與了對道學的禁止，還拉不下臉，全面廢除自己之前的政策，對於朱熹仍然不聞不問。等他死後，宋理宗繼承了皇位（宋寧宗無子，理宗只是他的養子），這位養子就開始大刀闊斧廢除先皇的政策。

寶慶三年（西元一二二八年），宋理宗追贈朱熹為太師，追封信國公，第二年，又封其為徽國公[3]。

淳祐元年（西元一二四一年），更是道學家們大書特書的一年，這一年，宋理宗將周敦頤、

1 《宋史．李道傳傳》：「遷祕書郎、著作佐郎，見帝首言：『憂危之言不聞於朝廷，非治世之象。今民力未裕，民心未固，財用未阜，儲蓄未豐，邊備未修，將帥未擇，風俗未能知義而不偷，人才未能匯進而不乏。而八者之中，復以人才為要。至於人才盛衰，繫學術之明晦，今學禁雖除，而未嘗明示天下以除之之意。願下明詔，崇尚正學，取朱熹論語、孟子集注、中庸大學章句、或問四書，頒之太學，仍請以周敦頤、邵雍、程顥、程頤、張載五人從祀孔子廟。』」

2 見《宋史．魏了翁傳》。

3 見《宋史．朱熹傳》。

張載、二程、朱熹送入了孔廟，享受從祀的待遇。與此同時，原本從祀的王安石則被請出了孔廟。朱熹的著作《四書集注》也成了政府的必讀書，確立了未來在科考中的統治地位[4]。

宋代的文廟制度發展，可以看作是政治鬥爭的延續。歷朝歷代在供奉孔子時，除了在大殿裡供奉孔子像之外，還一起供奉了孔門弟子和歷代先賢，這些人又分成了三個等級，第一個等級叫「配享」，一般只有對儒教貢獻最大的一人到數人能享有這樣的待遇，這些人的塑像比孔子的塑像要小，位於孔子像的兩側，共同享受香火，這些人是面南背北的。第二個等級叫從祀，其中第二等級的人也有塑像，位於孔子像兩側的東西廂，東面的人面朝西方，西面的人面朝東方。一般享受塑像待遇的，是孔子最著名的弟子，以及後來對儒教貢獻很大的學者。第三個等級也叫從祀，卻沒有塑像，只有畫像，他們位於大堂周圍的東西走廊內[5]。

宋代最初享受「配享」的只有孟子一人，而「從祀」有塑像的，是孔子最著名的十位弟子，號稱「孔門十哲」，其餘有畫像的還有孔門七十二弟子，以及歷代命儒二十一人。孔子的封號是至聖文宣王。

到了宋神宗熙寧年間，王安石改革之時，封孟子為鄒國公，顏回為兗國公，讓這兩個人享受「配享」的待遇。同時，增加了荀子、揚雄和韓愈三人享受從祀（畫像）的待遇。

到了宋徽宗崇寧初年（西元一一〇二年），由於新黨在蔡京的聚合下重新執政，新黨為了加強凝聚力，開始神化王安石，把王安石說成是當代聖人，結果荊國公王安石也加入了配享的行列，和顏回、孟子一起被塑在了孔子身旁。

到了政和三年（西元一一一三年），又追封了王安石的兒子王雱為臨川伯，讓他也加入了從祀（畫像）的行列。到此時，孔廟之中一共有配享三人、從祀（塑像）十人、從祀（畫像）九十七人。

但王安石配享的時間是短暫的，到了宋徽宗下臺後的靖康元年（西元一一二六年），道學家們開始了反攻，二程的重要弟子、右諫議大夫楊時請求剝奪王安石配享的權力，最後皇帝下詔，把王安石從配享降為從祀。

南宋淳熙四年（西元一一七七年），王安石兒子王雱的畫像被逐出孔廟。

到了宋理宗時期，道學家們終於得勢，此時的主戰派和改革派已經澈底失去了市場，王安石也就被請出了孔廟。淳祐元年（西元一二四一年），皇帝藉著考察太學的機會，廢除了王安石，同時把道學家周敦頤、張載、程顥、程頤、朱熹請入了孔廟，列於從祀的地位，這是朱熹第一次進入廟堂。景定三年（西元一二六二年），從祀的名單中又加入了張栻和呂祖謙。

咸淳三年（西元一二六七年），封曾參為郕國公、孔伋為沂國公，這兩人和孟子、顏回一起享受配享的待遇。到這時，配享一共四人，從祀（塑像）十人，而從祀（畫像）一百零四人。由於後世統治者都繼承了宋代的理學，配享就再也沒有變化，直到今天，孔廟中仍然是這四人配

4 《宋史．理宗紀》：「（淳祐元年春正月）甲辰，詔：『朕惟孔子之道，自孟軻後不得其傳，至我朝周敦頤、張載、程顥、程頤，真見實踐，深探聖域，千載絕學，始有指歸。中興以來，又得朱熹精思明辨，表裡渾融，使《大學》、《論》、《孟》、《中庸》之書，本末洞徹，孔子之道，益以大明於世。朕每觀五臣論著，啟沃良多，今視學有日，其令學官列諸從祀，以示崇獎之意。』尋以王安石謂『天命不足畏，祖宗不足法，人言不足恤』，為萬世罪人，豈宜從祀孔子廟庭？黜之。丙午，封周敦頤為汝南伯、張載郿伯、程顥河南伯、程頤伊陽伯。」

5 宋代文廟制度參考《宋史．禮志．文宣王廟》。

享。到了元代，封顏回為兗國復聖公，曾參為郕國宗聖公，子思（孔伋）為沂國述聖公，孟子為鄒國亞聖公，四聖的名稱就來自於此[6]。從祀的名單仍然有所變化，皇帝根據興趣或刪或加，但規模也基本上保持了下來。

宋朝的滅亡對道學來說，也是一種幸運。如果宋朝仍在，其內部的鬥爭遲早還會激化，隨著道學變得越來越無力改善政治和社會，道學說不定還有被廢除的那一天，但宋代滅亡後，統治中國的蒙古人還沒有能力辨別道學的優劣，只是一味的接受漢地的傳統，這使得道學固化在制度之中。明代這個保守的朝代為了控制社會，更是繼承了元代的制度和統治思路，將道學神化成了統治哲學，並禁錮了中國六百年。

遼金：野蠻人學舌

與人們認為中國是十幾個朝代的循環不同，中國從漢代以來的大一統歷史，實際上分成三個大的週期[7]。第一週期從秦漢延續到南朝，經歷了秦、西漢、新莽、東漢、三國、兩晉、南朝宋齊梁陳等共十三個政權，這個週期中的財政、經濟、政治制度都是連續變化的，每一個政權都繼承了前代的制度，在此基礎上發展，直到南朝陳，這一套制度體系才跟著政權一同毀滅。

第二週期從北朝的北魏開始，北魏建立制度後，由東魏西魏、北齊北周繼承，並由北周傳給了隋唐，經過五代，直到兩宋後垮臺，一共經歷了十四個政權。

第三週期從遼代開始，經過金、元，到明、清，一共經歷了五個政權。宋代的道學之所以能夠統治第三週期，恰好在於它出現在第二週期的末尾，在第二週期滅亡之前上升為統治哲學。而第三週期由於是野蠻人建立，在學習漢化的過程中，將前一週期中的統治哲學照搬了過來，結果道學固化成了第三週期的思想基礎。又由於第三週期各個政權的保守性，道學（理學）越來越僵化，成了禁錮人們思想的牢籠。

在第三週期中，最早嘗試利用儒教進行統治的是遼代。在唐滅亡之後、北宋建立之前，契丹人在遼太祖耶律阿保機統治時期，他的大兒子耶律倍就是一個漢化派，試圖依靠儒教來統治契丹人。根據記載，阿保機曾經問部下：作為國君應該敬奉天地諸神，可是神靈宗教眾多，我應該首先尊崇哪一個呢？

大部分人都認為應該學習其他游牧民族的做法，敬奉佛教。但阿保機否決了，認為佛教不是中國本土宗教。

這時，耶律倍說：「中國最大的聖人是孔子，已經供奉了萬世，我們既然要占領中國，就應該首先敬奉孔子[8]。」

耶律倍雖然最終沒有繼承皇位，卻將儒教引入了契丹人之中，從此，遼國興建孔子廟，並由

6 見《元史・祭祀五》。

7 見本書作者所寫的《龍椅背後的財政祕辛》一書。

8《遼史・義宗倍傳》：「時太祖問侍臣曰：『受命之君，當事天敬神。有大功德者，朕欲祀之，何先？』皆以佛對。太祖曰：『佛非中國教。』倍曰：『孔子大聖，萬世所尊，宜先。』太祖大悅，即建孔子廟，詔皇太子春秋釋奠。」

太子率領年年祭祀。

遼國由於是初創帝國，許多制度都很原始，比如，遼國也採取了唐代的進士科考法，但由於各種雜項的官員太多，官員中進士比例最高不過三〇％[9]。

遼代滅亡後，北方進入了金的統治，制度與遼代相比已經相對完善，科考法則也模仿了唐代和宋代的做法。不過，金代的科考與唐代更為相近，不僅要考儒經，也考文章和詞賦，以及其他專科[10]。

金代的考試分為詞賦、經義、策論、律科、經童，後來又創造了女直進士，也就是專為女真人開的，還曾經加過制舉宏辭科，為那些非常之士開闢門路。所以金代的考試一共是七科。在這七科當中，詞賦、經義、策論三科的中選者稱為進士。律科、經童兩科的中選者稱為舉人。考試分成四等，分別是鄉試、府試、省試、殿試，四次都考取了，就授予官職。

政府開設的學校包括幾類，最早開設的是國子監，後來又設太學。地方上則有府學和州學，形成了相對完善的學習體系。金代之所以能夠如此完善，是因為它在北方繼承了北宋的疆域，也繼承了北宋的人才。

至於所用課本，由於宋代理學還沒有成為氣候，大都是沿用了前人的課本（請參見下頁表9）。這些課本以五經、史學為主，加上少量的其他典籍（《老子》、《荀子》、《揚子》）。這裡也可以看出金代的另一個傾向：沒有自己獨立的哲學系統，以拼湊前人的資料為主。到了後期，可能由於組織難度的原因，甚至把經義和策論科目都取消，只用詞賦來錄取人才。由於詞賦是最簡單的，這樣的考試方法實際上是放寬了人才錄取的標準。

表9　金代課本使用情況[11]

科目	注本	注本產生的朝代
《易》	王弼、韓康伯注	曹魏、晉
《書》	孔安國注	漢
《詩》	毛萇注、鄭玄箋	漢
《春秋左氏傳》	杜預注	晉
《禮記》	孔穎達疏	唐
《周禮》	鄭玄注、賈公彥疏	漢、唐
《論語》	何晏集注、邢昺疏	曹魏、宋
《孟子》	趙岐注、孫奭疏	漢、北宋
《孝經》	唐玄宗注	唐
《史記》	裴駰注	南朝
《前漢書》	顏師古注	唐
《後漢書》	李賢注	唐
《三國志》	裴松之注	南朝
《晉書》、《宋書》、《齊書》、《梁書》、《陳書》、《後魏書》、《北齊書》、《周書》、《隋書》、新舊《唐書》、新舊《五代史》		
《老子》	唐玄宗注疏	唐
《荀子》	楊倞注	唐
《揚子》	李軌、宋咸、柳宗元、吳祕注	隋、唐

9　《金史．選舉志》：「遼起唐季，頗用唐進士法取人，然仕於其國者，考其致身之所自，進士才十之二三耳。」

10　本書所談的金國考試制度參見《金史．選舉志》。

11　本表根據《金史．選舉志》製成。

金代雖然沒有形成完整的哲學體系，但皇帝已經非常重視儒教。對於儒教最重視的是熙宗皇帝，西元一一四〇年，金和南宋剛形成了穩定的疆界不久，就學著宋代的樣子，封孔子的後代為衍聖公[12]。第二年（皇統元年，西元一一四一年），又親自到孔廟中去祭奠，並以身作則的學習儒家經典和史學著作[13]。

金代這種帶有一定靈活性，卻又充滿了原教旨虔誠的學習方法，成為後世王朝的榜樣。金人選擇前朝課本苦讀，到了元代，就把前朝課本換成了宋儒理學的課本，但是對於課本原教旨般的崇拜卻毫無變化。到了明代，這種做法更是變本加厲，就讓學習變成了巨大的思想包袱。

元代畫瓢

元太宗忽必烈九年（西元一二三七年），中書令（宰相）耶律楚材開始為蒙古江山制定一項長治久安的規則：科舉制度。

耶律楚材曾經是在金國當官的契丹人，當蒙古人不斷的對金國的中京（現北京）進行打擊時，金宣宗逃難到了南京（汴京，現開封），留下丞相完顏承暉守衛中京，耶律楚材就在中京擔任左右司員外郎。

成吉思汗十年（西元一二一五年），蒙古大軍攻克中京，耶律楚材作為俘虜，被成吉思汗選中，開始為蒙古人的大業出謀劃策。在此之前，蒙古人喜歡使用心理震撼戰術，對於不投降的城市，一旦攻克後就進行屠城，甚至有意識的消滅當地人，將耕地變成草場養馬。耶律楚材逐漸的教育蒙古人，耕地比草場更重要，能夠提供更多的稅收。

到了太宗窩闊臺即位後，耶律楚材的建議顯示出越來越大的價值。蒙古人之前主要靠掠奪獲取財產，再交給回人拿去放貸，產生利息，所以蒙古人對於回人非常倚重。而耶律楚材則透過徵收土地稅和商業稅，獲得了大量的收入[14]。這種試驗成功後，耶律楚材以徵稅為藉口，開始建立元代的統治機構。太宗三年（西元一二三一年），蒙古人開始實行行政官僚制度，建立了中書省，以耶律楚材為中書令，並設立了左右丞相[15]。耶律楚材幫助窩闊臺編訂了漢地的戶籍，設立了稅收制度，甚至仿照金代推出了紙幣[16]。之後，為了官僚制度的正常運轉，他開始設立學校和科舉制度，為雛形中的中央政府選定官員。

在此之前，蒙古人選擇人才大都是掠奪式的，還有各種江湖人士投靠。蒙古人最重視的，是回人中的商人，他們能夠幫助蒙古人理財，獲得了極大的信任。耶律楚材試圖透過正規化制度，

---

12 《金史．熙宗紀》：「（天眷三年）十一月癸丑，以孔子四十九代孫璠襲封衍聖公。」

13 《金史．熙宗紀》：「（二月）戊子，上親祭孔子廟，北面再拜。退謂侍臣曰：『朕幼年游佚，不知志學，歲月逾邁，深以為悔。孔子雖無位，其道可尊，使萬世景仰。大凡為善，不可不勉。』自是頗讀尚書、論語及五代、遼史諸書，或以夜繼焉。」

14 《元史．耶律楚材傳》：「楚材曰：『陛下將南伐，軍需宜有所資，誠均定中原地稅、商稅、鹽、酒、鐵冶、山澤之利，歲可得銀五十萬兩、帛八萬匹、粟四十餘萬石，足以供給，何謂無補哉？』帝曰：『卿試為朕行之。』乃奏立燕京等十路徵收課稅使，凡長貳悉用士人，如陳時可、趙昉等，皆寬厚長者，極天下之選，參佐皆用省部舊人。」

15 《元史．太宗紀》：「始立中書省，改侍從官名。以耶律楚材為中書令，黏合重山為左丞相，鎮海為右丞相。」

16 《元史．太宗紀》：「八年丙申春正月，諸王各治具來會宴。萬安宮落成。詔印造交鈔行之。」

來減少非正規的理財商人的影響力。

西元一二三七年，在滅亡了金國三年之後，元代的科考制度開場了。根據耶律楚材的規畫，科考分成了三科，分別是策論、經義和詞賦。其中策論以考實務為主，而經義以考儒術為主，詞賦以考文采為主。考中的人不僅可以免去賦役，還可以擔任官員。

從耶律楚材制定的考試規則中可以看出，元朝最初的考試制度是繼承自唐宋傳統，唐代考試有秀才、明經、進士、明法、明算等科目，兼用詩賦、策論、算術、法條、歷史、經學等各種學科，雖然元代取消了法條、算術、歷史等考核，但保留了詩賦與經學並行，並兼顧了策論，也可以說是一個比較完整的考試體系。

第二年在耶律楚材的組織下，考試大獲成功，這次考試一共錄取了四千零三十人[17]，大都是當時的名士。這次考試也為蒙古人統治初期輸送了大量的人才，保證了政權的平穩。

但可惜的是，這次考試並沒有持續下來形成制度，蒙古人最終證明自己是缺乏耐心的。作為游牧民族，他們最大的目標就是掠奪財物，靠建立制度收稅來慢慢獲得財富的吸引力，比不過快錢的誘惑，當耶律楚材在孜孜不倦的為蒙古人建立制度時，蒙古人自己卻開始挖他的牆角。

窩闊臺為了要更多的稅收，開始把徵稅權外包出去，由回人給蒙古人一百四十萬兩銀子，就獲得了一年的徵稅權，至於他們如何橫徵暴斂，蒙古人就一概不問了。如果有人反抗，則由蒙古人出面鎮壓。最後，徵稅權已經拍賣到了二百二十萬兩，又有更多的財富流入了包稅人的腰包。

耶律楚材對於這種涸澤而漁的方式痛心異常，卻毫無辦法。窩闊臺死後，耶律楚材被邊緣化鬱鬱而終。蒙古人由於無法建立良好的統治秩序，成了短命的王朝[18]。

史上最單調的科舉考試

耶律楚材試行科舉制沒有成功，元代就在混亂中度過了幾十年，直到仁宗皇慶三年（西元一三一四年），才再次開始了科舉嘗試。此時的元代已經到了中期，統治混亂，漢化派和騎馬派互相爭鬥，使得政治的進程異常顛簸。

仁宗時期，元朝的政治正好擺到了漢化派一邊，經過了幾十年的統治，由於秩序的恢復，中原的讀書人也恢復了對於治國的興趣。更重要的是，程朱理學經過了若干年的沉澱，已經成了當時的顯學，這時候恢復科舉，就已經無法避開程朱理學的影響。

在金代，所選擇的課本大多數都是老課本，來自從漢代到唐代的寬廣時域，再加上對於詞賦、歷史的考核，使得儒教學問對讀書人的束縛很小。可是元代時蒙古人能夠得到的課本大都已經理學化，這就導致蒙古人的科考必定是理學化的。

這一點也許蒙古人自己都不知道，他們只是選擇了當時最流行的課本，卻導致了意想不到的結局。

17《元史．太宗紀》：「秋八月，命術虎乃、劉中試諸路儒士，中選者除本貫議事官，得四千三十人。」

18《元史．耶律楚材傳》：「富人劉忽篤馬、涉獵發丁、劉廷玉等以銀一百四十萬兩撲買天下課稅，楚材曰：『此貪利之徒，罔上虐下，為害甚大。』奏罷之。……自庚寅定課稅格，至甲午平河南，歲有增羨，至戊戌，課銀增至一百一十萬兩。譯史安天合者，諂事鎮海，首引奧都剌合蠻撲買課稅，又增至二百二十萬兩。楚材極力辨諫，至聲色俱厲，言與涕俱。帝曰：『爾欲搏鬥耶？』又曰：『爾欲為百姓哭耶？姑令試行之。』楚材力不能止，乃嘆息曰：『民之困窮，將自此始矣！』」

另外，讓蒙古人兼考詞賦、經義、策論、歷史等科目是做不到的，由於政治制度過於簡單，必須將科考簡化再簡化，才能保證推行下去，到最後，科考將詞賦、歷史、算學等全部砍掉，只保留了最容易考核的經義，加上時務策，而經義又採取當時最通行的四書，五經由於過於繁複，也很少使用。這樣，歷史上最單調的科舉考試就出現了。

元代的考試是這樣的：每三年考一次，對蒙古人、色目人，分為兩場，第一場考背誦四書，一共五條，會背就通過；第二場考一篇時務策一道，要求五百字以上，比現在的高考還簡單得多。對漢人和南人，則分為三場：第一場考明經，在四書內出題；第二場考詔誥章表，也就是檢查考生的應用文能力；第三場考時務策一道[19]。

課本主要選擇四書，而四書又選用朱熹的《四書集注》，其餘五經也主要以朱熹的理論為主，這就使得元代的科考，好像是專門為朱熹設計的。

宋代的理學革命沒有在當時發揮出最大的威力，當它成為統治哲學時，整個社會都快崩盤了，但是宋代理學卻在蒙古人手中被無意間發揚光大，這也許對於宋朝皇帝來說，是一種絕妙的諷刺。這對於中國的文化來說，也絕不是福分。

固化道學的明代考試體系

我們現在生活在一個教科書的世界。對一個出版社來說，最重要的版塊不是經典書，也不是暢銷書，而是各式各樣的教科書。

中國歷史上教科書的發達，源自於明代的科舉制度。

在唐代印刷術剛剛興起，出版商們印行的大都是宗教、實用性書籍。宋代，由於科舉考試範圍很廣，進士科目考試更偏重於能力和實務，很難透過一兩本粗糙的教科書就能準備得當，因此，宋代的出版業以出版文人的文章文集為主。

到了明代，政府出版的考試教程《五經大全》、《四書大全》、《性理大全》等占據了主流市場，四書五經大行於世，已經類似於如今的教科書氾濫。而這三套七部（五經分別各一部，四書、性理各為一部）的所謂「大全」，編製得粗製濫造，明代的科考就成了一種批量生產廢品的工廠，將科舉制度演化到了荒謬的地步。

唐宋的科考能夠較好的區分出優秀的文人，而元代雖然實行了科考，卻將原本內容豐富的考試進行了極度的簡化，導致考試的內容過於偏向朱熹的理學，成了文化的禁錮。

明代作為一個漢人的朝代，本來應該打破元代的失誤，重新回到唐宋傳統，但是，由於開國者的封閉和小農意識，不僅沒有打破，反而將元代的錯誤更加放大了。

明太祖朱元璋從開國之初，就充滿了對文人的不信任，他一方面大興文字獄，另一方面還設立特務機構來防範大臣，同時又破壞官制的完整性，取消了宰相。為了加強思想控制，朱元璋對於任何能夠被解讀為反皇權的思想都充滿了警惕。而這種警惕甚至讓他對準了「四書」之一的《孟子》。

19 見《元史・選舉志》仁宗皇慶二年十一月詔。

在讀《孟子》的過程中，明太祖發現，其中有一句話大意是：如果皇帝把臣民當作草芥，那麼臣民就把皇帝當作寇讎[20]。這句話惹惱了朱元璋，就算君再胡作非為，臣也沒有資格說三道四，他決定將孟子在孔廟中的配享廢除，逐出孔廟，並且下令任何敢為孟子說情的人都以大不敬論處。後來刑部尚書錢唐強諫，朱元璋忍住沒有治罪。孟子的配享地位最終也得到了恢復[21]。不過，朱元璋為了對付孟子，出了一本「潔本」的《孟子》，將對皇帝不利的話全部刪掉了，明代所學的就是這個閹割版。

七部大全粗製濫造

洪武三年（西元一三七〇年），為了統治人才的需要，朱元璋在劉基的幫助下，恢復了科考，但為了讓人們只學那些聽話的內容，皇帝開始對考試內容做出限制。

首先，他意識到，元朝的考試內容從四書五經裡出題，已經很大程度上幫助他完成了限制思想的工作。而劉基又幫助朱元璋更進了一步，發明了「八股文」，要求考生將文章寫成起承轉合的固定格式。這樣，考生們就只能學習四書五經，寫作八股文，也就不用學什麼詩詞歌賦了。明代的考試制度也和現在很類似，一位現代的考生穿越到明代，一定感到很親切，考試有專門的考房，考卷是糊名制的[22]。

在朱元璋時期，根據劉基的安排，所用的課本主要是：「四書」採用朱熹的《四書集注》；《易》採用《程傳》和《朱子本義》；《書》採用《蔡沈傳》和夏僎的《詳解》；《詩》採用

《朱子集傳》；《春秋》採用《左氏傳》、《公羊傳》、《穀梁傳》三傳及《胡安國傳》、《張洽傳》；《禮記》採用《陳浩集說》。這些大都是理學課本。

但就算這樣，明朝的皇帝仍然擔心人們思想失控，決定在這個基礎上再編纂一套教科書，「教」會人們怎麼安全的思考。這套書由中書庶起士解縉提出[23]，但在朱元璋活著的時候，並沒有編撰，解縉也沒有得到機會參與。到了明成祖時代，皇帝終於下決心編纂教科書，這就是著名的《四書大全》、《五經大全》和《性理大全》。

七部大全可以說是中國教科書最糟糕的典範，受到了後人激烈的批判。之所以糟糕，是因為一方面它編纂得極為倉促，帶著粗製濫造的痕跡；另一方面它嚴重抄襲。由於元末的戰亂和靖難之役，中國的文化還沒有恢復到一個創造性的時期，這時如果編纂大部頭著作，大都是抄襲前代而來的。

比如《四書大全》，主要是抄襲了元代倪士毅的著作《四書輯釋》，稍作修改之後刊行。倪

20《孟子・離婁下》：「君之視臣如手足，則臣視君如腹心；君之視臣如犬馬，則臣視君如國人；君之視臣如土芥，則臣視君如寇讎。」

21《明史・錢唐傳》：「帝嘗覽《孟子》，至『草芥』、『寇讎』語，謂非臣子所宜言，議罷其配享。詔有諫者以大不敬論。唐抗疏入諫曰：『臣為孟軻死，死有餘榮。』時廷臣無不為唐危。帝鑒其誠懇，不之罪。孟子配享亦旋復。然卒命儒臣修《孟子節文》云。」

22見《明史・選舉志》。

23《明史・解縉傳》：「陛下若喜其便於檢閱，則願集一二志士儒英，臣請得執筆隨其後，上溯唐、虞、夏、商、周、孔，下及關、閩、濂、洛。根實精明，隨事類別，勒成一經，上接經史，豈非太平製作之一端歟？」

士毅作品本來就錯誤很多，而經過修改後，錯誤更多，這本書就成了明代文人學習「四書」的標準著作。考生們可能沒有讀過朱熹的《四書集注》，反而對於《四書大全》都瞭若指掌，這樣考出來的學生到底有多少真的領悟，的確令人感到擔心。

其餘的大全，也基本上都有一個到數個藍本，《周易大全》抄襲自元代文人董楷的《周易傳義附錄》、董真卿的《周易會通》、胡一桂的《周易本義附錄纂疏》，以及胡炳文的《周易本義通釋》。《書傳大全》以南宋蔡沈的《書集傳》為抄襲對象。《詩經大全》抄襲元代劉瑾的《詩傳通釋》。《禮記大全》抄襲元代陳澔的《禮記集說》。《春秋大全》採用了元代汪克寬的《春秋纂疏》。

而《性理大全》則主要採納了一些解說四書五經之外的關於理學的文章，比如周敦頤的〈太極圖說〉、張載的《西銘》、邵雍的《皇極經世》等。

這七部大全就構成了明代文人的學術世界，至於七部之外的文章和學問，是讀書人不關心，也學不到，因為其餘的學問對於做官毫無用處，考不到，甚至學多了反而會給自己帶來危險。

就這樣，中國的哲學從宋代的程朱理學，在極端保守的明代科考機器中找到了自己的位置，造就了中國歷史上最僵化的時期。

第十七章

蒙古大汗的宮廷圈奴

西元一二〇六年～一三六八年

蒙古早期，展現了中國宗教寬容的最後版本。在哈拉和林蒙哥汗的宮廷內，基督教、伊斯蘭教、道教、佛教和諧共存，它們都在爭取蒙古人的皈依，但蒙古人卻保持了世俗化的特徵，將所有宗教都圈養起來，卻並不受任何宗教的支配。

在蒙古宮廷，發生了最早的東西方宗教的大辯論，西歐的天主教教士與穆斯林教徒、道教教徒舉行了教義辯論，最終卻言歡喝酒。

蒙古人時期最激烈的辯論仍然是佛道大辯論，爭論的焦點仍然是老子化胡說。辯論多以道士的失敗而告終。

隨著統一蒙古帝國的分裂，不同地區的蒙古人也皈依了不同的宗教，元朝蒙古人變成了藏傳佛教徒，而西方蒙古人皈依了伊斯蘭教。基督教爭取蒙古人的目標遭到了挫敗。

各宗教和平共處

「蒙哥大汗要受洗皈依基督了！」一位景教修士得意的這麼告訴傳教士威廉．魯不魯乞（Guillaume de Rubruquis）。

蒙哥大汗是蒙古人的第四任大汗，位於成吉思汗、窩闊臺、貴由之後，他是元世祖忽必烈的哥哥，在他死後，忽必烈才登上了大汗的位置。

傳教士魯不魯乞是法國國王聖路易（St. Louis, Louis IX of France）向蒙古人宮廷派來的使節團成員。他從拜占庭帝國的君士坦丁堡坐船出發，縱穿黑海，在北岸的克里米亞半島登陸，之後改走陸路，從俄羅斯大草原越過亞歐邊界，進入蒙古人的地界。

他們先見到了一位當地的蒙古人首領，又見到了欽察汗國首領拔都汗（朮赤的兒子，朮赤是成吉思汗的大兒子）的兒子撒里答。撒里答把他們送到了拔都那兒去。拔都又把他們送往了蒙古帝國首都哈拉和林（位於現在蒙古國境內）大汗蒙哥的營帳。

魯不魯乞所記載的蒙古之行[1]，應該成為中世紀紀實文學的經典，這個人的筆觸非常冷靜，描寫細緻，甚至帶著點現代史學的味道。他不僅記錄史實，還記錄蒙古的社會、風土、人情、宗教。我們透過它對蒙哥時期蒙古的了解，可能比其他任何的來源都多得多。

蒙哥汗坐在一張床上，穿著一件皮衣，皮上有斑點且有光澤，像是海豹的皮。他的鼻子扁平、中等身材、約有四十五歲。一個年輕的妻子坐在他身旁。一個很醜陋的、已成人女兒昔里納（Cirina），同幾個小孩一起坐在他們後面的一張床上。

蒙哥汗就像是一個遙遠的鄉下人，可就是這個處於荒山野嶺的鄉下人，卻成為了半個世界的主宰。

而令魯不魯乞最吃驚的是，他發現蒙古人的周圍並不缺乏宗教人士。他本以為蒙古人是落後、孤陋寡聞的野蠻人，卻發現在哈拉和林，各個宗教的傳教士都在圍繞著蒙哥大汗嗡嗡叫。

這裡有穆斯林，也有中國的道士，甚至有不少的基督徒。這些基督徒也分成了好幾類，人數最多的是景教徒。景教是基督教的一個異端派別，相信耶穌有獨立的人性和神性，而正統的基督

1　魯不魯乞的觀察參見他的回憶錄《魯不魯乞東行記》。

徒卻否認耶穌有獨立的人性。景教徒在逃離了迫害之後，在中亞發展成一支獨立的派別，又被蒙古人的近親克烈人、汪古人所尊奉，最終傳給了蒙古人。

除了景教徒之外，這裡甚至還有原汁原味的基督徒，來自德國、法國，由於各種原因出現在了蒙古的草原之上。當然還有俄羅斯的正教徒，他們來自欽察汗國的領地。

但在蒙古宮廷真正形成氣候的，只有景教（也算是基督教）、伊斯蘭教和道教三大派別。魯不魯乞發現，這三大派別處於一種複雜的關係之中，它們互相配合著共同從蒙古人手中撈取好處，又互相排擠對方，希望多占一些利益。

雖然三大宗教圍繞在蒙古人周圍，但魯不魯乞發現，蒙哥汗真正信奉的，卻仍然是蒙古人的薩滿教。以傳教為己任的魯不魯乞感到有些失望。

但就在這時，一位景教修士卻神祕兮兮的跑過來告訴魯不魯乞：蒙哥大汗就要信基督了，他第二天就要受洗。

在西方，受洗是一個很大的事情，意味著一個人終生皈依基督，而一個大汗（世界上最遼闊疆域的主宰）受洗，意味著整個國家都皈依了基督教。當魯不魯乞聽說蒙哥大汗受洗時，大吃一驚，他請求第二天與景教修士一起去，作為目擊者，紀念這個歷史性的時刻。

但第二天，修士並沒有來叫魯不魯乞，反而是蒙哥大汗特地叫人來請他。魯不魯乞向大汗的營帳走去時，正好看到那位景教修士和幾位教士離開，修士拿著十字架，其餘的人拿著香爐和福音書，看來，他們已經給蒙哥施洗完了。

但就在這時，幾位伊斯蘭教士突然出現在了蒙哥的帳外，他們也是來給大汗施洗的。於是，伊斯蘭教士又把景教修士的儀式做了一遍。

當穆斯林離開後，幾個和尚突然來到了現場，他們也帶著法器前來，進入大帳舞弄了半天才結束。

魯不魯乞驚訝的望著這一切，終於弄明白了，基督徒的施洗儀式在蒙古人眼中根本不算什麼。蒙哥大汗在所有的節日裡都會舉行這樣的儀式，把大家拉來當點綴，圖個吉祥樂呵。在他看來，基督教、伊斯蘭教、佛教、道教都是差不多的東西，都可以用來為蒙古人祝福，不偏不倚，全部利用。這些人的施洗就和薩滿教的驅魔儀式一樣，都是在祝福他健康長壽，除此之外沒別的用處。

當魯不魯乞再見到那位景教修士時，修士仍然堅持蒙哥大汗只相信基督教。魯不魯乞想拆穿他的謊言，但景教修士堅決不承認。

從法國派來的教士魯不魯乞和蒙古人在一起廝混了好幾個月，他在這裡觀察到了世界上少有的奇景，這裡是世界各大宗教的匯集地，當其他地方的宗教派別在流血廝殺時，這裡的宗教卻在和平共處。在他的筆下，也詳細的記錄了一件件有關信仰和哲學的大事。而其中最重要的，就是發生在蒙古人宮廷中的宗教大辯論。

有趣的是，這些辯論不僅被法國人記錄了下來，甚至被中國人也記錄了下來，於是，我們現在的人們能夠詳細的了解蒙古人宮廷之上的辯論是什麼樣的。這的確是一次次思想的巨大碰撞。

蒙古人的宮廷辯論主要集中在蒙哥四年（西元一二五四年）到蒙哥八年（西元一二五八年）之間，發生的原因是，各方面都在爭取蒙古人的皈依，希望掌握這個征服者部族的思想，從而控制他們的行動。參加辯論的人包括了道教徒、穆斯林、基督徒和佛教徒，記錄者主要是佛教徒和基督徒。

這樣的辯論，也表明了蒙古人統治這個特殊時期內，雖然他們允許漢族區域使用儒教進行統治，但實際上蒙古人更尊重的，還是儒教之外的其他宗教。從這裡也可以理解為什麼元朝這麼晚才開始科舉制度，因為蒙古人信奉了佛教（喇嘛教），對於儒教本來就是輕視的。

法國人記錄的大辯論

蒙哥四年（西元一二五四年），首先發生的是基督教、伊斯蘭教和偶像教的大辯論。這三個教派都在爭取蒙古人的皈依。其中偶像教可能包括了道教和佛教，由於魯不魯乞將它們看作錯誤的宗教，不加區分，沒有注意到佛教和道教之間也有著根本的衝突。

魯不魯乞在哈拉和林時突然得到了消息，說蒙哥大汗要舉行一場宗教大辯論，題目是：誰的宗教是正確的？

魯不魯乞這樣記載蒙哥的話：「你們都在這裡——督教徒、薩拉森人（穆斯林）和偶像教徒——你們之中每一個人都宣稱，他的教規是最好的，他的文獻——他的書籍——是最正確的。」因此大汗希望這些人在一起辯論，每個人都把他的辯詞寫下來，以便蒙哥能知道誰贏了，誰說的是真理。

作為客人的魯不魯乞也獲准參加，他和景教徒一起組成了基督教陣營，面對的對手是穆斯林和偶像教徒。他立刻躍躍欲試進行了充分的準備。

為了各個擊破，他特地制定了辯論技巧，決定先擊破偶像教陣營。之所以這麼選擇，是因為伊斯蘭教和基督教一樣，也支持只有一個上帝，在這一點上，他可以和穆斯林取得共識，共同擊敗宣稱有很多神的偶像教徒。一旦擊破了偶像教徒，基督徒再和穆斯林決裂，爭論有關穆罕默德到底是不是先知的問題。

為了準備更充分，魯不魯乞甚至特地扮演起偶像教徒，先和景教徒辯論，尋找偶像教的弱點。同時，他們還規定了出場次序，由魯不魯乞首先發動攻擊，萬一魯不魯乞失敗，也不至於引起整個陣營的崩潰，而景教徒還可以繼續發動進攻。

辯論的日子終於到了，蒙哥汗派出了三名書記做仲裁人，這三人分別屬於基督教、伊斯蘭教和偶像教，表明仲裁是公平的。

魯不魯乞首先出來，望著對面一片偶像教徒，偶像教徒陣營裡推出了一個中國人。中國人試圖從「開天闢地」和「靈魂歸宿」這兩個話題來辯論，可是魯不魯乞卻認為，應該從「上帝（神）的唯一性」這個話題來談。最終裁判同意先談上帝。

到底先談什麼，也反映了不同信仰的關注點不同，偶像教徒最重視的是靈魂的轉移，甚至特地帶了一個據說只有三歲，卻已經投胎三次的小孩子做表演。魯不魯乞卻認為，基督徒和偶像教徒最大的區別，就在於基督徒只相信一個神，偶像教徒卻相信很多神。

在辯論上帝問題時，偶像教徒果然又談到世界上有許多的神，一個最大的，下面有許多次級的，以此類推，除了天上有神之外，地上也有神。

而魯不魯乞堅持世界上只有一個神，這個神是全能的、善的。

但最後，卻發現仍然是雞同鴨講，雙方都不能理解對方為什麼這麼想。他們對神的定義都是不一樣的。基督教的神更加思辨，也更加抽象，包含在整個宇宙之中，無所不在，無所不能。可是偶像教神的形象卻是具體的，每一個神都和人一樣有七情六欲，也有無數的缺點。他們不理解，既然世界上只有一個神，他又怎麼管得了這麼大的世界，畢竟，神出現在這裡，就不可能同時出現在那裡。而對基督徒來說，神卻是抽象的，可以同時存在於所有的地方。

由於不能理解對方對神的定義，這次辯論顯得驢脣不對馬嘴，不會有結果。但魯不魯乞卻從氣勢上壓倒了對方，在他看來，自己是勝利了。

偶像教徒們閉嘴退出了，按照策略，基督徒接下來要和穆斯林決裂，爭論穆罕默德是不是先知。但就在景教徒氣勢洶洶想上場時，穆斯林卻聰明的推託了，說他們贊成一神論，基督徒不管說什麼，他們都沒有意見。

就這樣，辯論糊里糊塗結束了。

魯不魯乞從歐洲過來，習慣於你死我活的辯論，卻不知道這裡的宗教人士也和蒙哥大汗一樣，學會了和平共處。他們並不想爭個你死我活，只願意一起從蒙古人身上撈取好處，又何必爭個你死我活呢？

當然，蒙哥汗雖然尊重各種信仰，心中卻有著自己的歸屬，那就是本民族的宗教：薩滿。在一次談話時，他告訴傳教士：蒙古人只相信一個上帝（騰格里）[2]。這表明蒙古人到這時還沒有選定任何的外來宗教做皈依。

在送魯不魯乞回歐洲時，蒙哥汗寫了信給法蘭西國王，其中強調了西方必須歸順東方，否則上帝（騰格里）將會派蒙古人去懲罰他們。當然，他已經開始準備所謂的懲罰，一次新的西征——旭烈兀西征，這次西征打掉了穆斯林的哈薩辛派，更直接毀滅了巴格達的哈里發。但最終，旭烈兀創建的波斯汗國信奉了伊斯蘭教。魯不魯乞經過的欽察汗國也信奉了伊斯蘭教。

不過，蒙古本部和中國的元朝卻向著另外的方向發展，信奉了喇嘛教。不管是蒙古人的哪一支，都沒有信奉基督教。

魯不魯乞經歷的大辯論，是蒙古歷史上對信仰最寬容的時刻。但蒙古人的寬容到了漢地卻逐漸行不通了，漢地的佛教和道教的爭鬥與邀寵，讓他們有些茫然。

第一次佛道大辯論

就在魯不魯乞大辯論發生的第二年，蒙哥大汗的宮廷內又發生了第二場辯論。這場辯論的主角已經換成了中國的道教和佛教。

事情的起因是這樣的：在成吉思汗時期，曾經從內地招過去一個老道士丘處機，成吉思汗

2　《魯不魯乞東行記》：我們蒙古人相信只有一個上帝（騰格里），在他保佑下我們生活，在祂保佑下我們死亡，對於祂我們懷著一顆正直的心。但是，正如上帝賜給手以不同的手指一樣，同樣的，祂也賜給人們以不同的方式……上帝賜給你們《聖經》，你們並不遵守它們。另一方面，祂賜給我們占卜者（薩滿），我們按照它們告訴我們的行事，平平安安的過日子。

向他詢問長生不老的方法。丘處機屬於道教的一個新的支派——全真教。全真教在金朝時由王喆（王重陽）在陝西創建，後來他到山東招了七個徒弟，其中之一是丘處機。丘處機善寫煉丹和延長壽命的順口溜，讓人誤以為他會長生不老之術[3]。他的名聲越來越大，傳到了成吉思汗耳中，成吉思汗就派人把他找去。

丘處機從山東經過蒙古，一直到了中亞才見到了成吉思汗，在蒙古大汗面前，他只好說實話：「有衛生之道而無長生之藥。」成吉思汗聽後，覺得他沒用，就把他送回了山東[4]。

這次見蒙古大汗卻給全真教帶來了極大的好處，這個教派藉著「注意力經濟」迅速流行了起來，成了中原道教的霸主，甚至逐漸開始侵襲佛教的地盤。

在和佛教的鬥爭中，這個教派拆佛寺、改佛像，將佛教逐漸排擠，吸引了大眾的注意力。除了武力打擊之外，全真教再次祭起了心理戰術的大旗，又找到了《老子化胡經》和《老子八十一化圖》，宣稱老子創立了佛教，甚至老子（或者他的徒弟尹喜）就是佛陀。

當佛教和道教發生了嚴重的對立之後，佛教徒想到了當時的中原霸主蒙古人，向蒙古人申冤尋求公道。

與蒙古人聯繫的僧人是少林寺長老福裕，他託人找到了蒙哥的弟弟阿里不哥，向阿里不哥敘述全真教欺負佛教的情況。阿里不哥彙報給了蒙哥，將全真教掌門人李志常、長老福裕等人帶到了首都哈拉和林，在萬安閣舉行了一次辯論。參加的人除了佛道兩派，還有丞相缽剌海、翻譯合剌合孫、學士安藏，以及其他的親王貴戚[5]。

雙方爭論的焦點主要有兩處：第一，福裕整理了道教打砸搶占的五百餘處佛教地點，請求蒙古人做主，要求道教歸還；第二，要求證偽《老子化胡經》。

福裕提出，《老子化胡經》說老子生於五運之前，也就是天地之先，可是根據《史記》，老子和孔子都出生在周代衰落之後。甚至他舉出了一首唐詩，這首詩也說老子生於戰國時期[6]。最後他反問：「如果老子是大賢，應該輔佐國君安定百姓，可為什麼他放棄中原的混亂不管，反而跑到西方去了呢？」

蒙古人最後支持了福裕的說法，要求道教徒歸還部分寺院，彌補損失，同時燒毀了《老子化胡經》。

這一次的辯論對於全真教的發展是一次重大的打擊，掌門人李志常從此信心全無，第二年就去世了。

但佛道爭論並沒有就此結束。第一次辯論地點在蒙哥汗的宮廷哈拉和林，由於路途遙遠，去的人不多，且辯論沒有充分展開，影響力有限。而歸還寺廟、燒毀經版的做法，更是引起了普遍的敵視，最終，蒙古人認定，必須讓佛道兩派再來一次更加正規的辯論，從理論上解決《老子化胡經》的問題，才能夠解開佛道矛盾。

---

3 現從《丘處機集》中摘兩首：（其一）還丹要妙築基先，築得基牢壽命延。延壽須飲延命酒，飲將一得返童顏。（其二）月在當頭星在天，陰陽妙處豈言傳。人將紙上尋文字，看盡丹經也罔然。

4 見《長春真人西遊記》。

5 以下敘述內容參見《大元至元辯偽錄．卷三》。

6 唐代胡曾《詠史詩．流沙》：「七雄戈戟亂如麻，四海無人得坐家。老氏卻思天竺住，便將徐甲去流沙。」

三年後，矛盾激化了，蒙哥大汗要求弟弟忽必烈在後來成為元上都的開平府，再舉行一次規模宏大的辯論會。

被剃頭的道士

根據記載，雙方都派出了精銳部隊參與辯論。參與的外國人有：那摩國師、八思巴國師、西蕃國師、河西國僧、外五路僧、大理國僧，這些人都來自蒙古人的疆域，但已經屬於漢地之外的區域。漢地僧人則有三百餘名參與。

而道士方面則有道士張真人、蠻子（元代的第四等人南人）王先生、道錄樊志應、道判魏志陽、講師周志立等兩百餘人。

中立方，作為證人和裁判的也有兩百餘人，有蒙古人的丞相、達魯花赤等高官，也有忽必烈的謀臣、漢儒代表姚樞、竇默等。

這一次辯論最大的看點，是佛道雙方的一次對賭活動。對賭的起因是這樣的。忽必烈問雙方，如果輸了有什麼懲罰？道教一方沒有想到這個問題，不敢明著回答，僧人一方倒是乾脆，說按照西方的慣例，輸掉的砍頭謝罪。忽必烈最後定規矩：不需要砍頭，如果佛教輸掉，就讓僧人蓄髮戴帽；如果道士輸掉，就剃頭當和尚。參加這次對賭的各有十七名代表，這份代表的名單一直保留到了今天（請參見下頁表10）。

辯論開始後，佛教選擇進攻，問道：「《化胡經》真的是老子說的？」

道士回答：「是老子說的。」

和尚們開始設疑：如果是老子說的，那麼和尚剃髮受戒的規矩也應該是老子定的，你也應該知道這些步驟，不妨說一說。

道士回答：「剃髮是你們的屁事，老子不管。」

和尚反駁說：「受戒這種小事你都不知道，《老子化胡經》明顯就是假的。」

接著雙方又爭論佛是什麼。道士回答佛是好人，後來又說佛就是覺悟，覺天覺地覺陰覺陽覺仁覺義覺知覺信，無所不覺，這就是佛的真義。

和尚反駁說：「你這種對佛的定義，無非是拿對孔子的定義來套佛，可你們為什麼不把孔子當作佛呢？」

說到這裡，圓福寺長老還和儒士姚樞開

7 本表取材自《大元至元辯偽錄．卷四》。

表10　佛道對賭名單[7]

佛教		道教	
燕京	圓福寺長老從超、奉福寺長老德亨、藥師院長老從倫、法寶寺長老圓胤、資聖寺統攝至溫、大明府長老明津	大都天長觀	道錄樊志應、道判魏志陽、提點霍志融、講師周志立、講師周志全、講師張志柔、講師李志和、講師衛志益、講師張志真、講師申志貞、講師郭擇善、待詔馬志寧
薊州	甘泉山長老本璉、上方長老道雲		
灤州	開覺寺長老祥邁		
北京	傳教寺講主了詢	真定府神霄宮	講師趙志修
大名府	法華寺講主慶規、龍門縣杭講主行育	西京開元觀	講師張志明
大都	延壽寺講主道壽、仰山寺律主相睿、資福寺講主善朗	平陽路玄都觀	講師李志全
		代陽勝寧觀	講師石永玉
絳州	唯識講主祖圭、蜀川講主元一	撫州龍興觀	觀主于志申

起了玩笑，問他道士對佛的定義是不是和儒教差不多，姚樞說是。圓福寺長老說看來道士不光偷佛經，還偷你們儒教，你們要小心看好不要讓道士當面偷了。

接下來到了呈現證據的時候，道士們把《老子化胡經》和《史記》一起呈給了忽必烈，作為老子是佛陀的證據[8]。

忽必烈對於《史記》印象深刻，問道士這是什麼。道士回答，這是漢地有名的皇帝的書，集成起來作為古今憑證。

這句話惹惱了忽必烈，忽必烈隨即問除了漢地之外，其他地方是不是也有皇帝？得到肯定的回答之後，繼續問：「其他地方皇帝的話是不是也管用？」道士只好回答管用。忽必烈反問：「為什麼其他地方的皇帝都沒有記載老子的事情呢？」

就在道士們沉默之時，那摩國師忍不住罵了一句：「這般驢馬之人百事不曉！」

那摩國師過後，到了吐蕃人八思巴國師出場，他問：「老子留下的根本經叫什麼？」回答是：「《道德經》。」

八思巴繼續提問：「《道德經》上有說化胡的事情嗎？」

回答是：「沒有。」

那麼什麼上有說？

回答：「漢地的《史記》上有說。」

八思巴立即舉出「西天的《史記》」——頻婆娑羅王的記載，說佛是天上天下、十方世界都沒有第二個，又怎麼能是老子化的呢？

道士對於頻婆娑羅的來頭不知道，不能反駁，吃了大虧。最終皇帝發現道士們已經無力辯駁，作為裁判的姚樞也趁機宣布佛教獲勝。

從辯論的過程來看，道教的失敗是註定的。此時的蒙古人從見識上來說，已經遠遠的超過了固守中原的道士們。蒙古人去過中亞、俄羅斯和歐洲的邊境，在他們的眼裡，世界要大得多，中國的漢地只是世界的一角，並沒有什麼特殊的。他們接觸到的學問也是世界性的，知道除了中國之外，還有其他偉大的皇帝和國王，也知道中國人的學問是有限的，在工程、數學、財務方面都存在著巨大的缺陷，並不把中國文化過分看重。

但對於中國的道士來說，漢地就是世界的中心，他們所學到的那些學問，只是古代的經驗而已，卻並不知道蒙古鐵蹄下的世界已經驟然擴大，而蒙古人宮廷之中，也聚集了全世界的學者。當把漢地，特別是道教的那點小學問放在世界學者們的聚光鏡下時，那點知識就顯得可憐而微不足道了。

不管是八思巴還是那摩國師，他們顯然了解蒙古人的看法，所以，更容易用世界性的知識來駁斥道士，他們的辯論完全是站在不同層次上的辯論，道士們在防守時，都無法判斷對方會從何處攻擊。

佛道辯論的另一方面在於：歷史上中國學術一直缺乏成熟的辯論技巧，而佛教專門為辯論準

8《史記．老子韓非列傳》中的內容，被當作了老子西去化胡的證據：「老子修道德，其學以自隱無名為務。居周久之，見周之衰，乃遂去。至關，關令尹喜曰：『子將隱矣，強為我著書。』於是老子乃著書上下篇，言道德之意五千餘言而去，莫知其所終。」

備的因明學卻異常發達。道士們開個道場、製個符籙是可以的，但如果上升到思辨層次，則變得極其幼稚，沒有章法，這樣的失敗也就不可避免了。

道教失敗後，蒙古人下令：第一，歸還道教霸占的佛寺數百所。第二，燒毀以《老子化胡經》為首的道經雕版。由於經文的雕刻都是雕版的，一旦雕版被毀，很難重新製作。第三，十七位道士被迫剃度，當了和尚。

為了防止這十七位新和尚重新變成道士，忽必烈下令將他們分別安插到寺廟之中，並記入佛籍，時時刻刻看守他們防止開溜。這大概是世界上最不快樂的一批僧人。

無法走出束縛的中國原創思想

蒙古人時期的這三次辯論，雖然表面上看只是蒙古人選擇信仰時的爭執，實際上卻給所謂的中國本土思想敲了警鐘。

不管是參與爭論的道教，還是沒有參與爭論的儒教，這些中國本土思想大都是以組織化的方式存在的，即只允許你相信，不許不信，更不許質疑。它們的存在基礎是制定教條讓人遵守，而無法透過有效的論證和邏輯進行證明。

到了蒙古人時期，不管是西方的基督教還是伊斯蘭教，還有非本土化的佛教體系，都已經逐漸從信仰時期過渡到了思辨時期，一條理論之所以被相信，是要經過邏輯檢驗的。這就是為什麼道教的理論在佛教的攻擊下變得體無完膚。

另外，中國思想缺乏抽象的能力，使得它無法跟上世界的腳步，去理解更加思辨的概念。我們所說的宋儒理學被認為是中國思辨的高峰之一，但理學中的概念如果放在西方經院哲學體系之中，卻早已經被討論了千百遍。

缺乏思辨能力和懷疑精神，只是一味的從思想和行動上對人進行束縛，這種方法使得中國雖然在表面上仍然繁榮，卻已經埋下了衰落的種子。

元代是中國歷史上最後一個三教並存的時期，它在政府組織上盡量遵循儒教，那是為了便於管理漢人。但是元代的統治者，卻選擇了更加具有思辨性的藏傳佛教體系，他們甚至沒有選擇漢傳佛教，實際上，漢傳佛教經過唐代的發展已經逐漸放棄了思辨和邏輯，變得和儒教、道教一樣更講究束縛了。

蒙古人之所以這麼選擇，和他們接觸過基督教、伊斯蘭教和佛教有關，在接觸這三種宗教之後，很難說中國的思想體系還有多少吸引人之處，蒙古人上層的選擇也就不難理解了。

蒙古人之後，明代作為漢傳思想的直接繼承人，成了最保守最落後的思想代表。清代雖然統治者採納了藏傳佛教，但和元代一樣，為了便於管理，仍然使用儒教原則來治理社會。明清的選擇，也註定了中國思想無法走出束縛的怪圈，進入另一個思辨的體系之中。

中國原創思想的落後性，從元代開始已經有所表現，並註定了最終的結局，只是，當時的人誰也沒有想到，也沒有在意……。

第五部

世俗哲學興起：洗腦術的沒落

西元一三六八年～一九一一年，明到清

第十八章

用「心」反叛束縛

西元一三六八年～一五二九年

隨著明代八股文的興起，做官的學問變成了死學問，從民間再次興起了一波自由學術的潮流，其中的代表就是心學。

南宋後期雖然樹立了道學，但另一股潮流卻保留了下來，這就是陸九淵所代表的心學。理學認為真理高高在天外，控制著人類的一切，將人類束縛在天理上；而心學則強調人類應該服從於自己的內心，擺脫心外的束縛。

明代的陳白沙重新提倡心學，成為一代宗師。心學由於提倡自由精神，逐漸成為民間反抗僵化思想控制的武器。

作為明代文人代表的王陽明，在經歷了一系列的迫害後，龍場悟道，將心學變成了顯學，不管是民間還是官場，都興起了研究心學的熱潮。

明代的學術是分裂的，人們知道科舉的知識並非是真學術，在科舉之外毫無用處，但他們一方面學習「科舉技術」，另一方面卻毫不耽誤，他們標榜自己為心學子弟。

科取考試也搞地域歧視

明太祖洪武三十年，丁丑年（西元一三九七年），在首都應天府（現江蘇南京）舉行了明朝建立以來第九次國家級考試，各地的舉人紛紛趕來，參加丁丑科會試，如果能夠考取，就有了貢士的身分和當官的資本。

這一年考試的主考官是德高望重的大學士劉三吾，他已經八十多歲，是個飽學的鴻儒，與汪睿、朱善並稱朝廷的三老。他之所以成為考官，除了學問好之外，還為人慷慨，不設城府，自號「坦坦翁」。

放榜時，人們突然發現，劉三吾錄取的五十二名考生，籍貫全是南方人，而北方人一個都沒有。這件事最初只是私下流傳，就連考官本人都沒有當回事，貢士放榜之後，劉三吾繼續組織殿試，殿試過後，這一屆的考試本應該成為歷史[1]。但隨著北方考生聲音的放大，事情終於傳到了皇帝的耳中。朱元璋開始下令徹查。劉三吾和他的副官白信蹈認為，之所以全部錄取南方考生，是和當時的教育品質有關的，並非是作假。

從唐宋以來，北方戰亂頻仍，南方獲得休養生息的時間較長。元代控制中心也是在北方，至於南方，雖然蒙古人滅掉了南宋，卻無力建立有效統治，致使南方遭受的破壞較小。隨著南方經濟的發達，中國的文化也出現了倒轉，南方的文化已經遠遠超越了北方。丁丑科放榜的全部是南方人，恰好反映了南方和北方的這道學術鴻溝。

但這種看法在朱元璋這兒卻通不過，對於皇帝來講，最重要的事情不是學術，而是政治。實際上，雖然教學內容的固化，所謂學術早已壽終正寢，但皇帝並不需要真正的學術，他考慮的是如何才能籠絡住全國的人心。特別是明朝起於南方，而蒙古人雖然退回了漠北，卻隨時可以回到中原北部，如果北方的讀書人寒了心，必然導致國家的分崩離析。

1 《明史．劉三吾傳》中沒有廷試的情節，但據《明史．選舉志》：放榜之後，三月仍然舉行了廷試，可以看出在放榜之初，人們還沒有意識到後來的軒然大波，而廷試也照常舉行。

皇帝責成侍讀張信等十二人重新閱卷，希望能夠給北方讀書人找到一個臺階下。沒想到張信等人彙報時，仍然堅持了劉三吾的判斷，認為榜單被南方人包攬是合理的。為了證明合理性，張信還特地把北方考生的考卷拿來呈給皇帝，和南方考生的考卷作對比，彰顯其中巨大的差距。

張信、劉三吾的不配合讓皇帝大怒。有人立刻讀懂了皇帝的心思，檢舉張信故意拿北方學生中的差卷來充數，以幫助劉三吾洗脫罪名。

這次檢舉給了皇帝臺階。他下令將主考官劉三吾發配邊關，並將他的副官白信蹈和張信一起誅殺。皇帝重新制定考題，再次考試，親自閱卷，等放榜後，一共取了六十一人，這一次錄取的竟然全是北方人。

這件事對於未來的影響有幾點：第一，從此以後，科舉考試開始在地域上找平衡[2]，到了洪熙元年（西元一四二五年），正式規定南方省分和北方省分的錄取比例為六比四，保證北方文人的數量。宣德、正統年間，又分出來個中部省分，規定南方錄取五十五名，北方錄取三十五名，中部錄取十名[3]。之後又有變化，但這樣的架構保留了下來。

中國大陸現在的高考分省設分數線錄取的規則，就來自明代。不過，明代最初的目的是照顧落後地區，而現在的目的則是照顧中心地區，以北京、上海的考生分數能上清華北大，在其他省分可能只能上個地方師範院校。

第二，沒有人相信劉三吾作假，也沒有人相信朱元璋真的憤怒了，他只不過是要找幾個代罪羔羊將事情圓轉過去。可皇帝尋找代罪羔羊，卻導致了無辜大臣的死亡。這件事反映了明朝統治制度的嚴酷，也打消了許多讀書人、特別是南方讀書人的積極性。

民間學術背離官場理學

南方文人的反思，促成了中國歷史上的一次思想解放。在唐代，由於統治者尊重文化，讀書人很容易就找到當官的途徑，所以唐代的讀書人和仕途是不分家的，官員們在治理國家的同時，也都是著名的文人，詩酒應答、文采飛揚。政府也不限制人們讀什麼書，一個人不讀孔夫子，完全可以憑藉佛教、道教甚至詩詞歌賦入仕，唐代的官員的最高學問，就是整個社會的最高學問。

宋代雖然同樣尊重讀書人，但王安石之後，出現了激烈的黨爭，使得讀書人當官的路子不好走了，必須參與黨派，才能當官。即便文采如蘇軾，由於黨派的排擠，大部分時間是被邊緣化的。這時的讀書人之中出現了一批人不以當官為目的，只為了研究學問。周敦頤、張載、二程、朱熹、陸九淵等人都帶著民間學問的特徵。他們廣招門徒，一旦門徒中有人發達了，老師的學問就推廣開來。

所以，宋代的學問是半官方半民間的，在民間做學問的目的最終仍然是為了獲得官方認可，這就是為什麼宋代總是出現黨禁的原因。

到了明代，情況又有了變化。明代的讀書人依靠官方做學問的空間已經很小，如果依靠官

2　《明史．選舉志》：「然訖永樂間，未嘗分地而取。洪熙元年，仁宗命楊士奇等定取士之額，南人十六，北人十四。宣德、正統間，分為南、北、中卷，以百人為率，則南取五十五名，北取三十五名，中取十名。」

3　根據《明史．選舉志》南北中三部的劃分。南部：應天府，蘇、松諸府，浙江、江西、福建、湖廣、廣東。北部：順天、山東、山西、河南、陝西。中部：四川、廣西、雲南、貴州，鳳陽、廬州二府，滁、徐，和三州。

方，只能讀劣質的參考書（各種大全），寫八股文，但這顯然滿足不了他們的學術需求。更麻煩的是，皇帝一系列的規定將學問打成了權力的附庸，明朝的官員雖然出身於科舉，但有真正學問的並不多，大都是皇帝說啥，就幫著皇帝尋找依據，學術的自由和官方的束縛已經形成了嚴重的對立。

到後來，明代的讀書人出現了嚴重的分化，一部分人澈底放棄思考，以科考為目的來學習；另一部分人則放棄了官場，堅持自己的民間學術立場。

堅持民間學術立場、脫離官場的一部分人，又借助著世俗商業的興起，成了商業階層的代表。到最後，明代的民間學術反而出現了市井化、實用化的傾向，不管是哲學還是文化都逐漸發達，與官方控制的學術市場形成了鮮明的對比。

在明代，民間學術的發展使得哲學背離了官方指定的理學道路，沿著一條前人打下的小路，找到了一條反叛之路。他們認為，不管皇帝怎麼控制人身自由，只有一個領域是自由的，政府無論如何無法插手，那就是：一個人的內心！

鵝湖寺之會，朱熹與陸九淵的思想戰爭

宋孝宗淳熙二年（西元一一七五年），一個叫做鵝湖寺（現江西鉛山縣鵝湖鎮）的小地方迎來了它歷史上的巔峰時刻。

這一年，朱熹和他的朋友呂祖謙來到了位於當時信州的鵝湖寺，隨後，呂祖謙邀請另兩位哲

學家——陸九齡和陸九淵兄弟——也來到了這裡。雙方展開了一次關於認識論的大討論，這也是中國哲學史上一次重要的思想碰撞。

雙方的焦點在於：一個人到底怎樣才能獲得「天理」，也就是最高的絕對的知識？

針對人類的學習能力，朱熹提出，人類的學習，就是「格物致知」的過程。格物致知，就是窮盡所有事物之理，推廣到知識的極致。按照他的主張，人們首先應該是對具體的事物進行思考，找到具體事物的道理，再進行總結獲得更加普遍的高層道理，以此類推，逐漸上升到「天理」，並以此來指導人們的行為。

而陸氏兄弟則認為，按照這種方法，窮盡一生也無法獲得「天理」，因為世間事物如此之多，哪有時間每件物都去格一遍？即便格一遍，也很難從每一件具體的事物中提取出什麼有用的道理，更無所謂獲得「天理」了。

針對認識論，陸氏兄弟則採取了另一種做法：他們並不反對天理的存在，而是認為，其實天理不需要每件物都去格，所謂天理，就隱藏在每個人的心中，既然每一個人都有一顆心，直接去心中尋找就行了。

在他們看來，人從出生開始，心中就已經有了關於整個世界的知識。甚至在孩提時這些知識還更純粹，長大了反而越來越被汙染，忘記了本心。所以，人類不需要讀太多儒經，也不需要面對每一根竹子都格一遍，而是定下心來，跟隨內心的召喚。

雙方吵了數天之後，沒有達成統一認識，最後不歡而散。

鵝湖寺之會只是幾個文人的衝突，其哲學意義上的豐富程度也比佛教辯論要弱得多，卻由於朱熹最後被封神，這一場爭論被記入了史冊，成為中國哲學史上的大事件。

鵝湖寺之會，也成就了陸氏兄弟的「心學」，它成了宋代理學的一個異類，直接影響到了明代心學傳統。

陸九淵，江西撫州人，出生於當地的大家族，有六個兄弟，其中哥哥陸九韶、陸九齡和他三人的共同研究，形成了一代心學學派。

關於他對心學的理解，傳說他從小時候就思考這方面的問題[4]。他在三、四歲時，就曾經問過父親天地到底有多大？父親笑而不答，引得他廢寢忘食的思考。稍大一點，開始讀程頤的書，突然意識到，程頤雖然標榜來自孔孟，但他的理論卻和孔孟相差極大。這是陸九淵和程朱理學分裂之始。在讀古書時，他有一次見「宇宙」兩個字，請人解釋，說「宇」是空間量度，就是東西南北上下的延伸；而「宙」是時間量度，就是往古來今直到無窮。他突然意識到原來宇宙內的事情就是自己心中的事，而心中的事情就是宇宙的事。

最能表明他想法的，是他的一段話：東海有聖人，他對於「天理」的認知必定藏在心中，而西海、南海、北海的聖人，心中也必定有對「天理」的認知，而這些認知雖然來自於不同人，但既然是同一個「天理」，認知也必然是相同的。所以，東西南北聖人的心其實是相同的[5]。

透過這樣的抽象，陸九淵就得到了一個概念——「心」，認為天理存在於人的心中，天理相同，那麼人的心也必然是相同的。這個心不同於一顆顆具體的心，而是一個抽象的心，這個抽象的心與「天理」是等同的概念。不過這個抽象的心又蘊含在每一個具體的心之中，再被裝進了每個人的胸膛裡。所以，每個具體的人要想了解天理，首先要透過自己胸膛中這顆具體的心，達到那顆抽象的心，再達到最終的天理。

如果仔細分析，就會發現陸九淵和朱熹的分歧並不在有沒有天理，其實雙方都承認天理，但在承認天理之後的方法論上，兩者卻截然不同。朱熹希望透過觀察思考外部事物來獲得天理，而陸九淵則認為應該求諸自己的心中。

由於方法論上的不同，他們對於儒教經典的態度就有所不同。比如，如果一個人和朋友吵了架，朱熹的判斷方法必然是從經典中尋找解決朋友矛盾的辦法，最終的結果可能是根據中庸的原則，希望以息事寧人的方式來獲得和解。陸九淵則會告訴你，拋棄一切經書典籍，根據你的心自己去判斷，因為真理已經在你心裡，如果你的心告訴你，這個朋友不值得要，就直接散夥；如果你珍惜這個朋友，自然會想辦法留下他。前者求助於外界，後者則求助於本能。

正因為更相信自己的心，陸九淵曾經對勸他寫書的人說：「寫書要麼是六經注我，要麼是我注六經，寫它幹什麼。」又曾經說過，做學問如果知道了「道」，那麼六經只不過都是「我」的注腳而已[6]。

從理論上說，陸九淵並不是一個深刻的哲學家。朱熹為了論證萬物如何影響人類社會，首先要從萬物上升到天理，再設想一種東西叫做「氣」，由理影響氣，而氣再影響人類的認知，從而

4　本段例子均見《宋史．陸九淵傳》。

5　《宋史．陸九淵傳》：「東海有聖人出焉，此心同也，此理同也。至西海、南海、北海有聖人出，亦莫不然。千百世之上有聖人出焉，此心同也，此理同也。至於千百世之下有聖人出，此心此理，亦無不同也。」

6　陸九淵《語錄》：「學苟知本，六經皆我注腳。」

達到人的精神，最終影響人類社會。但對陸九淵來說，這一切都是不證自明的，人心裡就有天理，還去論證這些幹什麼。

這種簡單性會讓哲學家們嗤之以鼻，卻讓老百姓更容易接受。而他本人也把這種簡單性運用在了政治上。

他曾經擔任荊門軍的地方官。宋代在邊境地區設立了一種軍屯機構，類似於州府，但名字叫「某某軍」，荊門軍就是荊門地方的軍屯。這種軍屯除了軍隊駐紮之外，圍繞著軍隊也會形成龐大的民間社會，需要政府的民政機構治理。

由於地處邊境，人等繁雜，這類的民政機構在治理上更加複雜。但陸九淵不看重條條框框，往往能夠一眼就找到簡化的方法，解決實際的問題。他減輕稅賦，簡化訴訟手續，減輕懲罰力度，一切便宜行事，反而讓當地經濟繁榮、社會穩定。從這個角度說，陸氏的心學比起繁文縟節的朱氏理學，更利於經濟的發展。

但是，南宋晚期的局勢卻對陸氏心學不利，因為政府的財政崩潰要求加稅，社會的不穩定要求加強社會控制，陸氏卻是反其道而行，希望減輕控制力度，將判斷對錯的權力交給每個具體的人，削弱了政府的權威。

到最後，朱熹的理學得以成為政府的標配，心學卻在陸九淵之後走入低谷，陷入了被遺忘的境地。

陳白沙：開啟明朝思想解放時代

時間進入了明代，另一場心學的復興運動正在醞釀。景泰二年（西元一四五一年），著名的學者吳與弼收了一位落第的鄉舉為弟子。吳與弼是明代早期學者，雖然出身於官宦之家，卻一輩子立志不當官，以研究學術和開課授徒度過一生。在黃宗羲著名的《明儒學案》中，將吳與弼作為明代第一個學派「崇仁學案」的創始人[7]。

吳與弼本人是一個虔誠的理學信徒，為了學習曾經數年不下樓。在學問上，他的思想接近於正統的朱熹式思想，創造性不大。但在治學上，他強調要心境澄明，去掉剛勇的血氣，這其中，似乎蘊含著心學的影子。不過，如果有人告訴吳與弼本人，他偏離了理學的道路，一定會遭到他的駁斥。

可吳與弼怎麼也沒有想到，他收的弟子陳獻章（編按：人稱白沙先生），最終卻成了一個叛逆、脫離了程朱理學的窠臼，自成一體，重新發現了心學的人。

陳獻章，廣東新會白沙里人，最初以考試為目標，接連考取了秀才和舉人，可是在繼續參加進士科考試時，卻總是失敗，最後前往江西投奔了吳與弼。學習半年後，回到廣東專心讀書，他特地修築了一個書閣叫陽春臺，在其中日日靜坐，苦思數年之後，拋棄了老師的學問，也拋棄了朱熹的理學。

7　該學案還有胡居仁、婁諒、謝復、鄭伉、胡九韶、魏校、余祐、夏尚朴、潘潤等人。見《明儒學案・崇仁學案》。

朱熹的理學是一種講究進取的學問，他要求學者主動去「格物」，以求獲得其中的真知。吳與弼雖然強調養心和沉靜，但在格物致知上面從來沒有拋棄朱氏的理論。陳獻章卻將靜發揮到了極致，認為人的修養首先要捨棄繁華，回歸簡約，靜靜坐著將心中的雜事都拋棄掉，才能發現世界的真相。他教學生的時候，首先要求學生端正的靜坐，讓心安靜下來，再從靜中尋找心之所思所想[8]。

他之所以取靜，從根本上說，是被朱熹逼的。在他發現靜的道理之前，按照朱熹「格物致知」的理論研究學問，朱熹強調「理一分殊」，也就是說天理只有一個，但在各種事物中的表現不同，為了追求這個天理，必須對於不同表現都一一進行追究，這樣追究下來，不是把人搞得更明白，而是讓人變得混亂不堪，陷入具體的事物之中。

陳獻章發現，要從朱熹理學的一團亂麻中跳出來，必須靜下心來坐好，將這一團亂麻全部從心中清理出去。心中放空之後，反而能看到一片桃源景象。

他最終認定，所謂的理並不在於具體的格物之中，而是就在人的心中。當人心能夠靜下來統御萬物時，就達到了天理。如果人心無法靜下來，而是被萬物所左右，就變成了萬物的奴隸，談不上所謂的天理了。

這種想法最終又回到了陸九淵。陳獻章在陸九淵之後數百年，重新把心學發現了一遍。

發現心學後，陳獻章回到了京城，他曾經就讀於太學，現在回去探望。他的學問突然間名震京師，甚至有官員立刻辭官不做，拜他為師。回到廣州後，人們紛紛探望已經成了名儒的陳獻章，白沙學派成為顯學。

陳獻章之所以顯名後世，還得益於他的學生湛若水。湛若水也是廣東人，中了舉人，在赴京趕考之前認識了陳獻章並拜他為師，甚至燒毀了趕考的路條，安心學習。

不過最後湛若水學成之後，還是回到了考場，考取了進士。考取進士的過程也和陳獻章有關，當時的考官是學士張元禎和楊廷和，他們看了湛若水的考卷，讚嘆說：「只有陳白沙的學生才能寫出這樣的文字。」於是把他選做了第二名。[9]

湛若水歷任禮部侍郎、南京禮吏兵三部尚書，作為高官更有機會宣傳老師的學問。他走到哪兒，就把老師的學問帶到哪兒，首先建立書院祭奠陳獻章。湛若水活到了九十五歲，這使得陳獻章的學問遍及天下。

人們在談論陸王心學時，往往會談及兩人的不同點，比如，陸九淵是從理學到心學的，簡單說，首先承認有一個客觀存在的「天理」，只是在如何認識天理這個問題上，才認為心裡就含著天理。而王陽明則根本就不在乎這個天理，將一切都解釋成心的活動。

陳獻章、湛若水兩人的看法和陸九淵更加接近，他們講的是「隨處體認天理」。也就是說，天理是存在的，但是在學習天理的過程中，要做到心之所至，理之所至。所以，陳白沙雖然背叛

---

8 《明史．陳獻章傳》：「獻章之學，以靜為主。其教學者，但令端坐澄心，於靜中養出端倪。或勸之著述，不答。嘗自言曰：『吾年二十七，始從吳聘君學，於古聖賢之書無所不講，然未知入處。比歸白沙，專求用力之方，亦卒未有得。於是捨繁求約，靜坐久之，然後見吾心之體隱然呈露，日用應酬，隨吾所欲，如馬之御勒也。』其學灑然獨得，論者謂有鳶飛魚躍之樂，而蘭溪姜麟至以為『活孟子』云。」

9 《明史．湛若水傳》：「十八年會試，學士張元禎、楊廷和為考官，撫其卷曰：『非白沙之徒不能為此。』置第二。賜進士，選庶吉士，授翰林院編修。」

了朱熹，但仍然可以看作一次對朱熹的改造，並沒有完全背離理學，或者說，只是改造了學習的方法論而已。

而再接下來，明代哲學終於超出了理學的範圍，開始了更加開創性的一步。

王陽明：無奈的思想反叛

明武宗正德元年（西元一五〇六年），一位三十四歲的中年人開始了自己的逃亡和流放之路。這時恰值大太監劉瑾擅權，他大肆打擊政敵，大部分官員為了怕得罪他，不敢為被打倒的人說一句話，但一位資歷很淺的官員卻站了出來[10]，他就是王守仁。（編按：號「陽明子」，人稱王陽明）

王守仁時任兵部主事，是一個勤勉、有抱負的官員，他的父親王華則是成化十七年的進士第一名，任禮部左侍郎。父子雙進士，共同在朝為官，本來是一樁佳話。但在劉瑾迫害南京給事中御史戴銑時，心高氣傲的王守仁忍不住出來說了幾句話，結果得罪了劉瑾。他本人被打了四十杖，公開羞辱一番，最後被發配到貴州的龍場當驛丞，這個職位是不入品的小官，相當於某個偏遠縣的郵政局局長。他的父親也受到牽連，改為南京吏部尚書。

但劉瑾根本就不打算讓王守仁活著。在去往龍場驛的途中，王守仁遭到了劉瑾一派打手的追殺，只能脫掉衣服偽裝成跳水自盡，才躲過了一劫。他逃到了南京的父親處，父親開導了他一通，認為驛丞雖然是不入品的小官，但畢竟是皇帝的旨意，應該去上任。

王守仁辭別了父親，到了龍場驛。在這裡，已經到達人生最低潮的他開始總結自己的人生哲學，並成了一代宗師。

明朝到了王守仁時期，仍然是程朱理學統治天下，雖然陳白沙已經開始發展心學，但影響力還無法與理學相比。

王守仁則是從另一個方向上懷疑理學。在年輕時，他曾經是一個理學的信徒，但與普通的理學學者不同，他卻執迷於悟道。比如，普通的人都會說，世界上有一種包羅萬物的「天理」，這種天理就隱藏在紛紜複雜的萬事萬物之中，一個人要想領悟這種天理，就必須首先去「格物」，也就是去領悟萬事萬物。大部分人學到這一步就算了，至於從萬事萬物中領略的天理到底是什麼滋味，他們就覺得太難了，不去管了。

王守仁卻想真的從萬事萬物中領略天理，所以，他最初對著一根竹子不停的去「格物」，想發掘出竹子裡蘊含的天理，可不管怎麼對著竹子看，它還是根竹子，很難從這根竹子上領悟到什麼大道理。最終，他認定，這種空對著竹子胡思亂想的做法絕對找不到天理，還會把心情搞亂套。所以，朱熹的所謂「格物致知」無助於尋找天理，只不過是告訴人一種等死的方法，一個人可以對著竹子思考一輩子，就到了死的時候了。

王守仁年輕的時候沒有想到如何破掉朱熹的「格物致知」，但是到了龍場這個偏僻的地方後，卻有了更多的時間去思考這個問題，並最終找到了答案。這就是後來心學信徒最常提起的

10 見《明史．王守仁傳》。

「龍場悟道」。

王守仁想到的答案是這樣的：他認為朱熹解釋的「格物致知」是錯誤的，實際上，「格物致知」有另一種解釋方法。朱熹認為，要想獲得關於天理的知識，必須首先去對著各種物體苦思冥想，他的方法是從「物體」到「知識」。而王守仁卻反其道而行之，認為人類意識和外界事物的交互過程應該是從「知識」到「物體」。

他認為，所謂天理，根本不用去外面尋找，它就藏在人的心裡。每個人都有一顆心，但他們生下來，心中就深藏著所有的知識，只是這些知識被隱藏起來，我們沒有意識到罷了。一旦意識到了這些知識，我們就了解了全世界[11]。

所謂「格物致知」，就是把外界的萬物放回到心裡，發掘出內心知識的過程。他的方法是從「知識」到「物體」的。首先發掘內心的知識，再用來比照外界的萬事萬物，或者改造世界[12]。

王守仁之所以如此相信自己的內心，和他的抱負有關。他一方面喜愛軍事，另一方面，自從受到迫害挨了四十大板後，開始依賴於內心深處的自我保護意識躲過災難，這兩方面都要依靠高度的內心活動和直覺。

帶兵打仗無敗績，開創心學

王守仁在龍場待到了劉瑾倒臺，終於被召回內地，在經歷了一系列小官之後，他受到了兵部尚書王瓊的賞識，擔任了右僉都御史，並開始巡撫南方。這個官職在當時是一個棘手的位置。明代時南方的江西、福建山區裡充斥著大大小小的盜賊，這些地方都屬於邊區，明政府很難管轄，這些盜賊不僅不聽從政府的指令，還四處劫掠。地方官員們頭疼不已：不理他們，他們造成的破壞越來越大；如果鎮壓，一是太花錢出不起錢，二是用兵太多許可權不夠，三是地方偏遠跑不過盜賊。

但這個棘手的職位對於王守仁來說卻是遊刃有餘，他對於人心的洞察力是一流的，在龍場和邊民打交道的經驗也能派上用場。首先，他認定這些群賊一定有內應，由於邊區人民之間的婚姻、親戚紐帶，不可能不把官府的行蹤透露給盜賊。如果只想到這一步，還不算有洞察力，可王守仁認為，這種紐帶是雙向的，既可以把官府的消息洩露給盜賊，也可以把盜賊的消息透露給官府。果然，他透過官府的僕役們拿到了盜賊的動靜，再出兵剿匪，獲得了巨大的效果，蕩平了當地的匪患。

除了剿匪之外，另一件好事也突然間降臨。當時宗室子弟朱宸濠被封在了南昌，封號為寧王。寧王一直不滿武宗的統治，突然間舉起了造反的大旗，率軍進攻九江、南京，試圖占據帝國的南京。

王守仁在剿匪的途中得到了消息，他隨機應變，在朝廷命令還沒有下達時，就揮兵直搗寧王

11 《明儒學案．姚江學案》：「自姚江指點出『良知人人現在，一反觀而自得』，便人人有個作聖之路。」

12 《明儒學案．姚江學案》：「先生之格物，謂『致吾心良知之天理於事事物物，則事事物物皆得其理。以聖人教人只是一個行，如博學、審問、慎思、明辨皆是行也。篤行之者，行此數者不已是也』。先生致之於事物，致字即是行字，以救空空窮理。」

的根據地南昌，利用虛虛實實的欺騙戰術，拖延住寧王，最終先攻破南昌，又北上生擒了寧王。整個叛亂在三十五天之內就被鎮壓了下去。而此時，北方的皇帝還在和群臣討論打算要御駕親征呢[13]。

剿匪和平寧王這兩件事給王守仁帶來了巨大的聲譽，也帶來了棘手的麻煩。麻煩在於，他的功勞太大，引起了朝臣的妒忌。特別是寧王事件中，當皇帝剛剛組建團隊御駕親征，突然間傳來寧王已經被擒的消息，這是直接讓皇帝難堪。而寧王在造反之前，又曾經花大價錢買通了許多高官，這些高官也希望掩飾自己的罪過。

這一切讓王守仁突然間成了公敵。如果有一點處理不當，就會給他帶來巨大的災難。

但王守仁在對付皇帝和這些大臣時，展現了他心學的風範。他一方面低調處理自己的功勞，滿足皇帝的虛榮心；另一方面避開風口浪尖，只透過偏向自己的太監張永說話。當北方的士兵來到時，已經成為江西巡撫的王守仁噓寒問暖，收買了士兵的人心。到最後，除了少數他的死對頭之外，大部分人都感到滿意了。

這件事也反映出明代政治的複雜性，一個人的地位不是靠功勞來決定的，而是他的資歷和人脈。否則，即便有功勞，也可能變成禍患。

對於這件事的處理，讓王守仁更加相信自己創立的對心的崇拜[14]。他從「格物致知」開始，又提出了所謂「致良知」。所謂良知，指的是人心之中固有的理念，**致良知就是尋找內心深處的呼喚，利用這種直覺來做事**。

王守仁認為自己就是一個「致良知」的實踐者，他正是因為尋找到了內心的呼喚，才能避開了如此眾多的禍患，將這些禍患都變成了有利的機會，躲過了政治的驚濤駭浪。他的功勞雖然得不到朝廷的承認，卻在民間獲得了巨大的聲譽，也保證了「致良知」理論的傳播。

這種理論不僅僅是對於朱熹的反駁，更是一種明朝人必須學會的處世之道。他們希望像王守仁那樣既做成事情，又不被這一團亂麻的政治所傷害。

到了晚年，王陽明更是越來越相信心的作用，認為外在的一切都只是心的一種表現，除了心，沒有其他的東西是實在的。[15]

針對心法，他提出了四句口訣：「無善無惡者心之體，有善有惡者意之動，知善知惡是良知，為善去惡是格物。」[16]解釋開來就是，人心的本質是沒有善惡之分的，而之所以產生出善惡，是由於人們的意（欲望）的作用。而所謂良知，就是人根據自己的內心，區分善惡的過程。當尋找到良知之後，也就達到「知」的境界，再用這個良知去改造世界，改造世界的過程就叫「格物」，這個過程也是踐行善事、去除惡習的過程。

王陽明的無奈在於，他的學說是對正統思想的一次反叛，卻又不得不隱藏起來裝成溫順。這

13 見《明史．王守仁傳》。
14 《答李明德》：「人者，天地萬物之心也，心者，天地萬物之主也。心即天，言心則天地萬物皆舉之矣。」
15 《明儒學案．姚江學案》：「在物為理，處物為義，在性為善，因所指而異其名，實皆吾之心也。心外無物，心外無事，心外無理，心外無義，心外無善。」
16 見《天泉問答》。

種偽裝在他看來就是一種心學的踐行，可他的政敵卻早就發現了其中的危險。如果讓他的學說傳播，所有的人都不再相信天理，也不相信依靠天理架構的政治體系，而是一味的遵循個人內心的良知，那必然引起人們對於政治體系的懷疑，甚至會質疑皇帝的合法性本身。

實際上，後來的人們思想解放，也果然得益於王陽明把人們的「心」解放出來。

在他剛剛死後，就有人上告他的學問是非法的，是以邪說蠱惑人心[17]。皇帝聽後，立刻下詔停止了他的世襲職位，並禁止了他的理論傳播。

只是，這時的心學已經傳播開來，不是皇帝所能禁止的了。陽明心學的開闢，讓明代的哲學進入了雙軌制。一方面，政府還在用正統的理學考試選拔人才，但另一方面，民間的心學已經顛覆了理學的統治地位，甚至官員們也變成了雙重人格，他們要晉升就必須背誦理學經典，但要修身，則必須皈依心學譜系。

17 見《明史·王守仁傳》桂萼對王守仁的彈劾。

第十九章

從心學到犬儒

西元一五二九年～一六四四年

明代社會最大的特徵是，出現了一個不依賴於官場的市井階層，他們對於當官沒有興趣，也有足夠的資本用於生活。而心學的發展，導致一個叫做泰州學派的流派，成了市井哲學的代言人。

心學對於個人的解放，還導致了一批具有遊俠精神的學者出現，何心隱就是其中的代表。由於他們游離於體制之外，成了政府的心頭大患，受到了鎮壓。

作為泰州學派的集大成者，李贄（編注：音同志）以離經叛道的態度，將道學「皇帝的新衣」戳破，他本人也以自殺結束了一生。

隨著叛逆者的死去，心學如同當年的玄學一樣，逐漸變成了犬儒主義和庸俗主義的大本營，中國哲學第二輪迴的叛逆階段走向了終結。

意圖衝破封建桎梏

明朝嘉靖年間，就在王陽明在南方創立心學之時，北京城卻突然來了一個怪人[1]。這個怪人穿著沒有人見過的大袍子，戴著稀奇古怪的帽子，手裡拿著笏板（編注：笏音同戶），坐著一種人們沒有見過的小車，從中國的南方出發，招搖的一路向北，最終到達北京。

如果有人問他：「你這是什麼衣服，什麼車？」他就會回答，這是周代《禮經》中規定的學者的衣服，帽子叫五常冠，衣服要求深衣大帶，手裡必須拿個笏板。而車叫蒲輪車，是用蒲草包輪製作的，當初孔子就坐著這種車周遊天下。

這個怪人到達北京後，立即引起了人們議論紛紛，也冒出不少傳說。最著名的是，一個不知名的老翁做了一個夢，夢見有一條沒有頭的黃龍邊播雨邊前行，最後來到了北京的崇文門下，突然間變成了一個人。老翁一看天亮，連忙跑到崇文門下，發現有一個怪人穿著怪異，坐著怪車正好到達。

這個人來到北京城後，照樣行事高調，處處宣講他的學問。當有人問他，他的師承出自何處，他就驕傲的回答：「我的老師就是王陽明！」

在北京，王陽明的弟子並不算少，由於他平定叛亂，聲動朝野，其學問也已經遍及天下，就連北京官場之中也有不少崇拜者。但是，這個穿著奇怪、大言不慚的人卻令王陽明的弟子們很尷尬，他不僅不像個儒生，反而像個妄想狂。

但這個妄想狂的確很尊重王陽明，動不動就說我來北京就是為宣講老師的學問，老師的學問來自天啟，是千載絕學，我一定要讓天下的人都聽到他的學說[2]。

當人們問起他想要傳播王陽明什麼樣的學問時，這傢伙的回答卻讓人心驚肉跳，因為他宣揚的並非王陽明的話，而是他自己的話。比如，王陽明雖然強調心學，可是基本上還是在倫理的框架內談，維護著明王朝統治者的權威，可是這人卻說：「什麼是道？道不是什麼高高在上的東西，道就是老百姓的日用生活。」他甚至認為老百姓的日用生活才是根本，而皇帝老子的政權只

1　見《明儒學案．泰州學案．處士王心齋先生艮》和《明史．王艮傳》。
2　《明儒學案．泰州學案．處士王心齋先生艮》：「千載絕學，天啟吾師，可使天下有不及聞者乎！」

不過是枝節問題，只有根本穩固了，才有枝節的穩定。這就近似於大逆不道了，怎麼會是王陽明的說法？

這些言論，讓北京王門弟子坐立不安。他們之所以感到擔心，還有一個原因。明王朝是一個最防備朝臣不聽話的朝代，任何人，即便功勞再大，皇帝也總是要防著，而且功勞越大皇帝越擔心。王陽明平定叛亂之後，天下人都成了他的粉絲，這時，王陽明的一舉一動都會引起朝廷極大的猜忌。這個人不斷的來北京宣揚皇帝老子不算啥，到底是不是王陽明指使的？如果是他指使的，王陽明的目的何在？是否意味著他想推翻明朝自立？

即便皇帝不相信這些說辭，在北京的朝廷上還有很多王陽明的政敵，他們隨時關注著王陽明和弟子們的一舉一動，希望找到他們的把柄，而這個人簡直就是老天爺送來攪局的。

王門弟子們趕快寫信到江西，詢問老師到底是怎麼回事。傳回來的資訊說這個叫王艮的人果然是王陽明弟子，他以前是個鹽場灶丁的子弟，又曾經做過生意，後來搖身一變成了王門弟子。

但他前來北京，並不是王陽明指使的，而是他自己願意宣揚老師的學問跑過來的。眾人聽後，既然是同門，只好把他的車藏起來不讓他這麼招搖，再勸說他趕快離開，不要壞事。但這個人性格倔強，不肯聽從。王陽明聽說了王艮在北京的事蹟，也連忙寫信請他回去，他這才快快不樂的離開了北京，去往浙江會稽，尋找他的老師去了。

王艮大鬧北京城，就成了明代哲學史上的一樁趣聞，保留在中國枯燥的歷史之中。但是，不要因為王艮的性格就忽略了他的學問。實際上，王艮是王陽明的弟子中影響力最大，也最具獨創性的一個。他不僅發揮了老師的心學，還結合佛道，將心學改造成了實用主義和民本主義的典範，在明朝這個極端壓抑的朝代內部，竟然產生出了現代政治理論的萌芽[3]。

明代中後期是一個極端分化的時期，一方面王艮和他的弟子創造了泰州學派這個民本主義的學派；而另一方面，王門弟子們卻開始與政權合流，他們大都成為達官貴人，談論心學的同時，還享受著政權提供的一切優厚待遇，王學也逐漸變成了一種享樂主義、犬儒主義和自私主義的代名詞。最後，東林黨人的崛起讓明朝後期又成了一個黨派鬥爭的時代。享樂主義、黨派鬥爭，將朱元璋制定的像鐵板般的政治秩序腐蝕，降低了行政效率和軍事效率，明朝已經無法抵禦底層叛亂和外族入侵的雙重夾擊，最終被異族政權取而代之。

百姓日用即道

王艮，號心齋，江蘇泰州人。在泰州有一個大的鹽場，叫安豐場，他的父親就是這個鹽場工人出身。

他年輕時因為家境貧寒，曾經輟學，跟隨著父親在鹽場工作，後來又曾經跟隨父親到山東經商。不過，雖然沒法上學，他卻堅持自學，他最常看的三本書是《孝經》、《論語》和《大學》，另外也看過一些《禮經》。

3 《明史・王艮傳》：「王氏弟子遍天下，率都爵位有氣勢。艮以布衣抗其間，聲名反出諸弟子上。然艮本狂士，往往駕師說上之，持論益高遠，出入於二氏。」

由於書讀不多，王艮的學問分成了截然相反的兩部分，一部分是對這幾本書的生吞活剝，他非常強調「孝」，就是對《孝經》的一種過度解讀，而《禮經》則給他帶來了一套長袖闊帶、高冠大履的衣服，還在腰上別個笏板[4]。另外，他喜歡用書裡的理論和人爭論，隨口就說，顯示他對這幾本書背得滾瓜爛熟。

但另一部分學問卻和書呆子精神完全對立，那就是，王艮從他的手工業、商業經驗中意識到，人類的真理也許並不掌握在統治階層的手中，而是掌握在每一個具體的人手中。不管他是皇帝還是達官貴人、工人、農民以及無業遊民，在學問面前他們都是平等的，沒有誰是特殊的。這種平民性，讓他比其他人更能夠接觸中國最廣大的平民群體，成為他們之中的傳道士。

王艮認識王陽明，也很有傳奇性。當他在當地小有名氣時，他的一位朋友黃文剛聽了他的談論，說：你的道理很像王巡撫談的。當時王陽明在江西當巡撫，也在傳講心學和「致良知」，在大江南北影響力很大，只不過王艮地處泰州的社會底層，對於王陽明竟然毫無聽聞。

王艮第一次聽說王陽明後，決定去見一見他。之所以見王陽明，也帶著很大的自負色彩，他去看一看王陽明是否和自己一致，如果一致，他就是塊試金石，試出了王陽明的水準；如果不一致，那麼他就要成為王陽明的老師，向王陽明傳授真學問。

到了王陽明府邸，王艮還穿著他的古怪袍子，舉著笏板通報，王陽明不知對方來頭，出門相迎。進了屋子，王艮毫不客氣坐在了上座，兩人對談。談著談著，他就移到了側座上，談完後，王艮覺得這人學問還可以，雖然不是特別滿意，但還是下跪拜了王陽明為師。可是晚上想了半天，第二天又反悔了，跟王陽明說不想拜他為師了。王陽明大度的稱讚他這是不輕信。王艮又毫不客氣的坐在上座繼續談論，這一次，王艮終於折服，再拜為師。王陽明對人感慨：我率軍擒拿朱宸濠，都感覺很平常，但今天反而為這個人動了心。

王艮複雜的拜師過程，說明了他和王陽明的差異，他一方面為王陽明的學問嘆服；另一方面又感覺自己和王陽明是不同的，他的一些想法可能已經超越了老師。王陽明也是同樣的感覺，一方面看到了王艮的能力；但另一方面，又感覺他不會成為一個聽話、忠實的弟子，會將老師的學問改得面目全非。

在王艮自作主張去完北京，回到了江西之後，王陽明痛感王艮是個闖禍的能手，接連三天都不肯見他。王艮在門口也等了三天。有一次，王陽明出門送人，王艮就在路邊跪著，王陽明裝作沒有看見，轉身就回了院子。王艮一直跟著王陽明來到了屋簷下，眼看王陽明又要消失了，他不耐煩的大聲喊道：「孔仲尼也不會比你更過分！」一句話喊醒夢中人，王陽明立刻反身長揖，雙方和好。

王陽明死後，王艮獲得了自由，回到了泰州以講學為生。此時，他的學問已經和王陽明差別巨大了。

首先，兩者的弟子成分差別巨大，王陽明的弟子大都是達官貴人和讀書人，收到王艮這樣的異類已經算是特殊情況。而王艮的弟子卻是五花八門，從販夫走卒到市井百姓，無奇不有，當然

4　《明儒學案．泰州學案．處士王心齋先生艮》：「乃按《禮經》制五常冠、深衣、大帶、笏板服之。曰：『言堯之言，行堯之行，而不服堯之服，可乎？』」

也包括一些著名學者，但大都是平民出身。明代是一個民間商業很發達的朝代，這主要得益於政府官員大都背四書五經去了，對商業一竅不通，任其自由生長，而政府的紙幣信用崩潰，人們被迫改用銀兩，反而造成了金融層面的穩定。商業發達，商人們需要他們在哲學和文化上的代言人，王艮就正好填補了他們的需求。

其次，他的學問也非常適合這個平民群體。他從來不講君君臣臣父父子子或者家國天下的大道理，只講身邊的小事，從人本身出發。

比如，以「格物致知」四個字，朱熹認為是「思考每一個具體物體背後的大學問，達到真理的極致」，而王陽明則認為是「把物體映射到心，在良知之中發現物體的道理」。這兩種解釋都很抽象化，而王艮則對這四個字重新做了解釋，認為格物致知無非就是說個人與國家的關係，個人的身體是根本，而家國天下是枝節問題，如果個人不正，就沒有辦法治理好國家，格物致知，就是要修個人的根本，再來安定國家。黃宗羲給王艮的理論起了個名字，叫「淮南格物」，便於和朱熹、陽明的理論作區分[5]。

「格物致知」的改變，以及對於個人身體的重視，讓王艮開始大談「百姓日用就是道」。這個理論很適合於明代發達的商人階層，他們很樂於聽到這樣的說法。

而更多的人喜歡聽他說，則是因為他說所有的人都能得道，只要做到了能知能行，就滿大街都是聖人。在以前，人們把讀書人看作一個特殊的階層，中了秀才之後，讀書人就享受了各種待遇，鼻子翹到了天上。但在王艮看來，只知道死背幾本書，就算當了進士也不算是有學問，真正的學問隱藏在生活之中，只要在生活中行得正，堅持修身，誰都是聖人。

這種簡易的教學法第一次打斷了中國讀書人對學問的壟斷，將學問放到了所有人的手中。泰州學派也由此成了中國歷史上第一個非宗教化的平民學習組織，中國南方的商業社會就從中脫穎而出。

由於泰州學派激進的反叛性格，黃宗羲嘆這個學派前無古人，後無來者，繼承者大都能「以赤手搏龍蛇」，不再是名教所能束縛的了。[6]

遊俠之死

明神宗萬曆七年（西元一五七九年），大學士張居正主導的經濟財政改革正在轟轟烈烈的進行，朝廷上下對於改革措施議論紛紛。張居正認定，要想推動改革，就必須打擊這些議論的聲

5 《明儒學案・泰州學案・處士王心齋先生艮》：「先生以『格物，即物有本末之物。身與天下國家一物也，格知身之為本，而家國天下之為末，行有不得者，皆反求諸己。反己，是格物底工夫，故欲齊治平在於安身。易曰：身安而天下國家可保也。身未安，本不立也，知身安者，則必愛身、敬身。愛身、敬身者，必不敢不愛人、不敬人。能愛人、敬人，則人必愛我、敬我，而我身安矣。一家愛我敬我，則家齊，一國愛我敬我，則國治，天下愛我敬我，則天下平。故人不愛我，非特人之不仁，己之不仁可知矣。人不敬我，非特人之不敬，己之不敬可知矣。』此所謂淮南格物也。子劉子曰：『後儒格物之説，當以淮南為正。』第少一注腳，格知誠意之為本，而正修治平之為末，則備矣。」

6 《明儒學案・泰州學案》：「泰州之後，其人多能以赤手搏龍蛇，傳至顏山農、何心隱一派，遂復非名教之所能羈絡矣。又云：諸公掀翻天地，前不見有古人，後不見有來者，釋氏一棒一喝，當機橫行，放下拄杖，便如愚人一般。諸公赤身擔當，無有放下時節。」

音，統一輿論，形成合力推進改革。

他以皇帝的名義下達了一份詔書，要求各地方官員毀掉天下的私人書院[7]。這是一次對私人學校的系統打擊。

實際上，明政府一直以警惕的目光，望著私人書院這個越來越龐大的社會組織。由於官方主導的文化體系呈現僵死特徵，很多對政府死了心的人寧可不入政府，願意去獨立研究學問，並廣開書院，教授學徒。這些人擁有第一流的智力和學識，被明政府視為心腹大患。

最初，明政府不知道該怎麼對付這些私人講學機構。到了明世宗嘉靖十六年（西元一五三七年），當時的南京吏部尚書湛若水走到哪裡，就把書院開到哪，引起了政敵的反彈，他們開始上奏皇帝，要求摧毀各地書院。第二年，命令生效。

但是，這個命令並沒有被嚴格執行。官員都出自讀書階層，他們對於要求銷毀書院的命令大都採取睜一隻眼閉一隻眼的態度，導致命令沒有辦法真正執行。

到了明神宗時期，張居正為了改革要求統一輿論，而對他反對最大的，就來自於讀書人內部的批評，這些人以書院為基地，品評政治。張居正認為，如果要推行改革，就必須首先將反對派打掉[8]。

摧毀書院的命令下達後，各地對於讀書人的鎮壓活動也迅速展開。而在這一系列的活動中，最大的目標是一個叫做何心隱的人。

何心隱，原名梁汝元，是典型的對政府充滿了警惕的讀書人。他曾經參加省試，獲得了江西省第一名的好成績，但就在這時，他卻突然轉向，宣布不再參加考試，而是拜了泰州學派的顏山農為師，開始學習王艮的思想。

與其他人不同，何心隱不僅是一個學者，還是一個實踐派。比如，王艮的理論要求先正心立身，然後管理好家族問題，認為人的身體和家族的利益高於政權，只有這些事情都做好了，才能去管國家的事。何心隱立刻把這個理論付諸實踐，建立了一個家族自治機構，他當族長，將整個家族的紅白喜事和矛盾糾紛全部管了起來。

如果僅僅是管理家族，也沒有問題，但何心隱的管理組織是對外的，比如，當地方官員為了平衡財政，想在正稅之外再多徵點雜稅，何心隱不僅反對，還寫信將當地官員諷刺了一通。很顯然，這樣的家族組織如果過於強大，地方官員就撈不到什麼好處了。官員找藉口將他抓了起來，後來被朋友救出。

何心隱的俠義心腸，很像司馬遷筆下的遊俠復活。他後來去了北京，當時恰好是奸臣嚴嵩當道之時，嚴嵩將一切反對他的人都鎮壓下去，在朝堂上一手遮天。唯獨何心隱不怕他，甚至想計策要把嚴嵩搞掉。由於皇帝相信方術，當時皇帝寵幸的術士叫藍道行，何心隱刻意和藍道行結交。一次，藍道行在給皇帝扶乩占卜時，突然顯示，有一個奸臣正在靠近皇帝。皇帝正奇怪為什麼會這麼說，過了一會兒，嚴嵩突然進來奏事。

這件事實際上是何心隱和藍道行的策劃，目的是詆毀嚴嵩。從這一天開始，皇帝開始懷疑嚴

7《明史．神宗紀》：「（萬曆）七年春正月戊辰，詔毀天下書院。」

8 比如，名儒羅汝芳的講學機構就讓張居正憤怒不已。《明儒學案．泰州學案．參政羅近溪先生汝芳》：「萬曆五年，（羅汝芳）進表，講學於廣慧寺，朝士多從之者，江陵惡焉。」

嵩的品格，這種懷疑被群臣利用，並最終導致了嚴嵩的倒臺[9]。

嚴嵩雖倒，但是嚴嵩的黨羽處處都在，何心隱為了避禍，改名換姓（從梁汝元改成了何心隱），遊歷了大半個中國。他以給別人做幕僚為生，處處出謀劃策，如蘇秦、張儀一樣縱橫天下。然而，也正是因為他的性格，他不容於當時的政治環境。

隨著時間的推移，嚴嵩的黨羽都逐漸倒掉了，後來上臺執政的是張居正。在張居正手中，何心隱是否會好一些呢？答案恰恰相反。張居正上臺後，在推出對私人書院的禁令之前，就開始用強硬手段對付這些遊俠。萬曆四年，何心隱正在湖北的孝感講學，張居正聽說後，立刻派湖廣巡撫陳瑞去抓何心隱。但這次有人告密，何心隱逃脫了。

何心隱認為自己坦坦蕩蕩，沒有罪過，甚至想親自前往北京申辯。但官僚機構不會給他這樣的機會，三年後，就在推出書院禁令的同一年，何心隱終於被抓獲，被送到了新任湖廣巡撫王之垣處。被捕之時，何心隱就已經知道，王之垣已經獲得了張居正的授意一定要殺掉他。早年他在北京見到還沒有當政的張居正時，就預言會死在這個人手中。他說：這個人未來一定會主政，而主政之時，一定會殺掉我[10]。

何心隱之死，反映了民間學術與官方學術的衝突，這種衝突是無法調和的，民間學術要求的是自由精神和質疑的態度，而官方學術要求的是服從。由於奸臣以官鬥為主，對於民間往往無暇顧及，這時的民間學術反而能夠獲得一定的空間。張居正上臺後，作為改革派希望推動社會變革，這時反而會更加感覺到民間學術的不合拍，採取更加強硬的態度。到這時，民間學術就連一點空間都沒有了。

只要存在這樣的制度，不管是清官還是貪官，都會做出同樣的事情：傾向於控制民間，剪除反對和質疑的力量。也因此造成政治的脆性，一遇到困難就會崩斷，最後造成整個社會的崩塌。這一點是集權社會無法避免的弱點。

張居正死後，他親手建立的高效鎮壓體系也逐漸鏽化，不僅無力鎮壓民間學術力量，甚至連政權本身都難保了。

追求自我的哲學家

何心隱死時，同情他的人很多，就在他死亡之地武昌，也有數萬人為他喊冤，甚至在朝廷張榜羅列他罪狀時，人們也都起哄認為這是陷害[11]。

而在這所有的人中，有一個人卻用冷靜的筆調分析著何心隱的幸與不幸，他就是李贄。李贄與何心隱同屬於泰州學派，卻沒有見過何心隱本人。

9 見《明儒學案．泰州學案》相關記載。

10 《明儒學案．泰州學案》：「已同後臺入京師，與羅近溪、耿天臺遊。一日遇江陵於僧舍，江陵時為司業，心隱率爾曰：『公居太學，知太學道乎？』江陵為勿聞也者，目攝之曰：『爾意時時欲飛，卻飛不起也。』江陵去，心隱嗒然若喪，曰：『夫夫也，異日必當國，當國必殺我。』」

11 《焚書．卷三．何心隱論》：「今觀其時武昌上下，人幾數萬，無一人識公者，無不知公之為冤也。方其揭榜通衢，列公罪狀，聚而觀者咸指其誣，至有噓呼叱吒不欲觀焉者，則當日之人心可知矣。由祁門而江西，又由江西而南安而湖廣，沿途三千餘里，其不識公之面而知公之心者，三千餘里皆然也。」

他總結了何心隱三點令人佩服之處：第一，每個人都在為了生而蠅營狗苟，可是何心隱卻看透了生死，認為人終將一死，只不過是被人殺死、還是被鬼殺死的選擇。第二，每個人都裝作在效法孔子，可是只有何心隱是在真的效法孔子，因為孔子以天下為家，不治家產，不畏懼得罪人。也正因為得罪人，他才會被害死。李贄認為孔子之所以沒有被仇人殺死，只不過是幸運，何心隱稍微不幸一點罷了。第三，何心隱效法孔子的道，卻並不效法孔子的一言一行，這讓那些束施效顰的人憤怒不已，把他當成是歪門邪道。

但李贄感慨的說，當一個人臨死時，有數萬人為他喊冤，即便是他被最權威的宰相殺死，人們也認為是宰相在迫害他。這樣的公道自在人心，又何必在乎死呢？

從他寫《何心隱論》之後又過了二十三年，李贄也選擇了以死抗爭，也許在為何心隱招魂的那一刻，悲劇的種子已經注入了李贄的心中。在明代的思想家中，李贄是一位最偉大的踐行者。他的思想已經澈底脫離了理學的束縛，不管是程朱的那一套，還是王陽明的那一套，都已經被他超越了，他自稱為「狂禪」，但實際上卻是一個實用主義者。

李贄出生於福建泉州，這裡曾經是中國最著名的海港城市，如同現在的廣州一樣，居住著大量的海外商人。他的祖輩曾經是回教徒[12]，而他本人顯然受到了外來文化的影響，對於儒學並沒有特別的尊敬。

李贄二十六歲中福建鄉試的舉人，之後沒有繼續考試。他的青壯年時代一直在南京、北京等地方的各種小官之間徘徊，生活貧困。直到五十一歲時，才被授予偏遠的雲南姚安太守。在治理地方時，他習慣了清靜無為的方式。雲南位於邊陲，他因地制宜，法令清簡，不言而治。除了俸祿之外，分文不取，繼續保持著貧寒的本色。

也正在這時，張居正開始對民間讀書人進行迫害，兩年後，何心隱死去。何心隱之死，讓李贄徹底放棄了對官場的渴望，開始了另一段追求心性的生活。

在最後任職時期，他已經躲進了大理洱海邊上的雞足山中，以佛教典籍為樂。由於現代大理成了旅遊勝地，人們往往對蒼山耳熟能詳，但在明清時期的歷史上，大理最著名的山是雞足山，它是當地的佛教聖地，甚至在當地信仰中代表著西天。

離職後，李贄帶著家眷開始嘗試另一種生活：在完全無保障的情況下繼續遊學生涯。由於沒有錢，他只好去湖北黃安（今紅安）投靠朋友耿子庸（耿定理），由於養不起妻子女兒，只好讓妻子帶著孩子回到了娘家，自己寄居在朋友處。

李贄之所以不願意回老家，另一個原因是明朝嚴密的戶籍制度，一旦回家，就會被地方登記造冊，成為監控人口，而客居在外，則沒有人知道他的下落，游離於戶籍之外了。

耿定理死後，李贄被迫離開黃安，前往麻城的龍潭湖上，與一群朋友相互切磋讀書。由於頭上發癢，他乾脆剃光了腦袋，只留下了鬍子，就如同和尚一般，後人把這個行為當作他與名教的決裂[13]。

12 見侯外廬主編的《中國思想通史》第四卷第二十四章引《林李宗譜》。

13 《珂雪齋集．李溫陵傳》：「公遂至麻城龍潭湖上，與僧無念、周友山、丘坦之、楊定見聚，閉門下鍵，日以讀書為事。一日，惡頭癢，倦於梳櫛，遂去其髮，獨存鬢鬚。公氣既激昂，行復詭異，欽其才，畏其筆，始有以幻語聞當事，當事者逐之。」

哲學界柳三變

在他遊學的這段生涯，李贄的思想越來越成熟，影響力也越來越大，成了繼何心隱之後的又一個異端。他的思想比何心隱更加銳利，反道學的精神更加澈底。他的書籍一經刊行，立刻風靡天下，害得政府不得不數次祭出禁書的大旗，卻屢禁不止，四處傳唱，如同是哲學界的柳三變（編注：北宋著名的詞人柳永原名，因為科考不第的一句牢騷話，讓自己仕途盡毀）。

他首先繼承了王艮的思想，認為人們的生活之中才蘊含著真正的道，「穿衣吃飯就是人倫物理」，沒有其他更大的道理。由此，他對程朱理學系統進行最無情的抨擊。在他的筆下，道學都是高屐大履，長袖闊帶，恨不得在帽子上寫著「綱常」兩個字，在衣服上寫上各種人倫警句，說話的時候不離孔仲尼的名言，擺道理的時候隨口四書章句。

他最好的小品文是〈贊劉諧〉，劉諧是他的一位朋友，一次遇到一位道學家，道學家自稱是孔子的徒弟，劉諧隨口說：「你是他徒弟，我還是他的哥哥呢！」

道學家勃然大怒，說：「老天爺如果不生孔仲尼，萬古就如同漫漫長夜！你到底有多大膽敢冒充他的哥哥！」

劉諧笑答：「萬古如長夜？怪不得孔仲尼出生之前的三皇五帝時期，人們都是白天點蠟燭過日子[14]。」

透過這種戲謔的方式，李贄就把道學的目光短淺表現得淋漓盡致。而他本人認為，大部分學孔教的，不過是如同矮子去看戲，看不到裡面在演啥，只能跟著喝彩，實際上沒有人真正懂得理學說了什麼，只不過是瞎起哄而已。他甚至認為自己年輕時也是這樣的，後來才開悟，反對這樣的人云亦云[15]。

然而，在反對完程朱理學之後，到底什麼樣的學問是他贊同的呢？這就要從他的「童心說」說起，再延伸到他的學問上。

李贄秉承了王艮的心學主張，進一步認為，人真正困難的是找到自己的「童心」。童心，就是人最初的本心。如果失去了童心，就是失去了真人，變成了戴著面具的行屍走肉[16]。

他認為，人們之所以會失去了童心，就在於讀多了四書五經這樣的廢書。四書五經中不是史官濫用的褒崇之詞，就是臣子不負責任的讚美之語，或者出自腐臭弟子有頭無尾的記憶，只是些

---

14 《贊劉諧》：「有一道學，高屐大履，長袖闊帶，綱常之冠，人倫之衣，拾紙墨之一二，竊脣吻之三四，自謂真仲尼之徒焉。時遇劉諧。劉諧者，聰明士，見而哂曰：『是未知我仲尼兄也。』其人勃然作色而起曰：『天不生仲尼，萬古如長夜。子何人者，敢呼仲尼而兄之？』劉諧曰：『怪得羲皇以上聖人盡日燃紙燭而行也！』其人默然自止。然安知其言之至哉！」

15 《續焚書．卷二．聖教小引》：「余自幼讀《聖教》，不知聖教；尊孔子不知孔夫子何自可尊，所謂矮子觀場，隨人說研，和聲而已。是余五十以前真一犬也，因前犬吠形，亦隨而吠之，若問以吠聲之故，正好啞然自笑也已。」

16 《焚書．卷三．童心說》：「夫童心者，真心也。若以童心為不可，是以真心為不可也。夫童心者，絕假純真，最初一念之本心也。若失卻童心，便失卻真心；失卻真心，便失卻真人。人而非真，全不復有初矣。童子者，人之初也；童心者，心之初也。夫心之初，曷可失也？然童心胡然而遽失也。蓋方其始也，有聞見從耳目而入，而以為主於其內而童心失。其長也，有道理從聞見而入，而以為主於其內而童心失。其久也，道理聞見日以益多，則所知所覺日以益廣，於是焉又知美名之可好也，而務欲以揚之而童心失。知不美之名之可醜也，而務欲以掩之而童心失。夫道理聞見，皆自多讀書識義理而來也。」

隻言片語。這樣的話傳來傳去，早已失去了本來的意味，靠學習這些東西，哪裡能找回童心，反而只能學成個蠢蛋。

那麼哪些書裡更具有童心呢？李贄認為不是那些古書，而是各個朝代的最優秀作品，比如，唐代的傳奇、元代的雜劇、《西廂記》、《水滸傳》，這都可說是天下最好的文章書籍，充滿了童心。

從尋找童心的過程，就可以看出來李贄的現代主義傾向。他反對仿古，認為應該抓住時代的潮流。他推崇現代的實用主義的學問，反對古代僵化主義的內容。

但是，在李贄的思想中又蘊藏著一點極其危險的傾向：由於實用主義的態度，他對經濟、財政給予了極大的重視，對那些從古至今的理財專家都讚賞不已。中國封建社會存在財政饑渴症，多少錢都不夠皇帝和政府花，每到朝代中後期，就會出現許許多多的理財專家，打著政府指導經濟的名義，實際上是幫助政府從民間抽取財富。

李贄在經濟上也認同這種社會主義理念，認為古今的賢臣不是那些滿口道德說教的人，而是那些實際做事，幫助政府發展經濟和尋找財政的人。他反對道德說教，反對大臣只懂儒術沒有實際學問，這一點是正確的。但是，作為明代的人，他不可能知道政府插手經濟的危害，總體而言，在明代他的思想已經是最領先的，就好像所有法國大革命之前的啟蒙主義者，都帶著一點社會主義傾向一樣不可避免。

在教學上，李贄也超越了他的祖師王艮。王艮認為人人都是聖人，歡迎一切販夫走卒來參加他的課程。而李贄則是把他的學生擴大到女人，強調男女平等授課，只要願意，誰都可以來聽。

這在明末逐漸保守的環境中，更加顯得離經叛道。設想一下，一個光頭如同和尚一樣的老頭，在給一群裹小腳的婦女授課，叫她們要掙脫禮教的束縛，這樣的場面不是在民國時期，而是發生在明代。

李贄的影響力越來越大，但他比何心隱幸運。他教學的時期，已經是張居正死後，張居正的集權主義已經告一段落，明王朝又回到了笨拙、僵化的軌道上，即便李贄如此離經叛道，也沒有人敢於承擔責任來懲罰他。只要他表面上不直接危及政權，就沒有人想找這個麻煩。

以死衛童心

李贄最初在南方講學，後來竟然應前御史馬經綸的邀請，跑到了距離北京只有幾十里的通州去講學。

這幾十里的距離，就等於是在天子的腳下示威。在這裡，他繼續講學著文，對於官僚絲毫不留情面，甚至得罪了當時的當權者大學士沈一貫[17]。這一次，朝廷終於派人來抓他了。

在李贄的傳記作家（也是朋友）袁中道的筆下，當抓他的人來到時，李贄恰好臥病在床，他

17《萬曆野獲編・卷二七・二大教主》：「壬寅，曾抵郊外極樂寺，尋通州馬誠所經綸侍御留寓於家，忽蜚語傳京師，云：卓吾著書醜詆四明相公（沈一貫）。四明恨甚，蹤跡無所得。禮垣都諫張誠宇明遠遂特疏劾之，逮下法司，亦未必欲遽置之死。李憤極自裁，馬悔恨，亦病卒。」

要求取門板把他抬走，自稱罪人不宜留。邀請他來的馬經綸要跟他一起走，被他謝絕了。馬經綸說：「如果你是妖孽，我就是藏妖人，死也要死在一起！」

第二天提審的大金吾派人將李贄拉上了審訊室，放在地上。問道：「你為什麼寫作邪書？」

李贄回答：「罪人著書甚多，這些書都在，這些書對於聖教是有益無損的。」

大金吾笑他太倔強，又佩服他的為人，最終只有把他打回籍貫，沒有再深究，進行更多的懲罰。

但就在他等待被遣返的時候，一次請侍者給他剃頭時，他卻趁機利用剃刀割開了喉管。兩天後，他死了。在死前，侍者問他：「和尚你疼嗎？」

他已經不會說話了，只是用指頭在侍者的手心裡寫：「不疼。」

侍者又問：「和尚你為什麼要自殺？」

他寫道：「七十老翁何所求[18]！」

關於李贄之死，從明朝到現在人們議論紛紛。坦率的說，明末政府的控制力不強，當時的政府禁書禁言的力度是比較小的，李贄能夠寫這麼多大逆不道的書，而政府屢禁不絕，就得益於當時的行政效率低下。政府雖然對李贄很惱火，也同樣沒有想到要殺死他，但他為什麼自己要選擇死呢？

這個答案或許在他為何心隱申辯的時候就已經註定了。他是在用實際行動表明，被人殺死還是被鬼殺死都是無所謂的，但關鍵是，要在自由中從事學問，追求自己的心，他認為，心比性命更加重要。

李贄在自己的遺言中寫道：如果死了，就在城外找一片高地，向南挖個坑，長一丈寬五尺、深六尺就夠了。然後，在這坑中間再挖一個二尺五寸深、長六尺半、寬二尺五寸的小坑，用蘆席五張鋪在下面，把我放在上面。衣服也不用換新的，就用在身的衣服。埋葬完畢，周圍栽以樹木，墓前立一石碑，題上「李卓吾先生之墓[19]」。

馬經綸按照他的要求，將他埋葬在通州。這個明代最具獨立精神的人沒有在中央帝國中找到位置，卻依然在另一個世界嘲笑著時代。

朋黨重現

李贄死去兩年後，明萬曆三十二年（西元一六〇四年），在江蘇無錫，幾位學者重新建立了一個古代書院，開啟了明代最後一段哲學變化。

這個書院名叫東林書院，最早建立於北宋政和元年（西元一一一一年），是朱熹的師公、二程的弟子楊時講學的場所。到了明代末年，以顧憲成為首的學者們決定在無錫重新建立它，以弘揚士大夫傳統。

東林書院的重建，說明了顧憲成等人與王陽明、王艮、李贄等人的區別，王陽明開創了心

18 見《珂雪齋集・卷八・李溫陵傳》。
19 見《續焚書・卷四・李卓吾先生遺言》。

學，以心學為契機，王艮、李贄等人發起了反叛思潮，從正統的儒教中叛離出去，形成了一次思想開化運動。

而顧憲成等人卻是以程朱為宗，要恢復的是保守精神。他和李贄等人有一個共同點，就是對於現實政治的不滿。我們可以和現代做一個對比，我們現在又處於一個對現實不滿的時期，這時就會出現兩種思潮，一種是從制度根本上反思問題，並認為現狀的問題是制度造成的，應該改變制度本身；而另一種是在制度之上進行反思，認為現狀問題是由於人們不遵守制度造成的，應該做的不是改變制度，而是加強制度對人的束縛力，讓每個人都遵守制度。如果放到明代，前一種人就進化成了王艮、李贄，而後一種人則進化成了顧憲成。

顧憲成對於明代的官僚腐敗、枉法知道得一清二楚，但他認為，要解決這些問題，就要強化理學傳統，強調每個人的道德水準，從而讓世界變成一個清官的世界。而要變成清官的世界，就要把貪官打倒，為了打倒，必然要聯合其他人一起，於是就有了拉幫結派的理由。東林人士也迅速構成了團夥。

東林書院開張後，吸引了大批名士前來講學。由於當時的掌權者沈一貫、方從哲等人都善於依附皇親國戚、拉攏太監，排擠非同黨，許多人有氣無處發洩，這些人大都被吸引到顧憲成組織的小圈子裡。他們議論朝政，痛斥奸黨，以清流的態度吸引了世間的普通人。一時間，東林書院都容納不下這麼多的皈依者[20]。這些人被他們的反對派稱為東林黨。

東林黨掌握了道義優勢，被他們排斥的官僚們為了自保，朝堂之上又出現了幾個地域性的黨派，比如浙黨、齊黨、楚黨等。這些黨派在捕風捉影之中開始互相攻擊，明代末期就出現了中國歷史上最後一次大規模的黨爭。

在黨爭過程中，東林黨人表現得輕車熟路，絲毫不亞於他們的對手。更重要的是，黨爭一起，最後爭論的往往不是正經事，而是許多瑣碎事，或者是皇帝的家事兒，黨爭的各派（包括東林黨）很少顯示出正義性，只看見了黨派性。

東林黨唯一顯示出正義性的事件，是參與反對礦稅的運動。萬曆年間，由於皇帝進行了三次征伐，以及宮殿屢次起火，皇帝財政不足，開始在採礦上做文章，派出了太監作為礦監稅使，從民間壓榨礦稅[21]。

當時的右僉都御史、總督漕運、巡撫鳳陽諸府的李三才，因為礦稅導致的腐敗和民間反抗痛心不已，屢屢上書，顧憲成知道後，主動與李三才聯繫，將他拉入了東林黨。他們之所以反對礦稅，是因為礦稅對於南部經濟影響尤大，如果參與了反對礦稅的運動，就掌握了南部的輿論導向，從而成為當時的輿論領袖。

李三才也並不是清廉之士，他掌握了漕運監督權，家境豪富，受人批評，又喜歡拉幫結派，

20 見《明史‧顧憲成傳》：「邑故有東林書院，宋楊時講道處也，憲成與弟允成倡修之，常州知府歐陽東鳳與無錫知縣林宰為之營構。落成，偕同志高攀龍、錢一本、薛敷教、史孟麟、于孔兼輩講學其中，學者稱涇陽先生。當是時，士大夫抱道忤時者，率退處林野，聞風響附，學舍至不能容。憲成嘗曰：『官輦轂，志不在君父，官封疆，志不在民生，居水邊林下，志不在世道，君子無取焉。』故其講習之餘，往往諷議朝政，裁量人物。朝士慕其風者，多遙相應和。由是東林名大著，而忌者亦多。」

21 《萬曆野獲編‧卷五‧陳增之死》：「礦稅流毒，宇內已無尺寸淨地，而淮徐之陳增為甚。」

享受著朋黨遍天下的便利[22]。

儒教大悲劇

在積累起巨大的人氣後，東林黨立刻投入劇烈的黨爭之中。他們首先爭的是官員的任免。明朝有種審查官員的制度叫「京察」，最初三年一次，後來十年一次，在東林黨時期，則是六年考察一次。官員的任免升降，大都和京察的結果有關。

東林書院成立的第二年，恰好是京察之年，主持京察的是吏部左侍郎楊時喬。首輔沈一貫為了阻止楊時喬，試圖用兵部尚書蕭大亨來取代楊時喬，但沒有成功。楊時喬主持的京察，幾乎完全針對沈一貫的黨人，沈一貫也堅決反擊，兩派陷入僵局，最後兩敗俱傷，沈一貫於第二年被免，楊時喬也受到了申斥[23]。

從這之後，歷次京察都成了黨派交鋒的主戰場，東林黨和浙黨、齊黨、楚黨以及其他小黨派大打出手，基本上誰主持京察，對立黨派就有人要倒臺，東林黨吃虧的時候也很多。直到萬曆皇帝死後，到了天啟皇帝時期，東林黨人才受到重用，但隨後又遭到了大太監魏忠賢的迫害。在這一系列的黨爭中，明朝的政治也走向了分裂。

京察時，大量的官員缺職，更多的人陷入爭執而不敢做事，使得明朝政府的行政效率大幅度降低。

除了爭京察職位之外，東林黨人還用巨大的精力插手皇帝的家事。在東林書院沒有成立之前，顧憲成就堅決的介入皇帝選太子事件。萬曆皇帝的皇后無子，其他妃子有兒子，皇帝希望選擇自己寵愛的鄭貴妃的兒子，而顧憲成等大臣們卻主張立皇長子。最終皇帝不得不服從了大臣。

然而，圍繞著皇長子朱常洛卻出現了一系列離奇的事件。萬曆四十三年（西元一六一五年）有人拿著棍子跑進東宮傷人。萬曆皇帝死後，皇長子剛剛即位一個月，就因為服用了大臣送來的兩粒紅丸，死了。這些事件都成為黨爭的焦點。天啟皇帝即位後，又圍繞著鄭貴妃等人的政權鬥爭，進行了另一輪的爭執。

在這些爭執中，東林黨人表現得樂此不疲。最終迎來了他們最大的敵人——大太監魏忠賢。在雙方爭權的鬥爭中，魏忠賢將東林黨人一一擊倒，並燒毀了東林書院。直到崇禎帝即位，東林黨人才再次得勢。但這一次，他們仍然沒有享受太久的權力。皇帝剷除魏忠賢之後，卻發現東林黨人並不好用，他們可以黨爭，卻缺乏治國的能力，特別是面對巨大的政治和軍事危機時束手無策，只好再次貶黜他們。當皇帝也沒有替代人選時，這就已經到了明朝亡國之時了。

東林黨爭顯示的是中國歷史上儒教的最大悲劇，他們試圖在道德上淨化整個社會，但他們的道德訴求卻總是被當作黨派訴求，最後變成黨爭。而道德訴求又無助於現實，無法改變中央帝國

22《明史・李三才傳》：「三才才大而好用機權，善籠絡朝士。撫淮十三年，結交遍天下。性不能持廉，以故為眾所毀。」《明史》在評論中，也點出了結黨的危害：「朋黨之成也，始於矜名，而成於惡異。名盛則附之者眾。附者眾，則不必皆賢而胥引之，樂其與己同也。名高則毀之者亦眾。毀者不必不賢而怒而斥之，惡其與己異也。同異之見岐於中，而附者毀者爭勝而不已，則黨日眾，而為禍熾矣。」

23 見《明史・楊時喬傳》。

在政治治理上遇到的危機，最終，望著搖搖欲墜的大廈，除了感慨道德的淪喪之外，沒有任何救助的方法。

庸俗化的心學

東林黨人進行激烈黨爭時，王陽明的繼承人們也陷入了危機之中。

這時，距離王學的誕生不過百年，人們卻已經發現了王學的巨大漏洞，這個漏洞在明朝同樣是無解的。

王陽明認為，所謂的理、天道，都藏在人的心中，要想了解世界，必先反思內心，去尋找所謂的「良知」。但王陽明並不是一個消極的人，在他的體系之中，到心裡去尋找良知之後，仍然要返回到現實之中，用這種良知來改造社會。所以，「致知」之後的「格物」也是同等重要的，「知」和「行」必須合一。

在他的時代，心學起到把人心解放出來的作用。由於皇權推行的理學讓人們過於僵化，沒有創造力，沒有自我，必須將人從這種僵化中解放。當王陽明提倡內心時，就是讓人回到自我，去體驗自我的價值。所謂心和良知，就是讓人們不違背自己的心去生活，相信自己的判斷，利用直覺去對抗世俗的壓力。

但王陽明沒有想到，他死後，人們卻利用他的理論推導出一系列他並不想要的結論。比如，如果對心過分強調，會讓人發現，這種提法實際上和佛教（特別是禪學）有共同之處，人們不需要透過觀察世界，只要內省的冥想，就可以發現內心深處的「道」。

人們忘了他的理論還有後半截，體會到道之後還要去改造世界。他們只是不斷的縮回到內心之中，對整個世界無視了。當與世界過分脫節，這樣的人就沒有用了。

明末，東林黨人正在和太監血戰，皇帝正焦急的處理著財政問題，滿洲人在北方已經叩關，信奉了心學的士大夫們卻慢悠悠的思考著「心」的問題，對於外界的俗事不聞不問。

更要命的是，這樣的人並不在少數。實際上，大部分讀書人到了後來，都或多或少的沾染上了這個毛病，他們講心談性，澈底與政權脫節，也不再關心政治事務[24]。

這些人與其說是儒教徒，不如說是佛教徒。到了清代，人們反思明代滅亡的教訓時，許多人開始認定，這些王學末流是造成明朝滅亡的原因之一。

不過，即便是這些王學末流也有理由，因為當時的政權已經混亂到容納不下這麼多的人，幾大派別打成一團，即便有忠貞的人士，也被猜忌的皇帝所擺布，不知道什麼時候會有血光之災。他們躲到一邊去空談，與其說是王學的影響，不如說是政治的黑暗使然。

南明弘光元年（西元一六四五年），作為明儒最後代表的劉宗周絕食而死，表達自己不做二臣的理想。他的死亡，也為中國哲學的理學時期畫上了句號。

24 《明史・儒林傳》：「宗守仁者，曰姚江之學，別立宗旨，顯與朱子背馳，門徒遍天下，流傳逾百年，其教大行，其弊滋甚。嘉、隆而後，篤信程、朱，不遷異說者，無復幾人矣。」

第二十章

神學散去，實學到來

西元一六四四年～一九一一年

明朝的滅亡、清朝的文字獄以及八股科考對於文化的摧殘，讓清初的文人終於開始從根本上反思中國文化和哲學的問題。他們不再相信所謂的大體系，更願意從小處入手，考證具體的問題。

他們的做法與西方的科學方法論有著驚人的吻合，不隨意上升到形而上，只研究可以用邏輯和觀察驗證的領域。

在清初三大家中，王夫之是唯一一個仍然帶著體系特徵的學者，他試圖將理學時代的務虛哲學引向務實，強調客觀和物質，避免建構空虛的「宇宙真理」。

黃宗義則轉向了政治學，試圖從政治規律的角度來分析明亡的教訓，並分析了中國政治中存在的許多痼疾。

顧炎武成了清代實學的早期代表人物。他最大的貢獻在政治地理學，用科學考察的精神，對中國的山川地理、戶籍物產進行了系統的梳理。他還在音韻、考證、考古、金石等方面都有深入的研究。

當實學將邏輯的力量運用到了儒教經典時，摧毀性的力量出現了：閻若璩透過考證，證明現世流傳的《古文尚書》是後世偽造的。儒教學者們奉若神明的儒經成了偽書，摧毀了許多人的信仰，也宣示著任何神聖的東西必然需要經過邏輯的考驗，否則就是虛假的。

清代實學在社會科學上的成就，已經接近一次文藝復興。即便沒有外國思想的到來，中國兩千餘年的大一統哲學，也可能被內部發展的學術成就所改變。

從哲學體系找答案

明代崇禎末年，就在李自成進攻北京和清朝叩關時，在皇帝的朝堂上突然貼出來一張紙條。這張紙條上的內容令人大吃一驚，上面寫著：謹具大明江山一座，崇禎夫妻兩口，奉申贄敬，晚生八股頓首[1]。

這張紙顛覆了人們對於明代的刻板認知，將對明代科考制度的憤恨表達得淋漓盡致。從更大的角度來看，它實際上也宣布了中國兩千多年統治哲學走入了死胡同。

在明代末年，不管是當權派（右派），還是以東林黨為代表的道德派（左派），以及以陽明學為代表的自由派，在面臨社會時都已經找不到解法。

明代是中央集權的最高峰，在朱元璋的設計下，沒有人能夠挑戰皇帝的權威，也沒有人能夠停下這個龐大的機器，甚至沒有人能對它做出必要的調整。但這臺機器又穩定的存在了近三百年才崩潰。在這三百年裡基本上沒有出現什麼重大問題。漢代曾經出現了王莽之亂，唐代有安史之亂，但明代的穩定性遠遠高於漢唐，即便已經變得虛弱不堪，也很難被純粹從內部攻破，只是因為清朝的崛起和李自成內亂，內外夾攻才終於倒塌。

但在明代集權的同時，從西方卻出現了另一種更加能兼顧穩定和發展的制度。在歷史上，西

1 此事件記載於多種清初史料，但文字略有不同。本書採納呂留良《呂晚村先生詩集．悵悵集．卷二．真進士歌》自注的文字。而根據蔡爾康《紀聞類編．卷四》，這張紙張貼在北京大明門上，文字為「奉送大明江山一座」，落款為「八股朋友同具」。

方制度一直是落後於東方的，只能在比較小的疆域內建立國家，無法在更大範圍內保持穩定。但明代時，西方卻進入了超車的軌道上，開始發展出代議制、憲政制，同時對民間的放鬆也導致了經濟、科學的發展。

這裡不談憲政的陳詞濫調，只說在科學上，西方發展出了一套認識世界的新方法。之前東西方哲學都有一個爛毛病：不喜歡對現實世界進行觀察，而是喜歡製造一些無法觀察的概念。不知道人們死後會去往哪裡，就發明了一個概念叫做「鬼」，並規定鬼是現世的人觀察不到的；不知道世界是怎麼運行的，人們懶得去實際觀察，玄學家發明了「無」的概念，理學家發明了「天理」的概念，他們解決問題的方式是空想和吵架，卻與現實世界無關。

任何現象都可以以增加概念的方法來圓通，卻無助於人們了解真實的世界。針對於此，威廉·奧卡姆（William of Occam）提出了一條規矩：除非必要，勿增實體[2]，禁止人們胡亂的製造概念。

接著，培根（Francis Bacon）提出另一條人類認識世界的方法：首先不是製造理論和概念，而是觀察世界，當搜集了足夠的觀察材料之後，再利用歸納法整理材料，總結規律；其次，當總結出規律後，再利用演繹法來驗證規律，如果根據規律推導的結果與新的觀察相符合，就證明這條規律是可行的，否則，規律就是錯誤的，要重新回到第一步。培根提出的這種方法至今仍然是科學的基石，將觀察、歸納、演繹、驗證有機的結合了起來，同時，將那些不可觀察的概念排除在科學之外。

在古代的學術研究中，沒有觀察、驗證這兩步，歸納也非常簡單，而以想像和演繹為主，至於符不符合事實，沒有人在意。這一點中外皆然。

明代雖然產生了泰州學派這樣的民間思潮，同時也取得了一定程度的資本主義萌芽，但受制於中央帝國的束縛，無法進一步解放出來，也找不到更加現代的思想來發展科學技術。事實上，在這個政權內部以及它提倡的哲學內部，已經不可能再找到答案。

明朝滅亡後，一群知識分子開始痛定思痛，開始討論明朝為什麼變得如此僵化和不可救藥。他們從哲學體系中尋找答案，認識到從兩漢開始的儒教試驗已經走到了盡頭，將一切可能的擴展都已經做過了。

他們雖然不知道世界即將進入另一個階段，並由西方思潮引領，卻本能的感覺到，哲學和思想不能僅僅為了統治服務，而是為了整個社會，甚至只為了純粹的真相。

在他們的引領下，清初成了一個消解中國哲學的時代，他們不是為了建立另一套大而全的哲學體系，而是首先質疑原有的體系，將兩漢以來的儒教思想一一證偽，證明它們是錯的。在他們證偽這些舊體系時，卻建立了一系列的工具學科，比如考據學、政治學、金石學、聲律學、考古學、地理學等，這些統稱為實學的科目看上去不如哲學那麼宏大，卻更加有用處，也更加符合現代科學精神，與培根的歸納、驗證暗暗相合。

海通之後，當西方思潮進來時，人們發現，中國文人在學術方法上已經做了一定的儲備，讓有的人能夠迅速接受西方的科學和哲學，完成了轉向。

2 這個原則稱為「奧卡姆剃刀」。

從西元一八四〇年到西元一九一一年，在短短的七十年裡，中國人已經拋棄了兩千年的積垢，迅速的擁抱了西方體系，並且產生了許多名噪一時的大家。這比起印度、美洲、東南亞的集權國家都要短得多，唯一能夠超過中國的只有日本，但從世界範圍內來看，中國人學習的速度並不慢。

從這個角度說，清前期的學術轉向更應當受到我們的重視。當明朝滅亡的鐘聲剛剛敲響，學術界對於程朱理學、陸王心學乃至整個中國哲學的清理工作已經展開……。

王夫之：從務虛到務實

在所有對程朱理學和陸王心學進行反思的聲音中，王夫之是最有代表性的。

王夫之是中國大一統哲學的最後代表人物。他生於明萬曆四十七年（西元一六一九年），經歷過明末張獻忠的叛亂和南明戰爭。張獻忠攻克他的家鄉衡州之後，曾經拘禁了他的父親作為人質，王夫之將自己的身體刺傷，前往替換父親，賊人見他傷勢太重，把他和父親都放了回來。但這個家庭仍然沒有逃過明末災難，在清軍攻克衡州之後，他父親死難。

清軍戰勝南明後，王夫之拒絕出仕，也不剃髮。吳三桂反清時期，曾經讓王夫之署名勸進表，也被他拒絕了[3]。他的後半生基本上就在做學問之中度過。後人將他和黃宗羲、顧炎武並列，稱為明末清初的三大家。三大家中，黃宗羲主要興趣在政治學和歷史學，而顧炎武興趣廣泛，但都以研究具體的問題、考據為主，只有王夫之仍然是以哲學為方向。

他的哲學主要是反對宋明理學的。宋明理學過於思辨化，和現實問題脫節嚴重，王夫之就是要在哲學上將人們的興趣引向現實問題。

比如，朱熹理學認為世間首先存在天理，由天理來引起氣的變化，從而影響人類的認知。但在實際操作中，人們都不斷的思考天理是什麼，傾向於空想主義。

王夫之為了扭轉這種空想的風氣，提出了氣才是萬物的本源，不是理產生了氣，而是氣中蘊含著理。

他所謂的氣，現代人可以理解成物質，他之所以提倡氣，就是告訴人們，**物質才是世界的本源，而所謂的理，只不過是物質的性質而已，離開了物質，就談不上理**。當一個人要談理時，必須首先承認物質的存在，承認每一個具體問題的存在。當一個老農民種地的時候，不用去談什麼修身養性的大道理，也不用感謝老天爺或者感謝皇帝，他只要認清楚土壤的性質，確定好水源和肥料，找好季節種上種子，再施肥澆水和收穫，全部是現實性的問題，和物質本身有關。先伺候好了物質，再去考慮所謂的大道理不遲。

除了理和氣的關係，另一對關係則是道和器的關係[4]。所謂道、器，也是指物體和屬性（規

3　《清史稿・王夫之傳》：「康熙十八年，吳三桂僭號於衡州，有以勸進表相屬者，夫之曰：『亡國遺臣，所欠一死耳，今安用此不祥之人哉！』遂逃入深山，作祓禊賦以示意。三桂平，大吏聞而嘉之，囑郡守餽粟帛，請見，夫之以疾辭。」

4　《周易外傳・繫辭上傳》：「天下惟器而已矣。道者，器之道；器者，不可謂之道之器也。無其道則無其器，人類能言之；雖然，苟有其器矣，豈患無道哉？君子之所不知，而聖人知之。聖人之所不能，而匹夫匹婦能之。人或昧於其道者，其器不成，不成，非無器也。無其器則無其道，人鮮能言之，而固其誠然者也。」

律性）的關係。**所謂的道，必須是依附於具體物體的道**，如果像道學那樣把道說成是一個脫離了實體的「天道」，那只是騙人的。脫離了具體的世界，去談論空泛的天道不僅毫無意義，也沒有任何實用性。

如果一個人不重視人類世界，不重視每一個凡夫俗子的具體生活，而去空談天道，甚至用天道殺人，那麼這個人不僅不懂得天道，反而是最違背人性的。

朱熹還提倡「存天理，滅人欲」，在他看來，天理是好的，而人欲是壞的，是和天理相對立的概念，要天理就不能要人欲，這種看法是錯誤的。實際上，天理就是為了人欲而存在的，沒有人欲，天理何用？

有人欲，人們採用觀察世界、改造世界的欲望，才能發現更多的規律性。如果沒有了人欲，人們只剩下了打坐冥想，那麼許多發明都不會成為現實[5]。

這樣的哲學改造，就把宋明以來的枯坐和否定人世的傳統，改造成了肯定人世、積極去發現世界的哲理。清代的實學發展，就是在這樣的哲學指導下開展的。

黃宗羲：天下為主，君為客

王夫之從哲學上開始扭轉宋明以來的問題，而他同時代的黃宗羲則從另一個角度來進行反思，將政治學從哲學的大鍋飯中獨立出來，成了中國獨立學科政治學的鼻祖。

黃宗羲比王夫之大九歲，對於明朝的記憶也更加深刻。他的父親是東林黨人，因為彈劾魏忠賢，下獄而死。當魏忠賢被崇禎帝除去後，黃宗羲上書請求懲罰魏忠賢餘孽徐顯純和崔應元，在會審的時候，黃宗羲突然從袖子裡拿出一柄錐子，將徐顯純扎得渾身是血，又把崔應元揍了一頓，將他的鬍鬚拔下來祭奠父親。之後，他找到了直接殺害父親的獄卒，將他們殺死。另一個餘黨欽程聽說後害怕了，用三千兩黃金賄賂黃宗羲，不僅沒有得逞，也在提審時挨了黃宗羲的錐子。這段傳奇般的劇情成了黃宗羲一生的先兆[6]。

明亡後，清軍占領了北方，定都於南京的南明弘光小王朝內鬥不止，黃宗羲差點被弘光朝的權臣阮大鋮捕殺，後來多虧清軍攻陷南京城，黃宗羲才逃脫了牢獄，趁亂逃走。之後，他屢次參加抗清隊伍，屢次遭到清朝的通緝，甚至跑到日本，請求日本起兵。

南明抗清失敗後，黃宗羲意識到抗清已經成了不可能完成的任務，決定放棄抵抗，以著書講學為生。

到了康熙時代，皇帝已經不再追究這些抗清人士的罪責，反而要將他們吸納入新政權，但黃宗羲拒絕了。清初這些游離於政權之外的學者，成了新思想的來源。

與王夫之不同，黃宗羲對於明朝的教訓，主要從政治學角度來考慮。他認為明朝之所以滅亡，主要是因為政治指導思想和政治架構上出了問題，使得不管是皇帝還是大臣都無法在現有的架構下，解決社會危機，最終造成了政治上的失敗，又演化成了一系列的軍事、經濟危機，直到

5 《讀四書大全說・孟子・梁惠王下》：「隨處見人欲，即隨處見天理。」
6 黃宗羲生平見《清史稿・黃宗羲傳》。

摧毀了政權。

他的主要政治研究，在一本叫做《明夷待訪錄》的小冊子裡，這本書，也就成了中國歷史上專門研究政治的小冊子的鼻祖。

在西方，英國的政治哲學家霍布斯（Thomas Hobbes）寫過《利維坦》（*Leviathan*），提出過人類之所以要結成政府，是為了防止互相侵害。他認為在有政府之前，人們實際上是處於一種叢林狀態，每個人都不知道自己什麼時候會遭到誰的侵害，因此每個人都處於危險之中。為了避免這種危險，人們最後不得不結成政府，制定法律，限制人們互相侵害。如果有人膽敢打破法律，就由國王來懲罰他們。政府和國王給人帶來了安全感，卻也剝奪了他們一定的自由。

而中國則採取了另外的方法論證皇帝的合法性。漢儒認為「天人合一」，人要服從於天，而皇帝是老天之子，所以人們服從皇帝就像服從老天。而宋儒則認為人們要服從世界規律也就是「天理」，而天理就規定了皇帝的地位，人們為了服從天理，必須服從皇帝。

在歷史上，最接近西方思想的是《孟子》的理論，暗含著人與皇帝之間的契約關係，如果皇帝不履行契約，就沒有資格當皇帝。但孟子的這種思想一直是處於壓抑之中的，並和儒教的其他思想混合在一起，早就被人忽略了。

與現代一樣，黃宗羲的政治學可以分為政治哲學和政治實踐兩部分進行討論。

在政治哲學上，黃宗羲構建了一個類似於霍布斯的契約論。他認為，在最初（三代以前），人們各自都是為了私欲而做事，類似於一種叢林狀態。後來有人出來克制自己的私欲，為了天下的公利而百倍努力，這些人就成了君主[7]。

所以，**君主的產生是為了防止人人各得其私，形成一種公利觀念**。

但是，到了後來，君主卻變了味道。古人的君主是為了天下之利而進行治理，這時候，天下是主，君主是客。可是到了後來，皇帝開始體會到權力的滋味，認為天下的利潤都應該歸屬於自己，這就是把天下都當作私產了，甚至為了私欲，寧可把天下的家庭都拆散。皇帝變成了主，天下變成了客。結果，皇帝不僅不再是天下的保護者，而且成了天下的大害。[8]

但是，皇帝以天下為私產，是否能夠長期做到呢？答案是：不可能。明太祖可以做到，但是，經過十幾代傳承之後，早晚會遭到報應。到了崇禎皇帝時期，一個皇帝甚至無法保護自己的子女，崇禎皇帝甚至對公主說：「你為什麼要生在我家啊！」

這種說法看起來悲壯，但真正的問題在於，歷代皇帝都把天下當私產，到最後已經積重難返，最終必然被天下所拋棄。

談完君主之後，第二個問題是大臣。大臣的職責是什麼？到底是俯首貼耳，還是捨生取義？

答案是：這兩種做法都不是大臣的職責。所謂大臣，只是因為靠君主一人治理天下治理不過來，必須將他的責任分一部分給大臣。所以，大臣和君主是一種共同治理的關係。大臣要負責的

---

7 《明夷待訪錄．原君》：「有生之初，人各自私也，人各自利也，天下有公利而莫或興之，有公害而莫或除之。有人者出，不以一己之利為利，而使天下受其利，不以一己之害為害，而使天下釋其害。」

8 《明夷待訪錄．原君》：「今也以君為主，天下為客，凡天下之無地而得安寧者，為君也。是以其末得之也，屠毒天下之肝腦，離散天下之子女，以博我一人之產業，曾不慘然！曰：『我固為子孫創業也』。其既得之也，敲剝天下之骨髓，離散天下之子女，以奉我一人之淫樂，視為當然，曰：『此我產業之花息也』。然則為天下之大害者，君而已矣。」

對象不是君主，而是天下的百姓。這種思想延伸出去，就確立了一種嶄新的政治架構：**地方政府不是向中央政府負責，而是向當地的人民負責**。這實際上是否認了所謂的中央集權模式，對於大一統帝國是一種顛覆性思想。

黃宗羲還直接否定了所謂君君臣臣父父子子，認為君臣關係和父子關係完全是兩碼事。父子之所以為父子，是因為兒子的身體是來自父親的。可是，如果一個人不當大臣，他和君主就形同路人，根本沒有任何聯繫[9]。

談完君、臣之後，第三個問題要談的是法律。黃宗羲將法律分成了兩種，一種是三代以前的法律，另一種是後來的法律。他認為最初的法律是用來調整人們之間生活關係的，比如，土地如何分配，婚姻如何調節，都需要一定的法律框架，保證人們的生活便利。但是，後來的法律則不是以調節人們生活為主，而是幫助君主來統治人民，如何從人民那兒壓榨出足夠的資源來供應皇帝，同時如何抑制人們的不滿，讓皇帝可以持續性壓榨[10]。

法律到底是為了「治人」，還是為了「服務人」，這是好法律和壞法律的重要區別。而自從秦漢以來，到宋元，法律都是為皇帝服務的，所以已經走上了歧途。

在談完君、臣、法律之後，黃宗羲進入了政治學的另一個層面——政治實踐，開始討論政治學的一系列問題，這些問題包括：設置宰相的問題、學校、取士、建都、地方的方鎮、土地制度、軍事制度、財政、公務員、宦官等。對於每一個問題，他都有自己的分析。

比如，他認為在政治架構上，宰相是一個不可或缺的環節，明朝之所以滅亡，首先從朱元璋為了集權廢除宰相開始[11]。

他所設想的宰相，實際上類似於一種憲政架構下的分權制，皇帝擁有一定的決策權，而宰相則是最高行政首腦，起著制約皇權的作用。這樣一種分權制，才能保證人民的權利不完全被家天下的國君所蠶食。

我們可以把黃宗羲的政治學著作，和唐代吳兢的政治學著作《貞觀政要》做一個對比，就會發現他的書有多進步。《貞觀政要》一直是唐代以來歷代皇帝的標準政治教材，雖然也提到了君民關係、君臣關係，表示君主要以人民的利益為利益，但吳兢的基本架構仍然是「君臣父子」式的，仰仗於國君的道德水準，希望明君的產生。而《明夷待訪錄》**不再幻想君主的仁慈與否，而是寄希望於建立一套新的制度架構，限制君主的權力和私欲，不要讓他對社會產生破壞。**以制度

9　《明夷待訪錄・原臣》：「或曰：臣不與子並稱乎？曰：非也。父子一氣，子分父之身而為身。故孝子雖異身，而能日近其氣，久之無不通矣；不孝之子，分身而後，日遠日疏，久之而氣不相似矣。君臣之名，從天下而有之者也。吾無天下之責，則吾在君為路人。出而仕於君也，不以天下為事，則君之僕妾也；以天下為事，則君之師友也。夫然，謂之臣，其名累變。夫父子固不可變者也。」

10　《明夷待訪錄・原法》：「三代以上有法，三代以下無法。何以言之？二帝、三王知天下之不可無養也，為之授田以耕之；知天下之不可無衣也，為之授地以桑麻之。知天下之不可無教也，為之學校以興之，為之婚姻之禮以防其淫，為之卒乘之賦以防其亂。此三代以上之法也，固未嘗為一己而立也。後之人主，既得天下，唯恐其祚命之不長也，子孫之不能保有也，思患於未然以為之法。然則其所謂法者，一家之法，而非天下之法也。是故秦變封建而為郡縣，以郡縣得私於我也；漢建庶孽，以其可以藩屏於我也；宋解方鎮之兵，以方鎮之不利於我也。此其法何曾有一毫為天下之心哉！而亦可謂之法乎？」

11　《明夷待訪錄・置相》：「宰相既罷，天子之子一不賢，更無與為賢者矣，不亦并傳子之意而失者乎？或謂後之入閣辦事，無宰相之名，有宰相之實也。曰：不然。入閣辦事者，職在批答，猶開府之書記也。其事既輕，而批答之意，又必自內授之而後擬之，可謂有其實乎？吾以謂有宰相之實者，今之宮奴也。蓋大權不能無所寄，彼宮奴者，見宰相之政事墜地不收，從而設為科條，增其職掌，生殺予奪出自宰相者，次第而盡歸焉。」

的優勢來達到民間的繁榮，這在中國思想史上是一種巨大的進步。

另外，黃宗羲對於中國哲學的最大貢獻在於，他把政治學從哲學中分離了出去。在之前，哲學是包羅萬象的，既包括現在的科學（物理、化學、天文、數學），也包括社會學，如同一鍋粥攪和在一起。在這種架構下，所有的學問都是信仰式的，不容懷疑，都建立在一套「天人合一」或者「天理」的架構之下。可是黃宗羲卻把政治學單獨提取了出來，放在放大鏡下，對於一個個具體的問題進行具體的研究，哪怕他的觀點不見得正確，但這種研究態度，讓政治學作為一種專門的學科誕生了。

黃宗羲對於政治學進行研究時，另外的人則把更多的學科從哲學的大醬缸中分離了出來，形成專門的學問，促進了中國學術的發展。

顧炎武：提倡實學精神

在明末學者群中，與黃宗羲、王夫之齊名的是顧炎武。

顧炎武比黃宗羲小三歲，他雖然家境寬裕，但沒有像黃宗羲一樣名顯當時。在年輕的時候，他總是科考失敗，最終乾脆放棄了科考，開始重視實學[12]。

在明朝沒有滅亡時，他就開始搜集各地的歷史和地方誌，考證其中的農田、水利、礦產、交通記載，這些記載到了後來，成了他兩本最有價值的著作《天下郡國利病書》和《肇域志》的材料。明朝滅亡之後，顧炎武也加入了反抗清軍的鬥爭。他撰寫了一系列的專門學問論文，最著名的是《軍制論》、《形勢論》、《田功論》、《錢法論》。但南明王朝只不過是一個胸無大志的小朝廷，又因為清朝的入侵而焦頭爛額，這些實學論文根本沒有用武之地。

除了這些建議之外，他也投筆從戎，加入了軍事鬥爭，和抗清隊伍一起遭遇了多次失敗。他的嗣母絕食而死，臨死前囑咐顧炎武一定不要忘了自己的身分，堅持大義。在鬥爭的過程中，顧炎武屢次到南京的明太祖陵祭拜，表示不忘明朝。

當清軍最終獲得了勝利之後，顧炎武拒絕了在清朝當官的邀請，浪跡天涯，回歸學術，開始了著述時期。不過他本人並沒有因為與清朝的不合作態度而受窮，因為他重視實學，很有經濟頭腦，到了一個地方就購買田產，積累財物，但又自持不亂花錢，喜歡救濟別人。整體看來，他的後半生選擇四處漂泊，卻過得十分愜意。

因為他在明朝沒有深入政治，缺乏像黃宗羲那樣對於政治深刻的理解，也無法寫出類似於《明夷待訪錄》那樣澈底反思的著作，但顧炎武博學多知，在許多方面都有極大的造詣。加上他在遊走過程中，對於國家典制、郡邑掌故、天文儀象、河槽兵農全部窮原究委，考證得失，試圖了解事情的來龍去脈，使得他成了一個博學家。

他研究最深入（但不是影響力最大）的學科，是政治地理學。在這方面，他寫出了兩部規模巨大的書：《天下郡國利病書》和《肇域志》。這兩本書以地理為經，將中國各個地區的政治、經濟、資源、山川形勢、軍事險要全部考察了一遍。這兩本書形成了中國意義上的博物學著作。

12 顧炎武生平見《清史稿‧顧炎武傳》。

這兩本書可以和《徐霞客遊記》做對比，同樣是遊覽四方，《徐霞客遊記》以記載山川地理為主，而顧炎武的著作卻以地理為依託，考究各地社會和自然的方方面面。不過，就如同現代正經的地理歷史著作永遠比不上小年輕吃喝玩樂的旅遊書一樣，顧炎武的書雖然深入得多，知名度卻要小得多。

除了政治地理學之外，顧炎武還開創了許多專門的學問。他研究最多的是音韻學，特別是對古代讀音的研究，透過對古代書籍的考證，來解讀古代讀音的問題，成了研究古文字學的一個分支。另外，在金石、考古上，他也都有創見。

在明末清初的三大家之中，現在人們談論最多的是黃宗羲，因為他研究政治和經濟，特別是現代人總結的「黃宗羲定律」更是讓他大出風頭。其次是王夫之，因為他研究的是哲學，將人們對於天理的崇拜驅散，改為對人世的研究。顧炎武由於研究具體的學問，反而受到了輕視。但實際上，對於清朝學術影響最大的，反而可能是顧炎武。

清朝學術的主要方向是：**放棄宏大敘事，從細微處做起**。也就是從方法論上形成突破，而不求建立統一的體系。

這和現代科學與宗教的關係有點相似。宗教的態度是宏大敘事的，從一片葉子可以看到上帝的旨意，如果是漢儒，就可以從中看到老天爺；如果是宋儒，就可以看到天理，再從天理想到應該好好做人，聽皇帝的話。

但是現代科學卻避免討論如此宏大的主題，而是研究這一片葉子屬於什麼植物，有什麼用途，或者這片葉子出現在這裡，意味著什麼樣的地理什麼樣的天氣等等。這種方法看起來沒有那麼振奮人心，卻更加貼近於實際生活。當越來越多細微細節積累起來的時候，科學就可能獲得突破，從這種植物中提取出何種化學成分，從而改變人們的生活。

王夫之是利用宏大敘事來提倡實學精神，但他本人對於實學研究卻興趣不大。而黃宗羲已經開始實學研究，但他的實學主要表現在政治學和學術史，範圍仍然有限。只有顧炎武真的對他能接觸到的萬事萬物都有興趣，並真正沉下心來做具體的研究。

他研究地理學，就把古今地理著作拿來考證，並親自跑過去查看，再考校著，加入各種與地理有關的人文、自然，形成統一的體系。

他研究經學、金石、音韻，也是要大量閱讀書籍，再從細微處考證每一個具體問題的答案，從而將這門學科專業化。

他的做法更像是現代科學、社會學中學者的做法，首先找到自己感興趣的領域，再沉下心去做研究，找到前沿性的問題，最後尋找自己的答案。

這種方法會將諸多的學科，逐漸從大一統的理學中剝離出來，形成專門的學問。在清代，經過人們努力，地理、史料考證、文字考證、音韻、算術、金石這些具體的學問開始專門化，形成了體系，而這些學科的專門化、研究的專業化，都可以追溯到顧炎武。

在清代形成的一大批考據派中，顧炎武是最早的之一，也是成就最大的之一。後期的考據派不管是直接的還是間接的，最終都是在他的影響下，走向了實學之路。

清朝的實學，看上去沒有天學、理學那麼波瀾壯闊，但它蘊含的科學精神，不僅影響到了民國的學術，也是我們現在的榜樣。

閻若璩：事必求其根柢，言必求其依據

清初三大家對宋明理學百般質難，提倡學者們研究實在的學問。但對理學造成致命一擊的，卻是一個文弱、看上去無害的書生。

與黃宗羲、顧炎武的俠客之風和王夫之的哲理大家相比，閻若璩的學問並不顯山露水，用現代人的眼光看，他專門研究一些深奧而沒有多少人能懂的學問，看上去像個書呆子。如果非要找出一個相似的人，那麼顧炎武的學問和他還有幾分相似，他們既研究經學，也研究地理、掌故，更重要的是，兩者都是考據大家，對於古書之中的一字一句都揣摩來揣摩去，質疑每一個字的真偽，考查每一個例子的出處。

但這個書呆子有一天卻利用考據的功夫挖了理學的牆腳，也許他自己都沒有想到，這一挖就讓程朱建立的理學大廈轟然倒塌了。

在程朱理學體系中，有一個仿照佛教心法的「十六字心傳」，這個心傳從《尚書》的一篇文章《大禹謨》中摘取了十六個字：**人心惟危，道心惟微；惟精惟一，允執厥中**。朱熹認為這十六個字包含了儒學的精華，據此把人類的心分成了兩個部分——人心和道心，認為人心就是普通的心，而道心就是體會天道的心，這兩個心共同構成了人類的心。體會天道的過程，就是壓抑人心、通達道心的過程。要通達道心，又必須專注和中庸。

包含這個心傳的文章《大禹謨》出自《古文尚書》，這篇文章大意是，舜在傳位給大禹時，進行了一系列的政治交代。人們認為這句心法是堯舜禹相傳下來的，代表著聖人的最高智慧。

所謂《古文尚書》，可以追溯到秦朝的焚書坑儒時期。由於秦始皇只保留農業、醫學和占卜用書，其餘的書都下令毀滅了，作為儒家經典的《尚書》也沒有逃過劫難。但在毀書時，一位秦朝的博士伏生將一部《尚書》藏到了牆裡，沒有被發現。到了漢初，拿出來時，發現書已經壞了，本來大約有一百篇，最終只留下來二十九篇。伏生就用這部殘缺的《尚書》教授學生。後來這一部分《尚書》就稱為《今文尚書》。

到了漢武帝末年，漢朝的魯恭王為了擴大宮殿，拆除孔子家宅，在牆壁裡又找到了一部《尚書》。這部《尚書》是使用先秦時期山東的古文字寫的，後來由孔子的後人孔安國得到，這部書除了包含《今文尚書》的二十九篇之外，還多了十六篇，這就是《古文尚書》[13]。《古文尚書》和《今文尚書》的區別是：第一，二十九篇中有字詞的不一致；第二，多了十六篇。

漢代的學者因為《古文尚書》和《今文尚書》的不同，爭執不下，實際上是為了搶奪政治資源。但沒有料到，西晉末年的戰火時期，《古文尚書》和《今文尚書》原本都已經失傳了。東晉初年，豫章內史梅賾找到一本《尚書》，這本《尚書》包含了《今文尚書》三十三篇（與原來二十九篇相比，有了拆分）、《古文尚書》二十五篇，一共五十八篇。再加上一篇〈孔安國傳〉和一篇序言。根據當時的說法，這就是孔安國當年的本子。

到了唐代，孔穎達根據皇帝的旨意做了統一的教科書《五經正義》，就利用了這個本子。從此以後，今古文合一的《尚書》成了儒教經典的標準配置。

13 見《漢書・儒林傳》。

宋代理學家們選擇「十六字心法」的那一篇《大禹謨》，屬於《尚書》中的古文篇章。從晉代之後，幾乎沒有人懷疑《尚書》的古文部分和今文部分是不一樣的。但是到了宋明時期，偶爾有人提到《古文尚書》裡的文字似乎不大像古代的文字[14]。但由於這是官方定的儒教經典，人們不可能相信這本書是後人偽造的，不是聖人的話。

隨著考據學的發展，人們的懷疑精神終於被釋放了出來。閻若璩二十歲時讀《古文尚書》，就覺得這似乎不是真的，之後三十年一直苦苦思索，最終得出了令當時的人們瞠目結舌的結論：這是一本偽造的書，是晉朝時的作品[15]。他列了一百二十八條質疑，來說明這是本偽書。經過爭論，人們不得不承認他是對的。

為了說明閻若璩的考訂功夫，我們總結他的論據大致包含了四個方面，而且一個比一個更加深入[16]。

第一，現傳的《古文尚書》的篇數和篇名，與記載的不同。按照漢代的記載，《古文尚書》一共是十六篇，但是現傳的《古文尚書》卻有二十五篇。原本的《古文尚書》雖然失傳，但是篇名保留了下來，在對比篇名時，發現現傳的《古文尚書》與原來的篇名並不完全一致。

第二，原來的《古文尚書》和《今文尚書》都有一些殘篇流傳了下來，可以拿來和現傳的《古文尚書》作比較原本古文殘篇保存在東漢人鄭玄的尚書注裡，而原本今文殘篇保存在東漢時期刻的石經裡，透過比較，發現現傳《古文尚書》中的字句，和這兩個來源的文字都有很大的出入，說明現傳的《古文尚書》既不是古文也不是今文，很可能是後人偽造的。

第三，現傳的《古文尚書》中有很多史實和地名有問題。比如，《古文尚書》的《泰誓》中提到族刑[17]，也就是滅族。可是這個刑罰是秦文公時期才出現的，而《泰誓》寫的卻是周武王在孟津大會諸侯的事情。再比如，現傳《古文尚書》附了一篇〈孔安國傳〉，其中提到金城郡，而金城郡是在漢昭帝時期設立的，可是孔安國死於漢武帝時期。

第四，文體和文法問題。現傳的《古文尚書》中的〈五子之歌〉不像是夏代的文體，而〈胤征〉中出現的「玉石俱焚」是魏晉時期的詞彙。

透過這些點點滴滴小的考證，閻若璩最後得出結論，儒教奉為經典的《古文尚書》，至少有一半是魏晉時期的人偽造的。

這個結論一出，理學家們臉上掛不住了。他們幾乎所有的人都在談論理學的心法，按照心法所授修身養性，認為這是來自堯舜禹時期的聖人聖言，可以傳諸萬世。但突然之間卻被告知，這個所謂的心法其實是魏晉時期的人偽造的，而魏晉時期又以玄學而臭名昭著，他們不知道罵過多少遍。這就像一個人吃著山珍海味不停的炫耀著，卻突然被告知，他吃的其實是用屎調的一樣。

14 如朱熹本人也曾有疑心。他在《朱文公文集・卷八二・書臨漳所刊四經後》提道：「漢儒以伏生之書為今文，而謂安國之書為古文，以今考之，則今文多艱澀，而古文反平易。」

15《清史稿・閻若璩傳》：「年二十讀《尚書》，至《古文》二十五篇即疑其偽。沉潛三十餘年，乃盡得其癥結所在，作《疏證》八卷。引經據古，一一陳其矛盾之故，古文之偽乃大明，所列一百二十八條。毛奇齡作《古文尚書冤詞》，百計相軋，終不能以強辭奪正理，則有據之言，先立於不可敗也。」

16 參考《古文尚書疏證》。

17《尚書・泰誓》：「今商王受，弗敬上天，降災下民。沉湎冒色，敢行暴虐，罪人以族，官人以世，惟宮室、臺榭、陂池、侈服，以殘害於爾萬姓。」

但震動過後，有腦子的人卻開始學會懷疑精神。他們意識到，自己從小被灌輸的思想並不總是正確的，其中包含了很多錯誤，也有很多偽造。當生活在封閉之中的人突然被打開了一扇小窗時，更多的人開始鑿其他的窗，並造成黑暗的終結。

與閻若璩同時期的胡渭、毛奇齡則對宋明理學的另一個陣地——河圖和洛書進行了考證。河圖和洛書是兩種用數字表示的圖形。這兩個名稱最早出自《易經》[18]，接著就有傳說，伏羲時有龍馬從黃河中跳出，背負著河圖，又有神龜從洛水中爬出，背負著洛書，伏羲根據河圖、洛書創造了八卦。

但河圖和洛書到底是什麼，沒有人知道。後來，五代末年的道士陳摶（編注：音同團）為了附會這個傳說，畫了兩個數字圖，稱作河圖和洛書。如果拿出一張紙，在中心畫五個點，再在上下左右四個方位上分成內外兩層，下內層畫一個點，上內層畫兩個點，左內三個點，右內四個點，下外六個點，上外七個點，左外八個點，右外九個點。畫完後，再在中心五個點的上下靠近處各畫五個點。這些點加起來一共五十五個，就構成了神祕的河圖。

至於洛書，其實就是一個數字遊戲，將九個數字放入三乘三的九個格裡，使得橫排、豎排、斜排的三個數字相加都是十五。如果做出了這道題，恭喜你，你畫出了令多少古人痴迷和崇拜的洛書。

到底河圖、洛書有多神祕？理學家們告訴你，這兩個圖關乎宇宙真理，是上古聖人流傳下來的。到底怎麼關乎宇宙真理，理學家們眾說紛紜，但最終你也不可能搞明白。

清代學者告訴人們，其實這兩個圖只不過是一個五代道士的胡說八道，這個道士把宋代的那些大儒都騙了，抑或那些大儒主動要求受騙。

在清代學者的共同衝擊下，理學這個不容置疑的怪物，終於變成了可研究的對象。雖然清代的統治者仍然在用理學選取官員，但是，理學已經變成了一張皮，人們之所以學它，只不過當作一種政治課來學習，考試之後就把它拋到腦後去了。

戴震：實事求是，言必有據

雍正年間，一位未成年孩子的提問震驚了老師[19]。在授課時，老師講到了《大學章句》，按照傳統，人們認為《大學》是孔子傳授給弟子曾子的，由曾子口述給後人，再由他的門人記錄成文字。當老師說到這裡，孩子突然提問說：「你是怎麼知道這是孔子的話，又由曾子記住並口述下來的？又是怎麼知道是由曾子的得意弟子記下來的？」

老師回答說：「這是朱熹老爺說的。」

孩子問道：「朱熹老爺是什麼時候的人？」

老師回答：「宋朝人。」

孩子問：「那麼孔子和曾子又是什麼時候的人？」

18《易・繫辭》：「河出圖，洛出書，聖人則之。」

19見《戴震集・附錄・戴東原先生年譜》。

老師答：「周朝人。」

孩子又問：「周朝和宋朝相差多少年？」

老師回答：「快兩千年了。」

孩子立刻問道：「差了這麼多年，朱熹老爺又是怎麼知道兩千年前的事情呢？」

老師無法回答，感嘆說，這個小傢伙真不是常人啊！

這個孩子就是戴震。他從小就表現出了非常強烈的考據傾向，對每一個字都必須求得含義，對於任何考據性的著作都愛不釋手。這種傾向一直保持到他成年、做學問和死去，讓他成了清代最有學問的大家。

到了乾隆、嘉慶時期，清代社會已經進入了另一個盛世，也是清代學術的高峰期之一。在顧炎武、閻若璩等人的影響下，清代的學問比前代都扎實。這時的學者大都走實學路線，他們對於大道理並不感興趣，也不再相信什麼天道人倫，更不想用主義淹沒了事實，只對事實感興趣。

這也是中國學術最接近西方學術的時期。西方學術從中世紀的經院哲學之後，到了文藝復興開始追求對真實世界的描述，放棄了對於各種主義的興趣。這種實學精神最初還只是表現在文化和藝術方面，但經過了幾百年的積澱，變成了對自然科學的興趣，並引起了西方科技的大發展。

中國第一次實學精神開始於唐代，最初是在文化上，後來進入了社會學、經濟學，並產生了火藥、指南針、印刷術這些實用性的發明。但唐代的實學精神到北宋中期就完結了，重新在二程、朱熹等人的帶領下回歸了神學。

中國第二次實學精神開始於清初，最初也是在文化、社會、經濟方面發展，這一次人們對於客觀性強調得更進一步，也更看重邏輯和驗證的力量。如果假以時日，也許會和西方一樣，從文化轉向自然研究，產生一次科技復興，但我們無從驗證這種假設是否成立，因為西方的入侵，將中國強行帶入了這一個軌道。中國的科技發展最終是靠外力推動的，沒有機會實現自我的緩慢轉型。戴震就是第二次實學精神的最高峰。

戴震的一生在科舉上坎坷無比。他二十八歲才是縣學生員，三十九歲才中舉，之後六次會試都沒有考中。但他的學問卻早已傳到了中央政府的耳中，在皇帝下令編撰《四庫全書》時，還把他找了過去，讓他以舉人的身分，廁身於大批的進士高材生之中，那時他已經五十一歲了。

為了顯得好看一點，他五十三歲又參加了會試，沒想到又失敗了。皇帝看著實在不像話，特准他和進士們一同參加殿試，給了他一個同進士出身。但他獲得出身後兩年就去世了[20]。

他的經歷正好說明，考試所用的八股文與真學問是多麼的格格不入。

幸運的是，戴震並沒有像范進那樣，為了考試把其他的都耽誤了。他本人一直勤於鑽研，寫成了大量的著作。在他死後十餘年，乾隆皇帝偶爾翻起他校的《水經注》，問大臣：「戴震還在嗎？」當聽說戴震早已經死去，皇帝唏噓不已。

按照後人的總結，戴震的學問從對文字的考證開始，到訓詁之學，從訓詁再進入義理層面的解讀。按照這個步驟，他的學問分成了三個部分，第一是「小學」，第二是「測算」，第三是「典章制度」。

20 見《清史稿．戴震傳》，以下三處引文皆出自於此。

所謂小學，指的是聲韻、文字方面的考證學問，以及對於語法、語音的總結[21]。

所謂測算，指的是數學、幾何、天文、曆法等學問[22]。

所謂典章制度，內容更加寬泛，既包括了經學的考證，也包括了對於地理、河渠等方面的考證[23]。比如，在戴震之前，《水經》一書因為流傳，早就和注文混為一體，戴震將《水經》和注文分開，再詳細考證了這本書對應的山川地理。

《周禮．考工記》是一部戰國時期的工程技術手冊，記載了從建築到兵器、農具、生活用具的製作方法。但由於年代久遠，記載簡單，很難透過閱讀這七千字的書稿，獲得完整的印象。戴震則根據書稿，透過考證，將書中提到的各種製作方法用圖的形式表現出來，恢復了中國古代的製作技術。

他還從《永樂大典》中將《九章算術》、《海島算經》、《孫子算經》、《夏侯陽算經》等數學書籍恢復了出來，總結古代數學成就的同時，又採用西方數學來研究勾股弦問題、圓的問題，開拓了中國的數學。同時，他的《策算》專門講乘除開方，更是超越了中國數學。

這種嚴格的學術精神，將中國的學術帶上了一個新的臺階。

終於由哲學邁向科學

在顧炎武等人的開拓下，到了戴震，中國學術終於走出了大而全、形而上的模式，進入了研究具體問題、實際問題的時期。

人們談論清代學問時，常常認為清代沒有哲學，只有小學（各種專門技藝），比起宋明來要差很遠。但實際上，清代學問的演化，恰好是人類哲學發展的必經之路。

在最初，人們將一切關於智慧的學問都稱為哲學，此時的哲學是無所不包的，既包括對宇宙、社會的看法，也包括數學、天文、物理這些專門化的學問。人們從信仰到社會和個人生活的各種知識，都受到哲學的統轄。

隨著人們對世界認識的加深，許多學科從哲學中分化了出來。比如，在牛頓時期，人們仍然不提「科學」，只是將之稱為「自然哲學」，也就是有關自然的哲學，牛頓最著名的著作叫《自然哲學的數學原理》。牛頓之後，自然科學從哲學中分離出來，並繼續細分成了物理、化學等。

在自然科學分離時，關於人類社會的一系列學問，如政治學、經濟學等也逐漸分離，形成了單獨的學問。當這些更加成熟的學問都紛紛獨立時，給哲學的領域只剩下了那些無法充分觀察，只能憑藉信仰維持的部分。「哲學家」這個詞曾經是博學的代稱，但現在許多所謂的哲學家都只能靠販賣心靈雞湯而苟延殘喘。

所以，現代哲學比起古代哲學對人類的影響已經在縮小，因為它不再負責解釋宇宙的構成，

---

21 其小學書有六書論三卷、聲韻考四卷、聲類表九卷、方言疏證十卷。

22 其測算書原象一卷、迎日推策記一卷、句股割圜記三卷、曆問一卷、古曆考二卷、續天文略三卷、策算一卷。

23 戴震所著典章制度之書未成。有詩經二南補注二卷、毛鄭詩考四卷、尚書義考一卷、儀經考正一卷、考工記圖二卷、春秋即位改元考一卷、大學補注一卷、中庸補注一卷、孟子字義疏證三卷、爾雅文字考十卷、經說四卷、水地記一卷、水經注四十卷、九章補圖一卷、屈原賦注七卷、通釋三卷、原善三卷、緒言三卷、直隸河渠書一百有二卷、氣穴記一卷、藏府算經論四卷、葬法贅言四卷、文集十卷。

也不再影響人類的經濟和生活。哲學的退縮與科學的前進，是現代人的主旋律。

清代哲學恰好符合了這種趨勢，文人們已經意識到，構建一個大而全的一統理論不僅無益於治理國家，反而禁錮了人們的思維。更何況，在沒有研究透自然和社會時，任何聲稱「宇宙真理」的學問都必然是偽真理。他們選擇各種「小學」是有意識的主動選擇，不僅僅是無奈和退縮。他們的研究也並非雞毛蒜皮，而是磨練思辨工具、發展考據功夫、重新審理古代材料的過程，在他們的努力下，中國古代幾乎所有的典籍都被重新研究，並利用考古學對中國歷史進行再審查，將自然、地理、歷史、政治制度進行重新研讀。當把這些材料研究透澈，再從「小學」進化到更大的學問。這條路不僅是西方科學發展的必經之路，也同樣適合中國的進化。

西元一八四〇年，當西方的炮艦強迫中國人睜開眼睛時，恰好中國的學術已經站在了現代的門口，於是，東方的頭腦與西方的學問碰撞了。

後記

堅持寫作理想

我一直相信，一個作者最恰當的做法，是悄然隱身於讀者的關注之外。既然他的思想已經在作品中表達了，那麼剩下的軀殼對於外人就已毫無價值，苦樂生死只不過是個人的私事，又何須關注？

但我又總是忍不住將每本書的後記當作自留地，寫幾句話，既是對前事的總結，也是對未來的規畫，更多的則是給自己打氣，免於懈怠，或者走上名利的不歸路。

我的前半生是在奔波勞累中度過的，曾經錯入行伍，又為了生計做過程式設計師，費盡精力，才終於進入了興趣所歸的文字行業。即便開始作文，也並非正襟危坐於書桌前，日日苦思冥想，挖掘內心的小確幸，或者以說幾句俏皮話為榮，而是選擇了顛簸於社會之中，做過記者，在曠野中冒過險，或者遊走於世界上的戰亂之地。

由於放棄了固定的職位和保障，雖然奔波卻收入有限，時常引得家人朋友牽掛。我父親曾經問我：當別人退休後安享寧靜的生活時，你卻依然為了生計而打拚，一刻不得閒，難道不為自己心疼嗎？

我回答：既然找到了終生的興趣，就要一直做到死。所謂退休生活，只有那些不知道自己興趣是什麼的人才會在乎。我寧願死前一刻仍然在寫作，當我寫不動了，生命也就失去了意義。

由於沒有名氣，我的前幾本書為了符合出版社的審讀，不敢放開寫，收入也很少。為了維持生活，甚至必須靠寫溜鬚拍馬的商業書來籌錢。

到了最近兩本書，我的生活才有了改觀。《穿越百年中東》給我帶來了不錯的聲譽，《龍椅背後的財政祕辛》則讓我不用為最近幾年的生活費擔憂。於是，另一個麻煩找上門來：如何避免不必要的分心？

有朋友出於好心，推薦我去機構任職，被我回絕了。有朋友希望我在網路上開課，我也拒絕了。還有人希望我參加活動，我也無法答應。

所有的人都是好意，他們認定總有一天我會寫不出新的作品，而依靠賣作品獲得的收入總有枯竭之時，如果不趁當紅之際找到更穩定的收入來源，當我寫不動時，就會再次陷入困頓之中。

但我拒絕他們的真實原因也只有一個：我想保留精力，趁創作高峰期還沒有過去，盡量多寫幾部作品。我深深的知道，一個人不可能一輩子保持高效的創作，不管多麼想排除雜念，也只是推遲雜念的侵蝕，無法完全避免。如果不趁這之前多努力，以後也許就沒有機會了。

在本系列的第一部《龍椅背後的財政祕辛》後記中，我敘述了最近幾年的創作規畫，現在正好總結一下規畫的完成情況。

按照規畫，我的創作分成兩條線：第一條線研究現代中國在歷史中的定位，包括了三本書，分別是《龍椅背後的財政祕辛》、《中央帝國的哲學統治密碼》和《中央帝國的軍事密碼》；第二條線是研究現代中國在世界上的定位，暫時規畫了三本書，分別是《穿越百年中東》、《穿越劫後中亞》以及《穿越非洲兩百年》。

到今天，「中央帝國密碼三部曲」的稿件都已經完成，其中《龍椅背後的財政祕辛》已經出版，本書《中央帝國的哲學統治密碼》也即將出版。按照計畫，《中央帝國的軍事密碼》應該先於《中央帝國的哲學統治密碼》出版，但由於《中央帝國的軍事密碼》中有些內容，需要更多的時間討論以何種形式呈現給讀者，所以將《中央帝國的哲學統治密碼》提前出版。

這三本書從財政、軍事和統治哲學三方面重新分析了中國歷史，希望讀者能夠從中獲得對於中國歷史新的印象。

在「穿越系列三部曲」中，《穿越劫後中亞》已經完成了一年半，也即將出版，《穿越非洲兩百年》的草稿也已經寫完，待《穿越劫後中亞》出版後，再交給出版社處理。中東、中亞和非洲是中國古代對世界認知的最外沿，也是當今世界最混亂、最讓人理解不透的地區，希望透過我的解讀，讀者能夠了解這幾片複雜地區的來龍去脈。

既然兩個三部曲都已經完成，那麼接下來，我關注的領域在哪裡呢？

在接下來的兩年中，我將暫時擱置穿越系列的寫作。我已經研究過亞洲（南亞、東南亞、北亞和中亞）、中東和非洲，而觀察和寫作歐美世界的人已經很多，唯有東歐、蘇聯地區和拉丁美洲還沒有成熟的作品出現，也許以後恢復這個系列時，我會從這些地區入手，繼續我的闖蕩。

接下來的兩年內，我的目標是加深對於中國歷史的整體認識。

關於小說的主題，我已經有了兩個，但由於還不夠成熟，不便透露。也許，等寫下一本書的後記時，我有足夠的勇氣向讀者坦白。

感謝文學鋒、張賦宇，你們幫助我獲得了寫作本書的資料。

感謝周杭君、秦旭東，這本書同樣是在你們的鼓舞與幫助下完成的。

感謝林達，雖然從未見面，我一直最看重你的鼓勵。

感謝王小明、羽戈、鄢烈山，你們的鼓勵同樣是我的動力。

本書的部分內容發表於微信公眾號「思想的雲」，也感謝「思想的雲」主編姚文暉的幫助。

感謝本書的編輯董曦陽、李博，以及團隊的其他成員，本系列的作品都是在你們的努力下誕生的。在我的寫作生涯中，你們是最富有激情的團隊之一。

感謝我的父親、母親，你們在初稿時就已經閱讀了本書，給了我最大的激勵。

感謝夢舞君的陪伴，是你支持我堅持寫作道路。

我從小的夢想就是寫作，這來自我的祖父母郭保成和李玉萍當初對我的引導，他們將「理想」這個詞永久的留在了我的腦海中。他們將我撫養大，卻在我讀大學的第一個學期時雙雙離世。我曾經發誓要用我的書紀念他們，如今，是我還願的時候了。

本書計畫於廣州鋒子居。本書的初稿完成於雲龍夢君廬。本書終稿完成於大理走青春客棧。

本書最終訂正於大理風吼居。

附錄A

中央帝國時期中國哲學簡單年譜

神學讖緯期

西元前二〇九年	陳勝、吳廣起義爆發，統一的秦朝進入了崩潰之路。叔孫通勸告秦二世，陳勝等人只是小盜，不需要動用中央軍隊。
西元前二〇七年	第一個大一統朝代秦滅亡。
西元前二〇二年	劉邦擊敗項羽，確立第二個大一統朝代漢朝。
	叔孫通求見漢高祖，為漢高祖制定宮廷禮儀和君臣名分。
	陸賈寫作《新語》，為大一統王朝尋找理論依據。陸賈的理論在儒道之間，滿足了皇帝一時的需要，卻無法解決長期的合法性問題。
西元前二〇〇年	長樂宮建成，叔孫通主持君臣大典，皇帝正式成為凌駕於諸侯王之上的主宰。
西元前一九五年	漢高祖劉邦身死。在他身後，由於缺乏人們的尊重，帝國幾近崩潰。
西元前一八〇年	呂太后去世。呂太后終生沒有解決皇帝合法性問題，只能依靠娘家人維持政權穩定性。呂太后死後，合法性危機再次爆發，以呂氏諸王被廢為結局。
	漢文帝繼位。文帝利用黃老之術進行統治，發展經濟，讓人們適應大一統的存在，暫時擱置了皇帝合法性問題。

（接下頁）

西元前一八〇年	二十二歲的賈誼成為漢博士。他主張利用儒家學說來制定一套禮儀制度，從而利用禮儀固化人們的社會地位和思想，完成皇帝的合法化。但賈誼的提議未被採納。
西元前一七六年	賈誼被外放長沙王太傅，七年後鬱鬱而終。
西元前一五四年	七國之亂爆發，晁錯被誅殺。晁錯利用法家理論，試圖利用法律來固定皇帝權威，並力主削藩，防止諸侯國有顛覆中央的實力。晁錯死後，七國之亂被鎮壓，中央政權更加穩固。
西元前一四一年	十六歲的漢武帝劉徹登基。
西元前一四〇年	魏其侯竇嬰為丞相。竇嬰與繼任的武安侯田蚡都是早期儒家的代表人物，因為得罪了信奉黃老之術的竇太后而被貶。
	漢武帝徵召天下賢良文學，六十歲的公孫弘第一次被徵召，卻由於不合用而罷職。
西元前一三六年	漢武帝設立《易》、《禮》博士。此前漢代已經有了《詩》、《書》、《春秋》博士。五經博士的設立，是儒學成為正統的標誌之一。此前，漢代博士不只限於儒家，但在漢武帝時期，博士才專門針對儒教，形成了知識壟斷權。武帝時期，一共有七個「博士點」，其中《春秋》、《易》、《禮》、《書》各有一個「博士點」，而《詩經》有三個「博士點」。
西元前一三五年	竇太后去世。竇太后是漢文帝皇后，是黃老之術的最後代表。她去世後，漢初的休養生息政策被強調政府控制的激進政策所代替。
西元前一三四年	漢武帝徵召天下儒生策問長安，董仲舒提出「罷黜百家，獨尊儒術」。儒教成為漢代的統治思想。同時，董仲舒利用「天人感應」學說將皇帝塑造成上天安排來統治人間的，解決了皇帝的合法性問題。從此，人們開始相信，只有劉氏應該當皇帝，因為這是上天的安排。

（接左頁）

西元前一三〇年	公孫弘被第二次徵召，因為其陰陽儒術混雜的世界觀而受到皇帝崇信。
西元前一二四年	公孫弘擔任丞相。他只精通一本書《春秋公羊傳》，依靠這本書來治理國家。「公羊傳」成了漢代儒教的代名詞。他的示範作用讓人們對儒教趨之若鶩。 公孫弘要求皇帝建立太學。西漢教育體系正式成型。太學以傳授儒教為主，並成為官員晉升的途徑，使得西漢後期的政治完全被儒教所控制。
西元前一二二年	淮南王劉安被告謀反，擔心受迫害而被迫自殺。劉安主持編撰的《淮南子》體系博大，成了最後一部帶有黃老精神的著作，卻生不逢時，被一系列宣揚儒教的小冊子取代。
西元前一一七年	酷吏張湯以「腹誹之罪」殺大司農顏異。張湯號稱「春秋決獄」，將儒教經典引入了司法體系。儒教的司法化，是一個宗教形成的正式標誌。
西元前一〇四年	董仲舒去世。他留下了內容蕪雜的著作《春秋繁露》，成了漢代儒教的經典著作。其中夾雜著大量的讖緯、陰陽、天人感應，使得漢代成了中國歷史上最迷信的朝代之一。
西元前八一年	鹽鐵大辯論。
西元前七八年	著名學者眭弘被殺。當年泰山和萊蕪山出現了一系列的災異，眭弘認為這是改朝換代的信號，要求皇帝讓賢。眭弘成了漢代書呆子的典範，也可以看到儒教的災異學說是如何控制了人們的腦子。
西元前七四年	漢宣帝繼位。漢宣帝時期，五經博士一共有十二個「博士點」。《詩》、《易》、《書》各三個「博士點」，《春秋》兩個點，《禮》只有一個點。
西元前五三年	漢宣帝主持關於公羊學與穀梁學的第一次辯論。

（接下頁）

西元前五一年	石渠閣大辯論。漢宣帝試圖確立統治哲學的正統教義。穀梁學列為「博士點」。
西元前七年	丞相翟方進自殺。前幾年出現了一系列的災荒，這年又出現了熒惑守心的天象，被認為不吉利。觀星的官員乘機上奏要想破解上天的譴責，必須犧牲一位大臣來承擔上天的譴責。漢成帝命令丞相翟方進自殺謝罪。翟方進的死亡雖然有政爭的成分，但也反映了漢代天人感應學說的荒謬。
西元前六年	劉歆上書要求將《左傳》、《毛詩》、《逸禮》、《古文尚書》列為學官，設立「博士點」。今古文之爭進入了白熱化。西漢時期，先秦之前所寫的古文經逐漸被人們發現，形成了古文學派，與經過西漢篡改的今文經學爭奪政治資源。劉歆提議將古文經列為學官後，遭到了今文經學博士們的大力抵制，劉歆寫了《移書讓太常博士》批評今文經學抱殘守缺。
西元前二年	漢哀帝派遣博士弟子景盧，前往大月氏使者的住處學習佛經。景盧也就成了首位接觸到佛經的中國人。
西元元年	四川送來一隻白野雞，被當作了祥瑞，群臣請求王莽當上了安漢公。這隻白野雞拉開了王莽代漢的序幕。
西元四年	劉歆受到王莽重用，利用古文經中的記載為王莽建立國家宗教建築明堂。
	王莽開始為古文經正名，同時獲得正名的還有讖緯。他命令徵集精通《逸禮》、《古文尚書》、《毛詩》、《周官》、《爾雅》、《史篇》的人，以及鐘律、月令、兵法等專業人才，而天文（觀天象解讀命運）、圖讖等也被列為專業人才受到重用。
西元五年	借助一塊白石頭，王莽當上了攝皇帝。

（接左頁）

西元八年	又是一堆祥瑞，王莽當上了真皇帝。漢武帝開創的天人感應學說雖然授予了皇帝合法性，卻又被人利用來推翻他的王朝。儒教的影響力達到了最大。
	王莽按照古代記載開始了一系列的社會改革，如官制改革、土地改革、金融改革等，這一系列改革最終葬送了新莽王朝。王莽時期，《毛詩》、《逸禮》、《古文尚書》、《周禮》都列入了學官，設置了新的「博士點」。但王莽滅亡後，今文經學再次受到了政治的拋棄。
西元一八年	揚雄去世。揚雄模仿《易經》，構建了以「三」為階的哲學體系，作為漢代哲學的異類而存在。但由於過於玄虛，揚雄對後世的影響力並不大。
西元二三年	王莽身死。在他死後的混戰中，劉秀、公孫述各派紛紛利用讖緯為自己的合法性尋找依據。最終劉秀在戰場上脫穎而出，建立了東漢政權。
西元二八年	尚書令韓歆在皇帝的授意下，請求為古文經學的《費氏易》和《左氏春秋》設立「博士點」。他的提議引起了一場學術戰爭。最終光武帝只為《左傳》設立了新「博士點」，但《左傳》博士只持續了一屆即告廢除。在東漢初期，今文經學有十四個「博士點」，分別是《易》四家、《尚書》三家、《詩》三家、《禮》兩家、《春秋》兩家。古文經學一個「博士點」都沒有。
西元六七年	漢明帝派出使者迎來了第一批僧人到洛陽，為他們建立了白馬寺。
西元七五年	漢章帝繼位。章帝本人愛好古文經學，特別是《左傳》和《古文尚書》。在他任上，命令賈逵從《公羊傳》的學徒中選取優秀學生二十人教授《左傳》。由此引發了多次今古文論戰。
西元七九年	白虎觀會議召開。皇帝試圖統一漢代各流派，建議官方指定的信仰，並由此產生了《白虎通德論》這本著作，作為官方信仰的指定讀本。

（接下頁）

西元九七年	王充去世。王充著作《論衡》是漢代機械唯物主義的代表作。
西元一二五年	漢順帝登基。漢順帝在位時，道教的根本經典《太平經》的雛形開始出現。《太平經》大量借鑑儒教的讖緯理論，形成了亦神亦鬼的風格。在漫長的兩千年裡，這個風格一直保存至今。
西元一六六年	馬融去世。馬融是東漢經學家集大成者，不僅精通今文經學，還精通古文經學，以及《老子》、《淮南子》等著作，是東漢後期通儒的代表人物。這表明人們已經不滿於門戶之見，而想統領所有的世間學問。 第一次黨錮之禍。
西元一六八年	第二次黨錮之禍。大批文人喪失了從政通道，導致民間學問更加發達，官方學問日漸衰微。
西元一八四年	黃巾軍叛亂。黃巾軍以道教（太平道）為幌子建立政權，成為中國歷史上一次帶有濃厚宗教色彩的大叛亂。 張脩發動叛亂。張脩在漢中地區建立了五斗米道，同樣是一個以道教為幌子的類政權機構。
西元一九一年	張魯殺張脩，改造五斗米道，在漢中建立政權。
西元二〇〇年	鄭玄去世。作為東漢最後一位經學大師，鄭玄統一了今古文經學。他將今文經學和古文經學的文字統一起來，構成了統一經學。只是，在他完成學術統一時，經學已經瀕臨滅亡，而被玄學取代。

（接左頁）

玄學自然期

西元二一五年	張魯投降曹操，漢中的五斗米道政權倒臺。
西元二二〇年	曹魏建立。在人才考察上，建立了九品中正制，將人才分類為九品，根據品級進行任用。由此產生了玄學第一個流派：品評人物。品評人物的代表作品是劉劭的《人物志》。
西元二三九年	魏明帝曹叡去世。司馬懿成為輔政大臣之一。此時魏國流行的哲學叫「王學」，是由一個叫王肅的人傳授的經學。王肅是大臣王朗之子，也是司馬昭的岳父，「王學」成了兩漢經學殘餘與玄學對抗的主要力量。
西元二四九年	高平陵之變。司馬懿幹掉了魏國宗室勢力，成了魏國的主宰。玄學與經學的對抗白熱化。 玄學家何晏被殺，王弼去世。王弼與何晏是玄學的早期代表，他們提出了「貴無論」，將「無」設為宇宙的本質，並由此拉開了思辨哲學的序幕。
西元二五六年	魏國皇帝曹髦利用玄學知識與群臣辯論，可以看作中國哲學玄學化的一個標誌。
西元二六〇年	中國僧人朱士行前往西域取經。朱士行從洛陽出發，到達陝西、甘肅，再西渡流沙，走絲綢之路南線到達于闐，也就是現在的新疆和田，在那兒得到了經書。朱士行是中國宗教旅遊的第一人。
西元二六三年	玄學家嵇康被司馬昭和鍾會害死。嵇康一生「越名教而任自然」、「非湯武而薄周孔」，是中國哲學史上最接近蘇格拉底精神的人物之一。他的死亡讓玄學最具反叛精神的時代成為過去。 玄學家阮籍身死。阮籍借酒躲避政治，卻在死前被要求寫司馬氏篡權的勸進表。

（接下頁）

西元二六四年	鍾會在四川叛亂身死。在哲學上鍾會寫過《四本論》，對人的才性問題進行剖析，提出人的才和性是同步的，以討好司馬氏。魏晉時期，辯論之風盛行，對於任何問題都會有一番辯論。
約西元二七二年	向秀去世。向秀最著名的作品是懷念嵇康的〈思舊賦〉。他死時曾經為《莊子》作注，死後書稿被郭象獲得，而郭象經過加工，發表了《莊子注》，成了玄學後期的代表作品。其中最著名的概念叫「獨化」、「無待」，在試圖整合「有」、「無」時，也試圖將名教和自然統一起來。
西元二八三年	山濤去世。山濤與阮籍和嵇康的莫逆之交，但在後期卻重新進入名教，成了晉代的名臣。
西元三〇〇年	裴頠死。裴頠最著名的作品叫《崇有論》，駁斥王弼、嵇康等人拋棄名教的思想，試圖將人們的注意力拉回到對政治的熱情之中。但裴頠最終卻被趙王司馬倫殺死，成了名教的陪葬品。
西元三〇五年	竹林七賢中最小的王戎在經歷了兵荒馬亂之後，死在了逃亡的途中。王戎後期也耐不住對名教的追隨，成為一代名臣，見證了西晉王朝的衰落。
晉代	充滿了享樂主義精神的《列子》誕生，將玄學引入了享樂主義之中。

三教開放期

約西元三一六年	西域僧人竺法護去世。他翻譯了大量大乘佛經，為大乘佛教在中國的落地生根打下了基礎。大乘般若學傳入中國後，形成了六家七宗，為一時之盛。

（接左頁）

西元三一七年	葛洪寫成《抱朴子》內外篇。葛洪以煉丹為目的重新定義了道教。兩千年來，道教的道士們矢志不渝的尋找仙丹，但所有的道士都不免一死。葛洪的另一個特點是「儒道雙修」，內神仙、外儒術，認為儒道是並行不悖的。這個見解也讓道教永遠處於二流的地位，無法完成超越，在三教中長期位居末流。
西元三三九年	東晉輔政的車騎將軍庾冰提出僧人應該敬拜皇帝，否則就破壞了禮治的統一，損害了皇帝的權威。另一個輔政大臣何充卻反駁，認為佛教是一種淡泊的宗教，有著種種的清規戒律，這些戒律實際上是有利於控制民間反抗的，更加有利於皇帝。皇帝與其改變它，不如把它養起來，允許它有一點小脾氣。這是第一次關於僧人是否要敬拜皇帝的爭論，這次爭議以何充獲勝告終。
西元三八四年	身在龜茲的鳩摩羅什被呂光抓獲。呂光強迫鳩摩羅什娶龜茲國王的女兒，並囚禁在涼州十八年。
西元三八五年	釋道安去世。他極大地推動了大乘佛教的傳播，盡最大可能區分佛教和玄學，又在制定佛教儀規、將佛教組織正規化上做了很多工作。釋道安弟子遍天下，不僅北方有，南方也有，更是加速了佛教的擴張。
約西元三九六年	北魏道武帝建立沙門統，成為政府管理僧人機構的起始。
約西元三九八年	北魏道武帝遷都平城，開始建立宮殿、宗廟、社稷，進行儒教化。道武帝也尊崇佛教和道教，表現了對於文明的饑渴。
西元四〇一年	後涼滅亡，作為囚徒的鳩摩羅什被帶往長安，在醇酒婦人（被迫）的環境中，開始翻譯佛經，並成為中國歷史上最為著名的譯經師。他翻譯了大量中觀學的佛經，促進了大乘佛教在中國的發展。

（接下頁）

約西元四〇二年	東晉權臣桓玄再次提出和尚應該敬拜皇帝。僧人慧遠則回答了桓玄的責難，他把佛教徒分成了兩類：一種是在家的居士，另一種是出家的僧人。他認為，在家的居士都應該遵守世俗的法則，而出家人則以修行大道為己任，不應該用俗世的禮節來要求僧人。桓玄最終妥協。
西元四一六年	慧遠去世。慧遠將佛教變成了上流的宗教，征服了東晉皇族，成為貴人和富人的座上賓。
西元四三三年	南朝宋的僧人慧琳寫作《白黑論》，詆毀佛教，引起了當時人們的大討論。
西元四三四年	鳩摩羅什的弟子竺道生去世。竺道生建立了涅槃宗，開創了頓悟得道的理論，後來被禪宗效仿。
西元四四〇年	北魏太武帝在道士寇謙之的影響下，改元太平真君。寇謙之改良了天師道（脫胎於五斗米道），之後甚至擔任了北魏的國師，將道教與政權的結合推向了一次高潮。天師道在他的改造之下，也變成了皇帝順從的工具，稱為北天師道。
西元四四四年	北魏太武帝開始了中國歷史上第一次滅佛，要求毀佛毀寺還俗和尚。兩年後，滅佛達到高潮。
西元四四七年	南朝宋何承天去世。何承天曾寫作《達性論》，批評佛教的三報論，提倡儒教的三才論，引起了另一場儒佛大辯論。
西元四五〇年	北魏大臣崔浩被殺。作為儒教徒的崔浩是滅佛的最主要推手。寇謙之曾經警告崔浩會遭報應，果然崔浩因為寫作歷史著作《國書》，惹怒皇帝被殺。
西元四五二年	北魏太武帝去世，滅佛終止。
	北魏文成帝重設道人統，掌管僧道事務。

（接左頁）

西元四六七年	道士陸修靜被南朝宋明帝召往首都。陸修靜對天師道進行改造以適應統治的需要，稱之為南天師道。
約西元四七四年	南朝道士顧歡寫作《夷夏論》，認為佛教不適合中國。
西元四八九年	在南朝齊竟陵王的宴席上，爆發了神滅論大辯論。持神滅觀點的是范縝，其餘人則持相反觀點。范縝為此寫作《神滅論》。
西元五〇四年	南朝梁武帝蕭衍下詔將佛教定為唯一的「正道」，將老子代表的道教，及周公及孔子代表的儒教都斥為「邪道」。
西元五〇七年	南朝梁武帝針對范縝不信神這件事，親自寫了一篇《大梁皇帝敕答臣下神滅論》。皇帝認為，三教中都有許多經典是說人有靈魂的。皇帝寫了答覆後，又把自己的答覆發給了臣下，為了向皇帝表示忠心，一共六十多個臣下紛紛上表，表示贊同皇帝的意思。
西元五二〇年	北魏孝明帝組織了一次佛道大辯論，圍繞老子是不是佛教鼻祖的問題展開，最終佛教獲勝。這是歷史上多次佛道起源大辯論的起始。
西元五二七年	南朝梁武帝建設同泰寺，捨身入寺，三天後返回皇宮，大赦天下。
西元五二九年	南朝梁武帝在同泰寺舉行「四部無遮大會」，並再次捨身，由群臣湊了一億錢為皇帝贖身。
西元五三四年	北朝佛寺共三萬有餘，僅洛陽就有一千三百六十七所。
西元五三六年	道士陶弘景去世。陶弘景官場不得志，刻意追求煉丹修行，號稱上清派。
西元五四六年	南朝梁武帝第三次捨身同泰寺。一個月後皇太子出錢將他贖了出來。

（接下頁）

西元五四七年	南朝梁武帝第四次捨身同泰寺，群臣用一億錢將其贖出。
西元五四八年	侯景之亂爆發，梁武帝於次年被困死於首都。南朝的繁華與佛教一起走入了衰微。
西元五五五年	北齊文宣帝再次舉行佛道辯論會，最終佛教勝出，皇帝讓道士削髮為僧。
西元五六九年	北周武帝召集名僧、儒者、道士以及百官兩千多人，試圖給三個宗教排定座次，皇帝心目中的座次是：第一道教、第二儒教、第三佛教。但最終辯論無結果。佛道辯論一直持續下去，在隋文帝、隋煬帝、唐高宗、唐玄宗、德宗時期，也都有辯論。 甄鸞寫作《笑道論》，代表佛教對道教駁斥的最高成就。另外僧人道安也寫作《二教論》，同樣是駁斥道教的經典。
西元五七三年	北周武帝開始滅佛。這次滅佛不殺人，只要求還俗。最終清退寺院四萬座，還俗僧人三百萬。
西元五七七年	北周滅北齊，北周武帝召集北齊首都鄴城僧人開會，宣布將滅佛擴大到北齊境內。僧人慧遠在皇帝的朝堂上發出了中國歷史上對皇帝的最大詛咒：皇帝依靠武力破除佛教三寶，就是「邪見人」，而邪見人是要下地獄的，在阿鼻地獄裡，沒有貧富貴賤之分，皇帝難道不害怕嗎？
西元五七八年	北周武帝去世，滅佛告一段落。
西元五九七年	僧人智顗去世。他開創的天臺宗成為中國第一個本土化的佛教學派。天臺宗以《妙法蓮華經》為根本經典，在唐代初期最為繁盛。
西元六〇五年	隋煬帝開始科舉取士，開創了中國一千多年的科舉傳統，也把社會人才源源不斷的輸入了中央政府，解決了人才流通的問題。

（接左頁）

西元六二五年	唐高祖確立三教次序，道教最先，其次是儒教，最後才是佛教。
西元六二九年	玄奘從長安出發開始取經。十六年後，他回到長安，帶回經書五百二十六冊、六百五十七部。
西元六三七年	唐太宗下令在皇家儀式上，男女道士走在僧尼前面，在列名時道士也要在僧人之前。詔書引起了僧人的大反彈，直到唐太宗以杖責、流放作武器，才擊退了僧人的進攻。
西元六四〇年	和尚杜順去世。杜順被認為是華嚴宗的創始人。
西元六五二年	玄奘建立大雁塔，儲藏經書和佛像。他一共翻譯了一千三百三十五卷經文。但可惜的是，他所宣揚的「唯識派」並沒有成為中國佛教的主流。
西元六九〇年	武則天登基稱帝。武則天上臺後，為了鞏固政權，貶斥已經成為主流的天臺宗和法相唯識宗，開始扶持更加草根的華嚴宗和禪宗，使得後兩者成為中國佛教的主流。武后時代，貶抑道教，發展佛教，與唐代的基本政策正好相反。
西元七一三年	僧人慧能去世。慧能長期在廣東韶關南華寺講經，弘揚禪宗，提倡頓悟。他被人們稱為禪宗六祖，也是對禪宗發展貢獻最大的人。
西元七三〇年	慧能弟子神會在辯經中取勝，壓倒了禪宗北派，成為中國禪宗的正統。
西元七四三年	唐玄宗追封老子為皇帝，將道教的地位提升到與儒教相同。
西元八一九年	唐憲宗舉辦大規模儀式迎接法門寺佛骨，韓愈對這樣的勞民傷財痛心不已，寫作〈諫迎佛骨表〉勸諫皇帝，被皇帝貶黜。
	柳宗元去世。柳宗元是古文運動代表人物，也是唐代儒學的代表。

（接下頁）

西元八二四年	韓愈去世。作為唐代儒學的領軍人物，韓愈激烈的反對佛教，復興儒教。他的努力在唐代後期已經看到了成果，到宋代則產生了燎原之勢。
西元八四五年	唐武宗滅佛。二十六萬僧人還俗，十五萬奴婢也成了兩稅戶。唐武宗滅佛主要從經濟上考慮。他死後，滅佛停止。
西元九五五年	後周世宗滅佛。他毀掉了九〇%的寺廟，但仍然留下了兩千六百九十四所寺廟、六萬一千兩百名僧人。

經世實用期

西元九六〇年	北宋建立。北宋前期科舉制度直接繼承自唐朝，主要考試科目為進士科和經學科。進士科考詩賦，經學科考人們對五經的背誦能力。
西元一〇四三年	范仲淹改革。一年後改革失敗。這次溫和改革的失敗，表明北宋已經很難找到一條實用主義和保守主義都支持的改革道路了。
西元一〇四五年	石介死亡。石介是宋初道德標兵，被稱為「宋初三先生」之一。
西元一〇四六年	程顥、程頤兄弟拜周敦頤為師。
西元一〇五三年	歐陽修私修的《新五代史》告成，這是北宋保守主義史學革命的早期著作。
西元一〇五五年	歐陽修以國家安全為名，請求皇帝禁止私人隨意出版圖書，在出版前必須獲得政府許可證。這是中國官方干預出版傳統的早期階段。
西元一〇五七年	「宋初三先生」之一孫復死亡。

（接左頁）

附錄A　中央帝國時期中國哲學簡單年譜

西元一〇五九年	「宋初三先生」之一胡瑗死亡。三人的出現，被視為道學家開始出現的標誌。
西元一〇六〇年	歐陽修主修的《新唐書》告成。這本書充滿了保守主義精神，帶著儒家正統特色，是北宋保守主義史學革命的成就之一。
西元一〇六九年	王安石主持熙寧變法。這是一次實用主義和社會主義的改革，它的成敗，決定著北宋到底是進入更現代的實用主義軌道，還是停留在儒教的保守主義軌道。
西元一〇七一年	王安石對科舉制度和教育制度進行重大改組。廢除了其他的科目（包括明經），再對進士科進行了改造，廢除了對於詩詞歌賦的考試，而改為對五經、《論語》、《孟子》的考試。王安石的改革讓科舉具有了後期特徵，並將考試範圍從文化變成了儒經。
西元一〇七三年	周敦頤死亡。周敦頤對後世影響最大的是他的小短文〈太極圖說〉，後來也成為道學宇宙論的根本。
西元一〇七七年	邵雍死亡。邵雍一生痴迷於用數字創造神祕主義理論，後被道學家吸納入道學的宇宙論之中。
	張載死亡。張載的研究方向主要在人類的認識論，以及人和宇宙的關係。
西元一〇七九年	烏臺詩案爆發。新黨要將蘇軾置於死地。蘇軾的遭遇，反映了實用主義者的鬥爭策略，要將一切反對自己的人都打倒。
西元一〇八四年	司馬光主修的《資治通鑑》告成，這是北宋保守主義史學革命的集大成之作。作為保守主義的主將，司馬光以儒教君臣思想貫穿始終，形成了超強的話語體系。

（接下頁）

西元一〇八五年	宋哲宗繼位。保守派重新得勢，司馬光為相。蘇軾被召回中央任職。但由於不容於舊黨，蘇軾再次請求外調。
	道學家程顥死亡。他的兄弟程頤吹捧他：周公死後，聖人之道就不再通行，而孟子死後，聖人之道連傳人都沒有了，人們糊里糊塗過了一千多年，才突然出了個程聖人，這個程聖人繼承了孟子，開創了當代聖世。
西元一〇八八年	程頤被授予崇政殿說書的職位，開始產生影響力。
西元一〇八九年	蘇轍請求政府干預私人印刷。宋代形成了比較全面的印刷業政府控制體系，成為中央帝國控制出版的範本。
西元一〇九三年	宋哲宗親政，召回了新黨的章惇等人，恢復了新政，打擊舊黨。
西元一一〇〇年	宋徽宗繼位，掌握政局的向太后再次召回了一批被章惇等新黨貶斥的舊黨成員。
西元一一〇一年	宋徽宗親政。他開始大肆打擊舊黨，就連新黨的章惇、曾布也因為曾經反對宋徽宗繼位而受到了打壓。
西元一一〇二年	宋徽宗推出黨籍碑，在黨籍碑上刻了一百二十人的名字，宣布對這些人永不任用。兩年後又增加到了三百零九人，這些人中除了真的舊黨，也包括蘇軾這樣的自由主義者，還包括反對皇帝繼位的章惇等人。
	蔡京為相。作為實用主義最後的代表，蔡京為皇帝四處找錢，費盡心血，卻無助於挽救北宋的命運。
	荊國公王安石加入了孔廟配享的行列，和顏回、孟子一起塑在了孔子身旁。
西元一一〇七年	道學家程頤死亡。

（接左頁）

西元一一一三年	追封王安石的兒子王雱為臨川伯，加入孔廟從祀（畫像）行列。
西元一一二六年	二程的重要弟子、右諫議大夫楊時請求剝奪王安石配享的權利，最終皇帝把王安石從配享降為從祀。
西元一一二七年	北宋滅亡。北宋最後是實用主義者掌權，他們利用金融工具將北宋社會帶入了崩潰之中。實用主義者已經臭名昭著，使得南宋成了保守主義者的天下。

道學封閉期

西元一一四〇年	金朝封孔子的後代為衍聖公，宣告它繼承了華夏的儒教文化。
西元一一四一年	金朝皇帝親自到孔廟中祭奠，並以身作則的學習儒家經典和史學著作。遼金兩代都在不同程度上學習了中原的科考制度，尊孔為正統。
西元一一七五年	朱熹、陸九淵鵝湖寺之會。陸九淵持心學立場，而朱熹挺理學。這是中國心學和理學的第一次碰撞。
西元一一七七年	王安石兒子王雱的畫像被逐出孔廟。
西元一一七八年	侍御史謝廓然提議禁止周敦頤和王安石的學說，他認為性理學說是浮說游詞，飾怪驚愚。
西元一一九五年	宋寧宗即位，招攬朱熹擔任煥章閣待制兼侍講。 慶元黨禁。黨禁持續了六年，針對朱熹等道學門徒。這次黨禁是道學上升為統治哲學之前的最後一次劫難。

（接下頁）

西元一二〇〇年	朱熹死亡。
西元一二〇六年	開禧北伐。北伐以失敗告終，主持北伐的韓侂胄也被殺身死。韓侂胄是道學的最大敵人，他的死亡解放了道學。從此，再也沒有勢力能夠阻止道學在中國的得勢了。
西元一二一一年	南宋著作郎李道傳上書請求尊崇道學，他的提議包括：重用道學人才、提倡道學著作、尊崇死去的道學家（二程、邵雍、張載、朱熹）。但沒有被採納。
西元一二一五年	蒙古大軍攻克中京，俘虜了耶律楚材。耶律楚材開始為蒙古人服務，建立制度。
西元一二一六年	南宋潼川府路提點刑獄魏了翁，再次提議尊崇二程和周敦頤。
西元一二二〇年	宋寧宗下令給二程、周敦頤、張載加謚號。
西元一二二八年	宋理宗追贈朱熹為太師，追封信國公。第二年，又封為徽國公。
西元一二三一年	蒙古開始實行官僚制度，建立中書省，耶律楚材被任命為中書令。開始建立戶籍、稅收制度。
西元一二三七年	耶律楚材開始為蒙古主持科舉制度。這次科舉選取了四千零三十位人才為蒙古人服務。但科考沒有繼續下去，只進行了一屆就中斷了。
西元一二四一年	宋理宗將周敦頤、張載、二程、朱熹送入孔廟，享受從祀的待遇。原本從祀的王安石則被請出了孔廟。朱熹的著作《四書集注》也成了政府的必讀書，確立了未來在科考中的統治地位。
西元一二五四年	西方教士魯不魯乞到達哈拉和林，見到了蒙古大汗蒙哥。他在這裡經歷了一次蒙古大汗的「洗禮」，以及一次規模巨大的信仰大辯論。
西元一二五五年	道士不斷侵占佛教資產，蒙古大汗宮廷再次發生了佛道之辯。

（接左頁）

西元一二五八年	佛道再次在蒙古大汗宮廷辯論，爭執的焦點仍然是老子化胡說。道士輸掉了辯論，被強行剃頭送入了佛寺。
西元一二六七年	南宋封曾參為郕國公，孔伋為沂國公，這兩人和孟子、顏回一起享受配享的待遇。到了元代，封顏回為兗國復聖公、曾參為郕國宗聖公、子思（孔伋）為沂國述聖公、孟子為鄒國亞聖公，四聖的名稱就來自於此。
西元一三一四年	元朝再次開始恢復科舉。由於缺乏行政能力，科考極為簡陋，為了簡化，採取了道學家的課本，造成了道學開始蔓延到科舉體系之中。又課本單一，導致科舉不再成為知識比拚的場所，而變成了死記硬背的投機之地。
西元一三七〇年	朱元璋在劉基的幫助下，恢復了科考。
西元一三九七年	南北榜事件爆發。許多讀書人為此心寒，而不再以功名為目的讀書，反而造成了明代民間學術的繁榮。
西元一四一五年	明朝政府主持編撰的超級課本《四書大全》、《五經大全》、《性理大全》問世。與其說是道學造成了中國思想的封閉，不如說是這幾部粗製濫造的教科書以及簡陋的考試方法，造成了中國哲學進入了思想封閉期。
西元一四五一年	陳獻章拜著名學者吳與弼為師，學習理學。但他最終叛逆，開創了明代心學。
西元一四九四年	湛若水拜陳獻章為師。湛若水後來做了明朝大官，處處宣傳陳獻章的學問，讓陳獻章成了明代心學的早期代表。
西元一五〇六年	王守仁因為得罪權貴，被貶往貴州龍場驛。他在這裡思考哲學問題，逐漸從理學過渡到心學。
西元一五一九年	王守仁鎮壓寧王叛亂，聲名鵲起。他的心學也由此大行天下。心學是對理學的反叛，卻由於過分強調內心，而忽略了外部世界，到了後期讓人走向了犬儒。

（接下頁）

實學興起期

西元一五二〇年	王艮拜師王守仁。他名為陽明弟子，卻強調人本，認為老百姓的日用生活才是根本，而皇帝老子的政權只不過是枝節問題，與老師的學問已經迥異。王艮開創的泰州學派是中國歷史上少有的為商人服務的實用主義學派。
西元一五二三年	王艮大鬧北京城。王艮是王守仁弟子，以宣揚師父學問為名前往北京，他行事高調，言語狂妄，讓王守仁其他弟子戰戰兢兢。
西元一五三七年	皇帝下令摧毀各地書院。第二年命令生效，但由於地方和官員的抵制，效果不大。
西元一五七七年	李贄任職雲南姚安知府。他不在意政務，到雞足山療養。三年後棄官不做。
西元一五七九年	大學士張居正再次下令毀掉天下的私人書院。這種做法是為了統一輿論場，便於推進改革，卻由此扼殺了民間學術的活力。
	哲學家何心隱被張居正及其同黨害死。何心隱被認為是中國最後一個遊俠。
西元一六〇二年	李贄自殺。以死捍衛童心。
西元一六〇四年	顧憲成重建東林書院。圍繞東林書院逐漸形成了一個清流黨派，大肆介入明朝後期的政治生活和皇帝廢立，成為黨爭的絕對主角。
西元一六二五年	明熹宗下詔毀全國書院。
西元一六二六年	東林書院被毀。許多東林黨人被殺害。
西元一六二九年	崇禎皇帝平反東林黨，重修東林書院。但明朝的氣運已經在黨爭中耗盡。

（接左頁）

附錄A　中央帝國時期中國哲學簡單年譜

約西元一六四四年	李自成進攻北京，在皇帝的朝堂上貼了一張紙條：謹具大明江山一座，崇禎夫妻兩口，奉申贄敬，晚生八股頓首。
西元一六四五年	作為明儒最後代表的劉宗周絕食而死，表達自己不做二臣的理想。
西元一六六二年	黃宗羲寫成《明夷待訪錄》，這是中國古代最好的政治學著作。
西元一六七八年	顧炎武拒絕了清朝讓他當官的要求。第二年再次拒絕，終身不仕。
西元一六七九年	吳三桂逼王夫之寫勸進表。王夫之逃走。王夫之的哲學出自理學，但強調「氣」，將人們從空中拉回到對世間和自然的觀察。
西元一七〇四年	閻若璩去世。他寫的《古文尚書疏證》證偽了《古文尚書》，讓人們突然意識到自己奉若經典的，不僅不是聖人言，還只不過是些偽作。清代的考據學極大的解放了人們的思想，使得中國學術進入了實學時代。
西元一七七七年	戴震去世。戴震一生六次考進士未中，卻代表了清代實學的最高峰。

附錄B
參考史料及著作

與《龍椅背後的財政祕辛》一致，本書盡量避免使用現代意識形態化的資料，做到從史料中尋找線索。

中國哲學是一個充滿了時代偏見的命題，在歷史上任何一個時代，統治者都在有意識的將哲學變成一種工具，即便反對者也早已被主流意識形態所汙染，無法跳出官方設定的思想體系。在研究時，要想跳出這些體系，必須首先將史料中的偏見過濾，才可能更加接近歷史的真實，並找到哲學與政治的互動線索。

《周禮》
《儀禮》
《禮記》
《詩經》
《韓詩外傳》
《尚書》
《周易》
《春秋公羊傳》
《春秋穀梁傳》
《春秋左氏傳》
《論語》
《孟子》
《列子》
（漢）《史記》，司馬遷著
（漢）《漢書》，班固撰
（漢）《新語》，陸賈撰
（漢）《新書》，賈誼著
（漢）《春秋繁露》，董仲舒著
（漢）《淮南子》，劉安著
（漢）《鹽鐵論》，桓寬著

（漢）《法言》，揚雄著

（漢）《太玄》，揚雄撰

（漢）《新論》，桓譚撰。已佚，現傳為清代輯本

（漢）《白虎通德論》，班固撰

（漢）《論衡》，王充撰

（漢）《潛夫論》，王符撰

（漢）《春秋公羊經傳解詁》，何休撰

（三國魏）《人物志》，劉劭著

（三國魏）《論語集解》，何晏撰

（三國魏）《周易略例》，王弼撰

（三國魏）《老子注》，王弼撰

（三國魏）《嵇中散集》，嵇康著

（三國魏）《阮步兵集》，阮籍著

（晉）《三國志》，陳壽著

（晉）《莊子注》，郭象注

（南朝宋）《後漢書》，范曄著

（南朝宋）《世說新語》，劉義慶等編

（南朝）《梁書》，姚廉、姚思廉撰

（南朝）《詩品》，鍾嶸著

（魏）《洛陽伽藍記》，楊衒之撰

（北朝）《魏書》，魏收著

（梁）《宋書》，沈約撰

（梁）《南齊書》，蕭子顯撰

（唐）《晉書》，房玄齡等主編

（唐）《南史》，李延壽撰

（唐）《周書》，令狐德棻主編

（唐）《隋書》，魏征主編

（唐）《通典》，杜佑撰

（唐）《貞觀政要》，闞兢著

（唐）《大唐開元禮》，蕭嵩等撰

（唐）《韓昌黎集》，韓愈著

（唐）《柳河東集》，柳宗元著

（後晉）《舊唐書》，劉昫等撰

（宋）《新唐書》，宋祁等撰

（宋）《舊五代史》，薛居正等主編

（宋）《資治通鑑》，司馬光主編

（宋）《續資治通鑑長編》，李燾撰

（宋）《建炎以來朝野雜記》，李心傳撰

（宋）《通志二十略》，鄭樵撰

（宋）《范文正奏議》，范仲淹著

（宋）《歐陽文忠公集》，周必大等編纂

（宋）《徂徠集》，石介著

（宋）《皇極經世書》，邵雍著

（宋）《臨川先生文集》，王安石著

（宋）《蘇文忠公全集》，蘇軾著

（宋）《欒城集》，蘇轍著

（宋）《龍川集》，陳亮著

（宋）《朱文公文集》，朱熹著

附錄B 參考史料及著作

（宋）《四書章句集注》，朱熹著
（元）《宋史》，脫脫等撰
（元）《文獻通考》，馬端臨撰
（元）《遼史》，脫脫等撰
（元）《金史》，脫脫等撰
（明）《宋史紀事本末》，陳邦瞻撰
（明）《元史》，宋濂等主編
（明）《萬曆野獲編》，沈德符撰
（明）《焚書》，李贄著
（明）《續焚書》，李贄著
（明）《珂雪齋集》，袁中道著
（清）《明史》，張廷玉等修纂
（清）《經學歷史》，皮錫瑞著
（清）《石渠禮議》，馬國翰輯
（清）《春秋緯演孔圖》，黃奭輯
（清）《河圖稽命征》，黃奭輯
（清）《明儒學案》，黃宗羲著
（清）《宋元學案》，黃宗羲著
（清）《宋元學案補遺》，王梓材、馮雲濠編撰
（明）《周易外傳》，王夫之著
（明）《讀四書大全說》，王夫之著
（清）《明夷待訪錄》，黃宗羲著
（清）《古文尚書疏證》，閻若璩著
（清）《戴震集》，戴震著

（清）《兩漢三國學案》，唐晏著
（清）《清儒學案》，徐世昌等編纂
（清）《清史稿》，趙爾巽主編
《太平經》
《抱朴子》
《上清大洞真經》
《太上洞玄靈寶無量度人上品妙經》
《老子化胡經》
《道門大論》
《道教義樞》
《丘處機集》
《出三藏記集》
《高僧傳》
《續高僧傳》
《宋高僧傳》
《大明高僧傳》
《弘明集》
《廣弘明集》
《集古今佛道論衡》
《大慈恩寺三藏法師傳》
《五燈會元》
《大元至元辯偽錄》
《阿含經》
《俱舍論》

《大般若波羅蜜多經》
《中論》
《瑜伽師地論》
《解深密經》
《攝大乘論》
《妙法蓮華經》
《華嚴經》
《楞伽經》
《金剛經》
《六祖壇經》
《成唯識論》
《因明入正理論》
《菩提道次第廣論》
《密宗道次第廣論》
〔法〕魯不魯乞，《魯不魯乞東行記》
《中國哲學發展史》，任繼愈主編，北京：人民出版社，一九八三年十月。
《中國哲學史》，馮友蘭著，重慶：重慶出版社，二〇〇九年十一月。
《中國經學史》，吳雁南等主編，北京：人民出版社，二〇一〇年一月。
《中國思想通史》，侯外廬主編，北京：人民出版社，二〇一一年八月。
《新編中國哲學史》，勞思光著，北京：生活・讀書・新知三聯書店，二〇一五年二月。
《漢魏兩晉南北朝佛教史》，湯用彤著，北京：商務印書館，二〇一五年十二月。

國家圖書館出版品預行編目（CIP）資料

中央帝國的哲學統治密碼：穩坐皇位的最好方法，不是武力，是哲學。歷代皇帝怎麼透過儒道墨法家的思想灌輸來統治王朝。／郭建龍著 -- 初版 . -- 臺北市 : 大是文化 , 2021.01
624 面 ;17 x 23 公分 . --（TELL；033）
ISBN 978-957-9654-96-8（平裝）

1. 中國哲學史

120.9　　109006839

TELL 033

中央帝國的哲學統治密碼

穩坐皇位的最好方法，不是武力，是哲學。
歷代皇帝怎麼透過儒道墨法家的思想灌輸來統治王朝。

作　　者／郭建龍
責任編輯／蕭麗娟
校對編輯／張祐唐
美術編輯／張皓婷
副總編輯／顏惠君
總 編 輯／吳依瑋
發 行 人／徐仲秋
會　　計／許鳳雪、陳嫦娟
版權經理／郝麗珍
行銷企劃／徐千晴、周以婷
業務助理／王德渝
業務專員／馬絮盈、留婉茹
業務經理／林裕安
總 經 理／陳絜吾

出 版 者／大是文化有限公司
臺北市 100 衡陽路 7 號 8 樓
編輯部電話：（02）23757911
購書相關諮詢請洽：（02）23757911 分機 122
24 小時讀者服務傳真：（02）23756999
讀者服務 E-mail：haom@ms28.hinet.net
郵政劃撥帳號：19983366　戶名：大是文化有限公司
法律顧問／永然聯合法律事務所
香港發行／豐達出版發行有限公司 Rich Publishing & Distribution Ltd
地址：香港柴灣永泰道 70 號柴灣工業城第 2 期 1805 室
Unit 1805, Ph. 2, Chai Wan Ind City, 70 Wing Tai Rd,Chai Wan, Hong Kong
電話：2172-6513　傳真：2172-4355
E-mail：cary@subseasy.com.hk

封面、內頁設計／林雯瑛
印　　刷／鴻霖印刷股份有限公司
2021 年 1 月 初版
定　　價／新臺幣 599 元（缺頁或裝訂錯誤的書，請寄回更換）
I S B N 978-957-9654-96-8
